D1692964

Uta Andrea Balbier · Kalter Krieg auf der Aschenbahn

Sammlung Schöningh
zur Geschichte und Gegenwart

Begründet von Kurt Kluxen

Uta Andrea Balbier

Kalter Krieg auf der Aschenbahn
Der deutsch-deutsche Sport 1950-1972

Eine politische Geschichte

Ferdinand Schöningh

Paderborn · München · Wien · Zürich

Gedruckt mit freundlicher Unterstützung der Stiftung zur Aufarbeitung der SED-Diktatur, Berlin

Titelbild:
Eröffnung der Spiele der XX. Olympiade 1972 in München:
Einmarsch der Mannschaft der DDR ins Olympiastadion, 26. August 1972
(Photo: Bundesarchiv Koblenz, Sign. 183-L0827-207).

Die Autorin:
Uta Andrea Balbier, Dr. phil., war Stipendiatin der Stiftung zur Aufarbeitung der SED-Diktatur;
Promotion mit vorliegender Arbeit 2005 an der Universität Potsdam; z. Zt. wissenschaftliche
Mitarbeiterin am Hamburger Institut für Sozialforschung.

Bibliografische Information der Deutschen Nationalbibliothek

Die Deutsche Nationalbibliothek verzeichnet diese Publikation in der Deutschen National-
bibliografie; detaillierte bibliografische Daten sind im Internet über http: //dnb.d-nb.de abrufbar.

Einband: Evelyn Ziegler, München

Gedruckt auf umweltfreundlichen, chlorfrei gebleichtem
und alterungsbeständigen Papier ⊗ ISO 9706

© 2007 Ferdinand Schöningh, Paderborn
(Verlag Ferdinand Schöningh GmbH & Co. KG, Jühenplatz 1, D-33098 Paderborn)
ISBN 3-7705-3960-5

Internet: www.schoeningh.de

Alle Rechte vorbehalten. Dieses Werk sowie einzelne Teile desselben sind urheberrechtlich geschützt.
Jede Verwertung in anderen als den gesetzlich zugelassenen Fällen ist ohne vorherige schriftliche
Zustimmung des Verlages nicht zulässig.

Printed in Germany. Herstellung: Ferdinand Schöningh, Paderborn

ISBN 13: 978-3-506-75616-9
ISBN 10: 3-506-75616-8

INHALTSVERZEICHNIS

Einleitung 11
Kalter Krieg auf der Aschenbahn – Problemstellung (11) • Methode: a) Verflechtung, Konkurrenz und Abgrenzung – eine Beziehungsgeschichte (14) • b) Tradition, Kultur, Gesellschaft – eine Sportgeschichte (17) • Gliederung (19) • Einordnung in den Forschungsstand (21) • Quellenlage (25)

ERSTES KAPITEL: DIE RÜCKKEHR ZUR WELTSPITZE – AUFBAU DES DEUTSCHEN SPITZENSPORTS IN DEN 1950ER JAHREN

1.1 Identitäten und Strukturen 27
Der ›deutschere Sport‹ (27) • Der ›unpolitische Sport‹ (32) • Strukturen des Staatssports (39) • Zwischen Autonomie und Paternalismus: der DSB (47)

1.2 Breitensportliche Ambitionen und Leistungssportförderung 57
Leistungssportliche Weichenstellung in Pankow (57) • Der DSB als gesundheitspolitischer Akteur (63) • Kumulations- und Wendepunkt: die 1958er und 1959er Sportbeschlüsse des Politbüros (69)

1.3 Gesamtdeutsches Miteinander im Olympischen Raum 74
Alleinvertretung unter fünf Ringen (74) • Die Pariser Verträge des Sports (79) • Der Flaggenstreit (83)

ZWEITES KAPITEL: VON DER SPORTLICHEN KOEXISTENZ ZUR OLYMPISCHEN KONKURRENZ – DER ÜBERGANG IN DIE 1960ER JAHRE

2.1 Modernisierung des Sports 88
Neuorientierung im westdeutschen Sport (88) • Im Vorfeld der Reformen (94) • Internationaler Wendepunkt: Tokio 1964 (99)

2.2 Prognostikboom und Transferbeginn 102
Neues Ökonomisches System im Sport: der Perspektivplan 1965-72 (102) • Vom Feindbild zum Vorbild: Kinder- und Jugendsportschulen für die Bundesrepublik (113)

2.3 Olympische Weichenstellungen 120
Mauerbau im Sport – die Düsseldorfer Beschlüsse (120) • Das Ende der gesamtdeutschen Illusion (123) • München macht das Rennen (127)

DRITTES KAPITEL: AUFBRUCHSSTIMMUNG IM SPITZENSPORT – IRRITATIONEN UND HERAUSFORDERUNGEN MITTE DER 1960ER JAHRE

3.1 Staatsnähe und Konzentration 131
Sport und Staat in der Bundesrepublik (131) • Der Aufstieg der Leistungssportkommission (140)

3.2 Grundsatzfragen 147
Verantwortung der Gesellschaft für ihre Spitzensportler: die Stiftung Deutsche Sporthilfe (147) • Der wissenschaftliche Kongress ›Sozialismus und Körperkultur‹ 1967 (153)

3.3 Die Teilung Deutschlands in der Olympischen Welt 158
Der Protokollbeschluss von Mexiko City 1968 (158) • Eiszeit im Bundeskanzleramt (163)

VIERTES KAPITEL: DIE STRUKTUREN FESTIGEN SICH – EUPHORIE, KRITIK UND STABILISIERUNG AM ENDE DER 1960ER JAHRE

4.1 In Aufbruchsstimmung vereint 169
Konkurrenz als Schrittmacher (169) • Planungseuphorie (177) Der vierte Komparativ des olympischen Sports (189)

4.2 Unerwartete Reibungspunkte 194
Die Sportkritik der Neuen Linken (194) • Arroganz und Bruderliebe (202)

4.3 Die letzten Kämpfe auf olympischer Ebene 209
In der Offensive: DDR-Propaganda mit Kurs auf München (209) • Olympischer Burgfriede (213) • Der zurückhaltende Gastgeber (215)

FÜNFTES KAPITEL: DIE SPIELE DER XX. OLYMPIADE 1972 IN MÜNCHEN – KONFLIKTE UNTER DEM BRENNGLAS

5.1 Der zeremonielle Rahmen 221
Das Konzept der ›heiteren Spiele‹ (221) • Ernste Diskussionen (225) • Architektur und Fest (230)

5.2 Eine Nation im Startblock? 235
    Touristendelegationen (235) • Konkurrenz versus Einheit (238)

5.3 Olympischer Scheinfriede 241
    Der Anschlag vom 5. September 1972 (241) • Die Schlussfeier (246)

Sport und Gesellschaft im geteilten Deutschland: ein Fazit 249

Danksagung 259

Abkürzungsverzeichnis 261

Quellen- und Literaturverzeichnis 262

Meiner Familie

> *Wir waren uns sehr bewußt,
> daß das Wissen über den Sport
> gleichzeitig Wissen über die
> Gesellschaft ist.«*
>
> *Norbert Elias*

EINLEITUNG

Kalter Krieg auf der Aschenbahn – Problemstellung

Zwanzig Mal erklang im Sommer 1972 im Münchner Olympiastadion ›Auferstanden aus Ruinen‹, zwanzig Mal wurde die Flagge der DDR gehisst. Neben diesen zwanzig Olympiasiegern brachte die DDR 23 Sportler und Sportlerinnen auf das zweithöchste Treppchen. Die 23 Bronzemedaillengewinner unterstrichen zusätzlich den souveränen dritten Platz der DDR in der Nationenwertung der Spiele hinter der Sowjetunion und den Vereinigten Staaten von Amerika. Die Bundesrepublik belegte zwar vor heimischer Kulisse Rang vier der Gesamtwertung, erzielte jedoch insgesamt nur 40 Medaillen, davon lediglich 13 goldene.[1] Die DDR war also leistungsstärker, effizienter und erfolgreicher als ihr westdeutscher Konkurrenzstaat – zumindest bei den XX. Olympischen Sommerspielen.

Auf diesen protokollarischen und leistungssportlichen Triumph hatte die DDR seit Beginn der 1950er Jahre systematisch hingearbeitet. Denn schon auf der Karl-Marx-Städter Sportkonferenz im Jahr 1955 hatte Walter Ulbricht der Bundesrepublik im Bereich des Sports den Kampf angesagt. Dort hatte er den Sport zum Austragungsort gesellschaftlicher Systemkonkurrenz stilisiert und ihn somit Wissenschaft, Kultur und Wirtschaft gleichgestellt.[2] Damit war die ideologisch vorgegebene Leitlinie des DDR-Sports jedoch lediglich konkretisiert worden. Denn die sozialistische Sportführung hatte bereits im Oktober 1948, mit der Bildung ihrer ersten zentralen Sportorganisation – dem Deutschen Sportausschuss (DSA) – begonnen, den Sport politisch zu vereinnahmen. Dieser Ausschuss bediente sich des Breitensports ebenso selbstverständlich zur allseitigen Bildung der ›sozialis-

---

[1] Übersicht über die Medaillenverteilung bei Olympischen Spielen 1948-1980, in: Gunter Holzweißig, Diplomatie im Trainingsanzug. Sport als politisches Instrument der DDR, München/Wien/Oldenburg 1981, S. 188-190, S. 189.
[2] Rede des Ersten Sekretärs des ZK der SED, Walter Ulbricht, auf der III. Sportkonferenz des Staatlichen Komitees für Körperkultur und Sport 1955 in Karl-Marx-Stadt, in: 20 Jahre DDR – 20 Jahre erfolgreiche Entwicklung von Körperkultur und Sport, Theorie und Praxis der Körperkultur, Beiheft 1969, S. 12-22, S. 13.

tischen Persönlichkeit‹ wie des Spitzensports zur staatlichen Repräsentation, gemäß der Vorgabe: »›Sport ist nicht Selbstzweck, sondern Mittel zum Zweck!«[3]

Der zwei Jahre später gegründete Deutsche Sportbund (DSB), der Dachverband des bundesdeutschen Sports, setzte hingegen auf die konsequente Trennung von Staat und Sport und redete einem ›unpolitischen Sport‹ das Wort. Die Sache sollte allein um ihrer selbst willen in absoluter Freiwilligkeit betrieben werden. Damit brach der westdeutsche Sport mit der deutschen Sporttradition und der Körperfixierung des Dritten Reichs und distanzierte sich deutlich von dem in der DDR propagierten sozialistischen Sportverständnis. Das bedeutete jedoch nicht, dass sich die Bundesregierung ihrerseits einzelner Versuche enthalten hätte, den Sport in ihrem Sinne zu prägen und zu instrumentalisieren. Dem Bundeskanzleramt war die emotionale Breitenwirkung des Sports als Austragungsort der nationalen Systemkonkurrenz dazu viel zu bewusst.

Zunächst entstanden und entwickelten sich die beiden Sportbewegungen in Abgrenzung voneinander. Trotzdem traten sie auf zwei Ebenen ständig in Interaktion miteinander: im Bereich der olympischen Sportdiplomatie und in der unmittelbaren leistungssportlichen Konkurrenz. Während dabei das Kräfteverhältnis auf der sportdiplomatischen Ebene bis in die Mitte der 1960er Jahre durch die soliden bundesdeutschen Kontakte zur olympischen Welt bestimmt wurde, entwickelte sich die DDR in der direkten Wettkampfsituation rasch zum ernst zu nehmenden Gegner.

Seit der Gründung der DDR im Oktober 1949 begann deren Sportbewegung gezielt auf die Repräsentation ostdeutscher Eigenstaatlichkeit in den Sportstadien der Welt hinzuarbeiten. Damit versuchte sie, ihre durch den bundesrepublikanischen Alleinvertretungsanspruch bedingte außenpolitische Isolation im kulturellen Bereich zu unterlaufen.[4] Dem Drängen der DDR auf die internationale Sportbühne wirkten der Deutsche Sportbund und das Nationale Olympische Komitee der Bundesrepublik (NOK) jedoch auf sportdiplomatischem Weg früh entgegen. Sie erreichten durch ihre Blockadehaltung im Internationalen Olympischen Komitee (IOC) vor allem, dass die DDR-Sportler bis zum Jahr 1968 lediglich in einer gesamtdeutschen Olympiamannschaft antreten durften. Erst in diesem Jahr kapitulierte das Internationale Olympische Komitee vor den sport- und deutschlandpolitischen Querelen der beiden deutschen Nationalen Olympischen Komitees und sicherte der DDR ein eigenständiges Startrecht mit vollem Sportprotokoll bei den Olympischen Spielen 1972 in München zu.

Diesen Anerkennungskampf entschied die DDR auch deshalb für sich, weil sie sich im Laufe der 1960er Jahre in der internationalen Sportwelt durch ihre Leis-

---

[3] Äußerung des FDJ-Vorsitzenden Erich Honecker auf der Gründungssitzung des Deutschen Sportausschuss. Zitiert nach: Peter Kühnst, Der mißbrauchte Sport. Die politische Instrumentalisierung des Sports in der SBZ und DDR 1945-1957, Köln 1982, S. 27.

[4] Martin H. Geyer, Der Kampf um nationale Repräsentation. Deutsch-deutsche Sportbeziehungen und die »Hallstein-Doktrin«, in: Vierteljahrshefte für Zeitgeschichte 44, 1996, S. 55-86. Damit war der Sport fester Bestandteil der Auswärtigen Kulturpolitik der DDR, wie Hans-Adolf Jacobsen bereits 1979 zutreffend feststellte. Dazu: Ders., Auswärtige Kulturpolitik, in: Hans-Adolf Jacobsen et al. (Hrsg.), Drei Jahrzehnte Außenpolitik der DDR. Bestimmungsfaktoren, Instrumente, Aktionsfelder, München/Wien, S. 235-260, S. 249. Leider berücksichtigt die Forschung zur Auswärtigen Kulturpolitik der beiden deutschen Staaten den Sport kaum.

tungsstärke in der unmittelbaren sportlichen Konkurrenzsituation einen Namen gemacht hatte. Die DDR-Sportbewegung machte dabei keinen Hehl daraus, dass sportliche Leistung aus ihrer Sicht kein politisches Neutrum war, das sich aus Zehntel-, Hundertstel- und Tausendstelsekunden zusammensetzte. Vielmehr galt sportliche Leistung als Konsequenz der sozialistischen Planung und Produkt der gesamtgesellschaftlichen Verhältnisse. Die Ostberliner Parteilinie bewertete sportliches Leistungsstreben als fortschrittlich und erstrebenswert. Daher wurde es finanziell durch einen hohen Sportetat und strukturell durch die Einrichtung von Kinder- und Jugendsportschulen, Sportclubs und sportwissenschaftlichen Forschungszentren unterstützt.

In der Bundesrepublik verboten sich solche staatlichen Fördermaßnahmen für den ›unpolitischen Sport‹ zunächst von selbst. Sportliche Leistung galt hier als beiläufiges – wenn auch hart erarbeitetes – individuelles Verdienst und fand wenig gesellschaftliche Würdigung. Eher begleitete ein intellektuelles ›Naserümpfen‹ die Trainingsbemühungen der Läufer, Schwimmer und Radfahrer. Diese gesellschaftlich etablierte Dichotomie zwischen Staat und Sport war jedoch mit dem Beginn des Leistungsbooms im DDR-Sport seit Mitte der 1950er Jahre nicht mehr aufrechtzuerhalten. Denn nun entwickelten sich die sportlichen Erfolge der DDR-Athleten für die westdeutsche Gesellschaft, ihre politische Führung und die journalistischen Meinungsmacher zu einer Reihe immer wiederkehrender ›Sputnik-Schocks‹. Daher setzte sich auch in der Bundesrepublik die Überzeugung durch, dass es sich beim sportlichen Wettkampf um eine Teilkonkurrenz der übergeordneten Systemauseinandersetzung handele. Gleichzeitig entstand im Laufe der 1960er Jahre auf der westlichen Seite der Mauer ein argumentatives Pendant zu Ulbrichts Herausforderung aus dem Jahr 1955. So schoss der Generalsekretär der CDU, Konrad Kraske, im Oktober 1970 zurück, man werde schon zeigen, »daß die freiheitliche Demokratie im Vergleich mit dem totalitären Staat nicht nur die bessere, die humanere und die gerechtere, sondern auf längere Sicht auch die erfolgreichere und effektivere Staatsform ist – auch im Bereich des Sports.«[5]

Die neue, zu Beginn der 1960er Jahre vorgenommene, sportpolitische Weichenstellung der Bundesrepublik zog zwei wichtige Veränderungen für den gesellschaftlichen Teilbereich Sport nach sich. Unter dem Druck des Kalten Krieges rückte er erstens im zeitgenössischen Diskurs vom ›schwitzenden Stiefkind‹ zum ernst zu nehmenden Partner auf Augenhöhe mit Wissenschaft, Wirtschaft und Kultur auf. In diesem Kontext vollzog der westdeutsche Sport Erfolgsmechanismen des DDR-Leistungssports wie den Abschied vom Amateur und die stärkere Ausdifferenzierung von Breiten- und Leistungssport konsequent nach. Gleichzeitig entdeckte nun auch die Gesellschaft der Bundesrepublik eine Verantwortung für ihre Leistungssportler.

Zweitens übernahm der bundesdeutsche Sport, um konkurrenzfähig zu bleiben, strukturelle Effizienzmechanismen aus dem DDR-Leistungssport. So passte sich die westdeutsche Leistungssportförderung im Laufe der 1960er Jahre in den Bereichen Nachwuchsförderung, zentrale Leitung, Finanzierung von Trainern

---

[5] Zitiert in: Ansprachen auf der konstituierenden Sitzung der Deutschen Sportkonferenz am 22.10.1970, im: Bundesministerium des Innern (Hrsg.), betrifft: Bonn 1970, S. 71. Sportbericht der Bundesregierung.

und Leistungszentren durch die öffentliche Hand und besonders hinsichtlich der langfristigen Planung sportlicher Spitzenleistung dem sozialistischen Sportsystem an, wobei dieses unversehens vom Feindbild zum Vorbild avancierte. Das Verhältnis zwischen Staat und Sport wurde nun auch in der Bundesrepublik enger gestaltet. Einige wenige westdeutsche Sportfunktionäre steuerten und forcierten diese Entwicklung bewusst, da sie sich von der Übernahme der Systemkonkurrenz höhere Fördersummen und institutionelle Verbesserungen beispielsweise in den Sportwissenschaften versprachen.

In diesem Punkt lässt sich eine deutliche Parallele zu der Entwicklung des Leistungssports in der DDR ziehen. Denn auch dort schuf die hohe Leistungsfähigkeit des DDR-Sports zunehmend gesellschaftliche Freiräume für einzelne Funktionäre und Akteure, die diese eigensinnig nutzten, um ihren Spielraum zu erweitern. Dazu bedienten sie sich ähnlicher Argumentationsmuster wie ihre westdeutschen Kollegen. Auch östlich der Mauer wurde die Betonung der Systemkonkurrenz zusammen mit der Konstruktion künstlicher Bedrohungsszenarien hinsichtlich der zunehmenden Leistungsfähigkeit des westdeutschen Sportsystems benutzt, um höhere finanzielle Zuwendungen zu erlangen. Die DDR-Sportfunktionäre betrieben somit gezielte Interessenpolitik in der Diktatur. Das darf jedoch nicht über die deutlichen Unterschiede zwischen der Leistungssportförderung in der DDR und der Bundesrepublik hinwegtäuschen. Denn zum einen beruhten die Freiheiten der ostdeutschen Funktionäre zum größten Teil auf vorauseilendem Gehorsam gegenüber der Parteilinie. Zum anderen war der DDR-Sport viel enger mit den anderen Teilbereichen der sozialistischen Gesellschaft verwoben, als dies in einer pluralistischen Gesellschaft denkbar wäre. So wurden Veränderungen im Planungssystem der Wirtschaft im Sport unmittelbar nachvollzogen, und auch die Bindung zwischen der praktischen Leistungssportentwicklung und der sportwissenschaftlichen Forschung gestaltete sich viel enger als in der Bundesrepublik. Auch östlich der Mauer lässt sich zeigen, wie der Kalte Krieg die kulturelle Sphäre des Sports stetig durchdrang und veränderte. Dies geschah nicht zuletzt durch die intensive gegenseitige Beeinflussung der beiden deutschen Sportsysteme, die zu Beginn der 1970er Jahre in einer deutliche Annäherung mündete.

Methode

a) Verflechtung, Konkurrenz und Abgrenzung – eine Beziehungsgeschichte

Gegenüber der gängigen ›asymmetrischen Parallelgeschichte‹ der beiden deutschen Staaten, in der sich das Erfolgsmodell Bundesrepublik von dem Auslaufmodell DDR abhebt, setzt das Kapitel Leistungssport einen Kontrapunkt. Denn hier etablierte sich die DDR seit Mitte der 1950er Jahre als richtungsweisender

Rivale. Die folgende Studie untersucht die sportpolitischen Strukturveränderungen in der Bundesrepublik und der DDR sowie die aus der unmittelbaren Konkurrenzsituation hervorgehende gesellschaftliche Neubewertung des Sports in den 1960er Jahren aus beziehungsgeschichtlicher Perspektive. Dadurch können für diesen Teilbereich der deutsch-deutschen Beziehungsgeschichte Aussagen darüber getroffen werden, wie innerstaatliche Veränderungen östlich und westlich der Mauer unmittelbar durch die Existenz des ›Konkurrenzstaates‹ beeinflusst oder sogar erst ausgelöst wurden. Dies gilt insbesondere für die Prägung der Bundesrepublik durch ihre ›verinnerlichten Herausforderungen durch den Osten‹ (Lutz Niethammer), deren Analyse noch aussteht.[6] In diesem Zusammenhang soll detailliert gezeigt werden, wie sich ostdeutsche Feindbilder zu einflussreichen Vorbildern wandelten, wie ›sozialistische‹ Lösungsansätze in der Bundesrepublik perzipiert und teilweise in das freiheitliche System integriert wurden. Umgekehrt wird zu zeigen sein, dass sich die DDR-Sportführung nicht nur zu diesen Transfers positionierte, sondern sie zu ihren Gunsten deutete und entsprechend instrumentalisierte, womit sie auch auf die innerstaatliche Entwicklung der DDR zurückwirkten.

Die Beziehung der beiden deutschen Staaten im Bereich des Sports wird in dieser Studie anhand dreier Kategorien untersucht, die auf das von Christoph Kleßmann angeregte Untersuchungsmuster ›Verflechtung und Abgrenzung‹ zurückgehen.[7] Ergänzend tritt die Kategorie ›Konkurrenz‹ hinzu. Konkurrenz gilt im Folgenden als das dynamisierende Element in der deutsch-deutschen Beziehungsgeschichte. Im Zentrum der Betrachtung stehen einzelne Akteure aus dem Bereich des organisierten Sports, der Politik und der öffentlichen Meinung. Dabei wird unterstellt, dass sie die Einstellungen der sie umgebenden Gesellschaften teilen und reflektieren. Daher werden jeder der drei Kategorien Forschungshypothesen zugeordnet, die darauf abzielen, einen weiteren Blick auf das Verhältnis der beiden deutschen Gesellschaften zueinander zu öffnen.

Verflechtung: Unter dem Begriff ›Verflechtung‹ wird zum einen die direkte Interaktion der sportlichen Akteure und Funktionäre auf internationaler und olympischer Ebene verstanden. Zum anderen – so die weiterführende Hypothese – sind die sportlichen sowie die politischen Akteure auch durch die sie umgebende historische Konstellation des Kalten Krieges verbunden, die zu einer merklichen Angleichung ihrer Argumentations- und Handlungsmuster führte und es gleichzeitig mit sich brachte, dass sich einzelne Ereignisse, wie beispielsweise die Olympischen Spiele des Jahres 1964, gleichzeitig sowohl diesseits als auch jenseits der Mauer prägend auswirkten. In diesen Punkten verflochten sich die Einzelstränge der unterschiedlichen sportpolitischen Entwicklungen in Ost und West immer wieder.

---

[6] Dazu: Lutz Niethammer, Methodische Überlegungen zur deutschen Nachkriegsgeschichte. Doppelgeschichte, Nationalgeschichte oder asymmetrisch verflochtene Parallelgeschichte?, in: Christoph Kleßmann/Hans Misselwitz/Günther Wichert (Hrsg.), Deutsche Vergangenheiten – eine gemeinsame Herausforderung, Berlin 1999, S. 307-327, S. 326; sowie Axel Schildt/Detlef Siegfried/Karl Christian Lammers, Einleitung, in: dies. (Hrsg.), Dynamische Zeiten. Die 60er Jahre in den beiden deutschen Gesellschaften, Hamburg 2000, S. 11-20, S. 16.

[7] Christoph Kleßmann, Verflechtung und Abgrenzung. Aspekte der geteilten und zusammengehörigen deutschen Nachkriegsgeschichte, in: Aus Politik und Zeitgeschichte B29-30, 1993, S. 30-41.

Abgrenzung: Für beide deutsche Staaten war seit ihrer Gründung die ideologische Abgrenzung vom jeweils anderen konstitutiv. Im Folgenden soll jedoch geprüft werden, inwiefern sich die prinzipielle Ablehnung von DDR-Strukturen parallel zum Rückgang des ausgeprägten Antikommunismus der 1950er Jahre veränderte. Dabei sind die rhetorische und die strukturelle Abgrenzung getrennt voneinander zu betrachten. Denn es wäre denkbar, dass die rhetorische Abgrenzung fortbestand, obwohl die strukturelle Annäherung längst eingesetzt hatte. Die Abgrenzung und somit die bestehenden Unterschiede zwischen beiden Staaten ständig mitzudenken, bedeutet auch ungerechtfertigte Parallelisierungen und konstruierte Gleichsetzungen zu vermeiden.

Konkurrenz: Die Untersuchung fokussiert insbesondere auf die Konkurrenzbeziehungen zwischen DDR und Bundesrepublik im Bereich des Sports. Diese Schwerpunktsetzung erscheint nahe liegend, ist die Konkurrenz doch dem sportlichen Wettkampf ebenso wie der Systemauseinandersetzung im Kalten Krieg inhärent und stellt somit die Vermittlungsinstanz zwischen Sport- und Beziehungsgeschichte dar.

Unter Konkurrenz wird dabei nicht die zeitlich begrenzte Situation des Wettkampfs verstanden, sondern das Gefühl, sich mit einem Gegner langfristig messen zu müssen. Diese permanente Konkurrenzsituation wird als ein positiver, dynamischer und konstruktiver Zustand verstanden, in dem die konkurrierenden Parteien auf das Engste miteinander verbunden sind.[8] Die Konkurrenz – oder genauer die Systemkonkurrenz – war demnach für die Beteiligten in Ost und West permanent erfahrbar, prägte ihre Argumente und Entscheidungen und wurde teilweise von ihnen bewusst instrumentalisiert. Daher wird die Konkurrenzsituation nicht nur auf abstrakter staatlicher Ebene diskutiert. Es wird vielmehr angenommen, dass sie sich in den Handlungsmustern einzelner Akteure niederschlug. Nur über diesen Weg konnte sie für beide deutsche Staaten gleichermaßen prägend werden.

Die Frage nach der Konkurrenz soll auf der Basis zweier konkreter Hypothesen geprüft werden: Erstens wird davon ausgegangen, dass die Beziehungen zwischen beiden deutschen Staaten seit dem Beginn der 1960er Jahre parallel zu den gesellschaftlichen Veränderungen in ihnen an Dynamik gewannen. Die DDR begab sich seit dem Mauerbau im August 1961, ihrem ›heimlichen Gründungstag‹ (Dietrich Staritz), aus einer neuen, stabileren Ausgangslage auf den Weg innerer Reformen. In der Wirtschaft hielten Prognostik und ›materielle Anreize‹ Einzug, und die DDR-Wissenschaft präsentierte sich trotz Stacheldraht als internationaler Diskussionspartner, besonders in den Naturwissenschaften. Mit dem Schritt der DDR vom Provisorium zum auf Dauer gestellten Konkurrenzstaat veränderte sich auch der Blick der Bundesrepublik auf die zweite deutsche Diktatur. Der schwindende Antikommunismus gab dabei den Blick frei für eine intensivere Auseinandersetzung mit dem sozialistischen System jenseits der Mauer. Gleichzeitig wuchs in der Bundesrepublik das Gefühl, mit der DDR in manchen Bereichen langfristig konkurrieren zu müssen. Das lag besonders daran, dass die Of-

---

[8] Zur Konkurrenz siehe: Georg Simmel, Soziologie der Konkurrenz, in: Neue Deutsche Rundschau 14, 1903, S. 1009-1023.

fensive der DDR in Wissenschaft und Bildung ebenso wie im Sport zu Beginn der 1960er Jahre auf eine westdeutsche Bevölkerung traf, die durch erste Systemkrisen tief verunsichert war. Folglich wurden DDR-Modelle aus den Bereichen Planung, Sportförderung und Bildung plötzlich auch in der Bundesrepublik diskutierbar. Es soll zweitens die Hypothese geprüft werden, ob dieser flexiblere Umgang mit DDR-Entwürfen einer verstärkten Konkurrenz zwischen beiden deutschen Staaten entsprang.

b) Tradition, Kultur, Gesellschaft – eine Sportgeschichte

Die vorliegende Untersuchung versteht sich nicht nur als Beitrag zu einer deutsch-deutschen Beziehungsgeschichte, sondern möchte darüber hinaus das Thema Sport stärker in der Zeitgeschichte verankern. Deren bisherige politikhistorische Fixierung auf sportliche Strukturen soll überwunden und den kulturellen Besonderheiten des Untersuchungsgegenstandes stärker Rechnung getragen werden. Denn Sport ist nicht nur ein gesellschaftlicher Teilbereich, sondern eben auch ein Kulturphänomen mit eigenem Charakter, der sich im Kontext historischer Prozesse wandelt. Facetten dieses Charakters sind beispielsweise der Stellenwert der Leistung, seine politische Aufgeladenheit sowie Fragen der Vermassung und Vermarktung.[9]

Von daher erscheint es sinnvoll, zwei Untersuchungsfelder abzustecken, die von der ›Zeitgeschichte des Sports‹ bisher weitgehend ignoriert wurden.[10] Erstens den Bedeutungswandel des Sports im Kalten Krieg und zweitens dessen Schnittstellen zu anderen gesellschaftlichen Bereichen in der Systemkonkurrenz.

Bedeutungswandel: Der Sport ist offen für Bedeutungszuschreibungen von außen.[11] Diese beschränkten sich in den Jahrzehnten zwischen 1950 und 1970 nicht nur auf seine Deklarierung als Nebenschauplatz des Kalten Krieges. Vielmehr lässt sich eine gesellschaftliche Neubewertung des Sports an einer Reihe weitaus differenzierterer Zuschreibungen ablesen, die den Blick auf längerfristige Traditionen der deutschen Sportentwicklung in beiden deutschen Staaten öffnen. Dabei kommt dem politischen und gesellschaftlichen Diskurs über den Sport eine

---

[9] Siehe dazu die theoretischen Vorüberlegungen bei: Norbert Elias, Einführung, in: ders./Eric Dunning, Sport und Spannung im Prozess der Zivilisation. Norbert Elias, Gesammelte Schriften, Band 7, Frankfurt a. Main 2003, S. 42-120; sowie Johan Huizinga, Homo ludens. Vom Ursprung der Kultur im Spiel, 18. Aufl., Hamburg 2001 und Christian Graf von Krockow, Der Wetteifer in der industriellen Gesellschaft, in: Neue Sammlung 2, 1962, S. 297-308; ders., Sport, Gesellschaft, Politik. Eine Einführung, München 1980; ders., Sport und Industriegesellschaft, München 1972.

[10] Die ›Zeitgeschichte des Sports‹ ist eine etablierte Forschungsrichtung. Sie ist unter anderem an den sportwissenschaftlichen Lehrstühlen der Universitäten Göttingen, Hannover und Potsdam beheimatet. Als Nestor der ›Zeitgeschichte des Sports‹ gilt der Kölner Professor Hajo Bernett. Während die ›Zeitgeschichte des Sports‹ zunächst stark auf die Analyse des Arbeitersports und die Instrumentalisierung des Sports im Dritte Reich fixiert war, rückte in den letzten Jahren der DDR-Sport in den Mittelpunkt des Forschungsinteresses.

[11] Die Entwicklung dieser Untersuchungsebene geht auf die theoretischen Vorarbeiten von Christiane Eisenberg zurück, insbesondere: Der deutsche Sport als Zeitgeschichte, in: Mitteilungen aus der kulturwissenschaftlichen Forschung 17, 1994, Heft 34, S. 179-191; dies., Sportgeschichte. Eine Dimension der Kulturgeschichte, in: Geschichte und Gesellschaft 23, 1997, S. 295-310.

hohe Bedeutung zu. Denn in ihm wird ausgehandelt bzw. festgelegt, ob Sport als modern und fortschrittlich, als reaktionär und dekadent, als Spieltrieb oder Leistungsäußerung, als Ausdruck gesellschaftlicher Verhältnisse oder als politischer Platzhalter wahrgenommen wird.

In der DDR wurde das sportliche Leistungsstreben von Beginn an eng mit dem sozialistischen Fortschrittsglauben und dem Modernisierungsanspruch der DDR verknüpft. Mit der daraus resultierenden Politisierung des Sports bei gleichzeitiger Überbetonung des Leistungssports setzte die DDR die deutsche Sporttradition konsequent fort. Denn der deutsche Sport war bereits seit der Jahrhundertwende durch seine extreme Nähe zum Staat und seine Leistungsfixierung gekennzeichnet.[12]

Die Bundesrepublik verließ diese Sporttradition bewusst und kappte im Nachgang des Dritten Reichs die Bindung zwischen Sport und Staat fast völlig. Zudem bemühten sich hohe Sportvertreter ein neues, stärker an spielerischen Elementen orientiertes Sportverständnis zu etablieren. Erst in den 1960er Jahren kehrte die bundesdeutsche Sportbewegung durch die rhetorische Festlegung einer Verantwortung der Gesellschaft für ihre Leistungssportler und die parallele Aufwertung sportlichen Leistungsstrebens zu ihren Wurzeln im Deutschen Reich zurück. Nun setzte sich auch westlich der Mauer die Überzeugung durch, dass eine hohe sportliche Leistungsfähigkeit die grundsätzliche Leistungsbereitschaft einer Gesellschaft reflektiere.

Gesellschaftliche Schnittstellen: Es ist seit jeher ein Steckenpferd der ›Zeitgeschichte des Sports‹ gewesen, nach der gesellschaftlichen Schnittstelle zwischen Sport und Politik zu fragen.[13] Dabei wurde der Sport zunächst zum gesellschaftlichen Freiraum deklariert und dann seine Politisierung von oben nachgezeichnet.[14] Dieses Bild erscheint jedoch zu einseitig und verlangt in zweierlei Hinsicht nach einer Ergänzung.

Erstens erfolgt die Einflussnahme der Politik auf den Sport nicht eindimensional. Der Bereich des Sports öffnete sich seinerseits zur Politik hin, um Eigeninteressen durchzusetzen. Zudem können sportdiplomatische Entscheidungen, wie die Vergabe der Olympischen Spiele an eine bestimmte Stadt, politische Konsequenzen nach sich ziehen. Zweitens unterhält der Sport nicht nur Verbindungen

---

[12] Christiane Eisenberg, English Sports und deutsche Bürger. Eine Gesellschaftsgeschichte 1800-1939, Paderborn/München/Wien/Zürich 1999.

[13] Diese Ausrichtung geht auf Hajo Bernett und Hans Joachim Teichler zurück und schlug sich beispielsweise nieder in: Hajo Bernett, Der Weg des Sports in die nationalsozialistische Diktatur, Schorndorf 1983 und Hans Joachim Teichler, Internationale Sportpolitik im Dritten Reich, Schorndorf 1991. Sie wurde von beiden auch der beginnenden Aufarbeitung des DDR-Sports in die Wiege gelegt.

[14] Zur wenig ergiebigen Debatte um den Sport als gesellschaftlichem Freiraum innerhalb der Sportwissenschaften siehe: Jürgen Baur et al., Der DDR-Sport als gesellschaftliches Teilsystem, in: Sportwissenschaft 27, 1997, S. 369-390. Wolfgang Buss/Sven Güldenpfennig/Arnd Krüger, Geschichts-, kultur-, sport(politik)- und wissenschaftstheoretische Grundannahmen sowie daraus resultierende Leitfragen für die Forschung, in: Sozial- und Zeitgeschichte des Sports 13, 1999, S. 65-74; Wolfgang Buss/Sven Güldenpfennig, Sport als kulturelle Erscheinung – maßgeblicher Fokus auch der Forschung der Zeitgeschichte des DDR-Sports, in: Wolfgang Buss/Christian Becker (Hrsg.), Der Sport in der SBZ und frühen DDR (1945 – 1965). Genese – Strukturen – Bedingungen, Schorndorf 2001, S. 61-84.

zur Politik, sondern auch zu Wirtschaft und Wissenschaft. Bezieht man die Schnittstellen zwischen dem Sport und den anderen gesellschaftlichen Teilbereichen in die Untersuchung mit ein, verliert die Verbindung von Sport und Politik an Bedeutung. Vielmehr wird deutlich, dass der Sport auch an wirtschaftlichen und wissenschaftlichen Veränderungen partizipiert. Diese Betrachtungsweise basiert auf der Grundannahme, dass Sport immer Bestandteil gesamtgesellschaftlicher Veränderungen und somit kein Freiraum per se ist. Damit wird er zum Mikrokosmos, in dem auf einer beschränkten Akteursebene (nämlich den beiden Verbänden im Spannungsfeld mit den zuständigen staatlichen Stellen) gesellschaftliche Grundströmungen der 1950er, 1960er und frühen 1970er Jahre in beiden deutschen Staaten nachgezeichnet werden können.

Gliederung

Der gesellschaftsgeschichtliche Blick schlägt sich auch in der Gliederung der vorliegenden Arbeit nieder. Daher sind es weniger deutschlandpolitische Eckdaten wie der 13. August 1961 oder sporthistorische Daten wie die Olympischen Spiele des Jahres 1964 als vielmehr die fließenden Übergänge sozialer und mentaler Grundströmungen, welche den zeitlichen Rahmen der einzelnen Kapitel bestimmen. Das erste Kapitel zu den 1950er Jahren steht für die Bundesrepublik ganz im Zeichen von Abgrenzung und dominierendem Antikommunismus, der sich nicht nur in der Rhetorik der Verbandsfunktionäre niederschlug, sondern noch deutlicher in ihrem Versuch, den ›unpolitischen Sport‹ in Abgrenzung zur DDR zu schaffen. Für die DDR wird demgegenüber die Installation eines dirigistischen Fördersystems im Leistungssport nachgezeichnet sowie die begleitenden Widerstände an der sportlichen Basis.
Die Kapitel zwei bis vier behandeln die 1960er Jahre. In diesen Zeitraum fiel die globale Modernisierung des Leistungssports, die beide deutsche Sportverbände vor neue Herausforderungen stellte. Außerdem vollzog sich nun der Transfer von Leistungssportstrukturen der DDR in die Bundesrepublik, und in beiden Staaten entschied sich der Kampf um die bevorzugte Stellung des Leistungs- vor dem Breitensport. Die Darstellung verzichtet auf die direkte Gegenüberstellung ähnlicher Problembereiche zu Gunsten einer weitgehend chronologischen Darstellung. Dadurch treten die Ungleichzeitigkeiten gesellschaftlicher Strömungen in der Bundesrepublik und der DDR schärfer zu Tage. So reagierte die DDR auf die Modernisierung des Sports, die an dem wissenschaftlich, technisch und medizinisch forcierten Leistungsboom der Olympischen Spiele 1964 sichtbar wurde, unmittelbar, da zeitgleich auch die Vorzeichen im Staatsapparat auf Aufbruch im Sinne von Prognostik und wissenschaftlich-methodischem Fortschritt standen. Die bundesdeutsche Sportführung, der es zwar nicht an wachsendem gesellschaftlichem Druck, wohl aber an einer Vision fehlte, versuchte der Entwicklung mit dem Transfer erster DDR-Modelle in die Bundesrepublik zu begegnen. Erst die

westdeutsche Planungseuphorie sollte den Leistungssport endlich in einem ähnlichen Maße beflügeln wie dies das Neue Ökonomische System für den Leistungssport der DDR getan hatte.

Erst am Ende der Studie wird die stetig mitlaufende Betrachtungsebene der Probleme und Ziele beider Staaten im olympischen Bereich in einem eigenständigen Kapitel zu den Olympischen Spielen 1972 verdichtet. Dies erschien sinnvoll, da dort drei Entwicklungen zum Abschluss kommen: Erstens zeigt die Vorbereitung der Olympischen Spiele, dass sich nun auch in der Bundesrepublik die Idee des Sports als eines nationalen Repräsentationsraums durchgesetzt hatte. Da sie jedoch der DDR im Sport leistungsmäßig nicht mehr gewachsen war, verlagerte sich ihr Repräsentationsbedürfnis fast ausschließlich auf den zeremoniellen Rahmen und die architektonische Ausgestaltung der Spiele. Zweitens trat die DDR in München nicht nur als Favorit auf, sondern per Selbstzuschreibung als souveräner Staat und ›sozialistische Nation‹. Das eröffnet die Möglichkeit, einen kurzen Rückblick auf die nationalen Auswirkungen der ständigen Konkurrenzsituation beider deutscher Staaten im Sport zu wagen. Drittens kann noch einmal auf die Olympische Bewegung eingegangen werden, deren doppelbödige Inanspruchnahme des Sports als nationaler Repräsentationsraum und unpolitischer Freiraum das deutsch-deutsche Gegeneinander im Sport ebenso kaschiert wie forciert hat. Sie wurde durch das Attentat vom 5. September 1972 vor die Grundsatzentscheidung gestellt, ihre unpolitische Maske endgültig abzulegen oder aber die Spiele weitergehen zu lassen.

Das hochkomplexe Thema ›Doping‹, das im sportlichen Wettkampf zwischen Ost und West eine bedeutende Rolle spielte, kann im Rahmen der vorliegenden Arbeit nicht behandelt werden. Dafür gibt es mehrere Gründe: Doping ist ein umfassendes kulturhistorisches Phänomen, das eine Annäherung aus verschiedenen wissenschaftlichen Blickwinkeln verlangt.[15] Dazu gehört zum einen die wissenschaftshistorische Einordnung in die Entwicklung der sportmedizinischen Forschung in Deutschland, deren Anfänge sich bereits im 19. Jahrhundert nachweisen lassen. Zum anderen darf eine wissenschaftliche Analyse des Themas neben organisationsgeschichtlichen Aspekten auch kulturhistorische Fragen nach dem menschlichen Drang der scheinbar grenzenlosen körperlichen Leistungssteigerung nicht vernachlässigen. Vor allem aber ist Doping ein Produkt transnationaler wissenschaftlicher Transferprozesse und sollte daher nach Möglichkeit in vergleichender Perspektive aufgearbeitet werden. Dies wird im vorliegenden Fall jedoch durch einen extrem ungleichgewichtigen Zugang zum Quellenmaterial erschwert. Während das unmenschliche DDR-Dopingsystem, das von staatlicher Seite gesteuert wurde und auch die heimliche medizinische Manipulation von Kindern einschloss, in zahlreichen Aktenbeständen detailliert dokumentiert ist, gibt es kaum Nachweise über die Dopingpraxen der westlichen Welt.[16] Eine An-

---

[15] Die skizzierten Fragenkomplexe lehnen sich an die anregenden soziologischen und kulturhistorischen Forschungsarbeiten von John Hoberman an. Siehe dazu: John Hoberman, Mortal Engines. The Science of Performance and the Dehumanization of Sport, New York 1992 (deutsche Ausgabe: ders., Sterbliche Maschinen. Doping und die Unmenschlichkeit des Hochleisungssports, Aachen 1994) sowie ders., Testosterone Dreams: Rejuvenation, Aphrodisia, Doping, Berkeley 2005.
[16] Zum DDR-Dopingsystem, jedoch stark auf organisatorische Aspekte fokussiert: Giselher Spitzer, Doping in der DDR: ein historischer Überblick zu einer konspirativen Praxis, Genese – Verant-

näherung an diesen Themenkomplex wäre über eine detaillierte Auswertung der sportmedizinischen Literatur der Bundesrepublik sowie das mühsame Zusammentragen von Zeitungsmeldungen und Zeitzeugeninterviews möglich. Diesen Aufwand kann jedoch nur eine eigene kultur- und wissenschaftshistorische Studie zum Thema ›Doping‹ in gesamtdeutscher Perspektive leisten, die an dieser Stelle nachdrücklich angeregt sei.

Einordnung in den Forschungsstand

Die vorliegende Studie muss ihren Platz in vier Forschungsrichtungen finden: in der deutsch-deutschen Beziehungsgeschichte, in der bundesdeutschen Geschichte insbesondere der 1960er Jahre, in der Sportgeschichte und in der DDR-Geschichte.

Das Verfassen einer deutsch-deutschen Beziehungsgeschichte ist häufiger gefordert als tatsächlich eingelöst worden. Diese Feststellung darf jedoch nicht darüber hinwegtäuschen, dass auf wertvolle inhaltliche Vorarbeiten und konzeptionelle Vorüberlegungen zurückgegriffen werden kann. Christoph Kleßmann hat bereits in den 1980er Jahren zwei deutsch-deutsche Parallelgeschichten vorgelegt.[17] Da das Jahr 1989 nicht nur einen politischen Wandel brachte, sondern auch neue Möglichkeiten der Aufarbeitung der DDR-Geschichte eröffnete, passte er dieses Konzept in seinem Aufsatz aus dem Jahr 1993 der sich neu gestaltenden Forschungslandschaft an und konkretisierte seine Kategorien ›Verflechtung und Abgrenzung‹.[18] Kleßmanns Ansatz ist seitdem in der Forschung mehrfach aufgegriffen worden und liegt auch hier zugrunde.[19] Diese Schwerpunktsetzung geht über die einfache – und meist künstliche – Parallelisierung beider deutscher Geschichten hinaus.[20] Vielmehr wird im Folgenden von einer ›asymmetrischen Parallelgeschichte‹ ausgegangen, die kritisch ergänzt werden soll.

---

wortung – Gefahren, 2. Aufl., Köln 2000 sowie Brigitte Berendonk, Doping Dokumente. Von der Forschung zum Betrug, Berlin/Heidelberg/New York 1991.

[17] Christoph Kleßmann, Die doppelte Staatsgründung. Deutsche Geschichte 1945-1955, 5. Aufl., Bonn 1991; sowie ders., Zwei Staaten, eine Nation. Deutsche Geschichte 1955-1970, 2. Aufl., Bonn 1997.

[18] Kleßmann, Verflechtung.

[19] Arnd Bauerkämper/Martin Sabrow/Bernd Stöver (Hrsg.), Doppelte Zeitgeschichte. Deutsch-deutsche Beziehungen 1945-1990, Bonn 1998; sowie Kleßmann, Vergangenheit; Annette Weinke, Die Verfolgung von NS-Tätern im geteilten Deutschland. Vergangenheitsbewältigungen 1949-1969 oder: Eine deutsch-deutsche Beziehungsgeschichte im Kalten Krieg, Paderborn/München/Wien/Zürich 2002.

[20] Daran scheitern auch die hervorragenden Werke von Peter Graf Kielmansegg, Nach der Katastrophe. Eine Geschichte des geteilten Deutschland, Berlin 2000; und Mary Fulbrook, Divided Nation: A History of Germany 1918-1990, New York 1992. Siehe auch: Peter Bender, Deutsche Parallelen. Anmerkungen zu einer gemeinsamen Geschichte zweier getrennter Staaten, Berlin 1989.

Gerade in jüngster Zeit wird die Debatte um eine gemeinsame deutsche Geschichtserzählung für die Zeit des Kalten Krieges erneut geführt. Die Diskussion kreist dabei um die Gewichtung verbindender bzw. kontrastierender Elemente in einer solchen neuen Nationalgeschichtsschreibung.[21] Einigkeit scheint jedoch darin zu bestehen, dass es zukünftig gelingen sollte wechselseitige Transfereinflüsse, Kooperations- und Konkurrenzbeziehungen und die Reaktionen beider deutscher Staaten auf internationale Krisen und Herausforderungen in eine deutsche Nachkriegsgeschichte zu integrieren.[22] Dieser Anspruch soll in der vorliegenden Studie umgesetzt werden.

Obwohl das methodische Rüstzeug somit vorliegt, mangelt es nach wie vor an detaillierten Vergleichs- und Beziehungsstudien zwischen beiden deutschen Staaten. Daran ändern auch einzelne inspirierende Arbeiten wie der Sammelband von Axel Schildt/Detlef Siegfried/Karl Christian Lammers und ein Aufsatz von Bernd Faulenbach zu Modernisierungstendenzen in beiden deutschen Staaten nichts, die beziehungsgeschichtliche und komparative Fragestellungen der deutsch-deutschen Geschichte besonders für die 1960er Jahre aufzeigen.[23] Die in den letzten Jahren boomende Forschung zu diesem Jahrzehnt verlief insgesamt weitgehend entlang der innerdeutschen Staatsgrenze und kam über verstohlene Blicke über die Mauer kaum hinaus.[24] Dennoch wird mit zwei entscheidenden Befunden dieser Forschung wei-

---

[21] Diese Debatte wird teilweise auch unter Beteiligung der Öffentlichkeit geführt. Siehe dazu: Christian Domnitz, Der doppelte Blick. Historiker uneins: Wie soll deutsch-deutsche Geschichte geschrieben werden?, in: Der Tagesspiegel, 20.7.2004, S. 19. Die Verfasserin selbst sieht kein normatives Problem im Schreiben einer gemeinsamen deutschen Nachkriegsgeschichte, sondern vielmehr eine methodische Herausforderung. Die deutsche Teilung zukünftig direkt in einer universalhistorischen Darstellung aufgehen zu lassen, wie Charles Maier es jüngst forderte, hieße aus ihrer Sicht, den zweiten Schritt vor dem ersten zu gehen. Eine »ganz strenge Kontrastgeschichte«, wie Hans-Ulrich Wehler sie anstrebt, geht rückblickend von einer totalen Stunde Null aus, die gesellschaftliche Traditionen ebenso wie gemeinsame Erblasten und ähnliche Herausforderungen ausblendet.

[22] Die jüngste Debatte stieß an: Konrad Jarausch, Zur Integration der beiden deutschen Nachkriegsgeschichten, in: Zeithistorische Forschungen/Studies in Contemporary History 1, 2004, S. 10-30. Darauf reagierten: Hermann Wentker, Zwischen Abgrenzung und Verflechtung: deutsch-deutsche Geschichte nach 1945, in: Aus Politik und Zeitgeschichte B1-2, 2005, S. 10-17 und Christoph Kleßmann, Konturen einer integrierten Nachkriegsgeschichte, in: Aus Politik und Zeitgeschichte B18-19, 2005, S. 3-11. Interessante Anregungen geben auch: Martin Sabrow, Die Diktatur des Paradoxon. Fragen an die Geschichte der DDR, in: Hans Günter Hockerts (Hrsg.), Koordinaten deutscher Geschichte in der Epoche des Ost-West-Konflikts, München 2004, S. 153-174 sowie Etienne François, »Conflicts et partages«: Die Dialektik der geteilten Vergangenheit als historiographische Herausforderung, ebd., S. 325-336.

[23] Schildt, Zeiten; Bernd Faulenbach, ›Modernisierung‹ in der Bundesrepublik und in der DDR während der 1960er Jahre, in: Zeitgeschichte 25, 1998, S. 282-294. Konkrete Vergleiche enthält: Heinz Gerhard Haupt/Jörg Requate (Hrsg.), Aufbruch in die Zukunft. Die 1960er Jahre zwischen Planungseuphorie und kulturellem Wandel. DDR, CSSR und Bundesrepublik Deutschland im Vergleich, Weilerswist 2004. Deren Herangehensweise unterscheidet sich deutlich von der Methode des Systemvergleichs. Dazu: Eckhard Jesse (Hrsg.), Bundesrepublik Deutschland und Deutsche Demokratische Republik. Die beiden deutschen Staaten im Vergleich, 4. Aufl., Berlin 1985.

[24] Für die Bundesrepublik beispielsweise: Matthias Frese/Julia Paulus/Karl Teppe (Hrsg.), Demokratisierung und gesellschaftlicher Aufbruch. Die sechziger Jahre als Wendezeit der Bundesrepublik, Paderborn/München/Wien/Zürich 2003. Wie wenig die jüngere Historikergeneration die DDR bei der Analyse der Bundesrepublik mitdenkt wird deutlich in: Jörg Calließ (Hrsg.), Die Reformzeit des Erfolgsmodells BRD. Die Nachgeborenen erforschen die Jahre, die ihre Eltern und Lehrer geprägt haben, Rehburg-Loccum 2004. Auch in den Gesamtdarstellungen zu der Geschichte der

tergearbeitet werden. Zum einen mit der Kennzeichnung der 1960er Jahre als einem Jahrzehnt der fortschreitenden Modernisierung in beiden deutschen Staaten und zum anderen mit dem Ergebnis, dass in beiden deutschen Gesellschaften in dieser Zeit verstärkt ›systemfremde Mechanismen‹ auftauchten. Die DDR integrierte in den 1960er Jahren ›kapitalistische‹ Leistungsanreize in ihr Neues Ökonomisches System der Planung und Leitung, während in das politische System der Bundesrepublik zeitgleich zunehmend planerische Elemente Eingang fanden.

Da die direkten Sportverbindungen zwischen beiden deutschen Staaten über die gesamte Zeit der Teilung hinweg fortbestanden, stammen aus der ›Zeitgeschichte des Sports‹ gleich mehrere beziehungsgeschichtlich ausgerichtete Arbeiten zu den innerdeutschen und internationalen Sportbeziehungen zwischen der Bundesrepublik und der DDR.[25] Tatsächlich werden diese Arbeiten dem Phänomen des Sports als Grenzen übergreifendem Bindeglied und Teil des diplomatischen Anerkennungswettkampfs durchaus gerecht. Keine von ihnen enthält jedoch Aussagen über den sportpolitischen Strukturwandel in den 1960er Jahren, der in der vorliegenden Arbeit als weiterführende Untersuchungsebene des sportlichen Wettkampfs der Systeme eingeführt wird.

Zu den sportpolitischen Strukturveränderungen und dem damit einhergehenden Bedeutungswandel des Sports im Laufe der 1960er Jahre in beiden deutschen Staaten liegen lediglich einige wenige Untersuchungen aus den Sport- und Politikwissenschaften vor.[26] Dies liegt vor allem an ›disziplinären Scheuklappen‹. Denn während sich die Zeitgeschichte für den Sport nicht verantwortlich fühlt, ignoriert die ›Zeitgeschichte des Sports‹ die zunehmende Entwicklung kultur- oder gesellschaftstheoretischer Fragestellungen in der Zeitgeschichte. Daher hat die ›Zeitgeschichte des Sports‹ bisher zwar unverzichtbares Material gehoben, viele ihrer Publikationen sind jedoch analytisch an der Oberfläche ihres Gegenstandes geblieben.[27]

Bundesrepublik und der DDR fehlen beziehungsgeschichtliche Aspekte fast völlig, siehe: Manfred Görtemaker, Geschichte der Bundesrepublik Deutschland. Von der Gründung bis zur Gegenwart, München 1999 sowie Ulrich Mählert, Kleine Geschichte der DDR, München 1999.

[25] Ulrich Pabst, Sport – Medium der Politik? Der Neuaufbau des Sports in Deutschland nach dem 2. Weltkrieg und die innerdeutschen Sportbeziehungen bis 1961, Berlin/München/Frankfurt a. Main 1980. Geyer, Kampf. In den 1980er Jahren entstanden außerdem die Arbeiten von Gunter Holzweißig, Diplomatie und Norbert Lehmann, Internationale Sportbeziehungen und Sportpolitik der DDR. Entwicklung und politische Funktion unter besonderer Berücksichtigung der deutsch-deutschen Sportbeziehungen, 2 Bände, Münster 1986. Beide legen ihren Untersuchungsschwerpunkt jedoch auf die DDR. Die jüngste Arbeit zur Thematik von Tobias Blasius, Olympische Bewegung, Kalter Krieg und Deutschlandpolitik: 1949 – 1972, Frankfurt a. Main 2001 kommt leider durch die Fixierung auf die bundesrepublikanische Sicht zu mehreren Fehleinschätzungen.

[26] Heinz Schröder, Der Deutsche Sportbund im politischen System der Bundesrepublik, Münster 1989; Jürgen Pedersen, Sportpolitik in der BRD, Lollar 1977 sowie Josef-Otto Freudenreich/Michael Maurer, Sport, in: Wolfgang Benz (Hrsg.), Die Geschichte der Bundesrepublik, Band 3, Frankfurt a. Main 1989, S. 274-309. Für die DDR sind die Vorarbeiten ähnlich gering: Grit Hartmann, Goldkinder. Die DDR im Spiegel ihres Spitzensports, Leipzig 1997; Klaus Reinartz/Giselher Spitzer, Verborgener Strukturwandel durch Medaillenfixierung: Vom Versuch der Hegemonie in der gesamtdeutschen Mannschaft zur Hegemonie im Weltsport, in: Giselher Spitzer et al. (Hrsg.), Schlüsseldokumente zum DDR-Sport – Ein sporthistorischer Überblick, Aachen 1998, S. 131-204.

[27] Als Sammelbände liegen zurzeit vor: Hans Joachim Teichler/Klaus Reinartz (Hrsg.), Das Leistungssportsystem der DDR in den 1980er Jahren und im Prozeß der Wende, Schorndorf 1999; Buss,

Lediglich zwei Ausnahmen fallen ins Auge. So behandelt die zweibändige Gründungsgeschichte des Deutschen Sportbundes, an der unter anderen Ommo Grupe, Wolfgang Buss und Horst Überhorst mitarbeiteten, auch Mentalitäten, Kontinuitäten und Brüche in der bundesdeutschen Sportentwicklung. Außerdem bemühte sich der Arbeitsbereich ›Zeitgeschichte des Sports‹ an der Universität Potsdam, das von Thomas Lindenberger entwickelte Konzept zu Herrschaft und Eigensinn zu adaptieren.[28] Umgekehrt hat die Historikerin Christiane Eisenberg in den letzten Jahren mehrfach methodische und theoretische Ansätze formuliert, die dem Sport zur Aufwertung als Thema in der Geschichtswissenschaft verhelfen sollen.[29] Mit ihrer Habilitationsschrift aus dem Jahr 1999 hat sie das anglo-amerikanische Vorbild einer fest in die Sozial- und Kulturgeschichte integrierten Sportgeschichte nach Deutschland geholt.[30] Die vorliegende Arbeit möchte diesen Weg fortsetzen.

Dies bedeutet insbesondere, das bisher als extrem monolithisch gezeichnete Bild des DDR-Sports zu korrigieren. Dazu sollen die Argumentationsstränge der Debatte um eine Sozialgeschichte der DDR aufgegriffen werden, die Mitte der 1990er Jahre mit methodischer Schärfe und hohem theoretischen Anspruch geführt wurde. Darin plädierten die Beteiligten für das Erforschen gesellschaftlicher Freiräume, konservierter Traditionen und innerer Konfliktlinien.[31] Dem möchte

---

Sport. Die Zeitgeschichte des Sports hat darüber hinaus mehrere Quelleneditionen vorgelegt wie: Hajo Bernett (Hrsg.), Körperkultur und Sport in der DDR. Dokumentation eines geschlossenen Systems, Schorndorf 1994; Spitzer, Schlüsseldokumente; Hans Joachim Teichler (Hrsg.), Die Sportbeschlüsse des Politbüros. Eine Studie zum Verhältnis von SED und Sport mit einem Gesamtverzeichnis und einer Dokumentation ausgewählter Beschlüsse, Köln 2002. Es mangelt jedoch weiterhin an Monographien; wenige Ausnahmen sind zu nennen: Andreas Ritter, Wandlungen in der Steuerung des DDR-Hochleistungssports in den 1960er und 1970er Jahren, Potsdam 2003 und René Wiese, Vom Milchtrinker zum Leistungssportler. Die Entwicklung der Kinder- und Jugendsportschulen der DDR in den 50er Jahren, in: Bundesinstitut für Sportwissenschaft (Hrsg.), Wettbewerb zur Förderung von Nachwuchswissenschaftlern, Köln 1999, S. 1-185. Einen Überblick über die zahlreichen Publikationen von Journalisten und Zeitzeugen gibt: Hans Joachim Teichler, Die Kehrseite der Medaillen: Sport und Sportpolitik in der SBZ/DDR, in: Rainer Eppelmann/Bernd Faulenbach/Ulrich Mählert (Hrsg.), Bilanz und Perspektiven der DDR-Forschung, Paderborn/München/Wien/Zürich 2003, S. 286-292.

[28] DSB (Hrsg.), Die Gründerjahre des Deutschen Sportbundes. Wege aus der Not zur Einheit, Band 1 und 2, Schorndorf 1990; Hans Joachim Teichler (Hrsg.), Sport in der DDR. Eigensinn, Konflikte, Trends, Köln 2003.
[29] Eisenberg, Sport; dies., Sportgeschichte; dies., Die Entdeckung des Sports durch die moderne Geschichtswissenschaft, in: Historical Social Research 27, 2002, Nr. 2/3, S. 4-21; dies., Sports. Dazu auch: Uta Andrea Balbier, »Spiel ohne Grenzen«. Zu Stand und Perspektiven der deutschen Sportgeschichtsforschung, in: Archiv für Sozialgeschichte 45, 2005, S. 585-598. Zur internationalen Forschungslandschaft der Sportgeschichte siehe den Forschungsbericht: Allen Guttmann, Sport, Politics and the Engaged Historian, in: Journal of Contemporary History 38, 2003, S. 363-375.
[30] Eisenberg, Sports.
[31] Sigrid Meuschel, Überlegungen zu einer Herrschafts- und Gesellschaftsgeschichte der DDR, in: Geschichte und Gesellschaft 19, 1993, S. 5-14; Jürgen Kocka, Eine durchherrschte Gesellschaft, in: Hartmut Kaelble et al. (Hrsg.), Sozialgeschichte der DDR, Stuttgart 1994, S. 547-553; Ralph Jessen, Die Gesellschaft im Staatssozialismus. Probleme einer Sozialgeschichte der DDR, in: Geschichte und Gesellschaft 21, 1995, S. 96-110; Detlef Pollack, Die konstitutive Widersprüchlichkeit der DDR. Oder: War die DDR-Gesellschaft homogen?, in: Geschichte und Gesellschaft 23, 1997, S. 110-131. Fokussiert und umgesetzt hat die Debatte: Thomas Lindenberger (Hrsg.), Herrschaft und EigenSinn. Köln 1999, besonders ders., Die Diktatur der Grenzen. Zur Einleitung, ebd., S. 13-44. Bisher

die vorliegende Studie gerecht werden, indem sie Aushandlungsprozesse innerhalb des Deutschen Turn- und Sportbundes intensiver verfolgt, trotz des strukturellen Neubeginns im DDR-Sport nach tieferen Traditionslinien fragt und – wo möglich – das eigensinnige Sich-Entziehen an der sportlichen Basis schlaglichtartig beleuchtet.

Quellenlage

Die vorliegende Studie bewegt sich auf zwei verschiedenen Untersuchungsebenen, die auch das Quellenmaterial gliedern. Der sportpolitische Strukturwandel lässt sich für beide deutsche Staaten zum einen durch die relevanten Bestände der Stiftung Archiv der Parteien und Massenorganisationen der DDR im Bundesarchiv Berlin (SAPMO), des Bundesarchivs Berlin (BArch Berlin) und des Bundesarchivs Koblenz (BArch Koblenz) rekonstruieren. Dazu zählen auf DDR-Seite im Einzelnen die Akten des Sekretariats des ZK, des Politbüros[32] und der Abteilung Sport beim ZK der SED, des Staatlichen Komitees für Körperkultur und Sport und des Deutschen Turn- und Sportbundes. Für die Bundesrepublik erwiesen sich die Bestände des Bundeskanzleramts, des Bundesministeriums des Innern und des Deutschen Sportbundes als aufschlussreich. Der Bestand des Organisationskomitees für die Olympischen Spiele 1972 in München war leider unergiebig, da es ein fast reiner Verwaltungs- und Organisationsbestand ist. Eine ergänzende Recherche in den Beständen des Politischen Archivs des Auswärtigen Amtes (PA AA) und im Historischen Archiv des Internationalen Olympischen Komitees im Olympischen Museum in Lausanne lieferte zusätzliche Hintergrundinformationen zu den sportdiplomatischen Auseinandersetzungen insbesondere auf olympischer Ebene. Da der Untersuchungsfokus der Studie jedoch auf der Sportförderung als innenpolitischem Phänomen liegt, dominiert die sehr gute Überlieferung des Bundesministeriums des Innern für die politikhistorische Untersuchungsebene.

Das Erkenntnisinteresse der Studie liegt neben der staatlichen Umstrukturierung auch auf der diskursiven Aufwertung und gesellschaftlichen Neupositionierung des Sports in beiden deutschen Staaten. Daher ergänzte eine umfassende Zeitschriften-, Zeitungs- und Literaturrecherche die Sichtung der staatlichen und verbandsinternen Materialien. Dabei wurden die Jahrgänge 1950 bis 1972 der wichtigsten sportwissenschaftlichen Zeitschriften aus Ost und West ausgewertet,

---

wurde diese Debatte in den Sportwissenschaften meist im Kontext der Gründung der Leistungssportkommission der DDR im Jahr 1966 aufgegriffen: Ritter, Wandlungen sowie Giselher Spitzer, Der innerste Zirkel: Von der Leistungssportkommission des Deutschen Turn- und Sportbundes zur LSK der DDR, in: Sportwissenschaft 25, 1995, S. 369-375. Beide schießen jedoch in ihrer Interpretation über das eigentliche Ziel hinaus.

[32] Die für den Sport relevanten Beschlüsse des innersten Zirkels des SED-Machtapparates sind aufgelistet in: Teichler, Sportbeschlüsse.

darunter *Olympisches Feuer*, *Theorie und Praxis der Körperkultur*, *Die Leibeserziehung* und die *Wissenschaftliche Zeitschrift der Deutschen Hochschule für Körperkultur und Sport*. Hinzu kamen gesellschaftspolitische Zeitschriften, wie die *Neue Gesellschaft*, die *Politische Meinung* und das *Deutschland Archiv*. Außerdem flossen Artikel und Kommentare der großen west- und ostdeutschen Tages- und Wochenzeitungen in die Untersuchung mit ein. Da sich der beschriebene Diskurs auch in Sachbüchern niederschlug, zählen auch zahlreiche zeitgenössische Veröffentlichungen aus den 1960er und 1970er Jahren zu den ausgewerteten Quellen. Diese stammen mehrheitlich aus dem theoretischen Umfeld der Neuen Linken, die sich als letzte Gruppe in der Bundesrepublik gegen die Neubewertung und Umformung des Sports in der Systemkonkurrenz stellte.[33]

---

[33] Einen kurzen und prägnanten Überblick gibt: Wilhelm Bruns, Sport und Politik. Zur Instrumentalisierung des Sports, in: Neue Politische Literatur 17, 1972, S. 231-238.

ERSTES KAPITEL

DIE RÜCKKEHR ZUR WELTSPITZE – AUFBAU DES DEUTSCHEN SPITZENSPORTS IN DEN 1950ER JAHREN

1.1 Identitäten und Strukturen

Der ›deutschere Sport‹

Weder Karl Marx noch Friedrich Engels hatten den jungen DDR-Sportfunktionären das zusammenhängende Konzept einer ›sozialistischen Körperkultur‹ hinterlassen. Stattdessen stellte die deutsche Turn- und Sportbewegung die entscheidenden Traditionslinien zur Verfügung. Denn seit der Turnerbewegung um Friedrich Ludwig Jahn im frühen 19. Jahrhundert herrschte in Deutschland die Überzeugung vor, dass Turnen und Sport zur gesellschaftlichen Entwicklung beitragen und dem Staat dienen sollten. Der Staat wurde somit in die Rolle des Nutznießers, aber auch in die des Förderers gedrängt. Daher war es nicht nur aufrichtig, sondern auch zutreffend, wenn Hans Schuster, der amtierende Vorsitzende des Staatlichen Komitees für Körperkultur und Sport (Stako), auf der VII. Plenartagung des Wissenschaftlichen Rates im Jahr 1958 zugab:

> »In Abwandlung eines bekannten Wortes aus dem Kommunistischen Manifest kann man sagen: Wir Kommunisten haben nicht den Einfluß der Politik auf den Sport erfunden, sondern wir haben nur ihren Charakter geändert.«[1]

Die DDR-Sportfunktionäre übernahmen jedoch nicht nur die traditionelle Nähe von Staat und Sport, sondern setzten auch feinere Facetten der deutschen Sportentwicklung konsequent fort. Ganz im Sinne des Turnvaters Jahn, der zur Zeit der Befreiungskriege die Wehrhaftmachung breiter gesellschaftlicher Schichten durch Turnen und Gymnastik postuliert hatte, sollte auch die sozialistische Körperkultur dem gesellschaftlichen Aufbau und Schutz der DDR dienen.[2] Neben Friedrich Ludwig Jahn wurde dazu im Bereich der schulischen Sporterziehung auch auf die Gedanken der Philanthropen Johann Christoph Friedrich GutsMuths und Gerhard Ulrich Anton Vieths zurückgegriffen. Diese im weitesten Sinne Jahn-Perzeption in der DDR bedurfte zwar zunächst eines »ideologischen

---

[1] Dr. Hans Schuster gebrauchte diese Redewendung in seinem Hauptreferat auf der VII. Plenartagung des Wissenschaftlichen Rates vom 21.–23.3.1958 in Leipzig, in: Theorie und Praxis der Körperkultur 7, 1958, S. 393-411, S. 397.
[2] Wolfgang Eichel, Die Traditionen unserer sozialistischen Sportbewegung, in: Theorie und Praxis der Körperkultur 8, 1959, S. 963-981, S. 965.

Klärungsprozess(es)«³, wurde jedoch im Zuge der fortschreitenden Militarisierung der DDR-Gesellschaft im Laufe der 1950er Jahre für die DDR-Sportbewegung prägend.⁴ Dabei erfüllte die Fixierung auf Jahn für die DDR-Sportführung gleich mehrere Ziele. Sie schlug zum einen den zu Beginn der 1950er Jahre noch stark betonten Bogen zum kulturellen ›deutschen Erbe‹ der DDR. Zum anderen schied somit eine einseitige Traditionssuche beim organisierten Arbeitersport aus. Dies war wichtig, da zu dieser Zeit noch latente Konflikte zwischen ›ausgemusterten‹ Arbeitersportlern und den jungen linientreuen Sportfunktionären der SED bestanden.

Die sozialistische Körperkultur sollte en detail der Erziehung zur sozialistischen Persönlichkeit, der Erhöhung der Arbeitsleistung, der Wehrhaftmachung und Gesunderhaltung der DDR-Bevölkerung sowie der Repräsentation des Staates über sportliche Spitzenleistungen dienen.⁵ Somit kamen Leistungs- und Breitensport in diesem Konzept zunächst gleichgewichtig vor. Hinsichtlich der Erziehung »des allseitig entwickelten Menschen«⁶ verknüpfte die SED dabei geschickt deutsche Traditionen mit dem fortschrittlichen sowjetischen Modell des ›Neuen Menschen‹. So sollte die Körperkultur nicht nur gesunde und leistungsfähige DDR-Bürger hervorbringen, sondern gleichermaßen helfen, deren sozialistische Bewusstseinsbildung durch die Erziehung zu Mut, Entschlossenheit und Disziplin zu unterstützen.⁷ Das Erziehungsideal des ›Neuen Menschen‹ in der sozialistischen Aufbauphase brachte *Der Sportorganisator*, das Funktionärsorgan des Deutschen Sportausschusses, seinen Mitgliedern nach der II. Parteikonferenz der SED 1952 vereinfacht nahe: Die Menschen in der DDR seien »glücklich, lebensfroh, Quell ständiger schöpferischer Arbeit«, geprägt durch »Liebe zur sozialistischen Heimat« und »verteidigungsbereit gegenüber den

---

3 Günter Wonneberger et al., Geschichte der Körperkultur in Deutschland, Band IV, 1945-1961, Berlin (Ost) 1967, S. 98. Noch im Juni 1952 war eine durchaus kritische Jahn-Würdigung in der Theorie und Praxis der Körperkultur erschienen, die sowohl auf seinen Hang zur Monarchie, als auch auf seinen ›Hurra-Patriotismus‹ verwies. Siehe dazu: Gerhard Lukas/Karl Heinz Lehmann, Friedrich Ludwig Jahn – ein großer Patriot unseres Volkes, in: Theorie und Praxis der Körperkultur 1, 1952, Heft 6, S. 1-14.

4 Siehe: Gunter Holzweißig, Sport und Politik in der DDR, Berlin (West) 1988, S. 14. Mitte der 1950er Jahre wurden Begriffe wie ›patriotische Erziehung‹ und ›Verteidigungsbereitschaft‹ verstärkt verwendet. Vgl.: Andreas Michaelis, Der Leistungssport der DDR im Spannungsfeld der Systemauseinandersetzung in den 50er und 60er Jahren, in: Dieter Vorsteher (Hrsg.), Parteiauftrag: Ein Neues Deutschland. Bilder, Rituale und Symbole der frühen DDR, München/Berlin 1997, S. 424-434, S. 427.

5 Alle diese Punkte tauchen bereits in der Präambel der Entschließung des Zentralkomitees der sozialistischen Einheitspartei Deutschlands »Die Aufgaben auf dem Gebiete der Körperkultur und des Sports« vom 17.3.1951 auf. Das Dokument ist abgedruckt in: Wilhelm Pieck/Otto Grotewohl/Walter Ulbricht, Über Körperkultur und Sport, Berlin (Ost) 1951, S. 191-206. Siehe dazu auch: Günter Erbach et al., Kleine Enzyklopädie Körperkultur und Sport, Leipzig 1965, S. 34-36; sowie Ferdinand Maas, Der Sport im Spannungsfeld zwischen Ost und West, in: Deutsche Studien 1, 1965, Heft 8, S. 37-56.

6 »Die Aufgaben auf dem Gebiete der Körperkultur und des Sports« vom 17.3.1951, in: Pieck, Körperkultur, S. 191-206, S. 191.

7 Erbach, Enzyklopädie, S. 35. Vom marxistischen Klassenstandpunkt aus gibt einen detaillierten Einstieg in diese Thematik: Paul Kunath, Sport und Entwicklung sozialistischer Persönlichkeiten, in: Günter Wonneberger et al., Körperkultur und Sport in der DDR. Gesellschaftswissenschaftliches Lehrmaterial, Berlin (Ost) 1982, S. 424-489.

Feinden des Sozialismus«.[8] Um diesen erzieherischen Einfluss auf eine möglichst breite Masse der Werktätigen anwenden zu können, wurde bereits 1950 das Sportleistungsabzeichen ›Bereit zur Arbeit und Verteidigung des Friedens‹ geschaffen, das im Jahr 1955 in ›Bereit zur Arbeit und zur Verteidigung der Heimat‹ umbenannt und durch Elemente der Wehrerziehung erweitert wurde. Dieses Bemühen wurde 1959, nachdem der V. Parteitag der SED beschlossen hatte, die sozialistische Kulturrevolution zu forcieren, verstärkt. Auch die letzten weißen Flecken auf der Sportlandkarte sollten getilgt werden. Die sozialistische Körperkultur sollte ihrer Bedeutung als ›Volkskörperkultur‹ gerecht werden.

Immer wieder wiesen Ideologen, Funktionäre und Politiker darauf hin, dass die exponierte Stellung des Leistungssports in der DDR nicht im Widerspruch zu dem auf Egalität und Kollektivität basierenden Sportverständnis stehe.[9] Um diese Aussagen auch strukturell zu untermauern, kam den DDR-Spitzensportlern eine Doppelrolle zu. Erstens sollten sie als ›Neue Menschen‹ Vorbild für die gesamte sozialistische Gesellschaft sein. Durch die Art und Weise, wie Spitzensportler popularisiert wurden, sollten sie in der DDR-Bevölkerung Anreize zum Sporttreiben und Streben nach immer höheren sportlichen Leistungen schaffen.[10] Damit trugen sie ihren Teil dazu bei, die Qualität der Körperkultur in der DDR zu steigern. Die Nachwuchsförderung war ein Kernbestandteil dieses Konzepts.[11] Gemeinsame Veranstaltungen von Spitzensportlern und jungen Talenten, wie in dem Programm ›Treffpunkt Olympia‹, sollten eine enge Verknüpfung von Leistungs- und Breitensport suggerieren, obwohl diese mit dem fortschreitenden Ausbau des DDR-Leistungssportsystems bereits seit Mitte der 1950er Jahre schon wieder loser wurde. Zu dem innenpolitischen Auftrag der Spitzensportler gehörte es seit der deutschlandpolitischen Wende zur ›Zwei-Staaten-Theorie‹ 1955 auch, ein ›DDR-Nationalgefühl‹ durch die gemeinsame Freude an sportlichen Höchstleistungen zu erzeugen.[12]

Bedeutsamer aber war die Instrumentalisierung der DDR-Spitzensportler für außenpolitische Zielsetzungen.[13] Durch den Alleinvertretungsanspruch der Bundesrepublik in ihrem außenpolitischen Radius extrem beschränkt, begann die DDR, diesen westdeutschen Eindämmungsmechanismus bereits kurz nach ihrer Gründung im kulturellen Bereich systematisch zu unterlaufen.[14] Das ge-

---

[8] Fritz Leinung, Eine neue Periode der Entwicklung begann, in: Der Sportorganisator 1, 1952, S. 193-194, S. 194.
[9] So auch: Erbach, Enzyklopädie, S. 204.
[10] Siehe: Karl Ihmels, Sport und Spaltung in der Politik der SED, Köln 1965, S. 33. Ulbricht sprach im Jahr 1951 von Spitzensportlern als »Führern der Sportbewegung in Deutschland«. Siehe: Walter Ulbricht, Für einen Volkssport, der den Optimismus und die Lebensfreude unserer Menschen hebt! Aus dem Schlußwort auf der 5. Tagung des ZK der SED am 16.3.1951, in: Pieck, Körperkultur, S. 158-163, S. 161.
[11] Manfred Preußger, Der gesellschaftliche Auftrag des Leistungssportlers in der Deutschen Demokratischen Republik, in: Theorie und Praxis der Körperkultur 7, 1958, S. 489-492, S. 491.
[12] Siehe dazu: Ihmels, Sport, S. 62-64.
[13] Siehe dazu: Pabst, Sport, S. 132-133; Kühnst, Sport, S. 69-93; Holzweißig, Diplomatie, S. 21-24.
[14] Dazu: Geyer, Kampf, S. 55-86; Blasius, Bewegung.

lang ihr nirgends so erfolgreich wie im Sport. Hier war der Gebrauch nationaler Symbole üblich, der Wettkampfraum neutral abgesteckt; Leistung versprach unmittelbare Anerkennung, und eine breite Öffentlichkeit nahm daran Teil. Hier konnte sich der ›Neue Mensch‹ verwirklichen. Die DDR-Sportfunktionäre hatten dieses Potential bereits nach den Olympischen Spielen in Helsinki 1952, an denen die DDR nicht teilnehmen durfte, erkannt. Sie meinten, die sowjetischen Sportler hätten dort schon den Beweis erbracht, »daß auch auf sportlichem Gebiet die Menschen der sozialistischen Ordnung an erster Stelle stehen.«[15] Bereits zu diesem Zeitpunkt waren die Weichen zu der Rede Walter Ulbrichts auf der III. Karl-Marx-Städter Sportkonferenz 1955 gestellt, in der er den Sport offiziell als Sphäre der Systemauseinandersetzung zwischen Kapitalismus und Sozialismus deklarierte. Demnach galt es, »die Überlegenheit der Deutschen Demokratischen Republik, die unser gesellschaftliches System bereits bewiesen hat, auch auf dem Gebiet der Ökonomik, der kulturellen Entwicklung, des Sports usw. zu beweisen.«[16] Dazu war es jedoch nötig, die sportlichen Spitzenleistungen des Einzelnen als pars pro toto für die Leistungsfähigkeit der ganzen Gesellschaft zu setzen.

Der Ideologie nach galt sportliche Höchstleistung nicht primär als Verdienst des Individuums, sondern als Ausdruck der gesellschaftlichen Verhältnisse.[17] Dieser Transfer wurde über staatlich organisierte Siegesfeiern zu Ehren der Spitzensportler geleistet. Dort deuteten Parteifunktionäre und hohe staatliche Würdenträger die Erfolge der Sportler öffentlich zu Erfolgen von Staat, Partei und Volk um. Durch die feierliche Verleihung des staatlichen Titels ›Verdienter Meister des Sports‹ machte die SED aus sportlichen Höchstleistungen nationale Taten.[18] Aus diesem Grund legten die DDR-Funktionäre schon früh größten Wert auf die patriotische und ideologische Erziehung der Sportler und Sportlerinnen. Sie sollten die DDR würdig als sozialistische Persönlichkeiten, als ›Diplomaten im Trainingsanzug‹ vertreten. Der Kreis schloss sich darin, dass auch die Spitzensportler selbst nicht müde wurden, bei Siegesfeiern die große Unterstützung zu betonen, die ihnen die Partei, aber auch die gesamte Bevölkerung zu Teil werden ließ. Manfred Preußger, Leichtathlet und Olympiateilnehmer, erklärte dieses Wechselverhältnis ausgehend von dem Sprichwort ›An den Unarten der Kinder erkennt man den Charakter der Eltern‹:

»Die ›Eltern‹, denen wir keine Schande machen dürfen – das sind in diesem Zusammenhang unsere Werktätigen und alle, die den Reichtum unseres Landes ver-

---

[15] Gerhard Taubert, Das Bewußtsein – Quell der Leistungssteigerung, in: Der Sportorganisator 1, 1952, S. 236-237, S. 237.
[16] Rede des Ersten Sekretärs des ZK der SED, Walter Ulbricht, auf der III. Sportkonferenz des Staatlichen Komitees für Körperkultur und Sport 1955 in Karl-Marx-Stadt, in: 20 Jahre DDR – 20 Jahre erfolgreiche Entwicklung von Körperkultur und Sport, Theorie und Praxis der Körperkultur, Beiheft 1969, S. 12-22, S. 13.
[17] Wonneberger, Körperkultur, S. 231. Dazu auch A. Frenkin, Sport und friedliche Koexistenz, in: Theorie und Praxis der Körperkultur 13, 1964, S. 396-402.
[18] Vgl.: Michaelis, Leistungssport, S. 433; Eichel, Traditionen, S. 977.

mehren. Und das sind keine schlechten ›Eltern‹. Sie gaben uns die Möglichkeiten für das Training, die Geräte, die Trainingsstätten und mehr.«[19]

Jede sportliche Leistung wurde darüber hinaus als das Werk aller beteiligten Trainer, Sportärzte und Clubfunktionäre gesehen und galt somit als »kollektiv erstritten«.

Um sportliche zu gesellschaftlichen Leistungen zu machen, musste jedoch nicht nur rhetorisch, sondern auch strukturell eine möglichst hohe Deckungsgleichheit zwischen dem staatlichen und ökonomischen System der DDR und dem System des Spitzensports erreicht werden. So war auch der DDR-Sport formal nach dem Organisationsprinzip des demokratischen Zentralismus aufgebaut. Die Mittelverteilung erfolgte planwirtschaftlich und als Methoden der materiellen Produktion gingen beispielsweise die gesellschaftlichen Arbeitsnormen der Form nach ähnlich in die Leistungspläne der Sportler ein. Hinzu kam die wissenschaftliche Anleitung der Sportbewegung an Hand von Ergebnissen, die aus staatlichen Forschungseinrichtungen wie der Deutschen Hochschule für Körperkultur stammten.[20]

Dennoch schien sich der Leistungssport auf den ersten Blick so gar nicht in die DDR-Gesellschaft einzupassen. Schließlich unterlag die spitzensportliche Konkurrenz dem strengen Leistungsprinzip, der rigorosen Auswahl der Besten und lebte von der Wettbewerbssituation; alles vermeintliche Attribute des Kapitalismus. Dies mag zwar zutreffen, übersieht aber eine andere mögliche Interpretation: Denn die Verzahnung von Leistung und Körperertüchtigung war immer schon ein starker Bestandteil der deutschen Sporttradition, den die DDR nur fortzusetzen brauchte, und der daher – zumindest noch in den 1950er und 1960er Jahren – vertraut war. Bereits Ende des 18. Jahrhunderts hatte Johan Christoph Friedrich GutsMuths die Erziehung zum Leistungsbewusstsein zum Bestandteil seiner Gymnastikausbildung am Schnepfenthaler Philanthropin gemacht. Dort entwickelte er auch Instrumente, um sportliche Leistungen messbar und katalogisierbar zu machen. Außerdem zeichnete er herausragende Leistungen zwar nicht materiell, aber symbolisch aus.[21] So erstaunt es wenig, dass sich diese typisch deutsche Leistungsorientierung auch mit dem englischen Sport verband, nachdem dieser das Festland erreicht hatte. Das Dritte Reich tat mit der Durchsetzung des Wettkampfprinzips ein Übriges, um den Leistungssport im Bewusstsein der Deutschen zu verankern. Somit ist es durchaus zutreffend, wenn der DDR-Sporthistoriker Wolfgang Eichel die deutsche Sportgeschichte als »die Geschichte einer stürmischen Höherentwicklung der sportlichen Leistungsfähigkeit« beschreibt. Wobei seine weitere Einschätzung, dass der Leistungssport keine Erfindung der Bourgeoisie oder ein Auswuchs des Kapitalismus, sondern schlicht »ein Prinzip des menschlichen Fortschritts überhaupt« sei, ideologisch zwar nahe liegend,

---

[19] Preußger, Auftrag, S. 490.
[20] Walter Schulz, Die Stellung der Kultur- und Sportpolitik im System der Auswärtigen Politik der Deutschen Demokratischen Republik und ihre Bedeutung für das Staatsbewußtsein der DDR-Bevölkerung, Bonn 1978, S. 143-152.
[21] Eisenberg, Sports, S. 96-104. Sie übersetzt GuthsMuths Überzeugung anschaulich in die Sportsprache des 20sten Jahrhunderts: »schneller, höher, weiter«. Ebd. S. 101.

historisch aber unhaltbar ist.²² Denn dieser Versuch, den Leistungssport zum symbolischen Ausdruck der proletarischen Lebenswelt zu stilisieren, kann nicht darüber hinwegtäuschen, dass die ›Leistung‹ aus dem deutschen Bürgertum stammt und der ›Sport‹ aus dem kapitalistischen England. Doch trotz der bleibenden ideologischen Unstimmigkeiten war es den DDR-Sportfunktionären mit der Forcierung des Leistungssports, der engen Verbindung von Staat und Sport und dem Streben nach kollektiver ›Volksgesundheit‹ gelungen, sich nahezu lückenlos in die deutsche Sporttradition zu stellen.

DER ›UNPOLITISCHE SPORT‹

Die Sportbewegung westlich der innerdeutschen Grenze wollte hingegen mit einigen sportlichen Traditionen brechen. Nach der völligen Zerstörung »der moralischen Substanz des Sportes«²³ im Dritten Reich war in den Kreisen der Sportler und Turner in der Bundesrepublik der Wille zum Neuanfang groß. Denn nicht nur die Turner hatten das nationalsozialistische Regime mit wehenden Fahnen begrüßt, sondern auch die bürgerliche Sportbewegung hatte ihre systemstabilisierende Wirkung erfüllt.²⁴ Aus dem Bedürfnis nach Veränderung heraus trat ein ambitioniertes Begriffspaar seinen diskursiven Siegeszug an, der zumindest die 1950er Jahre hindurch anhalten sollte: Immer häufiger war die Rede vom ›unpolitischen Sport‹. Dieses Sportverständnis ging auf die liberalen Sport- und Spieltheorien bürgerlicher Philosophen und Pädagogen der ersten Jahrhunderthälfte zurück, die wie Frederik J.J. Buytendijk die absolute Zweckfreiheit des Spiels postuliert hatten.²⁵ Dem folgten in der Bundesrepublik zu Beginn der 1950er Jahre insbesondere der Freiburger Pädagoge Hermann Nohl und der Mitbegründer des Deutschen Sportbundes, Prälat Ludwig Wolker. Auch der junge erste Präsident des Deutschen Sportbundes, Willi Daume, schlug in diese Kerbe:

> »Der Inbegriff der sportlichen Idee ist die Beseitigung des Zweckhaften. Turnen und Sport werden nicht eines Zweckes willen betrieben, ihr Weg ist ihr Zweck und gleichzeitig ihr Ziel.«²⁶

---

[22] Eichel, Traditionen, S. 969.
[23] Willi Daume, Moderne Lebensformen für den Sport. Ansprache des Präsidenten beim 10. Bundestag des DSB am 25.4.1970 in Mainz, in: DSB (Hrsg.), Willi Daume. Deutscher Sport 1952-1972, München 1973, S. 278-298, S. 280.
[24] Hinsichtlich der geringen Sensibilität des Sports gegenüber dem Nationalsozialismus stellten Bahlke/Bockrath/Franke fest: »Der Nationalsozialismus fand im Sport einen strukturell ähnlichen Wertediskurs vor, der anders als jener der Kunst, Literatur oder der Wissenschaft nicht in vergleichbarer Weise zerstört, sondern nur modifiziert oder mobilisiert werden mußte.« Zitiert in: Steffen Bahlke/Franz Bockrath/Elk Franke, Der moralische Wiederaufbau des deutschen Sports nach 1945, in: DSB (Hrsg.), Die Gründerjahre des deutschen Sportbundes, Band 1, Frankfurt a. Main 1990, S. 259-269, S. 265.
[25] Frederik J.J. Buytendijk, Wesen und Sinn des Spiels. Das Spielen der Menschen und Tiere als Erscheinungsform der Lebenstriebe (Dt. Übersetzung), Berlin 1934. Auch der Klassiker ›Homo ludens‹ von Johan Huizinga erschien im Jahr 1956 in der deutschen Übersetzung bei Rowohlt.
[26] Willi Daume, Der Sportarzt als Hüter des Sports. Vorwort des Präsidenten zum Bericht des Internationalen Kongresses des Deutschen Sportärztebundes vom 3.-5.6.1953 in Frankfurt a. Main, in: DSB, Daume, S. 22-27, S. 23.

Die Grundsteinlegung einer Theorie des ›unpolitischen Sports‹ erfolgte auf den ersten beiden großen Sportkongressen nach dem Zweiten Weltkrieg 1950 in Köln und 1951 in Stuttgart. Bereits dort wurde jedoch deutlich, dass ein solch tiefgreifender Bruch mit der deutschen Sporttradition zwar ambitioniert, aber kaum praktikabel war. Auch Prälat Wolker, dem Vertreter der katholischen Sportorganisation Deutsche Jugendkraft, fiel es auf dem Kölner Sportkongress schwer, gleichzeitig die politische Abstinenz der westdeutschen Sportbewegung zu beschwören und dennoch deren Ort in der staatlichen Gemeinschaft festzulegen:

> »Politische Neutralität heißt und verlangt vielmehr, daß der Sport (...) Raum gibt auch der politischen Pflichterfüllung, verlangt aber ebenso, daß der Sport in Führung und Gemeinschaft sich jeder politischen Stellungnahme und Propaganda enthält.«[27]

Insbesondere den sozialstaatlichen Anspruch der Sportbewegung, aktiv zur Gesunderhaltung der Bevölkerung und zur charakterlichen Erziehung der Jugend beizutragen, wollten die westdeutschen Sportfunktionäre und -theoretiker ebenso gewahrt wissen wie ihre Kollegen in Ostberlin. Auch diese Stimmen wurden bereits Anfang der 1950er Jahre laut. Karl Hermann Altrock, der Leiter des Instituts für Leibesübungen der Universität Frankfurt, forderte auf dem Stuttgarter Sportkongress im direkten Anschluss an die Rede Hermann Nohls, eben doch zu erkennen, dass körperliche Erziehung ein Teil der Gesamterziehung sei und so natürlich die Pflicht beinhalte, junge Menschen zu leistungsfähigen Gliedern der staatlichen Gemeinschaft auszubilden.[28] Ludwig Mester, schon zu Zeiten des Nationalsozialismus ein Vorkämpfer des Schulsports, stilisierte im Jahr 1953 in dem sportwissenschaftlichen Fachblatt *Die Leibeserziehung* das Fair Play zur »gesellschaftlich sittlichen Grundhaltung«.[29] Im Jahr darauf sprang dieser Funke auch ins Innenministerium über, dessen neuer hauptamtlicher Sportreferent Hans-Heinrich Sievert den DSB darauf einschwor, die Jungen und Mädchen nach sportlichem Ethos zu guten Sportsleuten und so zu guten Staatsbürgern zu erziehen. Dazu empfahl er, sich aufs Neue mit der englischen Sporttradition auseinanderzusetzen.[30]

Diese Gegenüberstellung zeigt, dass der ›unpolitische Sport‹ von Beginn an ein Konstrukt auf tönernen Füßen war. Denn die traditionell enge Bindung zwischen Staat und Sport sowie die sozialhygienischen Ansprüche der Sport- und Turnbewegung blieben auch in der Bundesrepublik ungebrochen. Der Unterschied zum zweiten deutschen Staat bestand jedoch darin, dass sich in der Bundesrepublik die

---

[27] Ludwig Wolker, Ethos im Sport. Vortrag auf dem Kölner Sportkongress vom 21.-23.6.1950, in: Martin Söll (Hrsg.), Geist und Ethos im Sport. Reden und Aufsätze von Prälat Ludwig Wolker im deutschen Sport, Düsseldorf 1958, S. 41-51, S. 47.
[28] Karl Hermann Altrock, Die kulturpolitische Aufgabe der Sportbewegung, in: Adam Nothelfer (Hrsg.), Internationaler Sportkongreß in Stuttgart 1951. Band 2 der Schriftenreihe des Deutschen Sportbundes, Frankfurt a. Main 1952, S. 39-44, S. 43.
[29] Ludwig Mester, Sportliche Jugendarbeit und staatspolitische Erziehung, in: Die Leibeserziehung 2, 1953, Heft 6, S. 1-4, S. 1. Kritisch zur nationalsozialistischen Vergangenheit Mesters: Lorenz Peiffer, Neuanfang oder Weitermachen? Die Situation des Schulsports nach dem Kriege, in: DSB (Hrsg.), Die Gründerjahre des Deutschen Sportbundes, Band 1, Frankfurt a. Main 1990, S. 281-291, S. 286.
[30] Hans-Heinz Sievert, Aufgaben und Grenzen staatlicher Hilfe für den Sport, in: Die Leibeserziehung 3, 1954, Heft 4, S. 1-2, S. 1.

Sportbewegung und die staatlichen Stellen der Problematik dieser Tradition bewusst waren und die Verortung von Seiten des DSB freiwillig erfolgte. So bemerkte Hans-Heinz Sievert in dem bereits zitierten Artikel:

> »Die große Schwierigkeit liegt aber darin, diesen Lebensraum für eine Erziehung zur politischen Reife aufzuwerten und ihn doch vom Kräftespiel politischer Machtgruppen freizuhalten.«[31]

Den unpolitischen, zweckfreien Sport – bis heute oftmals beschworen – hat es gleichwohl auch in der Bundesrepublik nie gegeben. So verpflichtete die erste Satzung des DSB diesen zwar, seine Aufgaben in parteipolitischer Neutralität durchzuführen,[32] aber Prälat Wolker hatte bereits im Jahr 1950 betont: »Die politische Neutralität als ethische Forderung für den Sport bedeutet nicht, daß der Sportler ein unpolitischer Mensch sein soll.«[33] Der Deutsche Sportbund war also grundsätzlich bereit, Politik zu machen. Er war jedoch nicht bereit, sich wehrlos politisieren zu lassen.

Der tiefe Zwiespalt zwischen der Vorgabe eines ›unpolitischen Sports‹ und der engen Tuchfühlung zwischen dem Deutschen Sportbund und der Bundesregierung, die es von Beginn an gab, legt die Vermutung nahe, dass die Idee eines zweckfreien Sports vor allem der rhetorischen Abgrenzung von der DDR diente. Denn die Abgrenzung vom ideologischen Gegenüber war für die westdeutsche Sportbewegung so konstitutiv wie umgekehrt.[34] So erstaunt auch nicht das vernichtende Urteil aus Ostberlin: Der ›unpolitische Sport‹ galt dort als »die größte Zwecklüge in der modernen Sportgeschichte.«[35] Eine Einschätzung, die zumindest aus sporthistorischer Sicht nicht leicht von der Hand zu weisen ist.

Der bundesdeutsche Sport hatte jedoch nicht nur Probleme, sich gegenüber der Politik zu positionieren. Auch die Intellektuellen und die kulturellen Meinungsführer der 1950er Jahre ließen ihm kaum gesellschaftlichen Manövrierraum. Denn während sich der Sport in der DDR mit dem sozialistischen Fortschrittsglauben verband, verblieb er in der Bundesrepublik in den Fängen der Kulturkritik. Die Intellektuellen hatten den Sport bereits in der Weimarer Republik kritisch begleitet. Vielen von ihnen blieb er allein suspekt, da er aus ihrer Sicht nicht mehr als eine »substanzlose Veräußerlichung«[36] war, die nur auf das Jetzt bezogen existier-

---

[31] Sievert, Aufgaben, S. 1.
[32] DSB-Satzung 1950, §3, Abs. 4, abgedruckt in: DSB, Gründerjahre, S. 71-73, S. 71.
[33] Wolker, Ethos, S. 47. Wenig ergiebig zu dieser Problematik sind die Vorüberlegungen von Wolfgang Buss, Grundsätze zum Politikverständnis in den Sportorganisationen der Nachkriegszeit, in: Sozial- und Zeitgeschichte des Sports 9, 1995, Heft 1, S. 22-35.
[34] Z.B. Ludwig Wolker, Zum deutschen Sport. Gedanken für die Neujahrsansprache, in: Martin Söll (Hrsg.), Geist und Ethos im Sport. Reden und Aufsätze von Prälat Ludwig Wolker im deutschen Sport, Düsseldorf 1958, S. 17-18, S. 17.
[35] Dr. Hans Schuster, damaliger amtierender Vorsitzender des Staatlichen Komitees für Körperkultur und Sport, gebrauchte diese Redewendung in seinem Hauptreferat auf der VII. Plenartagung des Wissenschaftlichen Rates vom 21.-23.3.1958 in Leipzig. Zitiert nach: »Die Theorie des ›unpolitischen Sportes‹ ... die größte Zwecklüge der modernen Sportgeschichte. Aus der Entschließung der VII. Plenartagung des Wissenschaftlichen Rates, in: Die sozialistische Sportbewegung 10, 1958, Heft 6, S. 15-16, S. 15.
[36] Herbert Wegner, Der Intellektuelle und sein Affekt gegen den Sport, in: Die Leibeserziehung 8, 1959, S. 273-277, S. 276.

te und somit kaum dazu dienen konnte, tiefer gehende und bleibende Werte zu vermitteln. Andere wie der Reporter und Spanienkämpfer Egon Erwin Kisch warfen dem Sport schon früh sein herrschaftsstabilisierendes Potential vor, da sich in ihm – ebenso wie im Jahnschen Turnen – militärische Schulung und politische Erziehung verbanden.[37] Die intellektuelle Kritik an der Herrschaftsnähe des Sports flammte in der Zeit nach 1945 wieder auf. Sie verband sich mit der Ablehnung des im Dritten Reich betriebenen Körperkults, auf den nun eine stärkere Betonung der geistigen Werte folgen sollte.

Aus dem Bedürfnis nach dem gesellschaftlichen Bruch mit der Zeit vor 1945 ging auch die Aversion der Intellektuellen gegen sportliche Großveranstaltungen hervor. Einen fulminanten Höhepunkt fand diese Kritik in Theodor Adornos Essay ›*Veblens Angriff auf die Kultur*‹, in dem er sportliche Veranstaltungen zum Modell für totalitäre Massenveranstaltungen erklärte.[38] Die nationale Euphorie, die das ›Wunder von Bern‹ auslöste, forderte auch Denker wie den Journalist und Kritiker Joachim Kaiser dazu heraus zu fragen, »ob der Sport nicht in eine Sackgasse geraten ist.«[39] Die Intellektuellen störte nicht nur, dass das Ereignis scheinbar als nationale Rehabilitierung empfunden wurde, wie der Nestor der Zeitgeschichtsforschung, Hans Rothfels, klagte, sondern auch die pseudo-sakrale Verherrlichung der neuen bundesdeutschen Helden. Die Bildungselite sah in dem Terminus ›Turek der Fußballgott‹ erneut den Nullpunkt im Wertebewusstsein der deutschen Massen erreicht. Zu dieser Einschätzung bewegte sie nicht nur die blasphemische Rhetorik, sondern auch die offensichtliche Imitation des nationalsozialistischen Heldenkultes.[40]

All diese Vorbehalte entfalteten sich besonders gut in einem Klima des prinzipiellen intellektuellen Misstrauens gegenüber dem Sport, der im Sinne des Zeitgeistes auch als Paradebeispiel der ›Vermassung‹ und ›Kommerzialisierung‹ gesehen wurde. In diesem Kontext wurde immer wieder die Entstehung des ›Professionals‹ angeprangert. Friedrich Georg Jünger, Essayist und Bruder von Ernst Jünger, und der Kulturkritiker und Philosoph Gerhard Nebel wiesen darauf hin, dass sich das sportliche Freizeitvergnügen zunehmend auf das Zusehen beschränke und die Akteure dabei für ihre Leistungen bezahlt würden.[41] Dass sie dennoch weiter als Amateure auftraten, wurde dem Sport zudem als wachsende

---

[37] Zum Sport in der intellektuellen Kritik in der Weimarer Republik siehe: Hajo Bernett (Hrsg.), Der Sport im Kreuzfeuer der Kritik, Schorndorf 1982, S. 181-210.

[38] Theodor Adorno, Veblens Angriff auf die Kultur, in: Ders., Gesammelte Schriften Band 10/1, Kulturkritik und Gesellschaft I, Prismen, Ohne Leitbild, Frankfurt a. Main 1977, S. 72-96, S. 79 (Erstabdruck im Jahr 1955).

[39] Joachim Kaiser, Der Sport. Tatsachen und Meinungen, in: Frankfurter Hefte 10, 1955, S. 481-490, S. 481. Dazu auch: Zweierlei Sport? Der circulus vitiosus des heutigen Sportbetriebs, in: Wort und Wahrheit 10, 1955, S. 561-565. Auch: Gerhard Vaupel, Das Doppelgesicht des Sports, in: Die Leibeserziehung 2, 1953, Heft 11, S. 1-2.

[40] Siehe dazu die äußerst anregenden Ausführungen von Thomas Raithel, Fußballweltmeisterschaft 1954. Sport – Geschichte – Mythos, München 2004, S. 91-94. Zum ›Wunder von Bern‹ im politischen und gesellschaftlichen Diskurs siehe auch: Rudolf Oswald, Das »Wunder von Bern« und die deutsche Fußball-Volksgemeinschaft 1954, in: Johannes Paulmann (Hrsg.), Auswärtige Repräsentationen. Deutsche Kulturdiplomatie nach 1945, Köln 2005, S. 87-103.

[41] Friedrich Georg Jünger, Sport, in: Hajo Bernett (Hrsg.), Der Sport im Kreuzfeuer der Kritik, Schorndorf 1982, S. 164-167; Gerhard Nebel, Sport, ebd. S. 168-174.

Unaufrichtigkeit ausgelegt. Der französische Schriftsteller Jean Giraudoux wurde dazu gerne zitiert: »Der Berufssportler ist ein öffentliches Mädchen, das keusch leben muss.«[42]

Die Kritik in den Reihen des Sports fokussierte schnell auf den scheinbar unaufhaltsamen Aufstieg des Leistungssports, der auch innerhalb der Sportbewegung nicht unumstritten war. Nun wurden auch Stimmen laut, die – um diesem Auswuchs vorzubeugen – das Leistungsprinzip und den Wettkampfgedanken bereits im Schul- und Breitensport in Frage stellten. Die bestehende Skepsis der Erziehungsbehörden gegenüber dem Leistungssport zeigte sich beispielsweise schon 1951, als der ›Unterausschuss für den Schulsport‹ der Kultusministerkonferenz den Beschluss fasste, die von Carl Diem ins Leben gerufenen Bundesjugendwettkämpfe (ehemals Reichsjugendwettkämpfe) in ›Bundesjugendspiele‹ umzubenennen, um durch die stärkere Betonung des Spielens den Wettkampfgedanken zurückzudrängen.[43] Erich Fetting griff diese Kritik in der Zeitschrift *Die Leibeserziehung* Mitte der 1950er Jahre wieder auf und stellte den immer wieder behaupteten Drang des Kindes zur Leistung in Frage, an dem die Bundesjugendspiele orientiert seien. Er wies darauf hin, dass das Werten nach Punkten, Zentimetern und Sekunden den Kindern bis zu einem bestimmten Alter vielmehr wesensfremd sei. Dem weitaus adäquateren Spieltrieb kämen die Bundesjugendspiele von ihrer Konzeption her aber nicht ausreichend entgegen.[44] In diesem Punkt sprang ihm Kurt Starke zur Seite, der davor warnte, die reinen Wettkampfgrundsätze des Vereinssports über die Bundesjugendspiele in die Schule zu transferieren, wo der Sportunterricht weiter reichende pädagogische Ziele habe. Das Schulturnen solle gerade durch gymnastische Übungen und den Spielgedanken einen Ausgleich zu der Leistungsorientierung der anderen Fächer bieten.[45] Trotz dieser kritischen Stimmen wurde bereits Ende der 1950er Jahre eine Überbetonung des Leistungs- und des Wettkampfprinzips im Schulsport konstatiert. Dennoch hofften einige Leibeserzieher weiterhin, den Schulsport aus dem hektischen Rekordstreben ausklammern und somit eine Traditionslinie aufnehmen zu können, die das Schulturnen 1933 zwangsweise verlassen musste.[46]

Neben den Pädagogen kritisierten auch Sportler und Funktionäre seit Mitte der 1950er Jahre öffentlich, dass bereits das Jugendtraining zu stark spezialisiert sei, dass Jugendschutzbestimmungen missachtet würden, um junge Schützlinge in Wettkämpfen für Erwachsene starten zu lassen, und dass bereits Kinder von überfüllten Wettkampfprogrammen überfordert würden.[47] An die Spitze der sportinternen Kritiker stellte sich Carl Diem, der die Entwicklung des deutschen

---

[42] Zitiert in: Kaiser, Sport, S. 484.
[43] Johannes Eulering, Staatliche Sportpolitik – aus der Sicht der Länder, in: Horst Überhorst (Hrsg.), Geschichte der Leibesübungen, Band 3/2, Berlin/Frankfurt a. Main 1981, S. 863-884, S. 871.
[44] Erich Fetting, Kritisches zu den Bundes-Jugendspielen, in: Die Leibeserziehung 4, 1955, S. 272-275.
[45] Kurt Starke, Die Bundesjugendspiele als Problem schulischer Leibeserziehung, in: Leibesübungen 7, 1956, Heft 9, S. 19-21.
[46] Ernst Schöning, Schulturnen am Scheideweg?, in: Leibesübungen 10, 1959, Heft 3, S. 3-8.
[47] Eine Zusammenstellung der Kritik aus den Schwimm- und Leichtathletikverbänden gibt: Kurt Starke, Weniger Sport – mehr Leibesübungen. Nachdenkliches zum Jahresende, in: Die Leibeserziehung 3, 1954, Heft 12, S. 267-273, S. 267-268.

Sports seit Beginn des Jahrhunderts als Funktionär und Denker begleitet hatte. Er machte die leistungssportliche Fixierung der Sportbewegung auch für deren zeitweiligen Mitgliederstillstand in den 1950er Jahren verantwortlich. Dabei kehrte er die DDR-Argumentation um: Nicht zum Nacheifern würden die Spitzensportler animieren, sondern den jungen Breitensportlern die eigene Mittelmäßigkeit vor Augen führen.[48] Diese gewagte These dürfte durch den von Boris Becker ausgelösten Tennisboom der 1980er Jahre endgültig widerlegt sein. Sie wurde indes schon in den 1950er Jahren nicht ernst genommen und sollte letztlich sogar zur sportpolitischen Entmachtung Carl Diems führen.[49]

Die intellektuellen und sportinternen Bedenken gegenüber dem Sport in den 1950er Jahren weisen deutliche Bezüge zu der Sportkritik der Weimarer Republik auf. Die Vorwürfe der Kommerzialisierung und Professionalisierung des Sports schließen dabei an die frühe Kritik der Turner am Sport an. Erstaunlich ist dabei die Wandlung von Carl Diem, der nun in den 1950er Jahren eben die Positionen vertrat, gegen die er sich als Sportfunktionär in der Weimarer Republik zur Wehr gesetzt hatte. Viele der Argumente, die in den 1950er Jahren wieder reaktiviert wurden, fanden später Eingang in die Sportkritik der Neuen Linken gegen Ende der 1960er Jahre.

Neben den kritischen Randbemerkungen der Intellektuellen hatte der Sport zudem mit der Herablassung der etablierten Kulturträger zu kämpfen. Sie lehnten den Sport aus einem normativen Kulturverständnis heraus ab, nach dem der Sport als unvereinbar mit den hohen Künsten wie Theater, Literatur und klassische Musik galt.[50] Die westdeutsche Sportbewegung unternahm von sich aus erste, aber erfolglose Schritte, um die Ausgrenzung des Sports aus dem Bereich der Kultur zu überwinden. Immer wieder appellierte Willi Daume an das »geistige Deutschland«, »die kulturtragenden Schichten« und die »Elite der Geistigkeit«, den Sport als festen Bestandteil von Erziehung, Bildung und Wissenschaft zu akzeptieren und zu fördern.[51] Wie wenig Erfolg er damit hatte, zeigte der Spott und Hohn, der dem Auftritt des spanischen Philosophen José Ortega y Gasset als Gastredner vor dem DSB-Bundestag des Jahres 1954 folgte. Die *Frankfurter Allgemeine Zeitung* würdigte die Rede als einzige Tageszeitung außerhalb des Sportteils. Dabei ließ sich der Feuilletonist jedoch so herablassend über »die gut gekleideten Deputierten« aus, die der Rede »mit wohlgesitteter Aufmerksamkeit« gefolgt

---

[48] Carl Diem, Alarmzeichen, in: Die Leibeserziehung 2, 1953, Heft 8, S. 3-4; Carl Diem, Weltgeschichte des Sports und der Leibesübungen, Stuttgart 1960, S. 1039. Ähnlich rigoros sprach sich Diem auch gegen die Professionalisierung des Sports aus. Ein Professioneller war in seinen Augen »ein Spielbetrüger von besonders verachtenswerter Art, weil er den Sinn und die Heiligkeit spielenden Tuns verletzt.« Zitiert nach: Kaiser, Sport, S. 485.

[49] Es mag auf den ersten Blick erstaunen, dass Diem als ein solch harscher Kritiker der Leistungsfixierung auftrat. Schließlich war er aktiv daran beteiligt gewesen, dem an Wettkampf und Leistung orientierten englischen Sport in Deutschland zum Durchbruch zu verhelfen. Diem sah im Sport jedoch besonders ein Mittel der Gesunderhaltung der Bevölkerung, was sein Einsatz für ein Spielplatzgesetz zu Beginn des 20. Jahrhunderts deutlich zeigt. Nun fürchtete er, dass der Sport seinen gesundheitsfördernden Anspruch verlieren könnte.

[50] Dazu: Ommo Grupe, Sport als Kultur, Zürich 1987, besonders S. 10-11.

[51] Dazu: Horst Überhorst, Der Deutsche Sportbund – Geschichte und Struktur, in: ders. (Hrsg.), Geschichte der Leibesübungen, Band 3/2, Berlin/München/Frankfurt a. Main, 1982, S. 795-804, S. 795; Schröder, Sportbund, S. 41; Sievert, Aufgaben, S. 2.

seien, dass sich der Generalsekretär des DSB, Guido von Mengden, zum öffentlichen Gegenschlag veranlasst sah. Er fragte zurück, ob der Redakteur denn ernstlich damit gerechnet hätte, »eine Versammlung von Fußballjerseys, Anoraks und Badehosen anzutreffen?«[52] Nach diesen Erfahrungen erklärte sich im Jahr 1956 erneut kein deutscher Geistes- oder Sozialwissenschaftler bereit, vor dem DSB-Bundestag zu sprechen.[53]

Es lag somit zunächst an dem Sport selbst, seine Position und seinen Ruf zu verbessern. Das gelang dem DSB zum einen über die fortschreitende Verwissenschaftlichung des Sports. So schuf er die Carl-Diem-Plakette, mit der herausragende wissenschaftliche Arbeiten aus dem Bereich des Sports ausgezeichnet wurden. Die Schaffung des Hermann-Altrock-Stipendiums für besonders begabte Sportstudenten, die Gründung der Schriftenreihe des DSB und die Einrichtung des Kuratoriums für sportmedizinische Forschung im Jahr 1955 setzten diese Bemühungen fort.[54] Andererseits öffnete sich der deutsche Sport über seinen ›Deutschen Sportbeirat‹ – einem Teil der Organisationsstruktur des DSB – gegenüber der Gesellschaft. In ihm waren Persönlichkeiten vertreten, die dem Sport und seiner Förderung in besonderem Maße verbunden waren. Im Jahr 1957 wirkten darin schon zwölf Lehrstuhlinhaber an deutschen Universitäten und fünf Professoren pädagogischer Hochschulen mit. Darunter, wie der Generalsekretär des DSB stolz bemerkte, »Gelehrte mit Weltruf«.[55] Somit trug der Deutsche Sportrat als eine Art Bindeglied zur Verwissenschaftlichung des Sports bei. Das änderte jedoch nur wenig daran, dass es besonders an den deutschen Universitäten bis in die 1960er Jahre zu keiner Akzeptanz der Forschungsrichtung Sportwissenschaft kam.[56] Während der sportliche Drang zur Verwissenschaftlichung gesellschaftlich unbemerkt blieb, wurde der DSB für seine gesellschaftspolitischen Aktivitäten mit steigender Akzeptanz belohnt. So konnte Willi Daume auf dem vierten Bundestag des DSB 1958 erstmalig das positive Zwischenfazit ziehen, »daß es zumindest gelungen ist, eine gute Bresche in die Front von Gleichgültigkeit und Unverständnis zu schlagen.«[57] Eine gesellschaftliche Position, wie sie Körperkultur und Sport in der DDR besaßen, sollte die westdeutsche Sportbewegung jedoch

---

[52] Guido von Mengden, Philosophie in der Arena?, in: Olympisches Feuer 4, 1954, Heft 2, S. 1-5, S. 2.
[53] Ulrich Pabst gibt sogar die Erzählung Willi Daumes wieder, der führende deutsche Soziologe Alfred W. Weber habe dem Generalsekretär des DSB bei dessen Anfrage nahezu mit dem Rauswurf gedroht. Pabst, Sport, S. 115.
[54] Dazu ausführlich: Guido von Mengden, Beiträge zur Geschichte des Deutschen Sportbundes, in: Jahrbuch des Sports 1961/62, S. 11-94, S. 22-27.
[55] Von Mengden, Beiträge, S. 61. Zur Definition des Sportbeirats, siehe: Charta des Deutschen Sport 1950, §5, Abs. 3, in: DSB, Gründerjahre, S. 71-73, S. 71. Darin ist der Deutsche Sportbeirat noch als Mitglied ausgewiesen. Er wurde auf dem dritten Bundestag 1954 jedoch aus organisatorischen Gründen zum Organ des DSB erhoben.
[56] Dazu: Möglichkeiten und Grenzen einer Wissenschaft der Leibeserziehung, in: Die Leibeserziehung 5, 1956, S. 329-334. Auch: Willi Daume, Die geistige Durchdringung unserer Probleme. Ansprache des Präsidenten beim 3. Bundestag des DSB am 14.4.1956 in Berlin, in: DSB, Daume, S. 64-86, S. 66-67 und 84-85.
[57] Willi Daume, Der Sport wird sein, was wir aus ihm machen. Bericht des Präsidenten beim 4. Bundestag des DSB am 17.10.1958 in Hamburg, in: DSB, Daume, S. 88-103, S. 91.

nie erreichen. Dass ihre gesellschaftliche Bedeutung im Laufe der 1960er Jahre dennoch ständig wuchs, verdankte sie auch dem Politbüro der DDR.

STRUKTUREN DES STAATSSPORTS

Die totale Erfassung des Sports, wie ihn die DDR-Führung anstrebte, entsprang nicht mühelos und selbständig der deutschen Sporttradition, sondern musste angeordnet, strukturiert und ständig forciert werden. Die grundsätzlichen Vorgaben für das DDR-Sportsystem stammten dabei aus dem Politbüro. Hier wurde auch der ›Aufbau einer einheitlichen Sportbewegung‹ beschlossen, was am 1. Oktober 1948 die Gründung des Deutschen Sportausschuss in gemeinsamer Trägerschaft der Freien Deutschen Jugend (FDJ) und des Freien Deutschen Gewerkschaftsbundes (FDGB) nach sich zog.[58] Mit diesem Gründungsbeschluss ging ein sportpolitisches Kräftemessen zwischen ehemaligen Arbeitersportlern und den neuen Sportfunktionären der Partei zu Ende. Doch obwohl sich die Funktionäre frühzeitig durchgesetzt und die Arbeitersportler aus den sportlichen Führungspositionen gedrängt hatten, barg die Frage der prinzipiellen Beteiligung von Arbeitersportlern an der neuen Sportbewegung ein latentes Konfliktpotential und kehrte in den Strukturdebatten der 1950er Jahre immer wieder.[59] Das Zentralkomitee der SED bekräftigte indes im März 1951 die führende Rolle des DSA als die »oberste Instanz auf allen Gebieten der Körperkultur und des Sports« und schrieb die Zuständigkeit des Verbandes für die Arbeit aller Sportvereinigungen, Sportgemeinschaften und Sektionen sowie für den Schul- und Hochschulsport fest.[60]

---

[58] Die Resolution zur Gründung des Deutschen Sportausschusses ist abgedruckt in: Wolfhard Frost et al., Studienmaterial zur Sportwissenschaft. Quellenauszüge zur Sportgeschichte Teil II: 1945-1970 (DDR-Sport), Braunschweig/Magdeburg 1991, S. 56-57.

[59] Günter Wonneberger, Sport in der DDR von 1949 bis 1960, in: ders et al., Geschichte des DDR-Sports, Berlin 2002, S. 74-202, S. 116. Mit diesem Hinweis weckt Wonneberger Zweifel an seiner eigenen Aussage im gleichen Band, es wäre rasch zu einem »kameradschaftlichen Miteinander« zwischen Arbeitersportlern und den neuen Funktionären gekommen. Zitat: Günter Wonneberger, Sport in der sowjetischen Besatzungszone von 1945-1949, in: ebd. S. 12-73, S. 47. Die ›Geschichte des DDR-Sports‹ wurde von Mitarbeitern und Mitträgern des DDR-Sportsystems verfasst und im Eigenverlag herausgegeben. Obwohl an manchen Stellen polemisiert und auch geschönt wird, lohnt eine kritische Lektüre.

[60] Siehe: Entschließung des Zentralkomitees der Sozialistischen Einheitspartei Deutschlands »Die Aufgaben auf dem Gebiete der Körperkultur und des Sports« vom 17.3.1951, in: Pieck, Körperkultur, S. 191-206, S. 193-194. An der Basis des DDR-Sports konkurrierten seit 1946 Reste bürgerlicher Traditionsvereine, die als Sportgemeinschaften von der sowjetischen Besatzungsmacht zugelassen worden waren, mit dem neuen Modell der Betriebssportgemeinschaften (BSGen). Bis 1949 war lediglich ein Viertel der Sportler in solchen BSGen organisiert. Im darauf folgenden Jahr wurden die Betriebssportgemeinschaften gleichartiger Produktionszweige nach sowjetischem Vorbild in 18 Sportvereinigungen zusammengefasst. Die Sektionen entsprachen den westdeutschen Fachverbänden. Aufschlussreich zur Konkurrenz zwischen Resten bürgerlicher Sporttraditionen und dem neu postulierten Betriebssport: Hans Schuster et al., Der neue Weg des deutschen Sports. 15 Jahre SED – 15 Jahre Förderung des Volkssports, Berlin (Ost) 1961, S. 42-50. Zum Bestriebssport allgemein: Andreas Luh, Betriebssport zwischen Arbeitgeberinteressen und Arbeitnehmerbedürfnissen: eine historische Analyse vom Kaiserreich bis zur Gegenwart, Aachen 1998. Für den Betriebssport in der DDR liegen bisher nur einzelne Fallstudien vor. Beispielsweise: Uta Klaedke, »Stahl Feuer!!!« – Die Fußballer des Stahl- und Walzwerkes Brandenburg zwischen politischer Anpassung und betriebli-

Außerdem unterstand dem DSA der gesamte Aufbau der Sportwissenschaften, insbesondere die Leitung der Deutschen Hochschule für Körperkultur und Sport in Leipzig (DHfK), der Sportstättenbau sowie die Sportgeräteherstellung und die Anleitung der Sportpresse.

Im Parteiapparat zeichnete jeweils der zweite Mann hinter dem Parteichef für den Sport verantwortlich. Das war unter Wilhelm Pieck zunächst Walter Ulbricht, unter diesem dann Erich Honecker, in dessen Regierungszeit Paul Verner und schließlich Egon Krenz das sportpolitische Zepter übernahm.[61] Ulbricht pflegte aber die entscheidenden Weichen in der Sportpolitik selbst zu stellen, weshalb es ein ganzes Jahrzehnt dauern sollte, bis im Parteiapparat eine eigenständige Abteilung ›Sport‹ gegründet wurde. Derweil vagabundierte das Ressort zwischen den ZK-Abteilungen ›Kultur und Erziehung‹, ›Jugend‹, ›Leitende Organe der Partei und Massenorganisationen‹ und der Abteilung ›Sicherheit‹. Erst im Jahr 1959 wurde die ›Arbeitsgruppe Sport‹ gebildet, die schließlich als Abteilung ›Sport‹ dem zuständigen ZK-Sekretär als selbständige Organisationseinheit zuarbeitete. Rudolf Hellmann leitete sie von dem Tag ihrer Gründung an bis zum Zusammenbruch des SED-Regimes. Die Abteilung, die mit maximal acht Mitgliedern besetzt war, fungierte als ›Clearing-Stelle‹ zwischen der Sportwelt und dem zuständigen Politbüromitglied. Sie bereitete Beschlüsse vor, leitete Informationen und Entscheidungsvorschläge an das Sekretariat, das Politbüro und den Generalsekretär weiter, nahm an Beratungen in allen Führungsgremien des Sports teil und beeinflusste Kaderfragen.[62]

Einen tiefen Einschnitt in der frühen Sportentwicklung der DDR stellte die Gründung des Staatlichen Komitees für Körperkultur und Sport beim Ministerrat der DDR am 24. Juli 1952 dar. Sie ergab sich als unmittelbare Konsequenz aus der von Walter Ulbricht auf der II. SED-Parteikonferenz postulierten ›Schaffung der Grundlagen des Sozialismus‹.[63] Diese Weiterentwicklung der DDR-

---

chem Eigensinn, in: Hans Joachim Teichler (Hrsg.), Sport in der DDR. Eigensinn, Konflikte, Trends, Köln 2003, S. 237-270.

[61] Siehe: Teichler, Sportbeschlüsse, S. 18. Zur parteipolitischen Organisationsstruktur siehe auch: Hans Joachim Teichler, Die führende Rolle der Partei, in: Hans Joachim Teichler/Klaus Reinartz (Hrsg.), Das Leistungssportsystem der DDR in den 80er Jahren und im Prozeß der Wende, Schorndorf 1999, S. 19-53, S. 21-24; Jürgen Winkler, Die Sportpolitik, in: Andreas Herbst/Gerd-Rüdiger Stephan/Jürgen Winkler (Hrsg.), Die SED. Geschichte – Organisation – Politik. Ein Handbuch, Berlin 1997, S. 466-477. Siehe zu den Strukturen in der Anfangszeit außerdem: Günter Wonneberger, Studie zur Struktur und Leitung der Sportbewegung in der SBZ/DDR (1945-1961), in: Wolfgang Buss/Christian Becker (Hrsg.), Der Sport in der SBZ und frühen DDR. Genese – Strukturen – Bedingungen, Schorndorf 2001, S. 167-247.

[62] Dazu: Günter Erbach, »Sportwunder DDR« Warum und auf welche Weise die SED und die Staatsorgane den Sport förderten, in: Hans Modrow (Hrsg.), Das große Haus. Insider berichten aus dem ZK der SED, Berlin 1994, S. 232-254, S. 248. Erbach kann als Beteiligter dazu beitragen, das Kompetenzwirrwarr des DDR-Sports zu entschlüsseln, obgleich seine Ausführungen zum Teil polemisch und apologetisch sind. Zur Rolle der Abteilung Sport siehe mit ähnlichen Vorbehalten: Volker Kluge, »Wir waren die Besten« – Der Auftrag des DDR-Sports, in: Irene Dieckmann/Hans Joachim Teichler (Hrsg.), Körper, Kultur und Ideologie. Sport und Zeitgeist im 19. und 20. Jahrhundert, Bodenheim 1997, S. 169-216, S. 171-172.

[63] Dort hatte Ulbricht die Schaffung eines Staatlichen Komitees in seinem Referat am 9.7.1952 bereits angekündigt. Den entscheidenden Ausschnitt siehe in: 20 Jahre DDR – 20 Jahre erfolgreiche Entwicklung von Körperkultur und Sport, Theorie und Praxis der Körperkultur, Beiheft 1969, S. 11.

Gesellschaft im Sinne des Dialektischen Materialismus bedeutete de facto ihre zunehmende Stalinisierung mit tief greifenden sozialen, wirtschaftlichen und deutschlandpolitischen Konsequenzen.[64] Dem sowjetischen Vorbild nacheifernd und akribisch bemüht, die Macht von Staat und Partei ständig auszubauen, schufen die Parteifunktionäre mit der Gründung des Staatlichen Komitees den DDR-Staatssport.[65] Die neue »oberste Instanz auf allen Gebieten der Körperkultur und des Sports in der Deutschen Demokratischen Republik«[66] unterstand direkt dem Ministerrat. Zu ihrem Leiter im Range eines Staatssekretärs berief Otto Grotewohl den DSA-Sekretär Manfred Ewald. Das Komitee gliederte sich in vier Bereiche, die jeweils einem Stellvertreter des Vorsitzenden unterstanden.[67] Dem Komitee gehörten die Vertreter verschiedenster staatlicher und gesellschaftlicher Institutionen und Organisationen an, z.B. aus den Ministerien für Volksbildung, für das Gesundheitswesen und des Innern, aber auch aus dem Freien Deutschen Gewerkschaftsbund, der Freien Deutschen Jugend und der zeitgleich gegründeten Gesellschaft für Sport und Technik (GST). Das Gründungsstatut verfügte auch die Einrichtung von Bezirks-, Kreis- und Stadtkomitees für Körperkultur und Sport bei den Räten der jeweiligen Körperschaften.[68] Sie sollten die Umsetzung der Beschlüsse des Komitees bis hinunter auf die unterste Ebene garantieren.

Es bedurfte 18 Unterpunkte, um die Aufgaben des Staatlichen Komitees für Körperkultur und Sport in seinem Gründungsbeschluss aufzuzählen. Dazu gehörten die Organisation des gesamten Sport- und Spielbetriebs in der DDR, Kaderschulung, Anleitung der Sportwissenschaften, der Sportpresse und Sportmedizin sowie Kontrolle der Abteilungen für Sport und Körperkultur in den einzelnen Ministerien und Staatssekretariaten. Außerdem unterstanden dem Komitee die Deutsche Hochschule für Körperkultur in Leipzig und der Wissenschaftliche Rat, der im März 1952 in Leipzig anlässlich der 1. Sportwissenschaftlichen Konferenz der DDR als beratendes Organ des Staatlichen Komitees neu gegründet worden war.[69] Deutlicher hätten die verantwortlichen Funktionäre den Stellenwert des neuen Organs kaum herausstellen können. Selbst das Sekretariat des ZK zog sich nun aus der unmittelbaren operativen Anleitung des Sports zurück.[70] Dem gänzlich entmachteten Deutschen Sportausschuss verblieb ledig-

---

[64] Siehe dazu: Dietrich Staritz, Geschichte der DDR, erweiterte Neuausgabe, Berlin 1996, S. 94-100; Herrmann Weber, Die Geschichte der DDR, 2. aktualisierte und erweiterte Neuausgabe, München 2000, S. 147-160.
[65] Zur sportpolitischen Wertung der Stako-Gründung siehe: Pabst, Sport, S. 131; Kühnst, Sport, S. 55.
[66] »Verordnung über die Errichtung vom Staatlichen Komitee für Körperkultur und Sport vom 24.7.1952«, in: 20 Jahre DDR – 20 Jahre erfolgreiche Entwicklung von Körperkultur und Sport, Theorie und Praxis der Körperkultur, Beiheft 1969, S. 69-72, S. 69.
[67] Vgl.: Wonneberger, Studie, S. 211. Eine prägnante Skizze der Aufgaben, Mitglieder und des Stellenwerts des Stako gibt: Erbach, Enzyklopädie, S. 44-45. (Obwohl diese Darstellung bereits auf dem neuen Stako-Statut vom 23.3.1961 beruht, ist sie auch für den frühen Zeitraum weitgehend zutreffend.)
[68] »Verordnung über die Errichtung vom Staatlichen Komitee für Körperkultur und Sport vom 24.7.1952«, in: 20 Jahre, S. 72.
[69] Ebd. S. 70-71.
[70] Tabellarisch nachgewiesen in: Teichler, Sportbeschlüsse, S. 63.

lich die Verantwortung für die internationale Anerkennung der einzelnen Sektionen (Fachverbände des DDR-Sports) und für den innerdeutschen Sportverkehr.

Der Übergang zum Staatssport war zwar primär ideologisch motiviert, resultierte aber auch aus dem tatsächlichen Scheitern des Deutschen Sportausschuss an seinen Herausforderungen in der Praxis. Nachweislich hatte sich das Sekretariat des ZK letztmalig am 10. März 1952 mit der Arbeitsweise des Deutschen Sportausschuss beschäftigt und versucht, Mängel zu bereinigen.[71] Walter Ulbricht selbst soll zeitgleich Entwicklungsschwierigkeiten im Bereich des Wintersports angeprangert haben.[72] Auch Fred Müller, zeitweilig selbst Vorsitzender des DSA, wies in seinem Artikel zur Gründung des Staatlichen Komitees im *Sportorganisator* darauf hin, dass der DSA viele Aufgaben nur ungenügend durchgeführt habe.[73] Nach der Neustrukturierung waren nun die Weichen für zwei entscheidende Entwicklungen gestellt. Zum einen erfolgte unter der Federführung des Staatlichen Komitees für Körperkultur und Sport der rasante Aufbau des Leistungssports. Zum anderen legte der im Jahr 1952 erst 26-jährige Komiteeleiter Manfred Ewald hier den Grundstein für eine Karriere, die ihn später durch seinen Machtinstinkt, seine hemmungslose Skrupellosigkeit aber auch durch seine effektive Beharrlichkeit zu Kopf und Rückgrat des DDR-Sportwunders werden ließ.

Der Staatssport als sowjetisches Modell war jedoch kaum in das Staats- und Gesellschaftssystem der DDR integrierbar. Dies mag einerseits an dem Hang der DDR-Funktionäre zum Aufbau unüberschaubarer Bürokratien gelegen haben, andererseits aber auch an den noch jungen und unausgebildeten DDR-Sportfunktionären sowie an starken bürgerlichen Resttraditionen im sportlichen Bereich. Gerade durch ungeklärte Kompetenzen und überzogen lange Dienstwege in dem Staatlichen Komitee, das bis 1956 zu einem Apparat von knapp 1.400 Mitarbeitern angewachsen war, entstanden an der Basis Freiräume, um an traditionellen sportlichen Gepflogenheiten festzuhalten.[74] Die langen Dienstwege führten aber auch zu Undurchsichtigkeiten und wurden für den Mangel an Sportstätten und Sportgeräten für den Massensport mitverantwortlich gemacht. Entsprechende Kritik äußerte sich im Umfeld des 17. Juni 1953 in den Reihen der Sportler.[75] Sie fand im Mai 1954 Eingang in den ›Bericht der Kommission zur Überprüfung der Arbeit der Demokratischen Sportbewegung‹, der hart mit der Führungsschwäche des Komitees ins Gericht ging.[76] Die Kritik der Kommission unter der Leitung von Karl Schirdewan entsprach dem Trend der Zeit, insofern sie Probleme eines

---

[71] Hinweis in: Teichler, Sportbeschlüsse, S. 49.
[72] Wonneberger, Studie, S. 209.
[73] Fred Müller, Beschlüsse von historischer Bedeutung, in: Der Sportorganisator 1, 1952, Heft 6, S. 161-163.
[74] Siehe: Teichler, Sportbeschlüsse, S. 50-51; Holzweißig, Sport, S. 33-35. Zu aufbrechenden bürgerlichen Traditionen besonders im Zusammenhang mit der Neugründung verbotener Vereine: Pabst, Sport, S. 208; Kühnst, Sport, S. 90.
[75] Wonneberger, Sport in der DDR, S. 100.
[76] Überprüfung der demokratischen Sportbewegung, 4.5.1954. SAPMO DY30/J IV 2/2/A-347. Abgedruckt in: Teichler, Sportbeschlüsse, S. 258-294.

überzogenen Zentralismus und Bürokratismus benannte, wie dies auch die 25. Tagung des ZK vom 24. bis 27. Oktober 1955 tat.⁷⁷

Dennoch war die Zeit noch nicht reif für eine Abkehr vom sowjetischen Modell. Erst die Arbeit einer weiteren, vom 28. Plenum des ZK der SED veranlassten ›Kommission zur Verbesserung der Tätigkeit und Struktur der Demokratischen Sportbewegung‹, die ihre Untersuchung zwischen September und November 1956 durchführte, fiel auf fruchtbareren Boden. Zwar waren die Kritikpunkte der Kommission, die Fehler in der Leitung bemängelte, den Verwaltungsapparat »außerordentlich aufgebläht« nannte, die schlechte patriotische Erziehung der Sportler aufzeigte und eine neue Verwaltungsstruktur im Sport empfahl, die gleichen geblieben, geändert hatte sich aber das politische Klima.

Auf dem XX. Parteitag der KPdSU, der am 14. Februar 1956 in Moskau begann, setzte KPdSU-Generalsekretär Nikita Chruschtschow mit seinen Thesen zur Entstalinisierung und zur ›friedlichen Koexistenz‹ ein Zeichen für den gesamten Ostblock.⁷⁸ Dieses Ereignis warf seinen Schatten auch auf die III. Parteikonferenz der SED, die im März 1956 stattfand. Dem sowjetischen Modell folgend, legte das Politbüro Maßnahmen zu einer ›kontrollierten Demokratisierung‹ von Staatsapparat und Wirtschaft vor. Besonders den örtlichen Vertretungen in den Gemeinden, Kreisen und Bezirken sollten mehr Selbstverwaltungsrechte zugestanden werden. Das daraus resultierende ›Gesetz über die örtlichen Organe der Staatsmacht‹, das die Volkskammer im September 1956 beriet, schrieb den Aufbau nach dem Prinzip des ›demokratischen Zentralismus‹ fest.⁷⁹

An dieses Konzept schloss sich unmittelbar die Entscheidung zur Gründung einer neuen sportpolitischen Massenorganisation an, des Deutschen Turn- und Sportbundes (DTSB). Mit ihm wurde die Abkehr von dem sowjetischen ›Staatssportmodell‹ vollzogen. Dieser Schritt darf jedoch nicht vorschnell als ein Alleingang der DDR-Sportführung interpretiert werden, der aus der Schwächung der Sowjetführung in Folge des XX. Parteitages resultierte. Vielmehr befand sich die sowjetische Sportpolitik relativ zeitgleich in den gleichen Umstrukturierungsprozessen. Im Jahr 1957 wurden in der Sowjetunion wie in der DDR die gewerkschaftlichen Sportvereinigungen aufgelöst und zwei Jahre später entstand auch ein neuer sowjetischer Sportverband, die ›Union der Sportgesellschaften und -organisationen‹.⁸⁰

Eine im Vorfeld der Gründung veröffentlichte Erklärung machte den Kurswechsel publik und prangerte Bürokratismus und Zentralismus nun explizit an.

---

⁷⁷ Siehe dazu: Weber, Geschichte, S. 182-187.
⁷⁸ Siehe dazu: Ebd. S. 188-193; Staritz, Geschichte, S. 144-150.
⁷⁹ »Gesetz über die örtlichen Organe der Staatsmacht vom 18.1.1957«, in: Gesetzblatt der DDR, Teil 1, 1957, S. 65-72. Zu diesem Komplex auch: Weber, Geschichte, S. 192. Die kurzfristige Hinwendung zur »breiteren Entfaltung der sozialistischen Demokratie« wird in der DDR-Literatur als stärkstes Argument hinter der DTSB-Gründung vorgebracht. Vgl.: Schuster, Weg, S. 99; Wonneberger, Geschichte, S. 170-171.
⁸⁰ Siehe dazu: Henry W. Morton, Medaillen nach Plan. Der Sowjetsport, Köln 1963, S. 169-175 und 189-193. Diese Entwicklung wurde im Staatlichen Komitee wiederum rezipiert. Siehe den übersetzten Artikel: Sowjetski Sport, 3.3.56, Für eine breitere Massenbasis von Körperkultur und Sport. BArch Berlin DR5/831.

Sie beklagte, dass viele Entscheidungen, die in der Vergangenheit eigentlich an der sportlichen Basis in Betriebssportgemeinschaften und in den Fachausschüssen der Kreise hätten getroffen werden können, von der oberen Leitungsebene dominiert worden seien. Der neue DTSB sollte stattdessen »nach demokratischen Prinzipien von den Grundorganisationen über die Kreise und Bezirke bis zum Vorstand des DTSB« aufgebaut sein.[81] Dieser Passus bediente zwar die Rhetorik der Zeit, blieb aber eine unerfüllte Formalie. Vielmehr hatte sich die Partei erneut ein willfähriges Instrument zur Durchherrschung des gesellschaftlichen Bereichs Sport geschaffen. Das galt noch viel mehr, nachdem es Walter Ulbricht gelungen war, seine innenpolitische Position auch nach dem ›Tauwetter‹ zu stabilisieren. Und es galt besonders, nachdem die Unruhen in Polen und Ungarn, zu denen es im Zuge der Entstalinisierung gekommen war, Chruschtschow das Reformrädchen anhalten ließen, bevor es eigentlich ans Laufen gekommen war.

Der am 27. April 1957 gegründete DTSB war seinem Statut nach eine sozialistische Massenorganisation. Analog der Verwaltungsgliederung der DDR war er regional in Bezirks- und Kreisverbände gegliedert sowie sportartenspezifisch in Fachverbände (Sektionen). Zu seinen Grundeinheiten zählten Betriebssportgemeinschaften, Sportclubs, Armeesportgemeinschaften, Fach- und Hochschulsportgemeinschaften und Sportgemeinschaften.[82] Der DTSB beanspruchte durch seine Organisationsstruktur, alle Sportler aus den verschiedensten gesellschaftlichen Zusammenhängen zusammenzufassen. Er war nach dem Prinzip des demokratischen Zentralismus organisiert. Die Grundeinheiten wählten Sekretariate und Präsidien auf regionaler Ebene, die ihrerseits wiederum den Bundesvorstand, das Präsidium und die zentrale Revisionskommission ernannten.[83] Das geschah auf dem Deutschen Turn- und Sporttag, der nach dem DTSB-Statut von 1957 mindestens alle vier Jahre einberufen werden sollte. Die SED beschränkte jedoch durch ihre rigorose Kaderpolitik die freie Wahlentscheidung darauf, ausschließlich die Personen zu wählen, welche die Partei vorgab und die ihr größtenteils auch angehörten. Trotzdem wurde ausdrücklich betont, dass sich der DTSB durch seinen ›demokratischen‹ Aufbau deutlich von dem westdeutschen Sportbund unterschied, »in dem die Mitbestimmung der Mitglieder immer stärker zugunsten eines kleinen Kreises von Managern eingeschränkt« würde.[84] Die Leitung des DTSB lag in der Hand des Präsidiums und seines Sekretariats, dessen Beschlüsse

---

[81] Begründung und Vorschläge zur Verbesserung der Tätigkeit und der Struktur der demokratischen Sportbewegung, in: Deutsches Sportecho, 8./9.2.1957, S. 1-3, S. 2.

[82] Das erste DTSB-Statut von 1957 ist abgedruckt in: Buss, Sport, S. 754-760. Einen guten Einblick in die Organisationsstrukturen des DTSB gibt: Andreas Herbst, Deutscher Turn- und Sportbund der DDR (DTSB), in: Gerd-Rüdiger Stephan et al. (Hrsg.), Die Parteien und Organisationen der DDR: ein Handbuch, Berlin 2002, S. 637-657.

[83] Schulz, Stellung, S. 144. Zur Bedeutung des DTSB als sozialistische Massenorganisation siehe auch: Ebd., S. 48-55. Zum Prinzip des demokratischen Zentralismus im Bereich der Körperkultur siehe: Wonneberger, Körperkultur, S. 342-345. Zur Struktur und Organisation des DTSB, wenn auch stark auf die 1980er Jahre fixiert: Karlheinz Gieseler, Das Leitungs- und Leistungs-System der Körperkultur der DDR, in: Sportwissenschaft 13, 1983, S. 113-133.

[84] Wonneberger, Geschichte, S. 173. Vgl. auch einen anonymen Leserbrief aus dem Jahr 1958: »Die geistige Legitimation« des westzonalen DSB, in: Die sozialistische Sportbewegung 2, 1958, Heft 11, S. 15-16.

für alle nachgeordneten Organisationseinheiten verbindlich waren. Zum ersten Präsidenten des DTSB wurde Rudi Reichert gewählt. Als seine Vizepräsidenten fungierten Erich Riedberger, Hans Mickinn, Roland Weißig, Paul Becker und Günter Heinze.[85]

Auf der Gründungkonferenz im April 1957 fasste Reichert in seinem Eröffnungsreferat die wichtigsten Aufgaben des DTSB zusammen und unterstrich dessen umfassenden Anspruch. Er reklamierte eine Verantwortung für den Massensport, für die Entwicklung des Kinder- und Jugendsports ebenso wie für den Sport auf dem Land, erklärte zugleich aber, auch große Aufgaben im Bereich des Leistungssports erfüllen zu wollen.[86] Lothar Skorning, selbst Gründungsmitglied, legte wenig später öffentlich nach und betonte, dass der DTSB stark genug sei, um sowohl den Massen- als auch den Leistungssport zu entwickeln.[87] Damit attackierte die DTSB-Spitze früh den Einflussbereich des Staatlichen Komitees für Körperkultur und Sport beim Ministerrat und des immer noch umherwandernden Sportressorts des Zentralkomitees.

Der nun geborene Dauerkonflikt zwischen dem Staatlichen Komitee und dem DTSB prägte die Sportentwicklung der DDR in den 1960er Jahren. Das Komitee verlor nun zunächst die operative Anleitung des Sports. Seine Aufgaben verlagerten sich stärker in den materiell-technischen und wissenschaftlichen Bereich des Leistungssports.[88] Obwohl das Komitee in DDR-Organigrammen regelmäßig dem DTSB übergeordnet erscheint, besaß es diesem gegenüber keinerlei Weisungsbefugnis, sondern sollte dessen Arbeit vielmehr unterstützen.[89] In Paragraph 8 der Verordnung über das Staatliche Komitee für Körperkultur und Sport wurde dennoch deutlich, dass das Komitee weit reichende Kompetenzen im Bereich des Leistungssports behielt, unter anderem die Zuständigkeit für die DHfK und die Forschungsstelle für Körperkultur und Sport (FKS) in Leipzig.[90] Allerdings oblag ihm letztlich lediglich die Kontrolle des Leistungssports, während die Führung dieses Bereichs mit der Hoheit über die Verbände und Sportclubs dem DTSB zufiel.[91] In den folgenden Jahren vollzog sich ein ständiger Machtzuwachs des DTSB in allen Fragen des Leistungssports, der nicht zuletzt im Jahr 1961 durch

---

[85] Lothar Skorning, »Deutscher Turn- und Sportbund« – gegründet am 27./28.4.1957 in Berlin, in: Theorie und Praxis der Körperkultur 6, 1957, S. 552-553, S. 553.
[86] Rudi Reichert, Zur Gründung des »Deutschen Turn- und Sportbundes« (DTSB), in: Theorie und Praxis der Körperkultur 6, 1957, S. 481-485.
[87] Skorning, Turn- und Sportbund, S. 553.
[88] Klaus Reinartz, Die flankierende Rolle des Staates – Das Staatssekretariat für Körperkultur und Sport, in: Hans Joachim Teichler/ders. (Hrsg.), Das Leistungssportsystem der DDR in den 80er Jahren und im Prozeß der Wende, Schorndorf 1999, S. 307-350, S. 314-315.
[89] Wonneberger, Studie, S. 218. Da die reale Machtverteilung zwischen Stako und DTSB in den DDR-Organigrammen immer umgekehrt vermerkt wurde, fand diese falsche Einschätzung auch Eingang in die frühe westdeutsche Sportgeschichtsschreibung. Siehe: Ihmels, Sport, S. 20; Kühnst, Sport, S. 90.
[90] Verordnung über das Staatliche Komitee für Körperkultur und Sport vom 6.6.1957, in: Gesetzblatt der Deutschen Demokratischen Republik, Teil 1, Nr. 42, S. 325-326, sowie Komitee-Vorlage Nr.: 4/1/1958, betr.: Beschluss über das Statut des Staatlichen Komitees für Körperkultur und Sport, 14.4.1958, fol. 417-422, SAPMO DY 12/3301.
[91] Niederschrift über eine Aussprache beim Genossen Paul Verner zu einigen Fragen des Leistungssports, 13.9.1958, fol. 53-58, fol. 55. SAPMO DY 30/IV 2/18/2.

den Wechsel Manfred Ewalds vom Staatlichen Komitee an die Spitze des DTSB sinnfällig wurde.

Das erste Opfer der Machtumverteilung im DDR-Sport Mitte der 1950er Jahre war jedoch der Deutsche Sportausschuss, der nun überflüssig geworden war und aufgelöst wurde. Gleiches galt für die dem Staatlichen Komitee für Körperkultur und Sport nachgeordneten Bezirks- und Kreiskomitees. Weitere staatliche Organisationen, die halfen, den Einfluss der Partei im Bereich der Sportwissenschaften durchzusetzen, blieben jedoch bestehen. Das galt für die DHfK ebenso wie für den Wissenschaftlichen Rat. Die Verzahnung von Staat und Sportwissenschaften trug entscheidend dazu bei, den Anteil der Partei an den Leistungen der Spitzensportler herauszustellen.

Durch den komplizierten Organisationsaufbau des DDR-Sports mit seinen unterschiedlichen und rivalisierenden Akteuren im DTSB, im Staatlichen Komitee und im ZK der SED ist es im Nachhinein schwierig, exakte Befehlsketten und Zuständigkeiten herauszuarbeiten. Tatsächlich griff Walter Ulbricht in zahlreichen Fällen direkt in den sportlichen Planungsprozess ein. Die führenden Sportfunktionäre übernahmen diese Praxis, indem sie von sich aus versuchten, wichtige Entscheidungen in direkter Absprache mit Walter Ulbricht oder dem für den Sport zuständigen ZK-Sekretär zu treffen und so die Abteilung Sport im ZK zu übergehen. Deren Anleitung und Kontrolle des Sports blieb außerdem konstant schwach, da Rudi Hellmann in der Parteihierarchie unter den DTSB-Präsidenten Reichert und Ewald rangierte, die beide Mitglied im ZK waren.[92]

Die Machtposition des DTSB war zu Beginn der 1960er Jahre derart gewachsen, dass bereits offen davon gesprochen wurde, dass in der DDR zwei Sportleitungen bestünden: eine direkte im Zentralkomitee und eine im DTSB.[93] So erstaunt es kaum, dass das Sekretariat des DTSB in der sporthistorischen Forschung in den Ruf geriet, sich zumindest im Bereich des Leistungssports seine Gesetze selbst geschrieben zu haben.[94] Tatsächlich wurden die entscheidenden Leistungssportbeschlüsse im Sekretariat des DTSB in Abstimmung mit den betroffenen und zuständigen staatlichen Stellen fertig ausgearbeitet und dann erst dem Politbüro vorgelegt. Dort wurden sie stets unverändert übernommen.[95] Davon auf eine Teilautonomie des Systems Spitzensport zu schließen, erscheint jedoch übereilt, entsprach der DTSB doch den Vorgaben von Partei und Gesellschaft völlig und übertraf sie meist im »vorauseilenden Gehorsam«.[96]

---

[92] Teichler, Sportbeschlüsse, S. 22; Wonneberger, Studie, S. 218.
[93] Arbeitsgruppe Sport: Information über einige Erscheinungen im Apparat des DTSB und über das Verhältnis zwischen Präsidium, Sekretariat, Parteileitung und Arbeitsgruppe Sport beim ZK, 27.4.1961, fol. 48-58, fol. 51. SAPMO DY30/IV 2/18/8.
[94] Die These vom ›autonomen Spitzensport‹ wurde stark zugespitzt von Andreas Ritter und Giselher Spitzer entwickelt. Siehe: Andreas Ritter, Die Rolle der den ›Leistungssport‹ betreffenden Politbürobeschlüsse von 1967 bis 1970 für das ›Leistungssportsystem‹ der DDR, in: Sozial- und Zeitgeschichte des Sports 12, 1998, S. 37-56 und Spitzer, Zirkel, S. 360-375.
[95] Diese Praxis wird auch von Günter Erbach und Volker Kluge bestätigt. Erbach, Sportwunder, S. 245 und Kluge, Wir, S. 170. Siehe dazu auch: Teichler, Rolle, S. 27.
[96] Arnd Krüger, Hochleistungssport – Der Hochleistungssport in der frühen DDR, in: Wolfgang Buss/Christian Becker (Hrsg.), Der Sport in der SBZ und frühen DDR. Genese – Strukturen – Bedingungen, Schorndorf 2001, S. 535-555, S. 536.

ZWISCHEN AUTONOMIE UND PATERNALISMUS: DER DSB

Auch in der Bundesrepublik entstand Anfang der 1950er Jahre ein Dach über den einzelnen Gliederungen der Sportbewegung. Doch die Gründung des Deutschen Sportbundes erfolgte im Gegensatz zur Einrichtung des Deutschen Sportausschuss und des DTSB durch die Basis. Sie war somit das Produkt ständiger Aushandlungsprozesse zwischen den einzelnen Akteuren. Das war einer der Gründe, warum die bundesdeutsche Organisation neben dem kompakten DTSB während der gesamten Zeit ihres Bestehens schwächer und unentschlossener wirkte. Zudem fehlte ihr von Beginn an die weit reichende Rückendeckung des Staates.

Mit der Auflösung des Nationalsozialistischen Reichsbundes für Leibesübungen und der am 17. Dezember 1945 folgenden Kontrollratsdirektive 23, die alle bestehenden Vereine auflöste, war die Basis für einen strukturellen Neuanfang im Sportbereich gegeben. Vereinsneugründungen waren nur mit Genehmigung und unter anschließender Aufsicht der Alliierten erlaubt. Der Neuaufbau durfte zunächst nicht über den Bereich der Kreisebene hinausgehen. Im Mittelpunkt sollten Gesundheit, Hygiene und Ausgleichssport stehen, was mit einer strikten Entmilitarisierung der Vereine einherging.[97] Personell schlug zu dieser Zeit in Westdeutschland – genau wie in der sowjetischen Besatzungszone – zunächst die Stunde der Arbeitersportler. Ausgestattet mit dem »Vertrauen der Alliierten«, besetzten sie bald Koordinations- und Führungsstellen in der neu entstehenden bundesdeutschen Sportbewegung.[98] Diese nutzten sie, entgegen den Bestimmungen der Kontrollratsdirektive, aber unter Duldung der britischen und amerikanischen Besatzer, um bereits in den Jahren 1945 und 1946 Landessportbünde (LSB) ins Leben zu rufen. In ihnen sollten gemischte Vereine – konfessions- und parteiübergreifend – direkte Mitglieder werden. Eine solche Regelung entsprach dem ursprünglichen Organisationsmodell des Arbeiter-Turn- und Sportbundes. Das Fachverbandsprinzip hingegen lehnten die Arbeitersportler als bürgerlich und zentralistisch ab, während die weiterhin stark vertretenen bürgerlichen Kreise an der sportlichen Basis es unbeirrt favorisierten.[99] Dementsprechend schlossen sich bereits Mitte des Jahres 1946 – und noch ohne Erlaubnis der Alliierten – erste Interessengemeinschaften der Schwimmer, Fußballer und Turner zusammen. Schließlich wurde in Nordrhein-Westfalen am 6. Mai 1947 ein Landessportbund als offizielle Dachorganisation der Landesfachverbände gegründet.[100] Somit stan-

---

[97] Die Kontrollratsdirektive 23 ist in der Literatur wiederholt abgedruckt worden. Dabei weichen die Versionen jedoch leicht voneinander ab. Eine Version findet sich bei Heinrich Sorg, Von der Stunde Null bis zum deutschen Sportbund, in: Jahrbuch des Sports 1955/56, S. 79-99, S. 82. Die zweite gibt Eduard Strych, Der westdeutsche Sport in der Phase der Neugründung 1945-1950, Schorndorf 1975, S. 76-77 wieder. Er weist auf das Bestehen zweier unterschiedlicher Versionen hin. Ebd. S. 16.

[98] Zitat: Schröder, Sportbund, S. 33 und Pedersen, Sportpolitik, S. 21-22. Diese Einschätzung teilt auch Franz Nitsch, Die Organisation des Sports in Deutschland 1945-1974, in: Olympische Jugend 19, 1974, Heft 7, S. 12-14, S. 13.

[99] Dazu: Gerd Weißpfennig, Der Neuaufbau des Sports in Westdeutschland bis zur Gründung des Deutschen Sportbundes, in: Horst Überhorst (Hrsg.), Geschichte der Leibesübungen, Band 3/2, Berlin/München/Frankfurt a. Main 1982, S. 759-794, S. 766-767, 772.

[100] Pabst, Sport, S. 55. Der Unterschied zu den auf der Basis gemischter Vereine gegründeten Landesverbänden besteht darin, dass in Nordrhein-Westfalen selbständige Fachorganisationen den Lan-

den sich kurz nach dem Krieg zwei verschiedene Organisationsmodelle im deutschen Sport gegenüber, die den Weg zur DSB-Gründung erschwerten.

Die Frage, ob Einheitsverband oder Fachverband, führte zu einer langwierigen Auseinandersetzung, die der Grund dafür war, dass der DSB erst am 10. Dezember 1950 gegründet werden konnte. Bei seiner Gründung wurde insofern ein tragfähiger Kompromiss gefunden, als die Landessportbünde und die Fachverbände als gleichberechtigte Mitglieder in den neuen Bund aufgenommen wurden. Somit war jeder Sportler zweimal im deutschen Sportparlament, dem Bundestag des Deutschen Sportbundes, vertreten.[101] Dieser wählte den 37-jährigen Fabrikanten und ehemaligen Leistungssportler Willi Daume zu seinem ersten Präsidenten. Der Vorsitzende des niedersächsischen Landessportbundes, Heinrich Hünecke, wurde sein Vize und der ehemalige Arbeiterturner Oskar Drees zweiter Vizepräsident. Auf der Gründungsversammlung traten 15 Landessportbünde und 25 Fachverbände dem neuen Bund bei. Wie schwach die neue Dachorganisation war, zeigt sich deutlich im Paragraphen 3 ihrer Satzung. Darin wurde unter Artikel 2 ausdrücklich die »organisatorische, finanzielle und fachliche Selbständigkeit seiner Mitgliedorganisationen« festgeschrieben.[102] Anlässlich des vierten Geburtstages des DSB hieß es demnach auch rückblickend: »(...) wie schwächlich das nach vielen Wehen am 10.12.1950 endlich in Hannover geborene Kind war – so schwächlich, daß viele es eher für eine Totgeburt hielten.«[103] Aber ein Mehr an Zentralismus hätte die junge Sportbewegung zu diesem Zeitpunkt wahrscheinlich nicht verkraftet.

Die einzelnen Sportkonferenzen vor der Gründung eines zentralen Bundes waren primär durch die Auseinandersetzung zwischen Landes- und Fachverbandsprinzip, also durch das Ringen der einzelnen Verbände um Geld und Einfluss geprägt.[104] Trotzdem legten sie von Beginn an ein freiwilliges Bekenntnis zur strukturellen Einheit im deutschen Sport ab.[105] Dieser Wille zeigt sich deutlich bei den Initiatoren einer der ersten westdeutschen Sportkonferenzen nach dem Krieg, die bereits am 27./28. November 1946 in Frankfurt stattfand. Eingeladen hatten Carl Diem, der ehemalige ›kommissarische‹ Leiter der Auslandsabteilung des Nationalsozialistischen Reichsbundes für Leibesübungen, den die Franzosen als

---

dessportbund bilden und somit »den Vereinen erst über die Disziplinenzuordnung eine Beteiligung am Entscheidungsprozeß des LSB zukommt«. Aus: Nitsch, Organisation, S. 13.

[101] Pabst, Sport, S. 66.
[102] Das Dokument ist abgedruckt in: DSB, Gründerjahre, S. 71-73. Detaillierte Darstellungen zur Struktur und Arbeitsweise des Deutschen Sportbundes finden sich bei: Karlheinz Gieseler et al. (Hrsg.), Der Sport in der Bundesrepublik Deutschland, Bonn 1972, S. 27-76; Wilhelm Kregel, Organisation und Aufgaben des Sports in der Bundesrepublik Deutschland, in: Friedrich-Christian Schröder/Hans Kauffmann (Hrsg.), Sport und Recht, Berlin/New York 1972, S. 117-128; Walther Tröger, Die Organisation des deutschen Sports, in: Uwe Schultz (Hrsg.), Das große Spiel. Aspekte des Sports in unserer Zeit, Frankfurt a. Main 1965, S. 44-59 sowie von Mengden, Beiträge, S. 11-18.
[103] Karl-Viktor Baum, Eine freie Gemeinschaft freier Verbände, in: Die Leibeserziehung 3, 1954, S. 246-250, S. 246.
[104] Diese Vorgänge sind in der Literatur bereits hervorragend herausgearbeitet worden. Zum Beispiel durch: Pabst, Sport, S. 58-66; Strych, Sport, S. 39-69; Weißpfennig, Neuaufbau, S. 773-786; Sorg, Stunde, S. 91-98; Franz Nitsch, Traditionslinien und Brüche. Stationen der Sportentwicklung nach dem Zweiten Weltkrieg, in: DSB (Hrsg.), Die Gründerjahre des Deutschen Sportbundes, Band 1, Frankfurt a. Main 1990, S. 29-64.
[105] Pabst, Sport, S. 52; Schröder, Sportbund, S. 38; Weißpfennig, Neuaufbau, S. 786.

belastet eingestuft hatten, Heinrich Sorg, ein Arbeitersportler, der erst 1946 aus dem Exil zurückgekehrt war, Ludwig Wolker als Vertreter der konfessionellen Verbände und Peco Bauwens, der Präsident des DFB, der ein Vertreter des bürgerlichen Sports und ein glühender Verfechter des Fachverbandprinzips war.[106] Die disparate Gruppe kam zu keinem wirklichen Ergebnis, brachte jedoch bis auf die Turner die bisher zersplitterten Großgruppen des deutschen Sports an einen Tisch.

Den größten Verzicht leisteten zu diesem Zeitpunkt jedoch die Arbeitersportler, da sie bereits im Jahr 1946 von der Gründung eines eigenen Verbandes Abstand nahmen. In der Literatur sind verschiedene Hintergründe dieses Schritts diskutiert worden. Sie reichen von der Vermutung, dass die SPD auf ihrem ersten Parteitag 1946 ein ausdrückliches Verbot der Neugründung des Arbeiter-Turn- und Sportbundes ausgesprochen hätte, bis zu der These, dass die Arbeitersportbewegung eine neuerliche Konfrontation mit der bürgerlichen Sportbewegung gescheut hätte.[107] Wahrscheinlich liegt die Antwort auf diese Frage jedoch weniger in einer Untersuchung der Bewegung selbst als im Kontext weiter gefasster mentalitäts- und sozialgeschichtlicher Überlegungen. So wäre zu untersuchen, ob nach 1945 überhaupt noch ein Milieu für den Arbeitersport bestand, bzw. ob das apolitische Klima der Nachkriegszeit auch die Arbeiter erfasste.[108] Es ist auch davon auszugehen, dass die Alliierten zumindest irritiert auf diese erneute Art der Politisierung im Deutschen Sport reagiert hätten.

Bei den konfessionellen Sportbünden und den Turnern kam es lediglich zu einem Teilverzicht. Beide bekannten sich zwar zur Einheit im Sport, die Deutsche Jugendkraft, die katholische Sportorganisation, gründete jedoch einen eigenen Verband, der dem DSB nur als Anschlussorganisation beitrat.[109] Die Turner traten dem DSB als Fachverband bei, dessen Wiederbegründung lange an den Vorbehalten der Alllierten gegenüber dem deutschen Turnen gescheitert war. Durch das Bekenntnis zur Einheit traten die strukturellen Kontinuitäten der Turner und der konfessionellen Sportler jedoch nur noch schwach zu Tage, auch wenn es sie unbestritten gab. Den Arbeitersportlern gelang es hingegen gerade durch ihren Verzicht, ihren Einfluss auf den bürgerlichen Sport sowohl personell als auch strukturell zu erweitern. Somit bestanden auch ihre Traditionen unterschwellig

---

[106] Zu dieser Konferenz: Strych, Sport, S. 51.
[107] Eine Zusammenstellung der verschiedenen, in der Literatur vertretenen Positionen findet sich bei: Franz Nitsch, Warum entstand nach 1945 keine Arbeitersportbewegung?, in: Sportwissenschaft 6, 1976, S. 172-199, S. 172-177.
[108] Heinrich Sorg, Sportreferent der SPD, erklärte den Verzicht auf die Wiederbegründung der Arbeitersportbewegung damit, die SPD habe sich zu einer umfassenderen Volkspartei weiterentwickeln wollen. Diesem Ziel hätten geschlossene, kulturelle Suborganisationen widersprochen. Referat Heinrich Sorg, Sinn, Aufgaben und Möglichkeiten des Sportreferats. Niederschrift über die Tagung der im Sportwesen tätigen Genossen am 11.12.1954 in der Reinoldi-Gaststätte in Dortmund, S. 1. BArch Koblenz B136/5551. Leider kann an dieser Stelle auch nicht der Frage nach weiteren mentalitäts- und sozialgeschichtlichen Motiven nachgegangen werden, z.B. bezüglich der Zerschlagung der Milieus durch den Nationalsozialismus, derer auch ein Arbeitersport bedurft hätte, oder der Frage, ob die sportpolitischen Vorgänge in der SBZ abstoßend auf die westdeutschen Arbeitersportler gewirkt und einen Verzicht dadurch nahe gelegt haben.
[109] Zur Auseinandersetzung um die Neugründung der Deutschen Jugendkraft: Strych, Sport, S. 31-34.

fort.[110] Dass dadurch im bürgerlichen Lager Bedrohungsszenarien aufkamen, lässt sich an einer rückblickenden Aussage Carl Diems festmachen:

> »Man (die Arbeitersportler d. Verf.in) wollte, in der stillen Hoffnung, die Führung in sozialistischen Händen zu behalten, den rund 10 Jahre zuvor aufgelösten Arbeiter-Turn- und Sportbund nicht wiedererwecken, zumal ja die junge Sportwelt von einer politischen Richtschnur für den Sport nichts wissen wollte.«[111]

Auch die Auseinandersetzung um Fachverbands- oder Einheitsverbandsprinzip entsprang dem Versuch des bürgerlichen Sports, den sozialistischen Einfluss auf den Nachkriegssport zurückzudrängen.[112] Dabei profitierten die bürgerlichen Sportkreise davon, dass ihr Umfang nach dem Krieg wie bereits in der Weimarer Republik um ein Mehrfaches größer als jener der Arbeitersportler war.[113] Besonders die linke Sportgeschichtsschreibung hat daher auf die starke bürgerliche Kontinuität der deutschen Sportbewegung nach 1945 hingewiesen. Sowohl Jürgen Pedersen als auch Arnd Krüger beklagen das Wiederentstehen der alten bürgerlichen Vereine, in denen sich unbelastete Sportler aus der Arbeiterbewegung nur kurzzeitig in Führungspositionen halten konnten.[114] Auch das Standardwerk der DDR-Sportgeschichtsschreibung konstatiert bereits für das Jahr 1946 die Rückkehr des bürgerlichen Sports in den Westzonen. Dort zitiert Günter Wonneberger aus einem Brief des ehemals führenden Arbeitersportlers Fritz Wildung an einen Leipziger Freund aus dem Jahr 1946, in dem dieser bedauerte: »Die amtlichen Dezernate und Referate sind fast alle in unseren Händen, aber der Sport ist bürgerlich.«[115] In der SBZ verlief diese Entwicklung parallel. Auch dort hielten die Arbeitersportler zunächst die Verantwortung des Neuaufbaus in ihren Händen, die bürgerlichen Fußballspieler fanden jedoch ebenso schnell wieder zueinander.[116] Die Gründe dahinter erscheinen banal, erklären aber die bürgerlichen Kontinuitätslinien des deutschen Sports: Während die Arbeiter-Turn- und Sportvereine im Dritten Reich aufgelöst wurden, ehemalige Arbeitersportler emigrierten oder in Konzentrationslagern verschwanden, arrangierten sich viele bürgerlichen Vereine mit dem neuen Regime. Dadurch blieben kontinuierliche

---

[110] Gerd Weißpfennig spricht von einer »Demokratisierung« des Sports durch die Arbeitersportler. Weißpfennig, Neuaufbau, S. 772.
[111] Diem, Weltgeschichte, S. 1021. Dieses Argument der Hoffnung der Kommunisten auf die Machtergreifung im deutschen Sport findet sich auch bei Arnd Krüger, Sport und Politik. Von Turnvater Jahn zum Staatsamateur, Hannover 1975, S. 88.
[112] Dazu: Schröder, Sportbund, S. 38; Strych, Sport, S. 10. Auch wenn Schröder darauf hinweist, dass dies von den Akteuren nicht als politisches Handeln empfunden wurde. Dazu auch: Buss, Kontinuität, S. 327.
[113] So kam der Arbeiter-Turn- und Sportbund im Jahr 1930 nur noch auf 564.300 Mitgliedert. Dazu: Christiane Eisenberg, Massensport in der Weimarer Republik. Ein statistischer Überblick, in: Archiv für Sozialgeschichte 33, 1993, S. 137-177, S. 172. Dort auch schlüssig zur allgemeinen Überbewertung der Bedeutung der Arbeiter-Turn- und Sportbewegung. Zur bürgerlichen Identität des deutschen Sports siehe auch: dies., Fußball in Deutschland 1890-1914. Ein Gesellschaftsspiel für bürgerliche Mittelschichten, in: Geschichte und Gesellschaft 20, 1994, S. 181-210.
[114] Pedersen, Sportpolitik, S. 21; Krüger, Sport, S. 88.
[115] Wonneberger, Geschichte, S. 56.
[116] Siehe dazu: Kühnst, Sport, S. 19-25; sowie Bericht: Konferenz der Sport- und Körperkultur der Sowjetzone am 27.1.1947, S. 1. SAPMO DY30/IV 2/18/3.

Bindungen erhalten.¹¹⁷ Die geschwächte, aus dem Sport für Jahre ausgeschlossene Arbeitersportbewegung konnte dem kaum ein adäquates Machtpotential entgegensetzen.

Besonders stark war die bürgerliche Kontinuität des Sports an seinen Führungspersönlichkeiten ablesbar. Zwar lamentierte Carl Diem öffentlich:

> »Hatte ein braver Turnvereinsführer in der Gliederung des Reichsbundes für Leibesübungen das Amt eines Kreissportführers oder gar eines Kreisführers für Leichtathletik gehabt, so wurde er, wenn er Pech hatte, genauso behandelt wie ein Kreisleiter der NSDAP.«¹¹⁸

Tatsächlich fand eine wirkliche Entnazifizierung der Deutschen Sportbewegung jedoch nicht statt.¹¹⁹ Das entsprach zum einen der gesamtgesellschaftlichen Entwicklung, wo in vielen Bereichen auf alte Führungskader zurückgegriffen wurde, da es an unbelastetem Personal mangelte. Zum anderen bremsten zwei weitere Faktoren die Entnazifizierung des deutschen Sports ungewöhnlich stark. Der erste war die Stärke sportlicher Kameradschaftsbande, welche die Sportler besonders gegen Eingriffe von alliierter Seite verteidigten.¹²⁰ Zweitens griff nun erstmalig das neu entworfene Bekenntnis des bundesdeutschen Sports zur politischen Neutralität: Entnazifizierung wurde als politischer Akt gesehen und somit abgelehnt.¹²¹ Es kann an dieser Stelle nicht im Einzelnen rekonstruiert werden, ob innerhalb der Sportbewegung, gerade unter ehemaligen Arbeitersportlern, das Problem der Entnazifizierung diskutiert wurde. Hinweise darauf gibt etwa die öffentlich geführte Auseinandersetzung zwischen Carl Diem und Heinrich Sorg, die im März 1950 sogar den Bundestag beschäftigte.¹²² Obwohl die Bewertung von Carl Diems Rolle im Dritten Reich umstritten und er wohl vielmehr sportlicher Mitläufer als ideologischer Überzeugungstäter war, schloss ihn der DSB von seiner Gründungsversammlung aus.¹²³ Doch trotz dieser schwachen Ansätze interner Kritikbereitschaft trug der DSB mit Personen wie Guido von Mengden

---

117 So hat Franz Nitsch auch darauf hingewiesen, dass es sich bei den meisten Fachverbänden nicht um Neu-, sondern Wiedergründungen nach einer zwangsweisen Unterbrechung handelte. Nitsch, Organisation, S. 14. Es sei angemerkt, dass teilweise auch Arbeitersportler in bürgerlichen Vereinen die Zeit des Nationalsozialismus überdauerten, allerdings nicht in Führungspositionen. Dazu: Buss, Kontinuität, S. 324.
118 Dieses Problem benennt auch Carl Diem, jedoch mit einer gewissen Herablassung: Diem, Weltgeschichte, S. 1020.
119 Ausführlicher zur Entnazifizierungsproblematik: Weißpfennig, Neuaufbau, S. 762-764; Strych, Sport, S. 17-21; Bahlke, Wiederaufbau, S. 259-269.
120 Strych, Sport, S. 20-21. Mit Verweis auf Diem, Weltgeschichte, S. 1018.
121 Bahlke, Wiederaufbau, S. 262-263. Ommo Grupe, »Der neue Weg im deutschen Sport«. Über Sinn und Organisation des Sports, in: DSB (Hrsg.), Die Gründerjahre des Deutschen Sportbundes, Band 1, Frankfurt a. Main 1990, S. 16-24, S. 21.
122 Zur Auseinandersetzung während der Olympia-Debatte 1947: Nitsch, Traditionslinien, S. 44; zur Auseinandersetzung um die Funktion Diems als Sportreferent des Bundesinnenministeriums: Pabst, Sport, S. 126; eine eigene Stellungnahme enthält Diems Biographie, die nach seinem Tod erschien: Carl Diem, Ein Leben für den Sport. Erinnerungen aus dem Nachlaß, Ratingen/Kastellaun/Düsseldorf, 1974, S. 240-244. Mit der Rolle Diems im Dritten Reich befasste sich besonders die Biographie: Achim Bausch/Volker Laude, Der Sport-Führer – die Legende um Carl Diem, Göttingen 2000.
123 Strych, Sport, S. 67.

und Karl Ritter von Halt sein nationalsozialistisches Erbe noch bis in die 1960er Jahre weiter.[124] Abschließend ist festzuhalten, dass der westdeutsche Sport seine bürgerliche Identität behielt. Dennoch kann die Gründung des DSB als Neugründung interpretiert werden. Denn der Wille zur Einheit und das Bekenntnis zur politischen Neutralität waren ebenso ein Novum wie die neue Funktionalität des Sportbundes, der nun »sowohl die Leistungsorientierung des bürgerlichen Wettkampf- und Verbandssport als auch die kommunikativen und auf Bildung und Erziehung ausgerichteten Bedürfnisse der ehemaligen Arbeiter-Turn- und Sportbewegung« vertrat.[125]

Bis zum Tag der Gründung des Deutschen Sportbundes im Dezember 1950 hatte die deutsche Sportbewegung sowohl in ihrem Aktionismus als auch in ihrem Selbstverständnis primär um sich selbst gekreist. Jetzt musste der logische Schritt folgen, sich gegenüber Staat und Gesellschaft zu positionieren. Dazu betonte Willi Daume im Jahr 1952 in seiner Rede vor dem ersten Bundestag des DSB, dass die deutsche Turn- und Sportbewegung immer staatsbejahend gewesen sei und der Deutsche Sportbund sich auch heute in diese Tradition stelle.[126] Dass der DSB keine grundsätzliche Berührungsscheu gegenüber staatlichen Institutionen empfand, zeigte sich, als er am 16. Februar 1951 dem Bundespräsidenten Theodor Heuss die Schirmherrschaft über den DSB übertrug. Vom »Schutz durch die Staatsmacht« versprach sich der Sportbund »Schutz vor Geringschätzung, Schmälerung und Verkleinerung«.[127] Tatsächlich erwies sich dieser Schritt im Rückblick als Glücksgriff. Der DSB fand in Theodor Heuss einen Freund, Helfer und besonders einen Fürsprecher gegenüber der Öffentlichkeit.[128] Im gleichen Jahr bot sich der DSB auch als »Gesprächspartner der Bundesregierung« an und betonte dabei seine Verantwortung bei der »Erziehung zum guten Bürgersinn«.[129] Somit hatte der Dachverband von sich aus erste Positionierungsversuche gegenüber dem Staat unternommen, die sich mit seiner Verpflichtung zur politischen Neutralität weitestgehend in Einklang bringen ließen.

---

[124] Wolfgang Buss beklagt gar, dass eine »Auseinandersetzung auf normativer Ebene« überhaupt nicht stattgefunden hätte. Buss, Kontinuität, S. 320.
[125] Buss, Kontinuität, S. 317.
[126] Willi Daume, Am Anfang stand die Begeisterung. Bericht des Präsidenten beim 1. Bundestag des DSB am 26.1.1952 in München (Auszug), in: DSB, Daume, S. 16-21, S. 19.
[127] Adam Nothelfer, Bundespräsident Professor Dr. Heuss. Schirmherr des deutschen Sports, in: DSB (Hrsg.), Deutscher Sportbund. Entstehung, Gründung, Aufbau. Schriftenreihe des Deutschen Sportbundes, Band 1, Frankfurt a. Main 1951, S. 5-6, S. 6.
[128] Bezüglich des starken Einfühlungsvermögens von Theodor Heuss gegenüber dem Sport wird immer die gleiche Anekdote angeführt: Nach seiner Wahl zum Bundespräsidenten hatte Heuss seinen ersten Auftritt am 25.9.1949 vor der Deutschen Sportjugend. Dort hatte er sein neues Amt in Anlehnung an einen damals populären Schlager als »Theodor im Bundestor« beschrieben. Wie stark der Sport eines solchen Fürsprechers bedürfen würde, wird an einem süffisanten Kommentar Guido von Mengdens zu diesem Vorfall deutlich: »Wegen dieses Ausspruchs war damals eine ganze Menge korrekt angezogener Leute entsetzt und besorgt, ob Theodor Heuss denn wohl die Würde seines hohen Amtes wahren würde.« Zitiert aus: von Mengden, Beiträge, S. 55. Zur Bedeutung von Theodor Heuss auch: Pabst, Sport, S. 120-121.
[129] Willi Daume, Geleitwort, in: DSB (Hrsg.), Deutscher Sportbund. Entstehung, Gründung, Aufbau. Schriftenreihe des Deutschen Sportbundes, Band 1, Frankfurt a. Main 1951, S. 3.

Der Bundesregierung fiel es ungleich schwerer, sich gegenüber dem neuen gesellschaftspolitischen Faktor zu positionieren. Dies lag jedoch nicht nur an dem Desinteresse des Staates, sondern auch an dessen paternalistischen Ansprüchen, welche die junge Sportbewegung teilweise überforderten. Schon am 16. Dezember 1949, knapp ein Jahr vor der Gründung des DSB, berief der Bundesminister des Innern, Robert Lehr, Carl Diem zum ehrenamtlichen Leiter des Sportreferats im Bundesinnenministerium.[130] Diem setzte dort die Einrichtung eines Etats von 300.000 DM durch und erwirkte für den DSB eine Starthilfe von 20.000 DM. Dieser erste staatliche Etat sollte die Entsendung von Turn- und Sportmannschaften ins Ausland, internationale Sportveranstaltungen im Inland, Lehrgänge zur Sportausbildung und die Vorbereitung und Teilnahme der Spitzenverbände an den Olympischen Spielen unterstützen.[131]

Bereits zwei Jahre später zeigte diese erste Strukturfindung Risse, denn die geringe Höhe des Betrages zwang das DSB-Präsidium, selbst im Bundesfinanzministerium vorstellig zu werden und eine Erhöhung des Etats zu erbitten. Dieser Zwischenschritt zeigt, dass der DSB sich in seinen finanziellen Belangen nicht allein auf seinen ehrenamtlichen Sportreferenten verlassen wollte und das Innenministerium somit überging. Das lag zum einen an der Person Carl Diems, zum anderen aber auch an einem grundsätzlichen Missverständnis zwischen dem Ministerium und dem Verband über das Verhältnis von Sport und Staat.

Die Berufung Carl Diems war von Beginn an wegen dessen Nähe zum nationalsozialistischen Regime umstritten gewesen. Zu Beginn der 1950er Jahre entzündete sich die Kritik jedoch an anderen Punkten: an seinem Sportverständnis, das nicht mehr als zeitgemäß galt, und an seinem Führungsstil.[132] Peco Bauwens formulierte dies pointiert: »Männer an die Spitze des Sportreferats, die nicht in der Antike arbeiten, sondern mit der Zeit gehen.«[133] Die immer wieder öffentlich geäußerten Befürchtungen, Diem könne wegen seiner vielen Verpflichtungen der Position nicht gerecht werden, waren lediglich vorgeschoben. Da Willi Daume dem Bundesminister des Innern glaubhaft versichern konnte, dass die Opposition des Sports sich nicht gegen das Ministerium, sondern allein gegen Diems Referat richte, waren dessen Tage bald gezählt. Bereits im Dezember 1952 kursierten Gerüchte um eine Neubesetzung, im Jahr 1953 wurde Diem von Hans-Heinrich Sievert, einem ehemaligen Zehnkämpfer, abgelöst.

Mit der Übernahme des Sportreferats durch Sievert war nicht nur eine Anhebung des Etats auf 600.000 DM jährlich, sondern auch eine Ausweitung seiner Verantwortlichkeiten verbunden.[134] Neben der Unterstützung internationaler Turniere gehörte es zu Sieverts Aufgaben, den internationalen Erfahrungsaustausch zu för-

---

[130] Ausführlich zu dieser umstrittenen Berufung: Blasius, Bewegung, S. 62-67. Das Ernennungsschreiben ist abgedruckt in: Carl Diem Institut (Hrsg.), Dokumente zum Wiederaufbau des deutschen Sports: das Wirken von Carl Diem (1882-1962), Sankt Augustin 1984, S. 255.
[131] Diem, Weltgeschichte, S. 1034.
[132] Abteilungsleiter V, Aktennotiz über die Besprechung mit Herrn Sportpräsident Daume, 19.12.1952, S. 3. BArch Koblenz 106/1760.
[133] Sid, Dr. Bauwens auf dem DFB-Bundestag »Unsere Sportler exerzieren nicht«, 16.11.1952, S. 1. BArch Koblenz 106/1736.
[134] Karlheinz Gieseler, Sport und staatliche Institutionen, in: DSB (Hrsg.), Die Gründerjahre des Deutschen Sportbundes, Band 1, Frankfurt a. Main 1990, S. 329-333, S. 331.

dern, sportwissenschaftliche und sportärztliche Unternehmungen zu organisieren und die sportlichen Ausbildungsmethoden, soweit sie das ganze Bundesgebiet betrafen, zu verbessern.[135] Das weitaus wichtigere Etappenziel aus Sicht des DSB war jedoch, eine hauptamtliche Anstellung des Sportreferenten im Bundesministerium des Innern durchgesetzt zu haben. Um diese Aufwertung des Sportreferates war das gesamte Jahr 1952 hindurch gerungen worden. Bereits am 19. Februar waren Willi Daume, Carl Diem und Staatssekretär Scholl von Innenminister Lehr empfangen worden. Im Mittelpunkt des Gesprächs standen die finanzielle Besserstellung der Spitzenverbände und die engere Verzahnung von Sportjugend und Bundesjugendplan.[136] Außerdem versprach Lehr mit Blick auf den nächsten Haushaltsplan, die Schaffung eines hauptamtlichen Sportreferats zu prüfen. Willi Daume forcierte dieses Bemühen – entweder taktisch geschickt oder tatsächlich aufgrund eines Missverständnisses –, indem er im März 1952 auf der Präsidialsitzung des DSB in Kassel bekannt gab, Lehr hätte die Schaffung einer hauptamtlichen Referentenstelle zugesagt. Dies erregte zunächst jedoch nicht das Missfallen des Ministers selbst, sondern das von Carl Diem.[137] Dass Diem ganz und gar nicht an der Umformung des Ministeriums interessiert war, zeigt auch sein Schreiben an Ministerialdirektor Dr. Kitz, in dem er gewichtige Gründe gegen eine vollamtliche Referentenstelle vorbrachte. Obwohl Diem in erster Linie aus Eigennutz argumentierte, da eine solche Stelle unzweifelhaft das Ende seiner Zeit im Ministerium bedeuten musste, legte er doch den Finger in eine nach wie vor offene Wunde: So forderte er den DSB auf, zunächst Vorschläge zu machen, inwieweit aus einer Aufwertung des Sportreferenten auch weiter reichende Zuständigkeiten des Ministeriums im Bereich des Sports erwachsen würden. Denn mit der Haltung des DSB, das Ministerium allein als Finanzquelle zu benutzen, sei es dann vorbei.[138]

Tatsächlich war das Verhältnis zwischen Staat und Sportbewegung nach wie vor ungeklärt. Während der DSB trotz aller Forderungen streng auf seine Autonomie pochte – schließlich wolle man im Westen ja keinen Staatssport haben –, gingen Lehr und sein Staatssekretär sehr wohl von einer Verantwortung ihres Ministeriums für die bundesdeutsche Sportbewegung aus:

> »Der Staat kann und will den Sport nicht gängeln, er soll ihn aber unsichtbar lenken (Problem der Vermassung, Überbewertung körperlicher Leistung, Entwicklung des Totoismus). Kurz, der Staat hat die Pflicht, die Jugend vor dem zweifellos nicht unerheblichen Umfang vorhandener Gefahren des Sports zu bewahren.«[139]

Diese Ansicht hatte Lehr bereits in einer Rede vor der Hauptversammlung der Sportpresse in der Sportschule Hennef am 9. Januar 1952 deutlich zum Ausdruck gebracht. Seiner Ansicht nach sollten eine Stärkung des Amateurgedankens und eine Neuverteilung der Totomittel die Jugend vor fortschreitenden materialistischen Tendenzen schützen.[140] Es erstaunt wenig, dass gerade der Präsident des

---

[135] Sievert, Aufgaben, S. 2.
[136] Vermerk von Diem, 21.2.1952. BArch Koblenz 106/1736.
[137] Diem an Scholl, 1.4.1952, S. 1. BArch Koblenz 106/1760.
[138] Diem an Kitz, 3.4.1952, S. 1-2. BArch Koblenz 106/1736.
[139] Abteilung V, Entwurf für den Minister, 3.11.1952. BArch Koblenz 106/1736.
[140] Die Rede ist auszugsweise abgedruckt in: Robert Lehr, Sportförderung durch den Bund, in: Bulletin des Presse- und Informationsamtes der Bundesregierung, 24.1.1952, S. 99-100. Dazu auch:

Deutschen Fußballbundes, Peco Bauwens, den Innenminister nach dessen Rede scharf attackierte. Seine öffentlichen Ausfälle und die ungehaltene Art und Weise in der sie vorgetragen wurden, sorgten dabei für eine nachträgliche Verstimmung zwischen dem DFB und dem Ministerium, zumal Bauwens einer klärenden Aussprache mit dem Minister über ein Jahr lang aus dem Weg ging.[141]

Diese kleine Episode zeigt, dass zwischen Sportbewegung und Innenministerium Anfang der 1950er Jahre ein tiefes gegenseitiges Misstrauen bestand. So lehnte der DSB auch den von Lehr im Jahr 1952 vorgeschlagenen Bundessportplan aus Angst vor zuviel staatlicher Kontrolle ab.[142] Umgekehrt begann die Sportbewegung in den Auseinandersetzungen mit dem Bundesministerium des Innern immer häufiger ihre hohen Mitgliederzahlen unter dem Schlagwort ›Vierte Macht im Staat‹ anzubringen. Diese Schuhe waren ihr zwar noch viel zu groß, trugen aber ihren eigenen Teil zur Verschlechterung des Verhältnisses beider Verhandlungspartner bei. Erst der Amtsantritt Sieverts und die Berufung Gerhard Schröders zum Innenminister im zweiten Kabinett Adenauer im Jahr 1953 brachten Ruhe in das wechselseitige Kräftemessen.

Der neue Innenminister unterstrich die klimatische Verbesserung in seiner Rede vor dem DSB-Bundestag 1954 in Düsseldorf. Schröder versprach der Sportbewegung nicht nur seine volle Unterstützung, sondern distanzierte sich auch von Vorwürfen gegen materialistische Tendenzen im Sport, die er lediglich als Randerscheinungen einer guten Sache abtat.[143] Die Sportbewegung dankte es ihm mit dem Lob, die neue Einstellung der Organe der Bundesregierung »unterscheide sich sehr wohltuend von den Verhältnissen vor wenigen Jahren.«[144] Dennoch wurde der Bundessportfonds im gleichen Jahr um 25.000 DM gekürzt. Das resultierte zwar aus den staatlichen Mehrausgaben im Zuge der Wiederbewaffnung, bewies jedoch auch, dass Schröder allein dem Sport nicht helfen konnte.[145]

Eine weitaus erfolgreichere Verbindung zum politischen Parkett in Bonn besaß der DSB aber über den ›Kreis der Freunde des Sports im Bundestag‹, der im Jahre 1955 einen interfraktionellen Antrag im Plenum stellte und damit eine Erhöhung des Bundessportfonds 1956/57 auf 900.000 DM durchsetzte.[146] Die Zusammenarbeit zwischen den Abgeordneten und dem DSB ging aus einer ersten Zusammenkunft am 16. Januar 1952 in Form eines ›Parlamentarischen Abends‹ hervor. Der Kreis wurde seither mindestens einmal jährlich vom DSB zum Meinungsaustausch geladen. Im Jahr 1954 war die Zahl der ›Freunde‹ bereits auf 24 gewachsen; zu

---

Robert Lehr, Der Bund als Mittler im Sport, in: Bulletin des Presse- und Informationsamtes der Bundesregierung, 7.2.1952, S. 148-150; sowie Sport und Staat, ebd. S. 149.

[141] Die verbalen Ausfälligkeiten des Fußballfunktionärs sind zusammengestellt in: Zusammenstellung für Millner, 16.1.1952. BArch Koblenz 106/1736.

[142] Robert Lehr, Das Vermächtnis von Friedrich Ludwig Jahn. Als Gegenstück zum Bundesjugendplan ein Bundessportplan, in: Bulletin des Presse- und Informationsamtes der Bundesregierung, 15.10.1952, S. 1405-1406, S. 1406. Pedersen, Sportpolitik, S. 50. Dazu auch: Ludwig Mester, Sportliche Jugendarbeit und staatspolitische Erziehung, in: Die Leibeserziehung 2, 1953, Heft 6, S. 1-4, S. 3.

[143] Gerhard Schröder, An die deutsche Turn- und Sportbewegung. Ansprache des Bundesinnenministers auf dem DSB-Bundestag in Düsseldorf, in: Leibesübungen 5, 1954, Heft 4, S. 3-6, S. 4.

[144] DSB-Berichtsheft zum 2. ordentlichen Bundestag am 6. und 7.2.1954, S. 15. BArch Koblenz B106/1760.

[145] Von Mengden, Beiträge, S. 60.

[146] Gieseler, Institutionen, S. 332.

ihnen gehörten Rudolf Heiland (SPD), Eugen Huth (CDU/CSU), Peter Jacobs (SPD), Hans Lenz (FDP), Hasso von Manteuffel (FDP), Annemarie Renger (SPD), Wilhelm Tenhagen (SPD) und Oskar Wacker (CDU/CSU).[147] Ihre Zahl stieg bis 1962 auf 75 Abgeordnete an. Der lose Zusammenschluss der sportbegeisterten Abgeordneten aller Fraktionen entsprach dem parteipolitischen Neutralitätskurs des DSB.[148] Ihren vorerst größten Erfolg feierten die Parlamentarier 1957, als die Bundesregierung einen Fünf-Millionen-Fonds zur Förderung des Sportstättenbaus einrichtete. Der Haushaltsausschuss hatte dies mit nur einer Stimme Mehrheit entschieden, weil die Sportfreunde der CDU von der SPD-Opposition unterstützt wurden.[149] Die Bundesmittel für die Spitzenfinanzierung des Baus von Turn- und Sportstätten stieg bis zum Rechnungsjahr 1961 auf 20 Millionen DM an.[150] Im Haushaltsjahr 1957/58 kletterte der Sportetat außerdem trotz der Einrichtung des hoch dotierten Übungsstättenfonds auf eine Million DM.

Vor Beginn des Rechnungsjahres 1958/59 verlor das Bundesinnenministerium sein bis dahin stärkstes verfassungsrechtliches Argument gegen eine Erhöhung des Sportfonds: Der Bundesrat erklärte im Zusammenhang mit dem Haushaltsgesetz für dieses Jahr, dass der Bund die Gesamtförderung des Sports, die sich auf die Bundesverbände (Spitzenverbände) bezog, übernehmen könne, ohne dass Länderinteressen beeinträchtigt würden. Er empfahl die Erhöhung des Sportfonds auf 1,8 Millionen DM.[151] Durch die massive Unterstützung des ›Kreises der Freunde des Sports‹, dem nun auch Abgeordnete wie Carlo Schmid und Erich Mende angehörten, wurde der Bundessportfonds genau auf diesen Betrag dotiert.[152]

Der Bundeskanzler hingegen, selbst ein leidenschaftlicher Boccia-Spieler, hielt sich gegenüber der jungen bundesdeutschen Sportbewegung zurück. Zum einen verärgerte sie ihn durch ihr undiplomatisches Festhalten an einer gesamtdeutschen Olympiamannschaft, zum anderen waren Adenauer nationale Ausbrüche im Sport wie nach dem ›Wunder von Bern‹ suspekt. Dies erklärt auch die Umwege, auf die sich Willi Daume begab, um den Bundeskanzler zum DSB-Bundestag im Jahr 1958 einzuladen. Den Boden für die offizielle Einladung versuchte Daume zunächst über die Parteischiene der CDU zu bereiten. Bereits im Mai nahm er Kontakt zu dem Vorsitzenden des Bundessportausschusses der CDU, August Zeuner, auf, der

---

[147] Aufzählung aus: Baum, Gemeinschaft, S. 249. Mitgliedslisten für die Jahre 1954 und 1956 enthält BArch Koblenz B322/417.

[148] Der DSB hatte darüber hinaus ein latentes Positionierungsproblem gegenüber den Parteien. Dennoch befürwortete der DSB 1955 die Gründung von Sportausschüssen in den Parteien und bat die im Bundestag vertretenen Parteien um eine Stellungnahme zum Thema Sport. Doch auch diese Initiative änderte zunächst nur wenig, denn ernsthafte sportpolitische Aktivitäten der Parteien lassen sich erst seit Beginn der 1960er Jahren nachweisen. Das gilt auch für die SPD, obwohl diese bereits 1946 ein Sportreferat beim Parteivorstand eingerichtet und den Sport in ihr Parteiprogramm aufgenommen hatte. Dazu: Wilhelm Bruns/Jürgen Dieckert, Die Stellung der politischen Parteien Deutschlands zu Sport und Leibeserziehung, in: Die Leibeserziehung 18, 1969, S. 397-400.

[149] Von Mengden, Beiträge, S. 59 ff; Pabst, Sport, S. 121-122.

[150] »Goldener Plan« und »Zweiter Weg«. Staat, Volksgesundheit und Sport – Der Bundesminister des Innern vor dem Deutschen Sportbund, in: Bulletin des Presse- und Informationsamtes der Bundesregierung, 14.12.1960, S. 2256-2257.

[151] Diesen Betrag nennt Gießeler, Sport, S. 118. Carl Diem nennt in seiner Weltgeschichte des Sports zwar einen höheren Betrag, den der DSB jedoch erst im Jahr 1960 erreichen sollte.

[152] Von Mengden, Beiträge, S. 57.

im August schließlich den Minister für gesamtdeutsche Fragen, Ernst Lemmer, als Fürsprecher gegenüber dem Kanzleramt gewinnen konnte.[153] Anfang September erfolgte tatsächlich die Zusage aus dem Kanzleramt. Obwohl Lemmer der Sportbewegung nahe stand, argumentierte er gegenüber dem Kanzleramt auf ganz anderer Ebene als Daume gegenüber Zeuner. So verwies der Minister insbesondere auf die große Wirkung eines Auftritts Adenauers beim Bundessporttag – nicht nur auf die Anwesenden, sondern auch auf breite Wählerschichten, gerade vor den noch ausstehenden Landtagswahlen.[154] Der Präsident des Sportbundes hingegen hatte darüber hinaus argumentiert, dass Adenauers Kommen helfen könnte, grundsätzliche Ressentiments zwischen Sportbewegung und Bundesregierung auszuräumen. Dabei beklagte Daume wiederum, dass die Bundesregierung bisher fast ausschließlich gegen die Interessen des Sports gearbeitet habe. Ernst Lemmer kommentierte diese Anschuldigungen gegenüber dem Staatssekretär im Bundeskanzleramt, Hans Globke, mit dem aufschlussreichen Ausspruch: »Die Männer des Sports sind immer leicht empfindlich und meinen es im Grunde gut.«[155]

Da Adenauers Flugzeug wegen schlechter Witterung nicht starten konnte, unterblieb der Vertrauensbeweis der Bundesregierung gegenüber den fünf Millionen Sportlern. Er verschob sich jedoch nur um zwei Jahre, da Adenauer Anfang August 1960 die deutsche Sportführung ins Palais Schaumburg bat und ihnen dort als Bundeskanzler und Parteivorsitzender der CDU jede Unterstützung zusagte. Dem waren jedoch zwei wichtige Entwicklungen vorausgegangen: Erstens hatte der Deutsche Sportbund ernst zu nehmende Programme zum Kampf gegen ›Zivilisationsschäden‹ besonders unter Jugendlichen vorgelegt und sich – auch durch sein Engagement im Schulsport – selbst zum gesundheitspolitischen Lobbyisten gemacht. Zweitens wuchs parallel der massive Druck von Seiten der DDR, die sich nicht nur viel früher im sport- und jugendpolitischen Bereich ›aufs Fürsorglichste‹ inszeniert hatte, sondern langsam aber sicher auch im Leistungssport zu ihrem Triumphzug aufbrach.

1.2 Breitensportliche Ambitionen und Leistungssportförderung

Leistungssportliche Weichenstellung in Pankow

Die Grundstrukturen des zukünftigen DDR-Leistungssportsystems begannen sich bereits Anfang der 1950er Jahre zu entwickeln und blieben bis in die

---
[153] Siehe Briefwechsel: Daume an Zeuner, 1.8.1958; Daume an Zeuner, 15.8.1958; Zeuner an Lemmer, 21.8.1958. BArch Koblenz B136/5551.
[154] Lemmer an Globke, 2.8.1958. BArch Koblenz B136/5551.
[155] Ebd.

1980er Jahre bestehen. Zu ihnen gehörten eine breite Talentsichtung, eine gezielte Nachwuchsförderung, die ›Verwissenschaftlichung‹ des Sportbetriebes und die Bevorzugung des Leistungssports gegenüber dem Massensport. Diese fortschreitende Ungleichgewichtung darf jedoch nicht darüber hinwegtäuschen, dass die DDR-Breitensportförderung ideell und finanziell zu Beginn der 1950er Jahre auf einem sehr hohen Niveau eingesetzt hatte.[156] Für die Sportentwicklung der DDR war der konkurrierende Blick auf die Bundesrepublik von Beginn an prägend, die zugleich Motivations- und Abgrenzungsfaktor war.

Der Aufbau des Leistungssports vollzog sich in den 1950er Jahren zwar stringent, war aber keineswegs unumstritten. Bereits 1948/49 soll Walter Ulbricht davon gesprochen haben, Leistungssportler aus einer umfassenden Volkssportbewegung gewinnen zu wollen.[157] Damit verlieh er seiner Überzeugung Ausdruck, dass ohne die Pflege des Massensports kein Durchbruch im Leistungssport zu erwarten sei. Dieses Prinzip wurde 1950 in dem ›Gesetz über die Teilnahme der Jugend am Aufbau der Deutschen Demokratischen Republik und die Förderung der Jugend in Schule und Beruf, bei Sport und Erholung vom 8. Februar 1950‹ festgeschrieben. Dort wurde in Artikel VII die Schaffung des Sportleistungsabzeichens ›Bereit zur Arbeit und zur Verteidigung des Friedens‹ festgelegt, das einen größtmöglichen Erfassungsgrad der sporttreibenden Bevölkerung gewährleisten sollte. Auch das Prinzip der Wissenschaftlichkeit wurde im Gesetz durch die Gründung der Deutschen Hochschule für Körperkultur in Leipzig mit einer Kapazität von 400 Studierenden verankert.[158] Die Zielrichtung hin zum organisierten Aufbau des DDR-Leistungssports erläuterte Walter Ulbricht in seiner Rede zur Begründung des Jugendgesetzes vor der provisorischen Volkskammer der Deutschen Demokratischen Republik am gleichen Tag. Dort führte er mit Blick auf die hohen Investitionen in den Sportstättenbau aus, dass aus einer hoch qualifizierten Volkssportbewegung die zukünftigen Spitzenathleten der DDR hervorgehen würden.[159] Zugleich kündigte er jedoch die Zusammenlegung herausragender Sportler in speziellen Trainingslagern sowie erhöhte Verpflegungssätze für Spitzensportler an, was diese strukturell aus dem Massensport herauszulösen begann.[160]

---

[156] Im Folgenden werden aus Gründen der sprachlichen Einheitlichkeit zwischen Quellen und Text die Begriffe Massensport und Volkssport an Stelle des in der Bundesrepublik üblichen Begriffs Breitensport verwendet. Zu Entwicklung und Niveau des Massensports in den 1950er Jahren siehe die sehr detailreiche, teilweise aber stark apologetische Darstellung von: Ingeburg Wonneberger, Breitensport. Studie zum Breitensport/Massensport in der Sowjetischen Besatzungszone Deutschlands und der Deutschen Demokratischen Republik (1945-1960), in: Wolfgang Buss, Christian Becker (Hrsg.), Der Sport in der SBZ und frühen DDR. Genese – Strukturen – Bedingungen, Schorndorf 2001, S. 397-464. Methodisch ausdifferenzierter und facettenreicher ist der Sammelband von: Jochen Hinsching (Hrsg.), Alltagssport in der DDR, Aachen 1998.
[157] Hinweis in: Kühnst, Sport, S. 43.
[158] Das Gesetz ist abgedruckt in: Pieck, Körperkultur, S. 167-177, siehe besonders: S. 174-177.
[159] Die Regierung der Deutschen Demokratischen Republik hilft der Jugend. Auszug aus der Rede zur Begründung des Jugendgesetzes vor der provisorischen Volkskammer der Deutschen Demokratischen Republik am 8.2.1950, in: Pieck, Körperkultur, S. 53-60, S. 55.
[160] Ebd. S. 56.

1.2 Breitensportliche Ambitionen und Leistungssportförderung

Die im März 1951 folgende Entschließung des Zentralkomitees der SED über ›Die Aufgaben auf dem Gebiet der Körperkultur und des Sports‹ nahm diese Fäden auf, verwob sie jedoch zu einem noch lückenloseren System der leistungssportlichen Förderung. Walter Ulbricht selbst nannte sie eine »Wendung in der Entwicklung der Sportbewegung«[161]. In dieser Entschließung, die zur gesamten Sportarbeit in der DDR Stellung nahm, zog sich eine Fixierung auf den Leistungssport durch fast alle der zwölf Unterpunkte. Explizit erschien sie im Zusammenhang mit der Verbesserung der Sportwissenschaften, die nun unter das Ziel gestellt wurden, deutsche Bestleistungen zu ermöglichen und den Anschluss an die internationale Spitzenklasse zu erreichen.[162] Demnach sollten sportliche Leistungen in den Sportvereinigungen, in den Sektionen und auf dem Lande ständig erhöht und Spitzensportler besonders gefördert werden. Den größten Sprung machte das ZK der SED jedoch im Bereich des Nachwuchsleistungssports: Es ordnete die Einrichtung der ersten Jugendsportschulen für sportlich besonders begabte Kinder ab dem 14. Lebensjahr an.[163] Sie sollten zwei Jahrzehnte später zur Wiege des DDR-Leistungssports werden. Walter Ulbricht selbst verwies in seinem Schlusswort auf der Tagung am 16. März 1951 noch einmal auf die hohe Bedeutung der Nachwuchsförderung:

> »Je mehr wir uns anstrengen, den jüngsten Nachwuchs zu fördern, um so sicherer sind wir, daß wir in einiger Zeit die deutschen Meisterschaften gewinnen werden. Das hat einen einfachen Grund. In Westdeutschland wird niemand diesen Nachwuchs so fördern. (...) Das ist der Grund, warum wir uns so sehr für die Pioniermeisterschaften, die Jugendmeisterschaften usw. interessiert haben: hier ist das Reservoir, das uns hilft an die Spitze zu gelangen.«[164]

Das bundesdeutsche Sportsystem diente somit bereits 1951 sowohl der Herausforderung als auch der Abgrenzung.

Ein derart durchdachtes System der Sportförderung verlangte jedoch nach einem stärkeren Leitungsorgan als dem Deutschen Sportausschuss. Daher begann der tatsächlich forcierte Aufbau des DDR-Leistungssports erst mit der Gründung des Staatlichen Komitees für Körperkultur und Sport beim Ministerrat der DDR im Jahr 1952.[165] Bereits das Gründungsstatut ging von der Erkenntnis aus, dass

---

[161] Walter Ulbricht, Für einen Volkssport, der den Optimismus und die Lebensfreude unserer Menschen hebt! Aus dem Schlusswort auf der 5. Tagung des ZK der SED am 16.3.1951, in: Pieck, Körperkultur, S. 158-163, S. 158.

[162] Entschließung des Zentralkomitees der sozialistischen Einheitspartei Deutschlands »Die Aufgaben auf dem Gebiete der Körperkultur und des Sports« vom 17.3.1951, in: Pieck, Körperkultur, S. 191-206, S. 194.

[163] Ebd. S. 201. Die ersten Kinder- und Jugendsportschulen (KJS) wurden 1952 in Ostberlin, Leipzig, Brandenburg und Halberstadt eingerichtet. Bis 1957 stieg ihre Zahl auf 21. Diese ersten Kinder- und Jugendsportschulen legten zwar ein besonderes Augenmerk auf die sportliche Erziehung, haben jedoch wenig mit dem neuen Typ KJS zu tun, der seit Mitte der 1960er Jahre zum Aufstieg des DDR-Leistungssports beitragen sollte. Zu den ersten KJS: Wiese, Milchtrinker.

[164] Walter Ulbricht, Für einen Volkssport, der den Optimismus und die Lebensfreude unserer Menschen hebt! Aus dem Schlusswort auf der 5. Tagung des ZK der SED am 16.3.1951, in: Pieck, Körperkultur, S. 158-163, S. 161.

[165] So datierte auch Manfred Ewald rückblickend die Geburtsstunde des DDR-Leistungssports auf das Jahr 1952: Sitzung des Bundesvorstandes des DTSB am 25.4.1972, fol. 77. SAPMO DY12/940.

durch eine verbesserte Erziehungsarbeit und die wissenschaftliche Durchdringung von Körperkultur und Sport planmäßige Erfolge das Warten auf Zufallsergebnisse ersetzen könnten.[166] Neben der Anleitung der sportwissenschaftlichen Forschung erhielt das Staatliche Komitee zusammen mit dem Ministerium für Gesundheitswesen das Weisungsrecht gegenüber der noch jungen Sportmedizin.[167] Als beratendes Organ wurde ihm dazu der Wissenschaftliche Rat zur Seite gestellt. Dieser hatte zwar schon beim Deutschen Sportausschuss bestanden, wurde aber erst nach seiner Neugründung im März 1952 zum »zentralen ehrenamtlichen Organ für die Beratung, Lenkung und Koordinierung sportwissenschaftlicher Arbeiten.«[168] Den 52 Ärzten, Trainern und Leistungssportlern, die dem Rat angehörten, oblag sogar die Erarbeitung individueller Trainingspläne.[169] Nachdem der Rat im Juli 1952 dem Staatlichen Komitee unterstellt wurde, erhielt er im Oktober desselben Jahres eine neue Satzung.[170]

Die ersten Anweisungen des Staatlichen Komitees sprechen eine deutliche Sprache über die weitere Entwicklungsrichtung des DDR-Leistungssports. Galten die ersten Direktiven der Verbesserung der Sportarbeit im Allgemeinen und einigen ausgesuchten Bereichen, erging am 12. August die ›Anweisung Nr. 5 über die Bildung von Schwerpunkten zur Hebung des Leistungsniveaus in den wichtigsten Sportarten‹. In ihr wurde für zwölf Sportarten ein leistungssportlich orientiertes Stützpunktsystem angeordnet.[171] Zum 1. Januar 1953 legte das Staatliche Komitee erstmalig die Normen für eine einheitliche Sportklassifizierung fest und begann Perspektivpläne für die sportliche Entwicklung in der DDR zu entwerfen, die nun jedes Jahr neu aufgelegt wurden. Ende August 1954 wurde ein einheitliches Wettkampfsystem für den Kindersport erdacht.[172]

Bereits im Juli 1954 bekam das Staatliche Komitee Rückendeckung durch die ›Direktive des Politbüros der SED zur weiteren raschen Aufwärtsentwicklung von Körperkultur und Sport‹.[173] Die Direktive war im Staatlichen Komitee erarbeitet worden und nahm die Praxis der später üblichen Leistungssportbeschlüsse vorweg.[174] Darin wurde bereits die besondere Förderung des Leistungssports

---

[166] Wonneberger, Geschichte, S. 107.
[167] »Verordnung über die Errichtung vom Staatlichen Komitee für Körperkultur und Sport vom 24.7.1952«, in: 20 Jahre DDR – 20 Jahre erfolgreiche Entwicklung von Körperkultur und Sport, Theorie und Praxis der Körperkultur, Beiheft 1969, S. 69-72, S. 71.
[168] Erbach, Enzyklopädie, S. 45. Zum Wissenschaftlichen Rat siehe auch die zur Einführung sicherlich gute, ansonsten etwas oberflächliche Quellensammlung von Hajo Bernett (Hrsg.), Körperkultur und Sport in der DDR. Dokumentation eines geschlossenen Systems, Schorndorf 1994, S. 93.
[169] Kühnst, Sport, S. 63.
[170] Satzung des Wissenschaftlichen Rates beim Staatlichen Komitee für Körperkultur und Sport vom 14.10.1952. Das Dokument ist abgedruckt in: Walter Kortenberg, Der Sport in der sowjetischen Besatzungszone, Bonn 1954, S. 89-93.
[171] Das Dokument, das die Schwerpunkte aufzählt sowie die Aufgaben der Trainer und Aussagen zur Finanzierung enthält, ist abgedruckt in: Kortenberg, Sport, S. 50-52.
[172] Einen guten Einblick in die ersten Arbeitsjahre des Stako gibt der Beilagenteil der Zeitschrift *Der Sportorganisator*, die von 1952-1955 von diesem herausgegeben wurde und alle wesentlichen Entscheidungen des Komitees abdruckte und teilweise ausführte. Explizit zum Wettkampfsystem im Kindersport: Der Sportorganisator 3, 1954, S. 296 ff.
[173] Das gesamte Dokument ist abgedruckt in: Teichler, Sportbeschlüsse, S. 295-301.
[174] Diese Einschätzung bei: Wonneberger, Sport, S. 101.

1.2 Breitensportliche Ambitionen und Leistungssportförderung

betont, wobei nicht mehr nur die Leistungsstärke, sondern auch die Leistungsdichte in den Vordergrund rückte.[175] Diese sollte durch die Gründung von Sportclubs und weiterer Kinder- und Jugendsportschulen erhöht werden. In diesen wurden die leistungsstärksten Sportler beziehungsweise der leistungsauffälligste Nachwuchs zusammengezogen. Damit – so Peter Kühnst bereits 1982 – endete ein Entwicklungsabschnitt des DDR-Sports. Der Leistungssport wurde weitgehend aus den Betriebssportgemeinschaften herausgelöst und seine enge Bindung an den Massensport gekappt.[176] Zugleich schuf die Direktive den ›Staatsamateur‹, indem sie unter Punkt I.5. bestimmte: »Für den in den Clubs und Schwerpunkten zusammengefassten leistungsstarken Nachwuchs und die Spitzensportler muß die Haupttätigkeit das sportliche Training sein.«[177]

Die DDR-Leistungssportentwicklung ging somit in eine neue Runde. Das machte auch Manfred Ewald in seiner Ansprache auf der II. Sportkonferenz am 25. November 1954 in Berlin deutlich.[178] Darin erklärte er die erste Periode des Aufbaus des DDR-Leistungssportsystems durch die Herausbildung von Schwerpunkten für beendet. Die zweite Phase sei nun durch den Aufbau von Sportclubs gekennzeichnet. In dem Referat, das sich schwerpunktmäßig mit Fragen des Leistungssports beschäftigte und in vielerlei Hinsicht richtungsweisend war, verteidigte der Leiter des Staatlichen Komitees für Körperkultur und Sport explizit das Modell der Sportclubs als Stützen der zweiten Entwicklungsperiode.[179] Nur in diesen, »unter der Anleitung der wissenschaftlich qualifiziertesten und im Leistungssport erfahrensten Trainer, unter den besten politischen und materiellen Bedingungen sowie unter Ausnutzung der besten Trainings- und Wettkampfstätten und Sportgeräte«, sei die ideale Ausbildung zum Leistungssportler gegeben.[180] An gleicher Stelle machte Ewald auch deutlich, dass zur Wissenschaftlichkeit des leistungssportlichen Trainings auch die gezielte Anwendung der Sportmedizin gehöre.[181] Sie begann genau zu dieser Zeit – besonders hinter den Mauern der Deutschen Hochschule für Körperkultur – ihren staatlich subventionierten Siegeszug, zahlte jedoch dafür mit dem Preis ihrer zunehmenden Verstaatlichung. Ewald selbst war bewusst, dass diese Entwicklung hin zu einem neuartigen, abgeschotteten Leistungssportsystem einen tiefen Bruch mit der traditionell engen Verknüpfung

---

[175] Leistungsdichte meint die möglichst breite Förderung möglichst vieler Talente, die zunächst zwar mehrheitlich vierte und fünfte Plätze erkämpfen, aus denen aber spätere Spitzenkönner werden. Eine so angelegte Förderung ist proportional Erfolg versprechender als die schnelle Hinführung weniger Talente zur Weltspitze.

[176] Kühnst, Sport, S. 59.

[177] Direktive des Politbüros der SED zur weiteren raschen Aufwärtsentwicklung von Körperkultur und Sport vom 13.7.1954. SAPMO DY30/J IV 2/2/A364. Abgedruckt in: Teichler, Sportbeschlüsse, S. 295-303, S. 297.

[178] Manfred Ewald, Über die weiteren Aufgaben zur Entwicklung von Körperkultur und Sport in der Deutschen Demokratischen Republik, vertrauliches Material – nur für den Dienstgebrauch, abgedruckt als Dokument Nr. 18, in: Buss, Sport, S. 676-712.

[179] Wonneberger, Studie, S. 213.

[180] Manfred Ewald, Über die weiteren Aufgaben zur Entwicklung von Körperkultur und Sport in der Deutschen Demokratischen Republik, vertrauliches Material – nur für den Dienstgebrauch, abgedruckt als Dokument Nr. 18, in: Buss, Sport, S. 676-712, S. 695.

[181] Ebd. S. 694. Zum Siegeszug der Sportmedizin und dem langsamen Ausschalten der Kritiker dieser Entwicklung aus den Reihen der Mediziner selbst siehe auch: Kühnst, Sport, S. 66.

von Leistungssport und Massensport darstellte. Daher versuchte er Kritikern mit dem bewährten Klassenkampfargument zuvorzukommen:

> »Die Bildung der Sportclubs ist eine Klassenfrage und muß zwangsläufig zu harten Auseinandersetzungen mit alten, überholten, unserer Gesellschaft schädlichen Ideologien des ehemaligen bürgerlichen Sports und in einigen Fragen auch des ehemaligen Arbeitersports führen.«[182]

Ewald wies zudem nachdrücklich darauf hin, dass Funktionäre und Trainer, die ihre Schützlinge aus persönlichen oder betrieblichen Gründen nicht in die Sportclubs delegieren wollten, »dem Wirken des Klassengegners« unterlägen. Damit versuchte er einem sportlich-logischen Trend künstlich entgegenzusteuern, denn welche BSG trennte sich schon gerne von ihrem leistungsstärksten Vorzeigesportler? Und welches fußballerische Betriebskollektiv opferte schon gerne den zentralen Mittelfeldspieler?[183]

Der früh eingeschlagene Weg erwies sich bereits in den Jahren 1954 und 1955 als erfolgreich. In der Leichtathletik, im Geräteturnen der Frauen, im Eisschnelllauf, Skisprung und im Volleyball, im Handball, Schach und im Kegeln, im Kanusport, beim Tischtennis und dem Rudern der Frauen, in der Gymnastik und im Boxen wies er zu dieser Zeit direkt in die Weltspitze.[184] Aus diesem Bewusstsein heraus und gemäß der nationalen und internationalen Analyse, die auf der 25. Tagung des ZK der SED im Oktober 1955 vorgelegt wurde, hob Walter Ulbricht in seiner Rede auf der III. Sportkonferenz in Karl-Marx-Stadt Ende November 1955 noch einmal die Bedeutung der Systemkonkurrenz im Bereich des Sports hervor.[185] Doch hier schlug ihm harsche Kritik von der sportlichen Basis entgegen. Zum einen kritisierten Sportler, Trainer und Funktionäre aus den einzelnen Bezirken, dass an der Basis nicht klar sei, wie der Leistungssport stringent zu entwickeln sei. Zum anderen wurde die DDR-Sportführung mit einem Argument konfrontiert, das bis 1989 immer wiederkehren sollte: Die Vernachlässigung des Massensports zu Gunsten des Leistungssports. Diese wurde von Walter Ulbricht auch prompt eingestanden. Dennoch hielt der erste Sekretär daran fest, dass Leistungssport und Massensport nicht im Widerspruch zueinander stünden.[186] Dieser ideologische Leitsatz konnte jedoch über die wachsenden Probleme an der sportlichen Basis nicht hinwegtäuschen.

Dass sich zu diesem Zeitpunkt Entwicklungsschwierigkeiten sowohl im Massen- als auch im Leistungssport zeigten, geht auch deutlich aus dem Entwurf zum

---

[182] Manfred Ewald, Über die weiteren Aufgaben zur Entwicklung von Körperkultur und Sport in der Deutschen Demokratischen Republik, vertrauliches Material – nur für den Dienstgebrauch, abgedruckt als Dokument Nr. 18, in: Buss, Sport, S. 676-712, S. 696.

[183] Hinweise auf Probleme bei der Delegierung finden sich auch bei: Hans Schuster et al., Der neue Weg des deutschen Sports. 15 Jahre SED – 15 Jahre Förderung des Volkssports, Berlin (Ost) 1961, S. 76; Kurt Schmidt, Die Besten gehören in den Sportclub, in: Der Sportorganisator 3, 1954, S. 339.

[184] Kühnst, Sport, S. 60. Dort auch mit genauer Aufzählung der Medaillen, Platzierungen und Rekorde. Ebenso: Wonneberger, Sport, S. 114.

[185] Kühnst, Sport, S. 63.

[186] Zum gesamten Konferenzprotokoll siehe: BArch Berlin DR5/790. Günter Wonneberger gibt zwar die Stimmung auf der Konferenz sehr gut wieder, verschweigt diese Auseinandersetzung jedoch. Wonneberger, Sport, S. 102-103.

1.2 Breitensportliche Ambitionen und Leistungssportförderung

›Beschluss über die weitere Entwicklung der Körperkultur und des Sportes in der DDR‹ hervor, der in Karl-Marx-Stadt den Delegierten zur Beratung vorlag. In der vom Ministerrat am 9. Februar 1956 verabschiedeten Form wurden in der Präambel noch einmal die wichtigsten Probleme genannt: So reichte bis dato im Massensport weder die Zahl der Mitglieder noch der Sportabzeichenträger aus, der Kinder- und Jugendsport hatte sich nicht schnell genug entwickelt, ebenso wenig wie die sportlichen Leistungen in einigen Sportarten. Das Staatliche Komitee wurde gerügt, seine Aufgaben nicht zielstrebig genug zu erfüllen, Trainer nicht unmittelbar anzuweisen und Sportmannschaften nicht ausreichend auf internationale Wettkämpfe vorbereitet zu haben.[187] In dem Dokument hatte also auch die Strukturdebatte im Vorfeld der DTSB-Gründung ihre Spuren hinterlassen. Im Folgenden wurden Anweisungen bezüglich der Entwicklung von Massen- und Leistungssport getroffen. Dabei waren der Kinder- und Jugendsport und der Leistungssportbereich nach wie vor stark aufeinander bezogen. So sollten nach Möglichkeit alle Kinder bereits im Vorschulalter erfasst werden. Wettbewerbe, Wettkämpfe und Pokalturniere sollten früh helfen, junge Talente zu sichten und Ehrgeiz zu wecken. Im Gegensatz zur Haltung in der Bundesrepublik setzten die DDR-Sportfunktionäre somit das Wettkampfprinzip im Kinder- und Jugendsport konsequent um. Der Ministerratsbeschluss war wegweisend für die Weiterentwicklung von Körperkultur und Sport in der DDR, aber auch er enthielt keine ausdrückliche Festlegung zu der Ressourcenverteilung zwischen Massen- und Leistungssport. Dieser Konflikt kehrte daher auch nach der DTSB-Gründung im April 1957 wieder.

Der DSB als gesundheitspolitischer Akteur

Auch in der Bundesrepublik setzten die Sportfunktionäre von Beginn an auf die Gewinnung von sportlichen Talenten aus dem Breitensport. Sie taten dies jedoch mit geringer staatlicher Unterstützung und aus einem gespaltenen Verhältnis zwischen dem Sport und der Gesellschaft heraus. Daher stellte der bundesdeutsche Sport das Streben nach prestigeträchtigen Höchstleistungen zunächst zu Gunsten eines umfassenden breitensportlichen Engagements zurück. Im Kontext von Schulsport und dem Kampf gegen Zivilisationsschäden entwickelte sich der DSB dabei zu einem ernst zu nehmenden gesundheitspolitischen Akteur.

Seinen Anspruch, Dienst an einer ›kränkelnden Gesellschaft‹ zu tun, legte der Deutsche Sportbund im Jahr 1954 in seiner ›Denkschrift über die Gegenwartsprobleme und Aufgaben des deutschen Sports‹ nieder.[188] Darin wies der DSB auf Mängel in der schulischen Leibeserziehung, im Übungsstättenbau und bei der Ausbildung von Sportlehrern hin. Erstmalig tauchten hier Begriffe wie ›Zivilisationsschäden‹ und ›nationaler Notstand‹ auf, mit denen der Verband von nun an

---

[187] Beschluß über die weitere Entwicklung der Körperkultur und des Sports in der Deutschen Demokratischen Republik vom 9.2.1956, abgedruckt als Dokument Nr. 19, in: Buss, Sport, S. 713-728, S. 714-715.
[188] Deutscher Sportbund (Hrsg.), Denkschrift über die Gegenwartsprobleme und Aufgaben des deutschen Sports, Frankfurt a. Main 1954.

Politik machen sollte und die ihn bereits jetzt eine Erhöhung des Sportfonds auf 1,5 Millionen DM fordern ließen. Neu war auch die Warnung, die DDR fördere den Sport großzügiger und mit »sichtbarer psychologischer Wirkung auf die Jugend«, weshalb sie die Bundesrepublik nicht nur im Leistungssport, sondern auch in den Sportwissenschaften und in der Sportmedizin überholen werde.[189]

Aus diesen tief greifenden Kritikpunkten resultierten zwei entscheidende Programme des DSB. Erstens erarbeitete er zusammen mit Vertretern der Kultusministerkonferenz die ›Empfehlung zur Förderung der Leibeserziehung in den Schulen‹, die im September 1956 vor der Bundespressekonferenz der Öffentlichkeit präsentiert wurde.[190] Die Empfehlung sollte die Leibesübungen im Schulunterricht aufwerten, die materielle und räumliche Ausstattung des Schulturnens verbessern, den Ausbildungsstandard der Sportlehrer erhöhen und den Stundenumfang des Sports in der Schule ausweiten. Auch wenn die Empfehlung weitgehend verhallte, so war doch die beratende und kompetente Stimme des Deutschen Sportbundes laut und deutlich in der Öffentlichkeit zu hören gewesen. Aus diesem neu gewonnenen Selbstbewusstsein entstand im Anschluss das zweite Prestigeprojekt des DSB der 1950er Jahre: der ›Goldene Plan‹.

Die Idee zum ›Goldenen Plan‹ war in der Deutschen Olympischen Gesellschaft (DOG), einer Anschlussorganisation des DSB, entwickelt und auf deren Bundestag im Jahre 1959 in Hannover verkündet worden.[191] Im Zentrum stand der Gedanke, die gesundheitlichen Folgeschäden einer übertechnisierten und bewegungsarmen Gesellschaft durch die Beseitigung des eklatanten Übungsstättenmangels in der Bundesrepublik zu reduzieren. Damit schloss die DOG nicht nur an eigene Vorschläge und Hochrechnungen an, sondern stellte sich auch in eine sportliche Tradition der Jahrhundertwende. Zu dieser Zeit hatte Carl Diem bereits ein ›Spielplatzgesetz‹ entwickelt, das er jedoch weder vor noch nach dem Ersten Weltkrieg durchsetzen konnte.[192] Dieses Mal schienen sich die staatlichen und gesellschaftlichen Räder jedoch schneller zu drehen, und im Juli des folgenden Jahres lag bereits ein vollständiges ›Memorandum zum ›Goldenen Plan für Gesundheit, Spiel und Erholung‹ vor, ein Stufenplan zum Übungsstättenbau mit 15-jähriger Laufzeit. Das Memorandum erzielte nicht nur eine breite Wirkung in der Öffentlichkeit, sondern elektrisierte neben den Länderregierungen, Bürgern

---

[189] Ebd. S. 15.
[190] Zum Zustandekommen der Empfehlung: Peiffer, Neuanfang, S. 281-291; Eulering, Sportpolitik. Siehe auch: Carl Loges, 1956 – und noch immer keine entscheidenden Maßnahmen, in: Leibesübungen 7, 1956, Heft 2, S. 2; Carl Diem, Eine große Entscheidung. Die neuen gemeinsamen Richtlinien, in: Die Leibeserziehung 5, 1956, S. 293-294; Guido von Mengden, Funktioniert die Demokratie?, in: Olympisches Feuer 5, 1955, Heft 6, S. 7-9. Das Dokument ist abgedruckt in: Jahrbuch des Sports 1959/60, S. 276 ff.
[191] Zur Entwicklung der DOG: Hilmar Dressler, Die Deutsche Olympische Gesellschaft, in: NOK (Hrsg.), Rückkehr nach Olympia: Vorgeschichte, Gründung, erste Jahre, München 1989, S. 162-168; und Andreas Höfer, Profile, Pläne, Perspektiven. Die Deutsche Olympische Gesellschaft, in: NOK (Hrsg.), Deutschland in der Olympischen Bewegung. Eine Zwischenbilanz, Frankfurt a. Main 1999, S. 343-368. Zum Goldenen Plan auch: Schröder, Sportbund, S. 48-49.
[192] Darauf wird Bezug genommen in: Der ›Goldene Plan‹. Schutz der Jugend vor Zivilisationsschäden – Sportgespräch beim Bundeskanzler, in: Bulletin des Presse- und Informationsamtes der Bundesregierung, 9.8.1960, S. 1450.

und Parteifunktionären auch das Bonner Parlament und den Bundeskanzler.[193] Dies lag jedoch weniger an der ultimativen Forderung nach 6,3 Milliarden DM aus Bundes-, Länder- und Gemeindemitteln für fehlende Erholungs-, Spiel- und Sportanlagen, sondern eher an den erschreckenden Fakten zur Volksgesundheit, welche die DOG im ersten Teil des Memorandums aufgezeigt hatte.[194] Auf der Basis amtsärztlicher Untersuchungen an Schulen und Veröffentlichungen der Rentenversicherung wies sie eine ansteigende Frühinvalidität, vermehrt chronisch-krankhafte Störungen im Vorschulalter und die Zunahme von Herz- und Kreislauferkrankungen nach. Die Deutsche Olympische Gesellschaft prognostizierte gar »die Gefahr einer biologischen Degeneration«.[195] Nachdem die Bundesregierung im Jahr 1960 ihre Unterstützung zugesagt hatte, wurde das wohl einmalige breitensportliche Förderprogramm bis in das Jahr 1975 nahezu erfüllt. Daraus, dass der Goldene Plan in Anlehnung an den ostdeutschen ›Siebenjahresplan des Sports‹ konzipiert wurde, machte die Deutsche Olympische Gesellschaft keinen Hehl:

> »Man muß sich darüber klar sein, daß dort (in der DDR, d. Verf.in) auf Wegen, die wir verurteilen und mit Absichten, die in erster Linie dem Staat und nicht dem Menschen dienen, zumindest auch ein Ziel erreicht wird, das uns vorschwebt: ein gesundes, vitales Volk mit allen Möglichkeiten des körperlichen Bewegungsausgleichs, des Spiels und der Erholung in der technischen Arbeitswelt.«[196]

Durch ihr breit angelegtes, partei- und konfessionsübergreifendes Engagement für die Gesunderhaltung der Bevölkerung stellte sich die bundesdeutsche Sportbewegung in die sozialhygienische Tradition des deutschen Sports. Gleichzeitig versuchte sie, mit der Leistungsfixiertheit des nationalsozialistischen Sports zu brechen.[197] Damit trat sie auch ihren intellektuellen Kritikern entgegen, die den positiven Wert des Sports im Prozess der Zivilisation verfallen sahen. Da die westdeutschen Sportfunktionäre jedoch ebenso wie ihre ostdeutschen Kollegen von einem engen Zusammenhang von Breiten- und Leistungssport ausgingen, waren sie zu Beginn der 1950er Jahre alles andere als leistungssportlich abstinent. Vielmehr war ihr Einsatz für den Schulsport ebenso wie für den Übungsstättenbau von der Überzeugung des Urolympiers Pierre de Coubertin getragen: »Damit fünf zu überragenden Gipfelleistungen fähig sind, ist es nötig, [...] daß hundert ihren Körper bilden.«[198] Bereits im Jahr 1953 hatten die Entscheidungsträger im

---

[193] Die bewegten Reaktionen verschiedener gesellschaftlicher Gruppen, aber auch von Einzelpersonen sind zusammengetragen in: Olympisches Feuer 10, 1960, Heft 8, S. 28-34; Olympisches Feuer 10, 1960, Heft 9, S. 25-32. Eine kritische Stimme: E. Elmerich, Der ›Goldene Plan‹ – ein Sprung nach vorn, in: Zeitschrift für Staatssoziologie 7, 1960, Heft 2, S. 15-19.
[194] Der ›Goldene Plan‹ forderte 31.000 Kinderspielplätze, 14.700 Allgemein- und Schulsportplätze, 10.400 Turn-, Spiel- und Gymnastikhallen, 5.500 Gymnastikhallen bzw. -räume, 2.625 Lehrschwimmhallen, 2.420 Freibäder und 435 Schwimmhallen. Zahlen nach Pedersen, Sportpolitik, S. 54.
[195] Walter Umminger, Das Gold ist echt!, in: Olympisches Feuer 10, 1960, Heft 6, S. 1-4, S. 2.
[196] Ebd. S. 4.
[197] Zur Bedeutung der Leistung im nationalsozialistischen Sport: Henning Eichberg, Sozialgeschichtliche Aspekte des Leistungsbegriffs im Sport, in: Bundeszentrale für politische Bildung (Hrsg.), Gesellschaftliche Funktionen des Sports. Beiträge einer Fachtagung, Bonn 1984, S. 85-106, S. 90.
[198] Walter Umminger, Schöpferische Freizeit – eine olympische Forderung, in: Olympisches Feuer 6, 1956, Heft 6, S. 2-4, S. 3.

Deutschen Sportbund und in der Deutschen Olympischen Gesellschaft erkannt, dass das amerikanische Olympiagold auf den Schulsportplätzen der Highschools geschürft wurde.[199] Dieser enge Zusammenhang erklärt, warum der Deutsche Sportbund 1957/58 den für den Breitensport bedeutsamen Übungsstättenbaufonds und nicht etwa das Angebot einer wesentlichen Erhöhung des Bundessportfonds annahm.[200]

Dass der westdeutsche Sport durchaus latente Traditionslinien aus dem Nationalsozialismus in sich trug, zeigt sich an zwei Aspekten, die auf eine fortschreitende Aufwertung des Leistungssports auch westlich der Zonengrenze schließen lassen: die Reaktionen der bundesdeutschen Bevölkerung auf die Olympischen Spiele 1952 in Helsinki und die zunehmende Inanspruchnahme sportlicher Höchstleistungen durch den Staat.

Erstmalig nach dem Zweiten Weltkrieg nahmen im Sommer 1952 zumindest saarländische und westdeutsche Sportler an Olympischen Sommerspielen teil.[201] Das Abschneiden ›ihrer Sportler‹ verfolgte die bundesrepublikanische Öffentlichkeit – was sicherlich auch mit dem erfolgreichen Auftreten westdeutscher Athleten bei den Winterspielen zusammenhing – mit einer wahren »Goldmedaillenpsychose«.[202] Umso größer war die Enttäuschung. Es gab zwar sieben Silber- und 17 Bronzemedaillen, doch im Kampf um das olympische Gold mussten sich die westdeutschen Athleten meist den Amerikanern und Sowjets geschlagen geben. Das öffentliche Bedürfnis nach sportlichen Spitzenleistungen hatte sich deutlich geäußert. Dies war weder den Verantwortlichen im Deutschen Sportbund, noch denen im Bundesministerium des Innern entgangen. Dass die Bundesregierung die Olympiamannschaften nach Oslo und Helsinki mit 52.000 DM gesponsert und den Fachverbänden für die Vorbereitung 172.000 DM zur Verfügung gestellt hatte, erschien nun im Rückblick als zu wenig. Das änderte auch eine zusätzliche Spende der Deutschen Olympischen Gesellschaft in Höhe von einer Million DM nicht.[203]

Prompt wurden aus den Reihen des Sports erste Rufe laut, die mehr staatliches Engagement im Leistungssport forderten. So plädierte Fußballfunktionär Peco Bauwens öffentlich für die Herausbildung einer sportlichen Elite, wie sie angeblich in den Vereinigten Staaten durch den Staat gefördert werde.[204] Diese Forderung war bereits vor den Olympischen Spielen laut geworden, als der Leichtathletiktrainer Toni Nett in der Fachzeitschrift *Leichtathletik* die Bundesregierung aufgefordert hatte, endlich eine Entscheidung zu fällen, ob Spitzensport ein Mit-

---

[199] Carl Diem, Nationales Versagen, in: Die Leibeserziehung 3, 1954, Heft 1, S. 1-3, S. 1. Kritisch dazu Ludwig Mester, Die »Empfehlung zur Förderung der Leibeserziehung in den Schulen« im Spiegelbild der ministeriellen Erlasse und amtlichen Maßnahmen der Länder, in: Die Leibeserziehung 8, 1959, S. 68-75.
[200] Von Menden, Beiträge, S. 62.
[201] Zu der Atmosphäre der Spiele von Oslo und Helsinki: Blasius, Bewegung, S. 101-111.
[202] Gerhard Milner, Die Lehren von Helsinki, in: Bulletin des Presse- und Informationsamtes der Bundesregierung, 13.8.1952, S. 1063-1064, S. 1063. Zur Leistungsfähigkeit der Athleten: F. Heiß, Sportärztliche Beobachtungen bei den Olympischen Spielen in Helsinki, in: Die Leibeserziehung 1, 1952, Heft 3, S. 9-10.
[203] Pabst, Sport, S. 127-128.
[204] Milner, Lehren, S. 1064.

tel nationaler Repräsentation oder ein reines Privatvergnügen sei.[205] Im gleichen Jahr stellte auch August Kirsch öffentlich Überlegungen unter dem Titel »Der sportliche Sieg im Ausland als Komponente des politischen Prestiges« an.[206] Der damals noch wenig bekannte 28-jährige ehemalige Leistungssportler und Lehrbeauftragte an der Deutschen Sporthochschule in Köln löste im Jahr 1970 Max Danz an der Spitze des Deutschen Leichtathletikverbandes ab.

Es war jedoch nicht nur die Sportbewegung, die sich einseitig der Bundesregierung anbiederte. Auch diese zeigte umgekehrt bereits eine starke Tendenz zur Inanspruchnahme sportlicher Höchstleistungen zur Repräsentanz der jungen Bundesrepublik. So lagen schon aus den frühen 1950er Jahren Gesandtschaftsberichte vor, die das Auswärtige Amt in Kenntnis setzten, dass einzelne Sportler und Sportlerinnen in fernen Ländern »das Ansehen des Deutschtums« gesteigert hätten.[207] Im Laufe des Jahrzehnts gesellte sich zu dieser Überzeugung die Auffassung, durch den Sport könne ein nationales Gemeinschaftsgefühl aufgebaut werden.[208] Diese Idee eines gesunden Nationalbewusstseins formulierte auch Innenminister Gerhard Schröder auf dem vierten Bundestag des Deutschen Sportbundes in Düsseldorf im Jahr 1960.[209] Was seit dem Beginn der 1950er Jahre klar war, durfte nun also laut ausgesprochen werden. Dazu trug die Rede Ulbrichts vor der Karl-Marx-Städter Sportkonferenz im November 1955 ihren Teil bei. Denn im Anschluss daran fand das Argument, im Sport würde die Leistungsfähigkeit einer Gesellschaft demonstriert, verstärkt Eingang in die Auseinandersetzungen zwischen dem Deutschen Sportbund und dem Bundesministerium des Innern um eine erhöhte Sportförderung.[210]

Trotz der gemeinsamen Traditionen und ähnlicher Argumentationsmuster bestand jedoch ein eklatanter Unterschied zwischen den Leistungssportfördersystemen der DDR und der Bundesrepublik. Denn obwohl das Bundesministerium des Innern finanzielle Unterstützung ›von oben‹ bereitstellte, entwickelte sich die Struktur des Leistungssports ›von unten‹ aus den Reihen der Sportbewegung und der Wirtschaft. Dort traten gleich mehrere Akteure auf den Plan: die Spitzenverbände, die das Wettkampfgeschehen strukturierten und organisierten, sowie Mäzene und finanzkräftige Vereine, die durch ihr finanzielles Gewicht in die Sport-

---

[205] Toni Nett, Einige Gedanken über die deutsche Olympiavorbereitung, in: Leichtathletik 5, 1954, Heft 14, S. 8 ff.
[206] August Kirsch, Der sportliche Sieg im Ausland als Komponente des politischen Prestiges, in: Die Leibeserziehung 3, 1954, Heft 9, S. 1-2.
[207] Tobias Blasius führt aus den Gesandtschaftsberichten das Beispiel des bundesdeutschen Botschafters in Mexiko an, der den Sieg eines Mercedes beim Autorennen »Carrera Panamericana« 1952 mit diesen Worten begrüßt hatte. Blasius, Bewegung, S. 115-116. Blasius verweist jedoch auch darauf, dass diese Sichtweise nicht in die Öffentlichkeit getragen wurde, um dort die Illusion der Trennung von Sport und Staat aufrechtzuerhalten.
[208] Empfang der führenden Vertreter der deutschen Turn- und Sportbewegung beim Bundeskanzler. Freitag, 5.8.1960, 12.00 Uhr, Palais Schaumburg, unkorrigiertes Manuskript, S. 1-28, S. 3. BArch Koblenz B136/5551.
[209] Ansprache des Bundesminister des Innern Dr. Gerhard Schröder, in: DSB (Hrsg.), Sport in der modernen Gesellschaft. Ansprachen aus Anlaß des zehnjährigen Bestehens des Deutschen Sportbundes am 10.12.1960 in Düsseldorf, Frankfurt a. Main 1961, S. 35-38, S. 38.
[210] Schreiben Willi Daume an Gerhard Schröder vom 26.1.1956, zitiert in: Pabst, Sport, S. 216.

entwicklung eingriffen.[211] Bereits kurz nach der Gründung der Bundesrepublik schufen finanzkräftige Konzerne wie zum Beispiel Bayer Leverkusen oder Volkswagen in Wolfsburg Förderstrukturen für den Spitzensport, indem sie Trainer bezahlten und Trainingsstätten zur Verfügung stellten. Diese Art der betrieblichen Sportförderung wuchs sich in den 1960er Jahren zum Phänomen des ›Industrieamateurs‹ aus, der offiziell vom Unternehmen angestellt, zum Training jedoch freigestellt wurde.[212] Viele der an Konzerne gebundenen Vereine wären auf die Dauer ohne die finanzkräftigen Förderer in ihrem Rücken kaum existenzfähig gewesen. Die Unternehmen sicherten jedoch nicht nur ihren Fortbestand, sondern auch ihr hohes Leistungsniveau, denn das finanzielle Potential dieser Vereine zog Spitzenkönner durch interessante Trainingsbedingungen an, andere konnten gezielt geworben werden.

Dies galt auch für prominente Trainer aus der Vorkriegszeit. Dadurch entwickelten sich – ohne staatliche Anordnung, aber auf finanziellen Anreiz hin – auch in der Bundesrepublik Leistungszentren. Schon im August 1945 entstand in Hamburg ein Leistungsschwerpunkt für Leichtathletik unter Leitung des späteren Vorsitzenden des Deutschen Leichtathletikausschusses, Walter von Adelson.[213] Ebenso wie in der DDR blieb dieses Schwerpunktsystem an der sportlichen Basis jedoch nicht unumstritten, drängte es doch schwächere Vereine in die Rolle von ›Talent-Lieferanten‹. Finanzstarke Vereine konnten daher selbst eine gezielte Nachwuchspflege vernachlässigen, nahmen den kleinen Vereinen aber gleichzeitig die Motivation. Denn die wenigsten von ihnen konnten ihre Talente auch halten.[214] Einzelne Verbände, allen voran der Deutsche Fußballbund und der Deutsche Turnerbund, bauten in den 1950er Jahren an diesen Schwerpunkten erste eigene Sportschulen auf, in denen sie ihre jungen Talente zusammenfassten. Daneben entstanden Landessportschulen, die aus Totomitteln finanziert wurden.

Die Fachverbände selbst setzten wie ihre östlichen Nachbarn auf spezielle Trainingsmethodik und sportärztliche Betreuung.[215] Bereits 1952 entstanden in einer Reihe westdeutscher Städte erste sportärztliche Beratungsstellen. Seit 1955 unterstützte der Bund das ›Kuratorium für sportmedizinische Forschung‹, das im August des gleichen Jahres gegründet wurde. Doch diese Initiativen gingen vom Sport selbst aus, und die Finanzierung von Bundesseite hielt sich in Grenzen. Am eklatantesten machte sich das Fehlen staatlicher Förderung gerade im Bereich der

---

[211] Helmut Nickel/Otto Hug/Friedrich Krüger/Christa Kreuzer, Der Spitzensport in fünf Jahrzehnten, in: DSB (Hrsg.), Der Sport – ein Kulturgut unserer Zeit. 50 Jahre Deutscher Sportbund, Frankfurt a. Main 2000, S. 59-71, S. 59. Krüger, Sport, S. 92 und 110. Erste Mäzene gingen schon zu Zeiten des Schwarzmarktes auf die Jagd nach Talenten.

[212] Exemplarisch an dem Modell Bayer Leverkusen dargestellt in: Andreas Luh, Chemie und Sport am Rhein. Sport als Bestandteil betrieblicher Sozialpolitik und unternehmerischer Marketingstrategie bei Bayer 1900-1985, Bochum 1992, S. 71-76.

[213] Weißpfennig, Neuaufbau, S. 765.

[214] Amateure gut behütet, in: Die Welt, 26.4.1958, S. 13.

[215] Walter Wülfing, Deutschlands Ruderer auf olympischem Kurs, in: Olympisches Feuer 6, 1956, Heft 10, S. 11-13; Wolfgang Wünsche, Deutscher Schwimmsport macht Wellen, in: Olympisches Feuer 5, 1955, Heft 6, S. 9-11; Heinz Maegerlein, Vorolympische Bilanz in der Leichtathletik, in: Olympisches Feuer 8, 1958, Heft 9, S. 6-8.

1.2 Breitensportliche Ambitionen und Leistungssportförderung   69

Sportwissenschaften bemerkbar. Dieses strukturelle Defizit, auf das der Deutsche Sportbund schon in seiner Denkschrift aus dem Jahr 1954 hingewiesen hatte, kehrte auch in den einzelnen Gesprächen zwischen dem Bundesministerium des Innern und der Sportbewegung wieder. Der DSB schaute dabei mit besonderem Argwohn auf die Deutsche Hochschule für Körperkultur und Sport im ostdeutschen Leipzig. Im Jahr 1956 behauptete Guido von Mengden sogar, die Bundesrepublik würde namhafte westdeutsche Wissenschaftler an das ostdeutsche Forschungsinstitut verlieren.[216] Tatsächlich ärgerte die Sportoberen besonders, dass sich an der schwachen Förderung der Sportwissenschaften nach wie vor eine Geringschätzung von Sport und Leistungssport ablesen ließ. Da genügte es auch nicht, dass der Fraktionsvorsitzende der SPD, Carlo Schmid, auf dem Sporttag im Jahr 1960 den Sport als »ein Stück des Lebens, der Selbstdarstellung, der Selbsterhaltung der Nation« pries.[217]

KUMULATIONS- UND WENDEPUNKT:
DIE 1958ER UND 1959ER SPORTBESCHLÜSSE DES POLITBÜROS

Den Weg zu einer Aufwertung des Sports in der Bundesrepublik und einem rasanten Anwachsen der staatlichen Sportförderung ebneten dem Deutschen Sportbund schließlich zwei Ostberliner Direktiven. Am 25. Februar 1958 verabschiedete das Politbüro den Beschluss ›Maßnahmen zur schnelleren Erreichung der sportlichen Leistungen in der DDR‹.[218] Er schwor die DDR-Sportbewegung auf die Leistungsziele ein, die bis 1960 im internationalen Sport zu erfüllen seien. Der Beschluss hielt zwar an dem Grundgerüst der Sportklubs, Nachwuchsförderung und Perspektivplanung fest, ergänzte es jedoch durch eine staatliche Fachausbildung der Trainer, eine Weiterentwicklung der Sportwissenschaften und ein gut dotiertes Sportbautenprogramm. Dieser Beschluss war noch nicht offiziell geworden, als Walter Ulbricht den Deutschen Turn- und Sportbund beauftragte, eine erneute Vorlage zur Weiterentwicklung des Leistungssports zu entwerfen.[219] Sie sollte sich mit der Veränderung der Führungsarbeit im Leistungssport und der Überwindung von Hindernissen in der leistungssportlichen Entwicklung auseinander setzen und die sportpolitische Situation in Westdeutschland stärker berücksichtigen.[220] Im Januar 1959 erschien daher ein weiterer Politbürobeschluss

---
[216] Niederschrift über die Besprechung am 20.2.1956 im BMI, S. 8. BArch Koblenz B136/5551.
[217] Ansprache des Vorsitzenden der SPD-Fraktion, Prof. Dr. Carlo Schmid, in: DSB (Hrsg.), Sport in der modernen Gesellschaft. Ansprachen aus Anlaß des zehnjährigen Bestehens des Deutschen Sportbundes am 10.12.1960 in Düsseldorf, Frankfurt a. Main 1961, S. 43-50, S. 43.
[218] Maßnahmen zur schnelleren Erreichung der sportlichen Leistung in der DDR, 25.2.1958. SAPMO DY30/J IV 2/2/582. Abgedruckt in: Teichler, Sportbeschlüsse, S. 323-334.
[219] Sektor Sport, Niederschrift aus Aussprachen mit Genossen Walter Ulbricht anlässlich der Wintersportwoche in Oberhof in der Zeit vom 14.–16.2.1958, fol. 48-52, fol. 49. SAPMO DY30/IV 2/18/2.
[220] Die Vorlage wurde diskutiert in: Niederschrift über eine Aussprache beim Genossen Paul Verner zu einigen Fragen des Leistungssports, 13.9.1958, fol. 53-58 und Arbeitsgruppe Sport beim ZK der SED, Niederschrift über eine Aussprache, die Gen. Walter Ulbricht anlässlich des internationalen Schispringens am 26.12.1958 in Oberwiesenthal mit den Genossen Reichert, Schuster,

unter dem Titel ›Weitere Maßnahmen zur Verbesserung der Arbeit von Körperkultur und Sport, vor allem Leistungssport‹.[221] Er war als Ergänzung zu dem 1958er Beschluss konzipiert und befasste sich noch einmal detailliert mit der ungenauen Kompetenzverteilung zwischen Staatlichem Komitee und Deutschem Turn- und Sportbund. Er nahm zudem Stellung zu der umstrittenen Gewichtung von Massen- und Breitensport. So bemängelte die Parteispitze die »Engstirnigkeit gegenüber dem Massensport und (die) Bevorzugung der Sportler und Mannschaften, die an Punktspielen und Meisterschaften teilnehmen.«[222]

Dieser Satz spiegelt die letztmalig Ende der 1950er Jahre offen und scharf geführte Auseinandersetzung zwischen Befürwortern und Gegnern einer Bevorzugung des Leistungssports vor dem Massensport wider. Zu diesem Zeitpunkt forderten aktive Sportler und Sportlerinnen in Zuschriften an die neu gegründete Arbeitsgruppe Sport beim ZK der SED eine ausgeglichene Mittelverteilung zwischen Kinder- und Jugendsport, Massensport und Leistungssport.[223] Zeitgleich erschien in der Zeitschrift *Das Deutsche Gesundheitswesen* ein Artikel, der ebenfalls die Bevorzugung des Spitzensports vor dem Massensport beklagte.[224] Darin ging es um die vorrangige Nutzung von Sportstätten durch Leistungssportler. Die Sportler an der Basis fanden zu diesem Zeitpunkt letztmalig Verbündete in der ersten DTSB-Führung unter Rudi Reichert. Diesen Verdacht hegte auch die Parteiführung und beauftragte daher die Arbeitsgruppe Sport, in den Strukturen des DTSB nach Gründen für die Versäumnisse in der Leistungssportentwicklung zu suchen.[225] Bereits Anfang 1960 entstand dort der Gedanke, Manfred Ewald zum Präsidenten des DTSB zu machen, um somit zu einer noch stärkeren Gewichtung des Leistungssports zu kommen, da gerade Ewald zu den schärfsten öffentlichen Kritikern der leistungssportlichen Arbeit des DTSB zählte.[226] Doch die Berufung Ewalds wurde von Präsidium und Sekretariat des DTSB abgelehnt. In der folgenden Diskussion wurden sowohl Stimmen laut, die Ewald aus persönlichen

---

Neumann, Orzechowski, Rydz, Raubach (…) und Götzelt (…) hatte, fol. 59-61. SAPMO DY30/IV 2/18/2.

[221] Weitere Maßnahmen zur Verbesserung der Arbeit von Körperkultur und Sport, vor allem Leistungssport, 20.1.1959. SAPMO DY30/J IV 2/2/628. Abgedruckt in: Teichler, Sportbeschlüsse, S. 335-352.

[222] Ebd. S. 337.

[223] Arbeitgruppe Sport, Analyse der Post aus der Bevölkerung seit Anfang August 1959, 6.1.1959, fol. 10-10A. SAPMO DY30/IV 2/18/1.

[224] Heinz Bachmann, Die Benachteiligung der Bevölkerung bei der Bereitstellung von Hallenschwimmbädern für Sportgemeinschaften, in: Das Deutsche Gesundheitswesen 14, 1959, Heft 19, S. 863-867. Der Hinweis stammt aus: Dieter Voigt, Spitzensport in der DDR. Funktionen und Grundlagen, in: Hans Lenk (Hrsg.), Handlungsmuster Leistungssport, Schorndorf 1977, S. 112-131, S. 117.

[225] Dieser Auftrag lässt sich aus einer Auseinandersetzung zwischen der Arbeitsgruppe Sport und der Zentralen Revisionskommission ableiten. Zentrale Revisionskommission, Bericht der Überprüfung der Arbeitsgruppe Sport beim ZK der SED, 15.6.1959, fol. 37-39; Arbeitsgruppe Sport, Stellungnahme zum Bericht der Revisionskommission über die Untersuchung der Arbeitsgruppe Sport, 16.7.1959, fol. 44-45; sowie Hellmann, Stellungnahme zum Brief des Genossen Gäbler, 2.10.1959, fol. 34-35. SAPMO DY30/IV 2/18/1.

[226] Arbeitsgruppe Sport, Information über einige Erscheinungen im Apparat des DTSB und über das Verhältnis zwischen Präsidium, Sekretariat, Parteileitung und Arbeitsgruppe Sport beim ZK, 27.4.1961, fol. 48-58, fol. 56. SAPMO DY30/IV 2/18/8. Manfred Ewald, Für die Lösung unserer Aufgaben im Leistungssport, in: Die sozialistische Sportbewegung 11, 1959, S. 1-2.

1.2 Breitensportliche Ambitionen und Leistungssportförderung

Gründen ablehnten, da dem ambitionierten Funktionär bereits zu diesem Zeitpunkt ein schlechter Ruf hinsichtlich seines Führungsstils und seines ›Gesundheitszustandes‹ (wahrscheinlich eine Anspielung auf Ewalds Alkoholproblem) vorauseilte. Es waren aber auch die Befürworter des Massensports, die Ewalds Berufung wegen seiner einseitig leistungssportlichen Orientierung ablehnten.[227]

Die starke Betonung des Massensports in dem 1959er Politbürobeschluss sollte den Kritikern den Wind aus den Segeln nehmen. Gleichzeitig bediente sie die weiterhin bestehende Grundüberzeugung, dass nur ein gesunder Massensport eine breite Leistungsspitze hervorbringe. Dies hatte auch Walter Ulbricht immer wieder öffentlich betont. So forderte er im Vorfeld der Karl-Marx-Städter Sportkonferenz beispielsweise, dass die allgemein hohe sportliche Entwicklung der Betriebssportgemeinschaften nicht durch eine zu starke Fokussierung auf die Sportclubs vernachlässigt werden dürfe.[228] Immer wieder bekräftigte der ›oberste Vorturner der DDR‹ die untrennbare Verbindung von Massen- und Leistungssport. Höchstpersönlich engagierte Ulbricht sich für den ›Treffpunkt Olympia‹, eine Sportveranstaltung, bei der Olympiasieger und Nachwuchssportler gemeinsam trainierten. Nur ein allgemein hohes sportliches Niveau und der freie Zugang aller zum Sport verhinderten nach Ansicht des Parteichefs, dass sich die Bevölkerung von ihren Sportidolen abwenden würde.[229]

Im Schatten dieser Beteuerungen wurden jedoch Ende der 1950er Jahre die Weichen hin zu einem effizienter arbeitenden und geschlossenen Leistungssportsystem gestellt. Dies lässt sich an zwei entscheidenden Schritten ablesen. So wurde auf der 2. Sitzung des Staatlichen Komitees am 24. März 1959 beschlossen, eine Leistungssportkommission (LSK) beim Staatlichen Komitee für Körperkultur und Sport einzurichten. Deren Aufgabe sollte es sein, sich wenn nötig täglich mit Problemen des Leistungssports zu beschäftigen.[230] Diese Entscheidung resultierte aus der gewachsenen Verantwortung des Staatlichen Komitees für den Leistungssport, die ihm im Politbürobeschluss vom Januar 1959 zugebilligt worden war. Entscheidend für die weitere Entwicklung war jedoch nicht die Gründung der Kommission selbst, sondern die Tatsache, dass Manfred Ewald ihr Vorsitzender wurde.

Bereits im darauf folgenden Monat kam es zu einer weiteren Konzentration der Kräfte innerhalb der Leistungssportkommission, als auf ihrer konstituierenden Sitzung am 8. April eine ›Kleine Kommission‹ unter der Leitung Ewalds als Un-

---

[227] Arbeitsgruppe Sport, Information über einige Erscheinungen im Apparat des DTSB und über das Verhältnis zwischen Präsidium, Sekretariat, Parteileitung und Arbeitsgruppe Sport beim ZK, 27.4.1961, fol. 48-58, fol. 57. SAPMO DY30/IV 2/18/8.
[228] Niederschrift über Aussprache mit dem Genossen Walter Ulbricht am 2.11.1955, 7.11.1955, fol. 28-30, fol. 29. SAPMO DY30/IV 2/18/2.
[229] Erbach, Sportwunder, S. 232.
[230] Staatliches Komitee für Körperkultur und Sport, Beschlussentwurf Stako, Maßnahmeplan zur Durchführung des Beschlusses des Politbüros vom 20.1.1959, 19.3.1959, fol. 50-51. Siehe dort auch die personelle Zusammensetzung. SAPMO DY12/3306. (Die Dokumente sind auch im Bestand des Staatlichen Komitees für Körperkultur und Sport DR5 enthalten. Die Angaben entstammen dem DTSB-Bestand, da dessen Seiten foliert sind.) Zur Entwicklung der Leistungssportkommission: Ritter, Wandlungen.

tergruppe gebildet wurde. Das neue Organ mauserte sich rasch zur Schaltstelle des Leistungssports und geriet aus diesem Grund mit dem DTSB in Konflikt. Rudi Reichert setzte daher bereits ein halbes Jahr später ihre Auflösung durch. In einer letzten Aussprache warf der DTSB-Präsident den Mitgliedern der ›Kleinen Kommission‹, der neben dem Vizepräsidenten des DTSB, Bernhard Orzechowski, die Vertreter des Staatlichen Komitees Manfred Ewald, Alfred B. Neumann, Günther Thieß, Alfred Mainschak und Hans Schuster angehörten, vor, dass »durch die bisherige Tätigkeit der Leistungssportkommission zu viele Fragen des Leistungssports aus dem Bereich der Verantwortlichkeit des Präsidiums und des Sekretariats des DTSB herausgenommen wurden.«[231]

Diese Entwicklung zeigt, wie früh Manfred Ewald als Leiter der Kleinen Kommission damit begann, organisatorische Kompetenzen im Bereich des Leistungssports auf seine Person zu konzentrieren. Doch zu diesem Zeitpunkt war DTSB-Präsident Rudi Reichert dem ehrgeizigen Manfred Ewald noch gewachsen. Es war aber der letzte Machtkampf, den Reichert gegen Ewald gewinnen sollte. Bereits im Jahr darauf übernahm Manfred Ewald nach dem Willen der Parteiführung und gegen den Widerstand von Teilen des Präsidiums die kommissarische Leitung des Deutschen Turn- und Sportbundes. Im Mai 1961 wurde er auf dem II. Turn- und Sporttag offiziell als dessen Präsident eingesetzt. Ewalds Platzierung an der Spitze des DTSB stellte den zweiten entscheidenden Schritt hin zu einer zunehmenden Bedeutung des Leistungssports dar. Der neue Präsident hatte nie einen Hehl aus seinem Glauben an die höhere Effizienz eines geschlossenen Leistungssportsystems gemacht.[232]

Der leistungssportliche Sprung nach vorn, der in der DDR durch den Politbürobeschluss des Jahres 1958 eingeleitet wurde, blieb in der Bundesrepublik nicht unbemerkt. Die Art und Weise, wie er in den Reihen des bundesdeutschen Sports instrumentalisiert wurde, beleuchtet noch einmal die Argumentationsmuster der 1950er Jahre und erhellt bereits die Verhandlungsstrategien der 1960er Jahre. Schon im April 1958 wandte sich Willi Daume Hilfe suchend an Bundeskanzler Adenauer und warnte vor dem »größten bisher in Europa durchgeführten Versuch einer sportlichen Leistungssteigerung« auf dem Boden der DDR. Mit Blick auf den 1958er Politbürobeschluss malte Daume dem Kanzler die politischen Konsequenzen aus, die es nach sich ziehen würde, wenn die DDR den westdeutschen Sport leistungsmäßig überflügelte. Ohne die sozialistischen Methoden explizit nachahmen zu wollen, forderte Daume eine Erhöhung des bundesdeutschen Sportetats um 800.000 DM, um »die freiheitliche Grundordnung auch im Sektor des Sports (…) zu verteidigen.«[233] Wie wenig ernst der Kanzler zu diesem Zeitpunkt das Ausfechten politischer Konflikte durch sportliche Spitzenleistungen nahm, geht aus der knappen Reaktion des Bundeskanzleramtes hervor, das Daume lapidar mitteilte, der Bundeshaushalt sei leider bereits verabschiedet worden.[234]

---

[231] Protokoll der 26. Sitzung der ›Kleinen Kommission‹ am 20.10.1959, fol. 64-66, fol. 64. SAPMO DY12/1055.
[232] Wonneberger, Studie, S. 221.
[233] Daume an Adenauer, 21.4.1958, S. 1-2. BArch Koblenz B136/5551.
[234] Janz an Daume, 29.5.1958. BArch Koblenz B136/5551.

1.2 Breitensportliche Ambitionen und Leistungssportförderung 73

Mit der Antwort aus dem Kanzleramt ließ sich der Präsident des Deutschen Sportbundes nicht abspeisen. Bereits im Juni führte er Staatssekretär Globke erneut die politischen Implikationen der sportlichen Offensive der DDR vor Augen und bat, von der verwaltungstechnischen Routine abzusehen und noch während der aktuellen Haushaltsdebatten eine Erhöhung des Sportfonds in Erwägung zu ziehen.[235] Tatsächlich wurde schließlich im Bundestag von mehreren Abgeordneten ein Änderungsantrag zur zweiten Beratung des Entwurfs des Haushaltsgesetzes 1958 eingebracht, der eine Erhöhung des Sportfonds von 1 Millionen auf 1,8 Millionen DM vorsah.[236] Nicht zufällig befanden sich unter den Antragstellern einige ›Freunde des Sports‹, die Daume über seine Korrespondenz mit dem Kanzleramt unterrichtet hatte.[237] Während der Alte im Palais Schaumburg unbeeindruckt geblieben war, erwies sich der Weg über das Parlament als erfolgreich. Der Bundestag nahm die Erhöhung des Sportfonds im Juni 1958 an.

Neben dem Bundeskanzler und den ›Freunden des Sports‹ versuchte Willi Daume auch die Minister Ernst Lemmer und Gerhard Schröder als Mitstreiter für eine leistungsorientierte Sportförderung zu gewinnen. Daraus resultierte eine aufschlussreiche Auseinandersetzung zwischen dem Deutschen Sportbund und dem Bundesministerium des Innern um eine missverstandene Äußerung von Ministerialdirektor Prof. Dr. Hübinger. Dieser habe erklärt, so Daume in einem Schreiben an Schröder, das Bundeskabinett würde die geforderte Mittelerhöhung sicher nicht bewilligen, da es illegitim sei, ›sowjetzonale‹ Methoden nachzuahmen.[238] Dagegen verwahrte sich Daume energisch und verwies darauf, dass es lediglich darum gehe, finanziell besser gegen den sportlichen Großangriff aus Ostberlin gewappnet zu sein. In dem intern auf diese Anschuldigung folgenden Klärungsprozess, erhielt Hübinger selbst die Möglichkeit, seine Äußerung richtig zu stellen und zu verteidigen. Tatsächlich hatte der Ministerialdirektor nicht seine persönliche, sondern die vielfach vertretene Auffassung wiedergegeben, ob es richtig sei, überhaupt »mit den Methoden des ostzonalen ›Staatssports‹ zu konkurrieren.«[239] Die Bedenken einzelner Parlamentarier, eine Erhöhung des Sportetats mit den Anstrengungen in der DDR zu begründen, beruhten auf der grundsätzlichen Ablehnung der Politisierung des Sports in der DDR.[240] Die Argumentation des DSB schien demnach dessen eigene Haltung zur Trennung von Sport und Politik in Frage zu stellen.

Tatsächlich verfestigte sich nun im DSB aber das Muster, zusätzliche Fördermittel unter Verweis auf die Konkurrenz mit Pankow einzufordern. Dabei verband sich das Bedürfnis des DSB, sportlich konkurrenzfähig bleiben zu wollen, mit dem wachsenden Druck der Systemkonkurrenz auf unterschiedliche gesellschaftliche Bereiche. Letzteres zeigte sich auch an der Art und Weise, wie bereits in den 1950er Jahren sportdiplomatische Fragen etwa zu einer eigenen Olympia-

---

[235] Daume an Globke, betr.: Ihr Schreiben vom 29.5.1958, 14. 6. 1958. BArch Koblenz B136/5551.
[236] Deutscher Bundestag, 3. Wahlperiode, Änderungsantrag der Abgeordneten Huth, Jacobi, Spitzmüller, Matthes und Genossen, Umdruck 57 zu TOP 34/35/36, 12.6.1958. BArch Koblenz B136/5551.
[237] Daume an Kreis der Freunde des Sports im Bundestag, 22.4.1958. BArch Koblenz B106/1803.
[238] Daume an Schröder, 3.5.1958. BArch Koblenz B106/1803.
[239] Schröder an Daume, 14.5.1958, S. 2. BArch Koblenz B106/1803.
[240] Hübinger an von Mengden, Entwurf, 3.6.1958. BArch Koblenz B106/1803.

mannschaft der DDR oder dem Festhalten an einer gesamtdeutschen Olympiamannschaft im Auswärtigen Amt, in der Bundesregierung und in der Öffentlichkeit diskutiert wurden. Denn gerade auf der olympischen Ebene wurde früh ein enges Band zwischen privater sportlicher Spitzenleistung und auswärtiger staatlicher Repräsentation geknüpft.

1.3 Gesamtdeutsches Miteinander im Olympischen Raum

Alleinvertretung unter fünf Ringen

Das leistungssportliche ›Wettrüsten‹ zwischen der Bundesrepublik und der DDR setzte parallel zu deren Wettlauf um die Rückkehr in die internationale Sportwelt und die Olympische Bewegung ein. Die DDR-Sportfunktionäre arbeiteten dabei von Beginn an auftragsgemäß darauf hin, den bundesdeutschen Alleinvertretungsanspruch im kulturellen Raum zu unterlaufen. Dabei folgten sie jeweils den deutschlandpolitischen Vorgaben der SED, die zunächst gesamtdeutsch ausgerichtet waren, im Laufe der 1950er Jahre jedoch strikt auf die Anerkennung und Gleichberechtigung der DDR umschwenkten. Diese sportpolitische Auftragsarbeit sorgte auch westlich der Zonengrenze früh für Auseinandersetzungen zwischen der – ihrer Zuschreibung nach – unpolitischen westdeutschen Sportbewegung auf der einen und der Bundesregierung und dem Auswärtigen Amt auf der anderen Seite. Denn die Verfechter der bundesdeutschen Alleinvertretung um Heinrich von Brentano und Walter Hallstein merkten schnell, dass die DDR im internationalen Sport schon in den 1950er Jahren zu mehr Anerkennung gekommen war als in irgendeinem anderen Bereich.[241]

Der Wettlauf um die Rückkehr in die Olympische Bewegung begann unmittelbar nach der Konstituierung der west- und ostdeutschen Spitzenverbände Ende der 1940er Jahre mit deren Antrag auf Aufnahme in die internationalen Föderationen des Weltsports. Rein theoretisch hätten beide deutsche Fachvertretungen davon profitieren können, dass die internationalen Föderationen explizit keine Staaten, sondern lediglich Sportorganisationen bestimmter geographischer Gebiete aufnahmen. Dieser Terminus bezog sich jedoch auf die Territorien selbständiger Staaten. Die DDR galt aber in der Welt des Sports nicht als selbständiger Staat, sondern als Teil Deutschlands. Die sportliche Vertretung Deutschlands hatten zu diesem Zeitpunkt bereits die bundesdeutschen Sportfunktionäre besetzt. Sie waren dadurch im Vorteil, dass sie an alte Sportfreundschaften anknüp-

---

[241] Dieser Teil der deutsch-deutschen Sportgeschichte wurde bereits ausführlich dargestellt in: Kühnst, Sport; Holzweißig, Diplomatie; sowie Pabst, Sport. Ihre Ergebnisse wurden durch die jüngsten Quellenstudien von Martin Geyer und Tobias Blasius bestätigt. Geyer, Kampf; Blasius, Bewegung. Einen kurzen Überblick gibt: Günter Buchstab, Sport und Politik im geteilten Deutschland, in: Historisch Politische Mitteilungen – Archiv für Christlich-Demokratische Politik 8, 2001, S. 113-130. Eine Darstellung aus ›linker‹ Sicht enthält: Wonneberger, Geschichte.

fen konnten. Bereits zwischen 1950 und 1951 gelang daher 15 westdeutschen Verbänden die Aufnahme in die jeweiligen internationalen Fachverbände.[242] Ihre Funktionäre traten als Vertreter Gesamtdeutschlands auf und erschwerten dadurch die Aufnahme der DDR-Sportverbände. Hinzu kam, dass die internationalen Föderationen irritiert und ablehnend auf die aggressive Politisierung des DDR-Sports reagierten. Daher gelang der DDR im Juli 1950 in Kopenhagen lediglich die Aufnahme ihrer Sektionen Schach und Fernschach in den internationalen Schachverband. Im darauf folgenden Jahr erreichten die ostdeutschen Vertreter im Tischtennis, Skilauf und Volleyball die Aufnahme in die internationalen Fachverbände. Diese begründeten die Aufnahme der DDR-Sektionen einhellig mit ihrer eigenen politischen Neutralität. Tatsächlich handelte es sich jedoch gerade um die Sportarten, in denen die sowjetischen Bruderverbände die tatkräftigste Schützenhilfe auf der internationalen Sportbühne gewähren konnten.[243]

Zum Durchbruch kamen die DDR-Sportfunktionäre schließlich auf den Treffen der internationalen Föderationen im Sommer 1952 in Helsinki, die im Umfeld der Olympischen Sommerspiele stattfanden. Gerade weil es der DDR-Sportbewegung nicht gelungen war, ihre Teilnahme bei diesen Spielen durchzusetzen, schwamm sie dort im ›moralischen Oberwasser‹. Viele Verbände reagierten ablehnend darauf, dass das Internationale Olympische Komitee die Sportler der DDR scheinbar aus politischen Gründen von der Teilnahme an den Spielen ausgeschlossen hatte.[244] Dadurch kamen die DDR-Fachvertretungen im Ringen, im Basketball, im Fußball, im Kanu, im Schwimmen, im Segeln und im Boxen zur internationalen Anerkennung. Dass an den Olympischen Sommerspielen 1952 lediglich eine saarländische und eine bundesdeutsche Olympiamannschaft teilnahmen, war in der Tat nicht nur das Produkt sportlicher, sondern auch politischer Entscheidungsprozesse gewesen. Dies galt jedoch für beide deutsche Staaten gleichermaßen.

Schon bei der Gründung des westdeutschen Nationalen Olympischen Komitees im Rahmen der Bundesfeier im September 1949 sowie bei seiner Namensgebung ›Nationales Olympisches Komitee für Deutschland‹ hatte sich das Komitee um den Herzog zu Mecklenburg, Peco Bauwens und Max Danz politisch und auch deutschlandpolitisch positioniert. Dabei sahen die Beteiligten keinen Widerspruch darin, ihre politische Neutralität zu betonen und sich gleichzeitig mit den politischen Grundwerten der neu gegründeten Bundesrepublik konform zu erklären.[245] Umso größer war daher die Bestürzung der westdeutschen Olympier, als sich im April 1951 jenseits der Zonengrenze ein NOK der DDR unter dem Vorsitz von Kurt Edel gründete. Auch dieses NOK lud sich mit seiner Gründung deutschlandpolitisches Gepäck auf und hielt in seiner Gründungsurkunde fest, zukünftig auf die Bildung eines gesamtdeutschen Nationalen Olympischen Ko-

---

[242] Pabst, Sport, S. 171.
[243] Ebd. S. 170.
[244] Siehe: Kühnst, Sport, S. 74.
[245] Dazu: Giselher Spitzer, Die Gründung des Nationalen Olympischen Komitees, in: NOK (Hrsg.), Rückkehr nach Olympia. Vorgeschichte, Gründung, erste Jahre, München 1989, S. 110-126; zur Vorgeschichte der Gründung: Blasius, Bewegung, S. 7-61.

mitees hinarbeiten zu wollen, was der vom Politbüro vorgegebenen Linie ›Deutsche an einen Tisch‹ entsprach.[246]

Die DDR betrat die olympische Bühne auf der 45. Session des Internationalen Olympischen Komitees im Mai 1951 in Wien jedoch unter denkbar schlechten Voraussetzungen. Denn als das NOK der DDR dort erstmalig um seine Anerkennung bat, wussten die westdeutschen Olympier dies dank alter Freund- und Seilschaften im IOC zu verhindern.[247] So wurde auf der Wiener Session zunächst die Anerkennung des NOK Saar[248] bestätigt und im direkten Anschluss die vollständige Aufnahme des bundesdeutschen Nationalen Olympischen Komitees in die Olympische Bewegung beschlossen. Danach konnte sich das IOC auf die Argumentation zurückziehen, dass es gemäß seiner Satzung kein zweites NOK aus einem Land anerkennen könne. Die ostdeutschen Sportfunktionäre mussten sich außerdem von IOC-Präsident Sigfrid Edström erinnern lassen, dass sie als Erste die Bildung einer gesamtdeutschen Olympischen Vertretung gefordert hätten. Er empfahl der DDR daher, über diesen Weg und unter Bildung einer gesamtdeutschen Olympiamannschaft auf die olympische Bühne zu gelangen.[249]

Mit Blick auf die näher rückenden Olympischen Spiele des Jahres 1952 galt es nun für beide Nationalen Olympischen Komitees, möglichst rasch zur Bildung eines gesamtdeutschen NOK beziehungsweise zumindest zu der Bildung einer gesamtdeutschen Olympiamannschaft zu gelangen. Zeitgleich vollzog sich an der Spitze des westdeutschen NOK ein umstrittener personeller Wechsel, als Karl Ritter von Halt dem Herzog zu Mecklenburg im Januar 1951 im Amt des Präsidenten nachfolgte. Die Berufung des ehemaligen kommissarischen Reichssportführers schlug in der jungen Bundesrepublik hohe Wellen. Doch die westdeutschen Olympier wussten, dass sie die hervorragenden Kontakte Karl Ritters von Halt zum Internationalen Olympischen Komitee brauchten.[250] Bald bemerkte auch die Bundesregierung, dass sie sich auf das Verhandlungsgeschick dieses konservativ-nationalen ›Hardliners‹ verlassen konnte.

Dies wurde bereits bei den ersten Verhandlungen zwischen den beiden deutschen NOKs am 17. Mai 1951 in Hannover deutlich, wo Karl Ritter von Halt es mit Kurt Edel, dem 31-jährigen ehemaligen Deutschen Meister im 400-Meter-Lauf, und dem Radsportfunktionär Werner Scharch zu tun hatte. Beide NOKs hatten im Vorfeld ihre Verhandlungspositionen mit ihren Regierungen abgesprochen und mit deren deutschlandpolitischen Vorgaben in Einklang gebracht. So sehr die DDR-Vertretung auf alles Verbindende zwischen beiden deutschen Staa-

---

[246] Gründungsurkunde des Nationalen Olympischen Komitees der DDR, 22.4.1951, abgedruckt in: Frost, Studienmaterial, S. 89.
[247] Siehe dazu und zum Folgenden die Dokumentation des Prozesses der provisorischen Anerkennung des NOK der DDR durch das IOC 1951-1955, in: Kühnst, Sport, S. 166-169.
[248] Das Saarland hatte bereits im Juli 1948 ein provisorisches Olympisches Komitee gebildet. Das Comité Olympique Sarrois wurde am 15.5.1950 vom IOC anerkannt und nahm an den Olympischen Sommerspielen 1952 in Helsinki mit einer eigenen Mannschaft teil. Erst am 20.9.1956, dennoch aber vor dem formalen Beitritt des Saarlandes zur Bundesrepublik am 1.1.1957, löste sich das NOK Saar wieder auf. In Melbourne starteten die Athleten des Saarlandes bereits wieder innerhalb der gesamtdeutschen Mannschaft.
[249] Pabst, Sport, S. 182.
[250] Zur Berufung und Funktion von Halts siehe: Blasius, Bewegung, S. 67-71.

ten hinwies, so sehr versuchte die bundesdeutsche Seite von Beginn an, eine gesamtdeutsche Olympiamannschaft zu verhindern und die DDR olympisch zu isolieren. Zunächst bemühte von Halt sich daher, die Verhandlungen zum Scheitern zu bringen, indem er seine Zweifel an der politischen Unabhängigkeit der DDR-Sportdelegierten äußerte.[251] Obwohl sich Edel und Scharch daraufhin von der SED-Sportpolitik distanzierten, gelang es der bundesdeutschen Seite, sie weiter hinzuhalten. Nun hieß es, die Entscheidung über ein gesamtdeutsches NOK könnten nur die Fachverbände treffen, da nach der westdeutschen NOK-Satzung jeder olympische Fachverband jeweils nur einen Vertreter in das NOK entsenden dürfte.[252] Diese Argumentation legte wie selbstverständlich die westdeutsche Satzung für die Entscheidung über ein gesamtdeutsches Komitee zugrunde. Damit hatten die westdeutschen Vertreter ein DDR-Angebot ausgeschlagen, das ihrem NOK bei einer Zusammensetzung von sechs bundesdeutschen gegenüber fünf DDR-Vertretern nicht nur die Dominanz, sondern auch den Vorsitz gesichert hätte. Die Verhandlungen waren folglich zum Scheitern verurteilt und fanden erst in der Woche darauf am Rande der Exekutiv-Ausschusssitzung des Internationalen Olympischen Komitees in Lausanne ihre Fortsetzung. Die Haltung, mit der die bundesdeutsche Vertretung – bestehend aus Karl Ritter von Halt, Peco Bauwens, Max Danz, Willi Daume und Walter Kolb – in Lausanne anreiste, fasste von Halt für Bundeskanzler Konrad Adenauer später prägnant zusammen: »Auch diese Besprechungen leitete ich so, daß sie ergebnislos verlaufen mußten.«[253]

Das Internationale Olympische Komitee vertreten durch Avery Brundage, Comte Bonacossa, Lord Burghley, Albert Mayer und Armand Massard hörte zunächst die ostdeutsche Delegation bestehend aus Kurt Edel, Werner Scharch und Anni Strauß. Die Funktionäre forderten erneut die provisorische Anerkennung ihres NOK. Dies begründeten sie damit, dass in Deutschland zwei getrennte Sportorganisationen und zwei Regierungen bestünden. Avery Brundage parierte den Vorstoß jedoch. Er machte die ostdeutsche Delegation darauf aufmerksam, dass das IOC bereits ein Nationales Olympisches Komitee für Deutschland anerkannt habe und nicht eines allein für die Bundesrepublik. Daher gehe es zu diesem Zeitpunkt allein darum, eine gemeinsame Mannschaft für die Olympischen Spiele des Jahres 1952 zu bilden.[254]

Karl Ritter von Halt erhob anschließend für die bundesdeutsche Delegation das Wort. Er ließ es sich nicht nehmen, erneut die politische Unabhängigkeit der ostdeutschen Sportfunktionäre in Frage zu stellen. Anschließend erklärte er sich bereit, nach Möglichkeiten zur Bildung einer gemeinsamen Olympiamannschaft zu suchen, beanspruchte aber, dass alle Kontakte zu dem Internationalen Olym-

---

[251] Pabst, Sport, S. 183 sowie Andreas Höfer, Querelle d'Allemand. Die gesamtdeutsche Olympiamannschaft (1956-1964), in: NOK (Hrsg.), Deutschland in der Olympischen Bewegung. Eine Zwischenbilanz, Frankfurt a. Main, S. 209-260, S. 218.
[252] Guido von Mengden, Tatsachen und Daten zur Geschichte des gesamtdeutschen Sportverkehrs, in: Jahrbuch des Sports 1959/60, S. 23-91, S. 37.
[253] Ritter von Halt an Konrad Adenauer, 25.5.1951. BArch Koblenz B136/5551.
[254] Proces-verbal de la réunion de la Commission exécutive du C.I.O. le 22 mai 1951 à Lausanne, S. 1-2. IOC Historical Archives, Samaranch Olympic Studies Centre, Olympic Museum, Lausanne, Switzerland.

pischen Komitee und dem Organisationskomitee der Spiele des Jahres 1952 allein dem bundesdeutschen NOK obliegen müssten.[255]

Das IOC sagte der bundesdeutschen Delegation dieses Recht unter der Bedingung zu, dass sie nichts unversucht ließe, den ostdeutschen Sportlern und Sportlerinnen eine Teilnahme an den Olympischen Spielen des kommenden Jahres zu ermöglichen. Aus diesem Geist heraus entstand ein Kommuniqué, das von der ostdeutschen NOK-Vertretung letztlich unterzeichnet wurde und das als ›Lausanner Vereinbarung‹ Sportgeschichte schreiben sollte.[256]

Für die DDR-Delegation – von dem Politbüro der SED mit der Zielvorgabe ausgestattet, entweder eine vollständige Anerkennung des NOK der DDR oder eine gleichberechtigte Teilnahme in einer gesamtdeutschen Mannschaft zu erreichen – war die ›Lausanner Vereinbarung‹ ein Schlag ins Gesicht. Denn die Delegation hatte letztlich die alleinige Zuständigkeit des NOK-West für die olympischen Belange im gesamten Deutschland unterschrieben und damit den Alleinvertretungsanspruch der Bundesrepublik im Sport anerkannt. Die Hintergründe dieser sportpolitischen Verzichtserklärung durch die DDR-Delegation liegen im Dunkeln. Doch die jungen ostdeutschen Sportfunktionäre akzeptierten das Kommuniqué wahrscheinlich einfach als das, was es war: das zu diesem Zeitpunkt für sie bestmögliche Verhandlungsergebnis.

Durch die enge Absprache mit der Bundesregierung im Vorfeld lässt sich die Lausanner Vereinbarung zugleich als Reflektion der Maxime der westdeutschen Wiedervereinigungspolitik, eine Eingliederung der DDR in das westdeutsche Staatsmodell zu erreichen, interpretieren. Demnach musste die Unterzeichnung des Abkommens auch in der DDR als politische Niederlage begriffen werden.[257] Entsprechend kühl fiel die Begrüßung der zurückgekehrten DDR-Delegation in Ostberlin aus. Die drei Unterhändler mussten sich dort zunächst vor dem Sekretariat des Deutschen Sportausschusses rechtfertigen. Wenig später traf die Delegation bei Walter Ulbricht ein. Das Ergebnis der Besprechung fiel erwartungsgemäß und in Abstimmung mit dem Kreml aus: Die DDR-Delegation sollte ihre Unterschriften zurückziehen und die Lausanner Vereinbarung schnellstmöglich aufkündigen.[258] Auf Seiten der DDR gab es jedoch außer dem Disput um die Lausanner Erklärung noch einen weiteren Grund, der gegen die Teilnahme ostdeutscher Sportler in Helsinki sprach, und das war deren zu dieser Zeit noch niedriger Leistungsstand. Das erste Auftreten der DDR-Sportler hätte somit leicht zu einer Negativrepräsentation führen können.[259]

---

[255] Ebd. S. 2-3.
[256] Pabst, Sport, S. 184-185.
[257] Höfer, Querelle, S. 213; Pabst, Sport, S. 186. Auch Günter Wonneberger polemisiert über die Lausanner Vereinbarung: »Die Bonner Hintermänner von Halts glaubten, einen Modellfall für die stückweise Unterwerfung der DDR unter ihre Herrschaft konstituieren zu können.« Siehe: Wonneberger, Geschichte, S. 145.
[258] Siehe dazu: Karlheinz Gieseler, Sport als Mittel der Politik. Die Sportbeziehungen im gespaltenen Deutschland, Frankfurt a. Main 1964, S. 34-35.
[259] Giselher Spitzer, Zwischen 1949 und 1952: Drei NOKs in Deutschland, in: NOK (Hrsg.), Deutschland in der Olympischen Bewegung. Eine Zwischenbilanz, Frankfurt a. Main 1999, S. 177-204, S. 195.

Zwei anschließende Treffen west- und ostdeutscher Sportvertreter in Kassel und Hamburg brachten keine Einigung hinsichtlich einer gemeinsamen Mannschaftsgründung. Somit unternahm das Internationale Olympische Komitee schließlich einen letzten Vermittlungsversuch am 8. Februar 1952 in Kopenhagen. Der um eine Einigung bemühte Präsident des Organisationskomitees für die Olympischen Spiele in Helsinki, Erik von Frenckell, hatte diese Zusammenkunft beider NOKs initiiert. Zuvor hatte er von Halt in einem Brief beschuldigt, durch seine Verhandlungsführung die Teilnahme einer gesamtdeutschen Mannschaft bewusst zu verhindern.[260] Schließlich aber warteten Karl Ritter von Halt, Peco Bauwens, Max Danz und Willi Daume zusammen mit dem IOC-Präsidenten Sigfrid Edström, dessen Vize Avery Brundage und IOC-Kanzler Otto Mayer von neun Uhr morgens an vergeblich auf die DDR-Delegation, die zwar unter der Leitung des ostdeutschen NOK-Präsidenten Kurt Edel und mit dem neuen Gesicht Manfred Ewald angereist war, jedoch nicht zu dem Treffen erschien. Gegen Abend verließen die westdeutschen Vertreter zusammen mit den IOC-Vertretern brüskiert den Konferenzraum.

Was sich wie eine Seifenoper liest, war hohe Sportpolitik. Die DDR-Vertreter wussten, dass das IOC sie auf die Lausanner Vereinbarung festlegen und daher zur Unterordnung unter das westdeutsche NOK auffordern würde. Dieser Forderung konnten sie jedoch aus politischen Gründen nicht nachkommen. Damit war die Entscheidung gefallen: Die DDR nahm nicht an den Olympischen Spielen in Helsinki teil und hatte sich darüber hinaus für Jahre vor der Olympischen Bewegung diskreditiert. Erst mit dem Wechsel an der Spitze des NOK der DDR von Kurt Edel zu Heinz Schöbel im Januar 1955 sandte die DDR wieder ein positives Zeichen in Richtung des IOC. Die Ernennung des ehemaligen Fußballers und Leipziger Verlegers erwies sich als Glücksgriff. Schöbel galt als angenehmer Verhandlungspartner und wurde im Jahr 1966 Mitglied des IOC. Unmittelbar nach seiner Einsetzung erreichte die DDR einen der wichtigsten Etappensiege auf ihrem Weg in die olympische Welt: die provisorische Anerkennung ihres NOK.

Die Pariser Verträge des Sports

Auf seiner Pariser Sitzung vom 13. bis 18. Juni 1955 kam das IOC zu einer salomonischen Lösung der deutschen Frage: Es entschied mit 27 zu sieben Stimmen, das Nationale Olympische Komitee der DDR zumindest vorläufig anzuerkennen. Diese provisorische Anerkennung sollte jedoch ihre Gültigkeit verlieren, falls es sich als unmöglich erweisen würde, eine gesamtdeutsche Olympiamannschaft zu den Olympischen Spielen 1956 in Melbourne zu entsenden.[261] Da die DDR seit 1952 in

---

[260] Der Vermittlungsversuch von finnischer Seite selbst war jedoch gleichermaßen politisch motiviert. So berücksichtigte von Frenckell zum einen die Interessen des starken finnischen Nachbarn Sowjetunion, zum anderen die wirtschaftliche Interessenlage zwischen Finnland und der DDR. Siehe dazu: Spitzer, 1949, S. 194. Der Brief ist abgedruckt in: Blasius, Bewegung, S. 80-81. Sonst: von Frenckell an von Halt, 10.12.1951. BArch Koblenz B106/1737.
[261] Minutes of the 50th Session of the International Olympic Committee, Paris, June 13-18, 1955. IOC Historical Archives, Samaranch Olympic Studies Centre, Olympic Museum, Lausanne, Switzerland.

immer mehr internationalen Fachverbänden ihre Anerkennung erlangt hatte, war eine gemeinsame Olympiamannschaft der einzige noch denkbare Schritt vor einer vollständigen Anerkennung des NOK der DDR. Damit hatte der seit 1952 amtierende IOC-Präsident, der Amerikaner Avery Brundage, sein liebstes Kind, eine gesamtdeutsche Olympiamannschaft, ins Leben gerufen. Es war aus seiner festen Überzeugung geboren, den Sport frei von politischen Konflikten zu halten und ihn somit als einen Raum der Völkerverständigung zu verteidigen. Dieser Idealismus brachte Brundage immer wieder in Loyalitätskonflikte mit den bundesdeutschen Olympiern, deren Bemühen, die DDR aus der Olympischen Bewegung auszugrenzen, er nur bis zu einem gewissen Punkt unterstützte.[262] Der schwierige Kompromiss einer gesamtdeutschen Olympiamannschaft löste jedoch eine Phase des Ringens und Taktierens von west- wie ostdeutscher Seite aus, die als ›Querelle d'Allemand‹ in die Geschichte der Olympischen Bewegung einging.

Dass die westdeutschen Sportvertreter zumindest noch die vollständige Anerkennung des NOK der DDR verhindert hatten, fand auch die Zustimmung des Bundesamtes für Verfassungsschutz. Unter Beachtung der immensen Bedeutung des Sports im öffentlichen Leben wäre »die Anerkennung des NOK Ost praktisch der diplomatischen Anerkennung der Sowjetzonenregierung durch eine Großmacht« gleichgekommen.[263] Im Osten Deutschlands begegnete man dem Wort ›vorläufig‹ dagegen mit schlichter Nichtbeachtung. So bedankte sich die DDR-Delegation sogar bei Brundage persönlich für die gleichberechtigte Aufnahme der DDR in die Olympische Bewegung.[264] Mit der Pariser Konferenz hatten allerdings tatsächlich zwei deutsche Staaten die olympische Bühne betreten, denn eine vorläufige Anerkennung zweier Nationaler Olympischer Komitees aus einem Land widersprach bereits den Statuten des Internationalen Olympischen Komitees. Durch dieses Wissen bestärkt, ging die DDR-Delegation im August 1955 in Hinterzarten in die erste Verhandlungsrunde über die Bildung einer gesamtdeutschen Mannschaft und deren sportliches Protokoll: Hymne, Flagge und Mannschaftsführung. Doch auch die westdeutschen Sportfunktionäre konnten nahezu kompromisslos auftreten, denn die DDR-Vertreter mussten um jeden Preis vermeiden, nach 1952 wieder durch ihre eigene Halsstarrigkeit von den Olympischen Spielen ausgeschlossen zu werden.[265]

---

[262] Zur umstrittenen und widersprüchlichen Person Brundages, der von Halt noch von den 1936er Spielen her kannte und dem oft eine gewisse Affinität zum Nationalsozialismus nachgesagt wurde, siehe die ausgezeichnete Biographie von: Allen Guttmann, The Games must go on. Avery Brundage and the Olympic Movement, New York 1984. Siehe auch: Astrid Engelbrecht, Avery Brundage: »the all-American boy«; die amerikanische Antwort auf die olympische Frage, Göttingen 1997.

[263] Zitiert in: Geyer, Kampf, S. 61. Aus: PA AA, Abt. 2/1914, Bundesamt für Verfassungsschutz an BMI, Auswärtiges Amt und Bundesministerium für Gesamtdeutsche Fragen, 15.5.1954.

[264] Dankesschreiben der leitenden Funktionäre des NOK der DDR an den Präsidenten des IOC, in: Kühnst, Sport, S. 179. Auch Günter Wonneberger stellt die provisorische Anerkennung als vollgültige Anerkennung dar. Siehe: Wonneberger, Geschichte, S. 169. In der ›Theorie und Praxis der Körperkultur‹ hieß erklärend, dass sich der provisorische Charakter der Anerkennung des NOK der DDR nur auf den Fall einer möglichen Wiedervereinigung beziehe. Dann würden beide NOKs aufgelöst und durch ein vereinigtes NOK ersetzt. Siehe dazu: Kurt Meinel, Ein Triumph des Sportes, in: Theorie und Praxis der Körperkultur 4, 1955, S. 561-563.

[265] Siehe: Kühnst, Sport, S. 87.

1.3 Gesamtdeutsches Miteinander im Olympischen Raum

Dennoch begann das Verhandlungsprogramm reibungslos mit der Flaggenfrage. Diese wurde schnell entschieden, da beide Staaten noch die Farben Schwarz-Rot-Gold führten. Auch die Zusammensetzung der Mannschaft auf Grund des sportlichen Leistungsprinzips fand eine einstimmige Regelung. So sollten in gesamtdeutschen Ausscheidungswettkämpfen die jeweils besten Vertreter einer Sportart ermittelt und unabhängig von ihrem Wohnort in die gesamtdeutsche Mannschaft aufgenommen werden. Erst in der Frage der Hymne brachen die unüberbrückbaren Gegensätze der beiden Sportdelegationen auf.[266] Dabei versuchte die DDR-Delegation zunächst durchzusetzen, auf beide Hymnen zu Gunsten eines neutralen klassischen Motivs zu verzichten. Die westdeutschen Vertreter wussten jedoch, dass die DDR zum einen aus dem sicheren Wissen heraus argumentierte, bei den kommenden Winterspielen ohnehin keine Goldmedaille zu gewinnen, und zum anderen dass eine neutrale Hymne ein symbolischer Schritt in Richtung der Gleichberechtigung beider Mannschaftsteile gewesen wäre. Schließlich gelang es der westdeutschen Delegation, ihren Vorschlag durchzusetzen, dass beide Hymnen beibehalten, im Falle eines gemeinsamen Mannschaftssieges jedoch keine der beiden Hymnen gespielt werden sollte.[267]

Es folgten weitere Verhandlungsrunden am 12. November 1955 in Ostberlin und am 7. Januar 1956 in Garmisch. Dort stand die Klärung der Mannschaftsführung an, und Avery Brundage musste erstmalig als Schiedsrichter angerufen werden. Während die Delegation der Bundesrepublik daran festhielt, die gemeinsame Mannschaft in beide Stadien zu führen, da sie auch den größeren Mannschaftsteil stellte, verlangten die DDR-Vertreter, dass sie den Chef de Mission für die Winterspiele, die Bundesrepublik ihn aber für die Sommerspiele stellen sollte. Alleinvertretung versus Parität lautete also die Konfliktlinie, und wieder setzte Brundage den Lösungsvorschlag seines Freundes von Halt durch. Weiterhin solle daran festgehalten werden, dass derjenige Mannschaftsteil, der die meisten Aktiven stellte, auch die Führung der Mannschaft übernehmen sollte. Diese Entscheidung trug wesentlich zu dem verbissenen Klima bei, das die innerdeutschen Ausscheidungswettkämpfe des nächsten Jahrzehnts auszeichnete.[268]

Bei den Winterspielen in Cortina d'Ampezzo präsentierte die Bundesrepublik tatsächlich der Weltöffentlichkeit ihre seit 1952 offiziell gültige Nationalhymne, denn für die erste bundesdeutsche Olympiasiegerin Ossi Reichert wurde nach ihrem Erfolg im Riesenslalom das Deutschlandlied gespielt. Die einzige ostdeutsche Medaille ging an den Skispringer Harry Glas, es war jedoch nur eine bronzene.[269] Obwohl dieser erste Auftritt somit aus Sicht der Bundesregierung glimpflich ablief, entwickelte sich das Hymnen-Prozedere von Cortina d'Ampezzo in den folgenden Monaten zum zentralen Konfliktthema. Denn nach der derzeit

---

[266] Siehe dazu: Geyer, Kampf, S. 65-70.
[267] Das gemeinsame Kommuniqué, in dem die beiden NOKs ihre Einigungen bezüglich Leitung, Hymne, Fahne, ärztliche Betreuung, Kleidung und Finanzierung schließlich darlegten, ist abgedruckt in: Gesamtdeutsche Mannschaften nach Cortina und Melbourne, in: Theorie und Praxis der Körperkultur 4, 1955, S. 721-722.
[268] Blasius, Bewegung, S. 137-142.
[269] Pabst, Sport, S. 239.

gültigen Regelung war es auch möglich, einen erfolgreichen DDR-Athleten mit seiner eigenen Hymne zu ehren.

Das beunruhigte die Bundesregierung zutiefst, da den leistungsstarken DDR-Sportlern bei den Olympischen Sommerspielen in Melbourne eine Goldmedaille so gut wie sicher war. Die Vorstellung aber, dass bei einer olympischen Siegerehrung unter Teilnahme des gesamten diplomatischen Corps des Gastlandes die Nationalhymne der DDR gespielt würde, entsprach in keiner Weise den deutschlandpolitischen Vorgaben, die gerade in der Hallstein-Doktrin zementiert worden waren. Neben Vertretern des Nationalen Olympischen Komitees und des Deutschen Sportbundes schalteten sich nun auch das Auswärtige Amt und hochrangige Vertreter der NATO in die Diskussion ein, die schon häufiger das deutschlandpolitisch inkonsequente Bemühen um eine gesamtdeutsche Olympiamannschaft beklagt hatten.[270] Gleichzeitig wurde es für das westdeutsche Nationale Olympische Komitee immer schwerer, die Notbremse zu ziehen. Denn auf der in Cortina d'Ampezzo stattfindenden IOC-Sitzung gelang es von Halt nicht, das Internationale Olympische Komitee dazu zu bringen, die provisorische Anerkennung des NOK der DDR rückgängig zu machen.[271]

Folglich mussten beide Nationale Olympische Komitees gemeinsam eine Lösung in der Hymnenfrage erreichen. Am 15. Oktober 1956 einigten sie sich schließlich auf den zu Anfang von der Bundesrepublik abgelehnten DDR-Vorschlag und wählten mit Beethovens ›Ode an die Freude‹ ein neutrales klassisches Motiv als Hymnenersatz. Zu dieser Zeit stand die bundesdeutsche Sportführung bereits unter extremem politischen Druck, da im Auswärtigen Amt Stimmen laut wurden, die eine Nichtbeteiligung der Bundesrepublik an den Olympischen Spielen in Melbourne in Erwägung zogen, falls keine Einigung in der Hymnenfrage erzielt werden konnte.[272] Dieser Druck nahm durch zwei weitere außenpolitische Ereignisse zu: Als Reaktion auf den Aufstand in Ungarn und die Suezkrise im Jahr 1956 verweigerten gleich mehrere Nationale Olympische Komitees ihren Sportlern die Teilnahme an den Olympischen Spielen von Melbourne. Auch die Bundesregierung erwog einen Olympiaboykott, nahm davon aber letztlich Abstand, um durch das Auftreten einer gesamtdeutschen Olympiamannschaft zumindest eine sportliche Alleinvertretung der DDR auf dem fünften Kontinent zu verhindern.[273] Avery Brundage hingegen feierte bei der Eröffnung der Olympischen Spiele in Melbourne die Schaffung der gesamtdeutschen Mannschaft mit dem ihm eigenen Idealismus: »Hier ist ein überzeugendes Beispiel olympischer Kraft die Antwort auf ein Problem, das die Politiker der Welt beschäftigt.«[274]

---

[270] Krapf (in Vertretung von Blankenhorn) Paris (NATO) an AA, 14.12.1955; zitiert in: Geyer, Kampf, S. 67. Siehe auch: Niederschrift über die Besprechung am 20.2.1956 im BMI, S. 8. BArch Koblenz B136/5551.
[271] Geyer, Kampf, S. 68.
[272] Kühnst, Sport, S. 88; Innenminister Gerhard Schröder erwog, der Olympiamannschaft die Subventionen zu streichen, um die Bundesregierung demonstrativ von den NOK-Beschlüssen zu distanzieren, siehe dazu: Geyer, Kampf, S. 69.
[273] Pabst, Sport, S. 243.
[274] Zitiert in: Deutschland als Beispiel, in: Frankfurter Allgemeine Zeitung, 20.11.1956, S. 16.

DER FLAGGENSTREIT

Kaum dass die gesamtdeutsche Olympiamannschaft geboren war, ließ das Einheitsstreben der DDR jedoch merklich nach. Denn seit dem Jahr 1955 lautete die deutschlandpolitische Vorgabe für die DDR-Sportfunktionäre nicht mehr ›Einigkeit‹, sondern ›Eigenstaatlichkeit‹. Diesen deutschlandpolitischen Vorzeichenwechsel hatten zum einen Molotows Äußerungen auf der Genfer Außenministerkonferenz zur Existenz von zwei eigenständigen deutschen Staaten, zum anderen Chruschtschows Ausführungen zur ›friedlichen Koexistenz‹ vor dem XX. Parteitag der KPdSU eingeleitet. Die Umsetzung der ›Zwei-Staaten-Theorie‹ im Sport war bereits im Umfeld der DTSB-Gründung erfolgt, als die DDR-Sportverbände in Deutsche Sportverbände und die Auswahlmannschaften der DDR in Nationalmannschaften umbenannt wurden.[275] Zur Verdeutlichung der Eigenständigkeit der DDR versuchte ihr Nationales Olympisches Komitee in den nächsten Jahren, Schritt für Schritt aus dem Schatten des westdeutschen Sports herauszutreten. Das erfolgte zum einen über die beschriebene ›Generalmobilmachung‹ im DDR-Leistungssport, da sportliches Leistungsvermögen ein zentrales Kapital auf dem steinigen Weg zur vollständigen olympischen Anerkennung war. Zum anderen versuchte der DDR-Sport, bei Welt- und Europameisterschaften mit einem eigenen Sportprotokoll aufzutreten und bedeutende internationale Sportveranstaltungen in der DDR abzuhalten.[276]

Einen weiteren kleinen Schritt hin zur olympischen Anerkennung konnte das NOK der DDR auf der 55. IOC-Session machen, die im Mai 1959 stattfand. Zwar waren die dort anwesenden Delegierten nicht befugt, den provisorischen Anerkennungsstatus der DDR zu verändern, doch Avery Brundage sicherte den ostdeutschen Sportfunktionären zu, diese Frage im Jahr 1960 in Rom oder Squaw Valley erneut aufzugreifen. An gleicher Stelle betonte er allerdings, dass er auch im Falle einer begrifflichen Abänderung an der Übereinkunft einer gesamtdeutschen Mannschaft festhalten werde.[277] Bestärkt durch die veränderte olympische Perspektive und die von Brundage jüngst unterstrichene Parität beider Nationaler Olympischer Komitees begann das NOK der DDR im Vorfeld der Olympischen Spiele 1960 einen hohen sportdiplomatischen ›Poker‹. Während die bisherige, Parität ausdrückende Hymnenregelung keinen weiteren Streit auslöste, versuchte die DDR nun, durch das Beharren auf einer eigenen Flagge und einem eigenen Emblem ein olympisches Abbild ihrer neuen Forderung nach einer Konföderation zweier selbständiger deutscher Staaten zu schaffen.[278]

Bereits im September 1959 hatte die DDR-Vertretung bei einem Treffen beider Nationaler Olympischer Komitees auf der Wartburg darauf bestanden, dass sich

---

[275] Ulrich Pabst interpretierte die DTSB-Gründung daher »als demonstrativen Akt im Sinne der Zwei-Staaten-Theorie«. Siehe dazu: Pabst, Sport, S. 209. Zu der schleichenden Neuausrichtung der DDR-Deutschlandpolitik Mitte der 1950er Jahre siehe: Michael Lemke, Einheit oder Sozialismus? Die Deutschlandpolitik der SED 1949-1961, Köln/Weimar/Wien 2001, S. 338-414.
[276] NOK der DDR, Präsidiumsvorlage Nr. 2/5/1959, betr.: Entwurf einer Konzeption über die weitere Arbeit auf olympischem Gebiet, 20.1.1959, fol. 143-159, fol. 154. SAPMO DY12/758.
[277] Avery Brundage an das NOK der DDR und das NOK für Deutschland, 29.5.1959. SAPMO DY30/IV 2/18/27.
[278] Höfer, Querelle, S. 239.

die DDR-Sportler durch ein eigenes Emblem und eigene Kleidung von dem bundesdeutschen Mannschaftsteil abheben müssten. Auf einem weiteren Treffen in Düsseldorf verlangte das NOK der DDR ultimativ das Tragen des DDR-Staatsemblems. Erneut trat Avery Brundage als Schlichter auf und lehnte den DDR-Vorschlag ab. Dabei berief er sich darauf, dass diese Fragen bereits vor den Olympischen Spielen in Melbourne geklärt worden seien. Tatsächlich ausschlaggebend war aber seine Feststellung, dass es sich bei Hammer und Zirkel um ein politisches Symbol handele. Er verordnete der gesamtdeutschen Mannschaft daher wie gehabt ein schwarz-rot-goldenes Emblem, auf dem die fünf Olympischen Ringe abgebildet waren.[279]

Der Protokollstreit eskalierte, als die DDR am 1. Oktober 1959 die ›Staatsflagge der DDR‹ einführte.[280] Von nun an war die schwarz-rot-goldene bundesdeutsche Fahne als gemeinsame Flagge der Olympiamannschaft nicht mehr denkbar. Der Streit um die Embleme sollte daher im Flaggenstreit in abgewandelter Form seine Neuauflage erfahren, wobei eine Verkettung mehrerer unglücklicher Faktoren das bundesdeutsche Nationale Olympische Komitee in eine immer kompliziertere Lage brachte. Es begann damit, dass der Kanzler des Internationalen Olympischen Komitees, Otto Mayer, aufgrund eines längeren Auslandsaufenthaltes von den symbolischen Neuerungen in Ostberlin nichts erfahren hatte. Folglich beantwortete er eine Anfrage des Organisationskomitees für die Olympischen Spiele in Squaw Valley vom 15. Oktober 1959, welche Fahne die gesamtdeutsche Olympiamannschaft denn nun führen sollte, kategorisch dahingehend, dass an der üblichen schwarz-rot-goldenen Flagge festgehalten werde. Kaum durch das Internationale Olympische Komitee über den Brief Mayers informiert, protestierte die DDR nachdrücklich gegen eine solche einheitliche Olympiafahne. Dieser frühe Protest ließ die bundesdeutsche Presse hellhörig und erste Stimmen für einen Olympiaverzicht laut werden. Auch die bundesdeutsche Öffentlichkeit begann langsam, der stetigen politischen Affronts aus Ostberlin im Bereich des Sports überdrüssig zu werden.[281]

Nachdem das bundesdeutsche NOK dem Internationalen Olympischen Komitee signalisiert hatte, auch eine neutrale Olympiafahne zu akzeptieren, war es wiederum Avery Brundage, der in seiner Rolle als Schlichter in den Konflikt eingriff. So hieß es wenig später in einem Telegramm von Kanzler Mayer an das NOK der Bundesrepublik, dass Brundage nun die Verwendung von fünf weißen olympischen Ringen im roten Teil der deutschen Fahne als Olympiaflagge festgelegt habe.[282] Mit dieser verbindlichen IOC-Entscheidung im Rücken trafen die bundesdeutschen NOK-Vertreter am 18. November erneut mit den Delegierten der DDR zusammen. Der neue Präsident des NOK der DDR, Heinz Schöbel, und seine Mitstreiter Manfred Ewald, Rudi Reichert, Alfred Heil und Helmut

---

[279] Pabst, Sport, S. 249.
[280] Direktive zur Durchsetzung der Staatsflagge der DDR in den Staaten, die nicht zum sozialistischen Lager gehören, bzw. keine diplomatischen Beziehungen mit der DDR unterhalten. Bestätigt durch die Sitzung der Außenpolitischen Kommission vom 18.11.1959. SAPMO DY30/IV 2/18/34. Die Direktive regelt unter Punkt 5 explizit das Hissen der Staatsflagge bei Sportveranstaltungen im Ausland.
[281] Pabst, Sport, S. 250.
[282] Zitiert in: Kanzler Mayers Irrtum, in: Der Spiegel, Nr. 49, 1959, S. 21-23, S. 22.

Behrendt protestierten zwar gegen den IOC-Entscheid und legten diverse Gegenentwürfe vor; diese entstellten die Bundesflagge jedoch so sehr, dass sie für die westliche Seite unannehmbar waren.[283] Aus welcher Perspektive heraus die DDR-Delegierten bei dem Treffen argumentierten, wird in ihrem Protestschreiben an das IOC in Lausanne deutlich: Die Olympiafahne war kaum von der bundesdeutschen zu unterscheiden, für die DDR entfiel also erneut ein Mittel ihrer staatlichen Repräsentation. Gleichzeitig wusste die Delegation aber, dass der Mannschaftsteil, der sich dem IOC-Beschluss nicht beugen würde, die Fahrkarte nach Squaw Valley und Rom verspielt hätte.

Die Flaggenentscheidung des IOC sollte allerdings auch weit reichende negative Folgen für das bundesdeutsche Nationale Olympische Komitee haben. Am 20. November 1959 erschien in der *Frankfurter Allgemeinen Zeitung* eine Glosse, die das Flaggenproblem zum Thema im Bundeskabinett machte. In dieser Glosse hieß es irrtümlich, das IOC hätte der gesamtdeutschen Mannschaft grundsätzlich in Aussicht gestellt, unter der bewährten schwarz-rot-goldenen Fahne einzulaufen. Dieser Vorschlag sei dann am Widerstand der Zonenfunktionäre gescheitert, und was nun bliebe, sei »ein bißchen deutsche Fahne, ein bißchen Emblemspielerei.«[284] Die Vereinbarung über die Olympiafahne erschien somit als ein Nachgeben Westdeutschlands gegenüber den Ostfunktionären und nicht als sportpolitischer Schachzug gegen die DDR. Das Bundeskabinett unter Kanzler Adenauer reagierte daher vehement und unmittelbar mit einem Beschluss, in dem die Bundesregierung als einzige mögliche Olympiafahne die deutsche Bundesflagge festlegte. Eine schwarz-rot-goldene Fahne mit fünf Olympischen Ringen als Flagge der Gesamtdeutschen Olympiamannschaft zu nehmen, »sei mit der nationalen Würde nicht vereinbar«.[285]

Zu diesem taktisch unklugen Schritt kam es, wie Martin Geyer detailliert nachgewiesen hat, durch die völlige Fehlperzeption der sportpolitischen Problematik durch das Bundeskabinett. In Bonn war weder das gestiegene Prestige des Nationalen Olympischen Komitees der DDR noch die Gefahr wahrgenommen worden, dass die DDR alleine nach Squaw Valley und Rom fahren würde, sollte die Bundesrepublik den Schiedsspruch Brundages ablehnen.[286] Nicht nur die Opposition stürzte sich auf diese heikle sportpolitische Thematik, auch das NOK der

---

[283] Die Vorschläge, die zum Beispiel einen weißen Kreis, einen Rhombus oder eine Ellipse mit den fünf verschiedenfarbigen olympischen Ringen auf schwarz-rot-goldenem Hintergrund vorsahen, waren ein gezieltes Manöver, wenn schon nicht die eigene Flagge, so doch auch möglichst wenig von der bundesdeutschen zu zeigen. In: Keine der beiden Staatsflaggen, in: Neues Deutschland, 19.11.1959, S. 4.

[284] Heraldische Spitzfindigkeiten, in: Frankfurter Allgemeine Zeitung, 20.11.1959, S. 1.

[285] Zitiert aus der Erklärung des FDP-Bundesvorstandes in Reaktion auf den Kabinettsbeschluss. In der Erklärung distanzierte sich der FDP-Bundesvorstand deutlich von dem Beschluss und sprach sich insbesondere gegen die politische Einflussnahme der Bundesregierung auf das bundesdeutsche NOK aus. Das Dokument ist abgedruckt in: Karl Dietrich Bracher/Rudolf Morsey/Hans-Peter Schwarz (Hrsg.), FDP-Bundesvorstand. Die Liberalen unter dem Vorsitz von Thomas Dehler und Reinhold Maier. Sitzungsprotokolle 1954-1960, Düsseldorf 1991, S. 464.

[286] Geyer, Kampf, S. 72. Siehe auch das Protokoll der Debatte des CDU-Vorstandes, in: Konrad Adenauer, »... um den Frieden zu gewinnen«: die Protokolle des CDU-Bundesvorstands 1957-1961, bearbeitet von Günter Buchstab, Düsseldorf 1994, S. 556-573. Ganz deutlich hatte jedoch IOC-Kanzler Mayer gedroht: »Die Mannschaft, die nicht hinter dieser Flagge marschieren will, muß auf

DDR erkannte sofort seine Chance. Präsident Heinz Schöbel reagierte prompt und telegrafierte bereits am 23. November an Brundage, um die Zustimmung der DDR zu der bisher vehement abgelehnten Flagge bekannt zu geben.[287] Angesichts des großen propagandistischen Echos in der DDR-Presse rutschte das bundesdeutsche NOK endgültig auf eine Defensivposition. Als letzte Hoffnung blieb den bundesdeutschen Sportvertretern ein persönliches Gespräch mit Bundeskanzler Adenauer am 25. November 1959.

Doch auch dieses Gespräch im Palais Schaumburg, zu dem die Bundesminister von Brentano und Schröder, Bundespressechef Felix von Eckardt und Staatssekretär Globke sowie die beiden Sportvertreter Daume und von Halt geladen waren, brachte keinen Fortschritt.[288] Adenauer blieb unnachgiebig. Den für die gesamtdeutschen Sportbeziehungen zuständigen Minister Lemmer, der im Kabinett mit einer flexiblen Haltung zur Flaggenfrage aufgefallen war, hatte er erst gar nicht eingeladen. Der Kanzler fürchtete die Trivialisierung eines staatlichen Symbols:

> »Wenn Sie jetzt die olympischen Ringe in die Fahne reinmachen, dann kommt der Zirkus Sarrasani und will einen Elefanten und die Metzgerinnung will mit einem Schweinskopf auf die Fahne.«[289]

Die Bundesregierung schloss jeglichen Kompromiss zur Abänderung der Nationalflagge von vornherein aus und forderte die bundesdeutsche Olympische Bewegung zum Olympiaverzicht auf. Demgegenüber versicherten die bundesdeutschen Sportführer zwar, die Haltung der Bundesregierung zur Kenntnis genommen zu haben, wollten die Flaggenproblematik jedoch auf der Sportkonferenz in Hannover im Dezember 1959 eigenständig lösen. Dort entschieden die Präsidien des DSB und des NOK für Deutschland, den Schiedsspruch des IOC zu akzeptieren. Dieser Entschluss der Sportkonferenz fand die Zustimmung der Opposition und der öffentlichen Meinung. Laut einer Umfrage des Instituts für Demoskopie in Allensbach sprachen sich 59 Prozent der Befragten für die Olympiafahne mit den fünf Ringen aus.[290]

Das NOK der Bundesrepublik hatte nachdrücklich und entsprechend der IOC-Regel 25, die seine politische Neutralität verlangt, seine Unabhängigkeit von der Bundesregierung bewiesen, ein Schritt, der in der DDR undenkbar gewesen wäre. Kanzler Adenauer allerdings machte mit wachsendem Missmut noch einen Monat vor Beginn der Olympischen Spiele ›Front‹ gegen die gesamtdeutsche Olympiamannschaft. Er verweigerte sich sogar der Bitte Willi Daumes, auf einer Pressekonferenz zumindest deren Zustandekommen zu honorieren. Da die Bonner Regierung aus ihrer Ablehnung keinen Hehl machte, schlug die Regierung der

---

die Teilnahme verzichten.« In: Kanzler Mayers Irrtum, in: Der Spiegel, Nr. 49, 1959, S. 21-23, S. 23.
[287] Abgedruckt in: Neues Deutschland, 24.11.1953, S. 3.
[288] Siehe die Darstellung in: Keine Einigung beim Flaggengespräch mit dem Kanzler, Frankfurter Allgemeine Zeitung, 26.11.1959, S. 1. Siehe auch zur Haltung der Bundesregierung in der Flaggenfrage: Zur Frage der Olympia-Flagge, in: Bulletin des Presse- und Informationsamtes der Bundesregierung, 28.11.1959, S. 2255.
[289] Das Zitat stammt aus einem Bericht, den Willi Daume dem NOK-Präsidium im Anschluss an die Besprechung gab. Aus diesem zitiert: Pabst, Sport, S. 252.
[290] Siehe: Jahrbuch der Öffentlichen Meinung, 1958-1964, S. 498.

DDR in die gegenteilige Kerbe. So stilisierte Ulbricht das Olympiateam zum Abbild seiner Konföderationsidee und Modellfall für die Wiedervereinigung.[291] Die gesamtdeutsche Mannschaft von Rom 1960 war für jedermann erkennbar von Anfang an ein Politikum.

---

[291] Hans Schuster, Die XVII. Olympischen Spiele – ein Beitrag zur Festigung des Weltfriedens, in: Theorie und Praxis der Körperkultur 9, 1960, S. 929-934, S. 934.

ZWEITES KAPITEL

VON DER SPORTLICHEN KOEXISTENZ ZUR OLYMPISCHEN KONKURRENZ – DER ÜBERGANG IN DIE 1960ER JAHRE

2.1 Modernisierung des Sports

Neuorientierung im westdeutschen Sport

Die 1960er Jahre brachten international einen erneuten Modernisierungsschub, der auch vor der leistungssportlichen Entwicklung nicht Halt machte. Er führte zu enormen Leistungszuwächsen, zunehmender Kommerzialisierung und Verwissenschaftlichung. Gleichzeitig wuchs der Glaube an die Planbarkeit sportlicher Leistungen. Beide deutsche Sportsysteme mussten Mittel und Wege finden, auf diese neuen Herausforderungen zu reagieren. Die Suche begann in beiden deutschen Staaten mit einer Fehleranalyse in den eigenen Reihen. Beide Sportsysteme konzentrierten und zentralisierten daraufhin ihre Leistungssportförderung und entwickelten neue Fördermechanismen. In der Bundesrepublik entstand der ›Ausschuss zur wissenschaftlichen und theoretischen Förderung des Leistungssports‹ und die Idee des Sportgymnasiums kam auf. Die DDR vollzog den Übergang zur langfristigen Perspektivplanung.

Besonders der bundesdeutsche Sport geriet unter Erfolgsdruck, da sich Politik und Gesellschaft in der Bundesrepublik aus Gründen der nationalen Repräsentation zunehmend für den Leistungssport interessierten. Das zeigte sich bereits auf der Jubiläumsfeier im Dezember 1960 anlässlich des zehnjährigen Bestehens des DSB. Der Umfang des Festaktes unter Anwesenheit der drei Fraktionsvorsitzenden des Bundestages sowie des Bundesinnenministers demonstrierte zwar die gewachsene gesellschaftliche Stellung der Sportbewegung, doch intern befand sie sich an einem unruhigen Wendepunkt.[1] Daraus machte Willi Daume in seiner kritischen, wenn auch defensiven, Festrede keinen Hehl.

Er stellte fest, dass das Massenmedium Sport seinen für den Beginn des 20. Jahrhunderts charakteristischen »optimistisch bürgerlichen Sinn« verloren habe.[2] Demnach war der Sport zu Beginn des neuen Jahrzehnts nicht mehr spielerischer

---

[1] Unterschwellig kritische Töne zu dem Geburtstagskind: Alfons Spiegel, Quo Vadis, Deutsche Turn- und Sportbewegung?, in: Olympische Jugend 6, 1961, Heft 1, S. 2-11. Ebenso, besonders bezüglich der DSB-Organisationsstruktur und den Überlegungen zum »Zweiten Weg«: Walter Umminger, Wie stark ist eigentlich der Sport?, in: Olympisches Feuer 12, 1962, Heft 1, S. 1-3.

[2] Ansprache des Präsidenten, in: DSB (Hrsg.), Sport in der modernen Gesellschaft. Ansprachen aus Anlaß des zehnjährigen Bestehens des Deutschen Sportbundes am 10. Dezember 1960 in Düsseldorf, Frankfurt a. Main 1961, S. 9-33, S. 17. Kommentierend zur Rede Daumes: Walter Umminger,

Selbstzweck. Vielmehr war er ein gesundheitspolitisches Instrument im Kampf gegen Zivilisationsschäden, Mittel nationaler Repräsentation und Abbild der industriellen Wettbewerbsgesellschaft. Diese Weichen waren bereits im Laufe des Jahrhunderts gestellt worden. Aus der fortlaufenden Entwicklung resultierten nun aber Grundsatzfragen, zu denen der Deutsche Sportbund sich im kommenden Jahrzehnt positionieren musste. Dazu gehörte unter anderem die Frage nach der Bewertung sportlicher Höchstleistungen, nach dem Weg hin zur Spitzenleistung und damit eng verknüpft nach der wachsenden Kluft zwischen Breiten- und Leistungssport.

Diese Fragen waren bereits nach der Rückkehr der bundesdeutschen Athleten von den Olympischen Sommerspielen 1960 in Rom aktuell geworden. Dort hatten die bundesdeutschen Mitglieder der gesamtdeutschen Olympiamannschaft viele Erwartungen enttäuscht. In der Öffentlichkeit machte man dafür jedoch nicht die Unglücksraben in den Trainingsanzügen verantwortlich, sondern die überholte Struktur der Leistungssportförderung in der Bundesrepublik.[3] Immer mehr Stimmen redeten nun einer Zentralisierung, Konzentration und Verwissenschaftlichung der Förderstrukturen das Wort. Diese Forderungen wurden auch auf der Tagung des Nationalen Olympischen Komitees Anfang Februar 1961 in Wiesbaden erhoben. Das Präsidium des Nationalen Olympischen Komitees unter der Leitung seines neuen Präsidenten Willi Daume beschloss daher am 4. März 1961 die Gründung eines ›Ausschusses zur wissenschaftlichen und methodischen Förderung des Leistungssports‹ beim Nationalen Olympischen Komitee. Die Leitung des neu gegründeten Ausschusses, der sich aus Wissenschaftlern, Trainern und Funktionären der Fachverbände zusammensetzte, übernahm Josef Nöcker, sein Generalsekretär wurde der Handballtrainer Fred Perrey. Die Berufung Nöckers, eines geflohenen DDR-Sportmediziners, setzte ein deutliches Zeichen. So war es sicherlich kein Zufall, dass sich die bundesdeutsche Sportführung, die sich in den letzten Jahren mehrfach anerkennend über die Entwicklung des Sports in der DDR geäußert hatte, in ihrer leistungssportlichen Umbruchphase einen ostdeutschen Fachmann ins Boot holte, der – wie die Protokolle des Ausschusses vermerken – bereitwillig über seine in der DDR gesammelten Erfahrungen berichtete.[4]

Der Ausschuss war als zentrales Organ den Verbänden übergeordnet. Seine Mitglieder hatten den Auftrag, neue sportwissenschaftliche Erkenntnisse zu sammeln, zu dokumentieren und sie für einzelne Trainer zugänglich zu machen. Obwohl er auch öffentliche Tagungen veranstaltete, befasste sich der Ausschuss primär mit der Kleinarbeit in den Verbänden. Dabei ging es vorrangig um die Einführung moderner Trainingsmethoden oder Fragen der Talentsichtung.[5]

Die Deutsche Turn- und Sportbewegung in der modernen Gesellschaft, in: Olympisches Feuer 11, 1961, Heft 1, S. 1-5.

[3] Entsprechend wurde auch Adenauers Rede konzipiert, die dieser bei der Rückkehr der Olympiamannschaft halten sollte. Hohmann an Adenauer, betr.: Entwurf einer Ansprache zur Begrüßung der Deutschen Olympiamannschaft, S. 3. BArch Koblenz B136/5563.

[4] Protokoll über die Tagung des Ausschusses zur wissenschaftlichen und methodischen Förderung des Leistungssports in Dortmund am 11.10.1961, S. 8. BArch Koblenz B322/363.

[5] Referat Nöcker auf der 3. Tagung des Ausschusses zur wissenschaftlichen und methodischen Förderung des Leistungssports mit den Fachverbänden des DSB am 27./28.10.1962: »Rückblik-

Ähnlich der Leistungssportkommission in der DDR war somit auch in der Bundesrepublik eine zentrale Institution des Leistungssports geschaffen worden, deren Arbeit vermittelnd zwischen den einzelnen Verbänden ansetzte und gleichzeitig als Bindeglied zwischen Sportwissenschaft und praktischer Trainingsarbeit fungierte. Das staatliche Interesse an einer solchen Institution manifestierte sich im Mai 1962 in einer finanziellen Unterstützung des Ausschusses durch das Bundesministerium des Innern in Höhe von 82.000 DM – eine beträchtliche Summe angesichts eines Gesamtetats von rund 3.000.000 DM.[6]

An der Basis des Sports regte sich jedoch bald Kritik, da der Ausschuss zur wissenschaftlichen und methodischen Förderung des Leistungssports in vielerlei Hinsicht mit der bundesdeutschen Sporttradition brach. Ein Punkt des Anstoßes war dabei die Drohung Willi Daumes auf der ersten öffentlichen Tagung des Gremiums, dass in Zukunft nur diejenigen Verbände Mittel aus der Leistungssportförderung erhalten würden, die den Zweckvorgaben Folge leisteten.[7] Gemessen daran, wie bedächtig und teilweise schmerzlich die Fachverbände erst zehn Jahre zuvor den Weg in den Deutschen Sportbund vollzogen hatten, dröhnte diese Aussage Daumes in vielen Funktionärsohren wie ein Paukenschlag. Eine viel grundsätzlichere Kritik an der inhaltlichen Ausrichtung des Ausschusses kam aus den Reihen der Leibeserzieher, die auf der Tagung erst gar nicht zu Wort gekommen waren. Sie warnten, dass die fortschreitende Vereinheitlichung und Mechanisierung des leistungssportlichen Trainings, auf die der Ausschuss hinarbeitete, die wachsende Kluft zwischen Hochleistungstraining und der breitensportlichen Basisarbeit vergrößere.[8] Der Vorstellung des Ausschusses vom berechenbaren Leistungsdrill, die sich an dem zu dieser Zeit viel diskutierten Circuittraining festmachte, setzten sie das bereits antiquiert wirkende Bild des Leistungssportlers der 1950er Jahre entgegen. Diese Weltrekordler wären durch eine umfassende Leibeserziehung zum Erfolg gekommen und hätten gerade deshalb Vorbild für die breite Masse der spielerisch übenden Breitensportler sein können. Somit vertiefe die Arbeit des Ausschusses perspektivisch die Kluft zwischen Hochleistungstraining und der breitensportlichen Basisarbeit, resümierten die Leibeserzieher.

Tatsächlich resultierten aus der einsetzenden Verwissenschaftlichung, Zentralisierung und Intensivierung des sportlichen Trainings im westdeutschen Leistungssport auch neue Verpflichtungen für die Athleten. Durch den verstärkten Übergang zum Training in Leistungsschwerpunkten entstanden ihnen Fahrtkosten, auch wenn durch neue Schwerpunktgründungen eine höhere Flächendeckung bei den Trainingszentren erreicht wurde. Einen weiteren Kostenanstieg verur-

---

kend auf die Entwicklung des Leistungssports in den letzten Monaten«, S. 1. BArch Koblenz B322/363.
[6] Ursprünglich waren 90.000 DM beantragt worden. Siehe: NOK an das BMI Sportreferat, betr.: Beihilfe aus Mitteln des Bundes zur Förderung des Sports und der Leibesübungen, hier: Spitzenförderung, 4.4.1962. BArch Koblenz B106/17666.
[7] August Kirsch/Heinz Nattkämper, Erste Tagung des NOK-Ausschusses für die wissenschaftliche und methodische Förderung des Leistungssports, in: Die Leibeserziehung 10, 1961, S. 397-399, S. 399.
[8] Heinz Nattkämper, Forschung und Lehre des Leistungssports, in: Die Leibeserziehung 10, 1961, S. 399-402, S. 401.

sachten detailliert ausgearbeitete Ernährungsprogramme und die zunehmende sportärztliche Versorgung. Außerdem führte der immer höher werdende Trainingsaufwand zu Verdienstausfall, Ausbildungsverzögerung und, damit einhergehend, zu sozialer Unsicherheit. Der Freiburger Sportmediziner Herbert Reindell brachte dieses Problem in die Tagung des wissenschaftlich-methodischen Ausschusses im Januar 1962 ein: Die neu eingeschlagenen Wege im westdeutschen Leistungssport, besonders die stärkere Fixierung auf junge Talente, verpflichteten den bundesdeutschen Sport dazu, auch seiner sozialen Verantwortung gegenüber den jungen Menschen gerecht zu werden.[9]

Die Idee, für diese Aufgaben eine Stiftung zu gründen, kursierte seit Beginn der 1960er Jahre. Bereits in seiner Rede zum zehnjährigen Jubiläum des Deutschen Sportbundes hatte Willi Daume hinsichtlich der finanziellen Unterstützung von Sportlern zwischen einer kameradschaftlichen Aufwandsentschädigung, die keinen Verstoß gegen die viel gepriesene Amateurgesinnung darstelle, und versteckter Bezahlung unterschieden. Im Jahr darauf entwickelte Guido von Mengden, der Geschäftsführer des DSB, den Plan einer ›Stiftung für die Spitzensportler und ihre berufliche und menschliche Betreuung‹. Ähnliche Ansätze diskutierten auch das Nationale Olympische Komitee, der Deutsche Leichtathletikverband und die Deutsche Olympische Gesellschaft.[10] Bereits im Jahr 1962 nahm außerdem eine inoffizielle Förderstiftung diskret ihre Arbeit auf.[11] Es bedurfte jedoch zunächst noch zweier Entwicklungsfaktoren, um der Idee tatsächlich zum öffentlichen Durchbruch zu verhelfen: die westdeutsche Niederlage in den Ausscheidungswettkämpfen gegen die DDR vor den Olympischen Spielen in Tokio im Jahr 1964 und die Entscheidung des Internationalen Olympischen Komitees von 1965, der DDR einen eigenständigen Mannschaftsteil in der gesamtdeutschen Olympiamannschaft zuzugestehen.

Trotzdem begann Willi Daume schon im Jahr 1961, die westdeutsche Gesellschaft auf ihre neue finanzielle Verantwortung für die Spitzensportler vorzubereiten. Vor dem Ausschuss der gewerblichen Wirtschaft formulierte er im Juni 1961 in Köln erstmalig den Gedanken, dass die Gesellschaft die Aktiven aus Gründen der nationalen Repräsentation und wegen ihres Vorbildcharakters für die Jugend in hohem Maße in Anspruch nehme. Da ihr das Abschneiden der Sportler im Ausland demnach nicht gleichgültig sei, müsse sie bereit sein, sie für diese Mühen zu entschädigen, ohne dabei den Amateurstatus grundsätzlich in Frage zu stellen. Dass es sich dabei nicht nur um finanzielle Aufwendungen handelte, machte Daume an einem Vergleich mit dem Ostblock fest:

---

[9] Protokoll über die Tagung des Ausschusses zur wissenschaftlichen und methodischen Förderung des Leistungssports am 19./20.1.1962 in Frankfurt a. Main, S. 4. BArch Koblenz B322/363.
[10] Günter Pelshenke, Stiftung Deutsche Sporthilfe. Die ersten 25 Jahre. Entwicklungsgeschichte der Stiftung in Zielsetzung, Umsetzung des Stiftungsgedankens (Förderungsmaßnahmen), Finanzierung und Organisationsstrukturen, Frankfurt a. Main/Berlin/Bern/New York/Paris/Wien 1999, S. 56-64.
[11] Der Spiegel berichtete schon Ende des Jahres 1961 über die Pläne für eine solche Stiftung, siehe: Der Spiegel, 27.12.1961, S. 70-71. Öffentlich machte Daume die Stiftung erst in einem Interview mit der Süddeutschen Zeitung im März 1965: Willi Daume, Interview mit der Süddeutschen Zeitung, 18.3.1965, S. 5. BArch Koblenz B322/58.

»Im ganzen Bereich der kommunistischen Gesellschaft ist es gesicherte Erkenntnis, daß der Spitzensport eine gesellschaftliche Funktion ausübt. In allen Ostblockländern sorgt der Staat dafür, daß den Spitzensportlern nach ihrer aktiven Laufbahn ein rapider sozialer Abstieg erspart bleibt. Man tut das schon, um dem jungen Sportkämpfer das beruhigende Gefühl der Geborgenheit und materiellen Sorglosigkeit zu geben, das ja ein nicht unerheblicher Faktor für die psychische Bereitschaft zur Höchstleistung ist.«[12]

Auch an anderen Stellen scheute sich der Präsident des DSB nicht davor, auf das Wohlergehen der Spitzensportler in der DDR und auf ihre zunehmenden Erfolge hinzuweisen. Letztlich musste Willi Daume allerdings noch bis 1967 warten, bis sich die neue Verantwortung in der Gründung der Deutschen Sporthilfe manifestierte.

Doch bereits im Jahr 1962 äußerte sich das Interesse der Gesellschaft an der Teilnahme westdeutscher Sportler an den Olympischen Spielen bei einer anderen Gelegenheit unerwartet laut. Genau zwei Jahre vor den Olympischen Spielen in Tokio hatte die westdeutsche Presse Willi Daumes Klagen aufgenommen, dem westdeutschen Teil der Olympiamannschaft stehe in seiner Vorbereitungsphase zu wenig Geld zur Verfügung. Dabei wurde auch der Vergleich zur DDR, die längst mit dem vorolympischen Aufrüsten begonnen hatte, thematisiert.[13] Der Sprinter Franz Manfred Germar goss zusätzliches Öl in dieses Feuer, als er im Oktober 1962 in Robert Lemkes TV-Ratesendung ›Was bin ich?‹ als geheimnisvolle Persönlichkeit auftrat. Er nutzte seinen öffentlichkeitswirksamen Auftritt, um auf die schlechte finanzielle Ausgangslage der westdeutschen Olympioniken hinzuweisen. Wie wenig improvisiert der Auftritt war, zeigte sich an seiner Bitte, die Leistungssportler durch eine Einzahlung auf das Frankfurter Postscheckkonto Nr. 7 unter dem Stichwort ›Olympia-Hilfe‹ zu unterstützen.[14] Germars Äußerungen lösten eine spontane Welle bundesweiter Solidarität mit den Spitzensportlern aus. Bis Anfang Februar 1963 waren auf dem Konto 359.175,96 DM eingegangen. Die Summe setzte sich aus vielen kleinen Beträgen von Spendern aus allen Gesellschaftsschichten zusammen. Dies belegen deren Briefe, mit denen sie ihre Fünf-, Zehn- oder Zwanzig-Pfennigbriefmarken direkt an den Deutschen Sportbund und das Nationale Olympische Komitee schickten.[15]

Gleichzeitig häuften sich bei dem Bundesministerium des Innern die Anfragen, warum sich das Ministerium nicht an der Finanzierung der Olympiamannschaft beteilige. Der neue Sportreferent Cornelius von Hovora bat den Deutschen Sportbund daher um eine Richtigstellung des Sachverhalts. Schließlich hatte die Bundesregierung allein die Entsendung der Olympiamannschaft nach Rom mit

---

[12] Willi Daume, Die sozialen Probleme des Sports. Ansprache vor dem Bundesausschuss der gewerblichen Wirtschaft am 26.6.1961 in Köln, in: DSB, Daume, S. 150-156, S. 154. Siehe auch: Willi Daume im Juni 1962 vor dem Ausschuss der gewerblichen Wirtschaft, S. 1-2. BArch Koblenz B322/58.
[13] Kein Geld, in: Frankfurter Rundschau, 15.10.1962, S. 3.
[14] Walter Umminger, Kassensturz für 1964, in: Olympisches Feuer 13, 1963, Heft 2, S.1-2, S. 2.
[15] Über hundert dieser Briefe hat der Deutsche Sportbund gesammelt. Sie sind fast alle handschriftlich abgefasst und sehr persönlich gehalten. Meist handelte es sich um Einzelpersonen, die spontan ein paar Briefmarken schickten. Die Mitarbeiter eines AEG-Büros spendeten zusammen 20 DM nachdem sie Germars Auftritt gesehen hatten. Nachgewiesen in: BArch Koblenz B322/290.

1.000.000 DM unterstützt. Im laufenden Rechnungsjahr 1962 hatte sie dem Nationalen Olympischen Komitee bereits 446.000 DM für die Spiele in Tokio bewilligt.[16] Diese Fakten wurden auch in einem Brief an Robert Lemke hervorgehoben.

Der Vorfall trug wenig dazu bei, das durch die ständigen finanziellen Forderungen des Deutschen Sportbundes nach wie vor schwierige Verhältnis zwischen der Bundesregierung und den Vertretern des westdeutschen Sports zu entspannen. Dabei hatte der Sport in den Wechsel von Gerhard Schröder zu Hermann Höcherl im Bundesministerium des Innern große Erwartungen gesetzt. Letzterer hatte sich bereits bei seinem ersten Auftritt als verantwortlicher Minister vor der Sportbewegung solidarisch mit deren Idee erklärt. Zu diesem Anlass sagte er den Ausbau des Sportreferats sowie die finanzielle Unterstützung des Goldenen Plans und zentraler Aufgaben der Leistungssportförderung zu.[17]

Der westdeutsche Sport kämpfte jedoch nicht nur um größere finanzielle Anerkennung sondern auch um seine ideelle Aufwertung. Daher versuchte Daume im Jahr 1962 erneut, Bundeskanzler Konrad Adenauer zum Bundestag des Deutschen Sportbundes einzuladen. Obwohl der Präsident nachdrücklich darauf hinwies, dass die DDR-Führung das emotionale Kapital des Sports längst entdeckt hatte, musste die deutsche Sportbewegung auch in diesem Jahr auf die Anwesenheit ihres Bundeskanzlers verzichten.[18] Erst mit dem Kanzlerwechsel von Konrad Adenauer zu Ludwig Erhard im Jahr 1963 schien sich im Bundeskanzleramt eine neue Überzeugung durchzusetzen. Die Kluft zwischen Adenauer und der Sportführung, die allein durch die sportpolitischen Verwicklungen im direkten Umfeld der gesamtdeutschen Olympiamannschaft entstanden waren, hatte sich nicht mehr schließen lassen. Der Parlamentarische Geschäftsführer der CDU/CSU-Fraktion des Deutschen Bundestages, Willi Rasner, riet Erhards persönlichem Referenten im Bundeskanzleramt daher, vorausgegangene Differenzen als erledigt anzusehen und die gewonnenen Medaillen der Olympischen Spiele des Jahres 1964 in Tokio als Erfolge der Bundesregierung zu werten. So konnte der Deutsche Sportbund auch finanziell großzügig unterstützt werden.[19]

Die Umdeutung sportlicher Erfolge zu Erfolgen der Bundesregierung, also des politischen Systems, stellte einen deutlichen argumentativen Bruch mit Adenauers Generallinie der bewussten Nichtbeachtung sportlicher Leistungen dar. Dadurch geriet der Deutsche Sportbund jedoch in Zugzwang. Zwar hatte er selbst immer wieder vor der Leistungsstärke der DDR gewarnt und durch die Betonung der außenpolitischen Repräsentanz im Sport seine Interessen gegenüber der Bundesregierung durchzusetzen versucht, doch nun musste er in Tokio beweisen, dass er der Systemkonkurrenz im Sport tatsächlich gewachsen war. Dies wurde dadurch erschwert, dass auch die Herausforderer östlich der Mauer in den letzten vier Jahren nicht untätig geblieben waren.

---

[16] Hovora an DSB, betr.: Vorbereitung der Olympischen Spiele, 24.10.1962. BArch Koblenz B106/17666.
[17] Der sportfreundliche Bundesinnenminister, in: Frankfurter Allgemeine Zeitung, 30.1.1962, S. 7.
[18] Daume an Adenauer, 30.10.1962. BArch Koblenz B136/5552.
[19] Rasner an Seibt, 17.7.1964. BArch Koblenz B136/5552.

IM VORFELD DER REFORMEN

Die DDR startete in die Olympiavorbereitung für Tokio unter denkbar schlechten Bedingungen, da die Entwicklung der Leistungsstärke des DDR-Sports zu Beginn des neuen Jahrzehnts stagnierte. Trotzdem setzte das Präsidium des DTSB Anfang 1961 die Erwartungen für die Olympischen Spiele 1964 aus ideologischen Gründen noch einmal höher an. Denn nur wenn es der DDR-Sportführung gelang, mehr als 50 % der Sportler der gesamtdeutschen Olympiamannschaft zu stellen, durfte eine ›sozialistische Persönlichkeit‹ die Fahne ins Stadion von Tokio tragen.[20] Demgegenüber fiel die Analyse der gemachten Fortschritte am Ende des Jahres eher dürftig aus. Während die Leistungsaufträge lediglich im Boxen, Hockey, Judo, Wasserspringen und Turnen der Frauen erfüllt waren, wurde die Leistungsentwicklung in den olympischen Prestigesportarten Leichtathletik, Radsport, Rudern und Kanu-Rennsport als mangelhaft bewertet. Auch das Kräfteverhältnis zur Bundesrepublik konnte nicht zu Gunsten der DDR verändert werden, vielmehr hatte die DDR ihre Überlegenheit in einigen leichtathletischen Disziplinen und in zwei Bootsklassen im Rudern verloren.[21]

Die DDR-Sportführung reagierte auf die Diskrepanz zwischen der eigenen Leistungsfähigkeit und den hohen Erwartungen ähnlich wie die DSB-Spitze, indem sie im strukturellen Bereich nachbesserte. Die fortschreitenden Konzentrationsprozesse im Institutionensystem nutzte Manfred Ewald, um die Machtsphäre des DTSB systematisch auszudehnen. Dadurch schrieb er den Konflikt zwischen dem Staatlichen Komitee für Körperkultur und Sport und der Sportorganisation fort. Diese Entwicklung nahm ihren Ausgang von dem genannten Analysepapier, das die Leistungsstagnation im DDR-Sport – wie schon zu früheren Anlässen – mit der mangelnden Anwendung wissenschaftlicher Erkenntnisse und fehlender Führungsstärke der Leitungen der Sportclubs und Sportverbände begründete. Zwei weitere, neue Kritikpunkte trugen jedoch schon deutlich die Handschrift Manfred Ewalds, der gerade aus dem Staatlichen Komitee für Körperkultur und Sport an die Spitze des Deutschen Turn- und Sportbundes gewechselt war: Erstens sei das Prinzip des ›materiellen Anreizes‹ nicht konsequent zur Anwendung gebracht und zweitens seien die Anstrengungen der kapitalistischen Länder im Bereich des Leistungssports vernachlässigt worden.[22]

Das war kein Zufall, denn die von der Abteilung Leistungssport des Deutschen Turn- und Sportbundes formulierte Kritik, die präzise auf die nur schleppend anlaufende Talentsichtung und die langsame Entwicklung im Nachwuchsleistungssport hinwies, stimmte im Wesentlichen mit einem kritischen Papier überein, das Manfred Ewald persönlich am 24. November 1961 verfasst hatte.[23] In diesem

---

[20] Abt. Leistungssport, Präsidiumsvorlage Nr. 2/3/61, betr.: Beschluss über die Vorbereitung auf die Olympischen Spiele 1964, 25.1.1961, fol. 88-98, fol. 89. SAPMO DY12/765. Wird vom Politbüro am 14.3.1961 bestätigt.
[21] Abt. Leistungssport, Präsidiumsvorlage Nr. (…)/4/61, betr.: Bericht und Schlussfolgerungen zum Stand der Vorbereitung auf die Olympischen Sommerspiele 1964, 4.12.1961, fol. 45-54, fol. 47 und fol. 49. SAPMO DY12/768.
[22] Ebd. fol. 49 und fol. 50.
[23] Manfred Ewald, Hinweise für Schlussfolgerungen zum Bericht über die Erfüllung der Leistungspläne für das Jahr 1961, 24.11.1961, fol. 3-8. SAPMO DY12/3320.

sparte Ewald die umstrittenen Prämienzahlungen zwar aus, doch in der Abteilung Sport war bekannt, dass der Funktionär ein harscher Verfechter des materiellen Anreizes war: »Genosse Ewald hat eine Geldideologie entwickelt etwa so: Bringt ordentliche Leistungen und ihr bekommt eine hohe Prämie 1000, 3000, 5000 DM oder einen Wartburg.«[24]

Noch wollten Ewalds Mitstreiter an der Spitze des DDR-Sports dessen ›kapitalistischen‹ Überzeugungen aber nicht folgen. Daher wurde zu Beginn des Jahres 1962 an anderer Stelle mit der Effizienzsteigerung begonnen. Dazu griffen die Verantwortlichen aus dem Staatlichen Komitee und dem Deutschen Turn- und Sportbund auf bekannte Methoden zurück: Zur besseren Koordination der unterschiedlichen Leitungen im Leistungssport wurde erneut die Gründung einer Leistungssportkommission angeordnet.[25] Die Leistungssportkommission wurde als gemeinsames Organ von DTSB und Staatlichem Komitee konzipiert und der Leitung von Bernhard Orzechowski unterstellt. Sein Vertreter wurde Hans Schuster von der Deutschen Hochschule für Körperkultur und Sport in Leipzig. Die Kommission selbst bestand aus 41 Mitgliedern, die in der Regel alle acht Wochen zusammenkamen. Ihre Leitung, bestehend aus 14 Mitgliedern, tagte alle zwei Wochen. Manfred Ewald war zwar Mitglied der Leitung, aber nur vereinzelt anwesend. Auf der Grundlage der zentralen Beschlüsse sollte die Kommission die Vorbereitung auf die Olympischen Spiele organisieren und die Verwissenschaftlichung des Trainings sowie die politisch-ideologische Erziehungsarbeit des Olympiakaders forcieren. Primär funktionierte die Leistungssportkommission als ein Transmissionsriemen zwischen dem »sportwissenschaftlichen Fortschritt« und der praktisch angewandten Trainingslehre.[26]

Als Grund für diese Umstrukturierungsmaßnahme wurde in dem Beschluss nicht nur die eigene Ineffizienz angeführt, sondern auch die leistungssportlichen Strukturveränderungen in der Bundesrepublik. Besondere Erwähnung fand dabei der neu gegründete wissenschaftlich-methodische Ausschuss. Da sein Leiter Josef Nöcker in der DDR ausgebildet worden war, wusste man dort um seine Kenntnisse und seine »Energie und Rücksichtslosigkeit bei der Durchsetzung dieser Erkenntnisse im westdeutschen Sport«.[27] Auch dieser konstitutive Blick nach

---

[24] Arbeitsgruppe Sport, Information, 12.1.1962, S. 2. SAPMO DY30/IV A2/18/3.
[25] Beschluss des Staatlichen Komitees für Körperkultur und Sport und des Präsidiums des Deutschen Turn- und Sportbundes, Maßnahmen zur Vorbereitung der Olympischen Spiele 1964 vom 4.1.1962. Mit einer Anlage fol. 27-35, fol. 29-30. SAPMO DY12/506. Geht ein in den Politbürobeschluss: Maßnahmen zur Verbesserung der Vorbereitung auf die Olympischen Spiele 1964, u.a. durch die Bildung einer ›Leistungssport-Kommission‹, 17.1.1962. SAPMO DY30/J IV 2/3/786. Abgedruckt in: Teichler, Sportbeschlüsse, S. 408-416. Detailliert zur Arbeitsweise und Positionierung dieser zweiten Leistungssportkommission: Ritter, Wandlungen, S. 58-69.
[26] Diesen Schluss lässt die Auswertung ihrer Arbeitsaufträge zu. Arbeitsprogramm der Leistungssportkommission, 31.1.1962, fol. 9-14. SAPMO DY12/3320; Arbeitsplan der Leistungssport-Kommission für das II. Halbjahr 1962, 27.7.1962, fol. 82-85. SAPMO DY12/3320. Erst nachdem die unmittelbare Vorbereitungsphase vor Tokio abgeschlossen war, wandte sich die Kommission auch Fragen der Auswertung und Perspektivplanung zu. Leistungssportkommission, Arbeitsplan für die Zeit vom 1.7. bis 2.9.1964, 29.6.1964, fol. 319-320. SAPMO DY12/3320.
[27] Beschluss des Staatlichen Komitees für Körperkultur und Sport und des Präsidiums des Deutschen Turn- und Sportbundes. Maßnahmen zur Vorbereitung der Olympischen Spiele 1964 vom 4.1.1962. Mit einer Anlage fol. 27-35, fol. 28. SAPMO DY12/506. Eine genaue Tätigkeitsbeschreibung des

Westen ging auf Manfred Ewald zurück. Er hatte Rudi Hellmann bereits im Jahr 1960 eine persönlich verfasste Denkschrift zukommen lassen, in der er sich mit Fragen der zukünftigen Perspektiven des DDR-Sports auseinandersetzte.[28] Darin ging Ewald ausführlich auf die Entwicklungen im westdeutschen Sport seit den Olympischen Spielen 1956 ein. Er wies auf das Phänomen des Industrieamateurs hin, auf den ansteigenden Sportstättenbau im Breitensportbereich und auf den Ausbau des Systems der fachverbandseigenen Sportschulen in der Bundesrepublik.[29]

Auf fruchtbaren Boden fielen die von Ewald skizzierten Bedrohungsszenarien besonders gegen Ende des Jahres 1961, in dem sich der DDR-Sport nur schwach entwickelt hatte. So warnte die Arbeitsgruppe Sport im Dezember 1961 in einem Papier nicht nur vor den eigenen Schwächen, sondern auch vor der zunehmenden Stärke des westdeutschen Sports seit der Gründung des wissenschaftlich-methodischen Ausschusses beim Nationalen Olympischen Komitee. Diese zeigte sich besonders in der Leichtathletik, wo drei geflohene DDR-Trainer nachweislich anfingen, deutsche Rekorde – etwa in den Wurf- und Stoßdisziplinen – zurückzuerobern.[30] Die Erkenntnis, dass die westdeutsche Sportführung scheinbar nicht davor zurückschreckte, sich Erfahrungen und Erkenntnisse des DDR-Sports für ihren eigenen Aufstieg im internationalen Sport zu Nutze zu machen, war prekär.[31] Daher gab Hellmann das Material, das von einem Mitglied der Arbeitsgruppe und Bernhard Orzechowski als Vertreter des DTSB verfasst worden war, nur drei Tage später direkt an Walter Ulbricht weiter. Dieser stimmte zu, dass Erich Honecker dazu im Sekretariat des Zentralkomitees der SED berichten solle, was auf den Ernst der Lage schließen lässt. Dem hohen Stellenwert des Papiers entsprach es auch, dass das Material Eingang in den ›Beschluss des Staatlichen Komitees für Körperkultur und Sport und des Präsidiums des Deutschen Turn- und Sportbundes zu den Maßnahmen zur Vorbereitung der Olympischen Spiele 1964 vom 4. Januar 1962‹ fand. Außerdem legte das Sekretariat fest, auf der V. Bundesvorstandssitzung Ende Januar 1962 Fragen des Leistungssports zu beraten.[32]

Ausschusses findet sich auch bei der Abteilung Sport beim ZK der SED: Information über die Arbeit des wissenschaftlichen Ausschusses des NOK zur Förderung des Leistungssports in Westdeutschland, 26.6.1963. SAPMO DY30/IV A2/18/19.

[28] Ewald an Hellmann, 23.5.1960, fol. 29-40. SAPMO DY30/IV 2/18/8.
[29] Ebd. fol. 33-36.
[30] Arbeitsgruppe Sport, Information über die Vorbereitung der Olympischen Spiele 1964 seitens der westdeutschen Sportführung, 1.12.1961, fol. 334-341, fol. 337. SAPMO DY30/IV 2/18/33. Bereits im September 1960 erarbeitete die Arbeitsgruppe Sport eine Einschätzung zum ›Goldenen Plan‹ der Deutschen Olympischen Gesellschaft Westdeutschlands, fol. 315-319. SAPMO DY30/IV 2/18/33.
[31] Ebd. fol. 339. Die Befürchtung, dass bundesdeutsche Trainer und Funktionäre mit sportwissenschaftlichen Erkenntnissen aus der DDR operierten, findet sich auch an anderen Stellen. Beispielsweise: Staatliches Komitee für Körperkultur und Sport, Abt. Wissenschaft, Ordnung über die Herausgabe interner Materialien für den Leistungssport, 28.2.1962. SAPMO DY12/3320.
[32] Arbeitsgruppe Sport, Information über die Tagung des Bundesvorstandes des DTSB, 26.1.1962, fol. 89-90, fol. 89. SAPMO DY30/IV 2/18/8. Zum Verlauf der Diskussion, in der Fragen der Strukturveränderungen in der Bundesrepublik nachgeordnet blieben, siehe: 5. Bundesvorstandssitzung, 25.1.1962, fol. 1-126. SAPMO DY12/904. Vielmehr thematisierten die anwesenden Funktionäre, Trainer und Sportler detailliert Mängel in der Leitungs- und Führungstätigkeit, Spannungen zwi-

Aus der Krise resultierte vor allem die Tendenz, die Verantwortung für den Leistungssport weiter zu konzentrieren. Dieser Kampf wurde an zwei Fronten geführt. So versuchte die DDR-Sportführung sportpolitische Kompetenzen, die in sportfremden Ministerien angesiedelt waren, in ihren Reihen zu monopolisieren. Im Falle des Gesundheitsministeriums hatten die Sportfunktionäre dabei leichtes Spiel. Zunächst wurde festgelegt, dass die Einrichtungen der Sportmedizin zum 1. Januar 1963 aus dem Ministerium für Gesundheitswesen in den Verantwortungsbereich des Staatlichen Komitees überführt wurden.[33] Gleichzeitig begann die DDR-Sportführung, gezielte Spitzen gegen das Ministerium für Volksbildung zu setzen, um ihm seine Hoheit über die Kinder- und Jugendsportschulen streitig zu machen. Doch das Ministerium unter der Leitung von Alfred Lemmnitz erwies sich als weitaus widerstandsfähiger. Das Politbüro gab ihm dabei Rückendeckung, indem es erneut die Zuständigkeit des Ministeriums für die Anleitung und Kontrolle der Kinder- und Jugendsportschulen festlegte und es weiterhin zur Lösung aller Grundsatzfragen befugte.[34] In diesem Fall hatten die DTSB-Funktionäre also nur ihre Grenzen austesten können. Ebenso erfolglos verlief der Versuch das Staatliche Komitee für Körperkultur und Sport aufzulösen und damit den Deutschen Turn- und Sportbund zum alleinigen Lenker und Leiter des DDR-Sports nach dem Politbüro zu machen.

Bereits im Jahr 1962 begann Ewald, gerade erst an die Spitze des Deutschen Turn- und Sportbundes gewechselt, gezielt auf die Auflösung des Staatlichen Komitees für Körperkultur und Sport hinzuarbeiten.[35] Unterstützung erhielt er insbesondere von Alfred Heil und Franz Rydz. Die Opponenten bedienten sich geschickt der personellen Verflechtungen zwischen dem Staatlichen Komitee und dem Deutschen Turn- und Sportbund, die eigentlich eine reibungslose Zusammenarbeit garantieren sollten. Nun begannen jedoch die Vertreter des DTSB im Staatlichen Komitee, Ewald und Reichert, Entscheidungsprozesse zu behindern und zu verzögern.[36] Dadurch sollte die Arbeit des Staatlichen Komitees auf Dauer als ineffizient erscheinen. Außerdem gründete der Deutsche Turn- und Sportbund Kommissionen, die ihre Arbeit parallel zu den thematischen Unterorgani-

---

schen Trainern und Clubfunktionären und leistungsmäßige Ungleichgewichte innerhalb einzelner Sportclubs.
[33] Der Stand der Vorbereitung auf die Olympischen Sommerspiele 1964 und Maßnahmen zur weiteren Entwicklung der Leistungen in den olympischen Sportarten, 27.11.1962, fol. 170-178, fol. 178. SAPMO DY12/1781.
[34] Entwicklung der Kinder- und Jugendsportschulen der DDR zu Spezialschulen des sportlichen Nachwuchses, 6.6.1963. SAPMO DY30/J IV 2/3/890. Abgedruckt in: Teichler, Sportbeschlüsse, S. 432-447.
[35] Hellmann an Honecker, betr.: Grundsätze der weiteren Entwicklung der Körperkultur und des Sports in der neuen Etappe des umfassenden Aufbaus des Sozialismus in der DDR, 13.12.1962, S. 3. SAPMO DY30/IV A2/18/2. Dieser Entschluss war ebenso dreist wie arrogant. Schließlich hatte sich der DTSB im Januar 1962 noch rügen lassen müssen, den Leistungssport ungenügend angeleitet und dessen Hauptaufgaben unterschätzt zu haben. Siehe dazu: Beschluss des Staatlichen Komitees für Körperkultur und Sport und des Präsidiums des Deutschen Turn- und Sportbundes. Maßnahmen zur Vorbereitung der Olympischen Spiele 1964 vom 4.1.1962. Mit einer Anlage fol. 27-35, fol. 27-28. SAPMO DY12/506.
[36] Einige Probleme der Zusammenarbeit des Staatlichen Komitees für Körperkultur und Sport mit dem Deutschen Turn- und Sportbund, 16.5.1963, S. 2. SAPMO DY30/IV A2/18/2.

sationen des Wissenschaftlich-Methodischen Rates aufnahmen, der dem Staatlichen Komitee zuarbeitete.[37]

Im Februar 1963 lag der Abteilung Sport beim ZK der SED unter der Leitung von Rudi Hellmann schließlich eine Konzeption des Sekretariats des Deutschen Turn- und Sportbundes zur Auflösung des Staatlichen Komitees vor, von der aus Gründen der Geheimhaltung nur ein Exemplar existierte.[38] Darin argumentierte der DTSB zum einen ideologisch, indem er einforderte, dass im Zuge der Weiterentwicklung der sozialistischen Körperkultur Aufgaben und Funktionen des Staatsapparates zunehmend auf gesellschaftliche Organisationen übergehen sollten. Zum anderen klagte der Sportbund, dass das Staatliche Komitee zwischen dem DTSB und einzelnen Ministerien stehe und dass er seinen Aufgaben aus dem Bereich der Sportwissenschaften nicht nachkommen könne, da keine unmittelbare Verbindung zwischen ihm und der Deutschen Hochschule für Körperkultur bestünde.

Damit hatte der DTSB seine Begehrlichkeiten genannt: die alleinige Leitung des DDR-Sports und die Oberhand über die DHfK. Hellman gab diesen Entwurf tatsächlich an den für den Sport verantwortlichen Parteisekretär Erich Honecker weiter und bat ihn, eine kurz bevorstehende Sitzung mit den beiden Parteien verschieben zu dürfen, da dieser Konflikt kaum kurzfristig zu klären sei.[39] Zwei Wochen später stellte sich die Abteilung Sport deutlich gegen den DTSB. Besonders pikiert über die »Unterschätzung der Rolle des Staates« durch das Sekretariat des DTSB, ließ sie verlauten, der DTSB sei den anstehenden Entwicklungsaufgaben im Bereich von Körperkultur und Sport alleine nicht gewachsen. Außerdem hatte sich aus ihrer Sicht die Aufgabenteilung in Perspektivpläne, inhaltliche Probleme und Koordinierungsfragen in staatlicher Hand und in die unmittelbare Entwicklung und Anleitung des Massen-, Leistungs- und Kindersports in Händen des DTSB bewährt.[40] Damit stärkte Hellmann dem Leiter des Staatlichen Komitees Neumann den Rücken. Im April 1964 legte die Arbeitsgruppe außerdem fest, dass die Kontrahenten Manfred Ewald und Alfred B. Neumann alle zwei Wochen bei Rudi Hellmann zu klärenden Beratungen erscheinen sollten.[41]

Im Schatten dieser Kompetenzquerelen kam es seit der V. Bundesvorstandssitzung im Januar 1962 dennoch zu einer stringenten Leistungssteigerung im sportlichen Training. Aus der massiven Kritik resultierte tatsächlich eine effizientere

---

[37] Arbeitsgruppe Sport, Entwurf, Information über ernste Probleme, die sich in der letzten Zeit in der Zusammenarbeit einiger leitender Kader des DTSB mit dem Staatlichen Komitee für Körperkultur und Sport ergeben haben, 20.2.1963, S. 1-2. SAPMO DY30/IV A2/18/3.

[38] Einige grundsätzliche Auffassungen zu den Fragen der weiteren Entwicklung von Körperkultur und Sport in der DDR und sich daraus ergebenden Schlussfolgerungen, 12.2.1963, S. 3. DY30/IV A2/18/3.

[39] Hellmann an Honecker, 20. 2. 1963. SAPMO DY30/IV A2/18/3.

[40] Arbeitsgruppe Sport, Stellungnahme zu dem vorliegenden Material des Sekretariats des DTSB »Einige grundsätzliche Auffassungen zu den Fragen der weiteren Entwicklung von Körperkultur und Sport in der DDR und sich daraus ergebenden Schlussfolgerungen«, 6.3.1963, S. 4. SAPMO DY30/IV A2/18/2.

[41] Aktennotiz über eine Beratung in der Arbeitsgruppe Sport des ZK am 7. und 9.4.1964, 10.4.1964, fol. 39-43, fol. 39. SAPMO DY12/1781.

Arbeitsweise der Leitungen, die nun auch unmittelbar Einfluss auf die Trainingsgestaltung nahmen. Gleichzeitig gelang es, den wissenschaftlichen Fortschritt in der Trainingslehre gezielt an die Trainer weiterzugeben. Auch die ideologische Schulung der DDR-Sportler wurde seit dem Mauerbau besser bewertet.[42] Somit konnte die DDR-Sportführung bereits Ende des Jahres 1962 eine im weitesten Sinne positive Bilanz der Olympiavorbereitung ziehen. Dass damit auch der Glaube an die Methoden Manfred Ewalds wuchs, zeigt sich daran, dass in dieser Zwischenbilanz eine Veränderung des Trainergehaltsregulativs festgeschrieben wurde. Neben der Einstufung nach Qualifikation wurde nun auch eine Entlohnung nach dem Leistungsprinzip eingeführt.[43] Damit hatte sich der DTSB-Präsident in der Frage der Prämienzahlungen durchgesetzt. Ein weiteres Mal wurden Ewalds Ansichten dadurch geadelt, dass er im August 1963 die Leitung der Leistungssportkommission übernahm, deren Zuständigkeiten gleichzeitig erweitert wurden.[44]

Die Effizienz des eingeschlagenen Weges zeigte sich bereits daran, dass die DDR-Sportführung nach den IX. Olympischen Winterspielen in Innsbruck in den Wintersportarten ein schnelleres Entwicklungstempo im Vergleich zur Bundesrepublik konstatieren konnte.[45] Noch weitaus offensichtlicher wurde sie jedoch, als die DDR die Ausscheidungswettkämpfe im Vorfeld der Sommerspiele 1964 erstmals mehrheitlich für sich entscheiden konnte. Da sie somit die Mehrzahl der Teilnehmer in der gesamtdeutschen Olympiamannschaft stellte, trug die DDR-Turmspringerin Ingrid Krämer die Fahne der gesamtdeutschen Olympiamannschaft in das Stadion von Tokio.

INTERNATIONALER WENDEPUNKT: TOKIO 1964

Die Olympischen Spiele von Tokio fielen für beide deutsche Sportverbände in ihre Umbruchsphase und bescherten beiden ein Debakel. Die DDR hatte zwar mit 194 zu 182 Athleten die Mehrzahl der gesamtdeutschen Olympiateilnehmer gestellt und somit das ideologische Nahziel erfüllt, bei den Spielen selbst blieben ihre Athleten jedoch hinter den Erwartungen zurück. Geschwächt durch die Kraft raubenden Ausscheidungswettkämpfe hatten viele ostdeutsche Athleten ihren Saisonhöhepunkt bereits vor den Olympischen Spielen überschritten. Daher er-

---

[42] Der Stand der Vorbereitung auf die Olympischen Sommerspiele 1964 und Maßnahmen zur weiteren Entwicklung der Leistungen in den olympischen Sportarten, 29.11.1964, fol. 170-178, fol. 170. SAPMO DY12/1781.
[43] Ebd. fol. 177.
[44] Detailliert dazu, besonders zu der Tatsache, dass sich Ewald im Grunde genommen selbst zu deren Leiter gemacht hatte: Ritter, Wandlungen, S. 70-80. Ritters Interpretation ist nach der bekannten Quellenlage schlüssig. Seine unterschwellige Behauptung, Ewald habe durch seine Einsetzung einen ›kleinen Staatsstreich‹ im DDR-Leistungssport begangen, geht jedoch über den Sachverhalt hinaus. Denn Ulbricht ließ ihn zu diesem frühen Zeitpunkt nur deshalb gewähren, weil er selbst davon überzeugt war, in Ewald seinen sportlichen Kronprinzen gefunden zu haben.
[45] Bereich Leistungssport/AG Olympiavorbereitung, Anlage 1 zur Beschlussvorlage. Bericht über Vorbereitung und Ergebnisse der IX. Olympischen Winterspiele in Innsbruck, 9.4.1964, fol. 53-74. SAPMO DY12/1057. Sowie Reichert an Orzechowski, Einige Probleme, die bei der Beratung der Wintersportvorlage zu erläutern sind, 6.5.1964. DY12/3731.

kämpften sie nur 14 Medaillen, davon lediglich drei goldene. Der bundesdeutsche Mannschaftsteil gab der DDR mit 31 Medaillen, darunter sieben goldenen, in der inoffiziellen Nationenwertung erneut das Nachsehen. Über diesem Erfolg lag jedoch weiterhin der Schatten, in der Qualifikation nicht leistungsstark genug gewesen zu sein. Zu diesen zusammenhängenden Niederlagen gesellte sich während den Olympischen Spielen eine gemeinsam gemachte Erfahrung: Tokio setzte einen neuen Leistungsstandard im internationalen Spitzensport. Diese Erkenntnis löste in beiden Sportsysteme – wenn auch ein wenig stärker in der Bundesrepublik – einen starken Entwicklungsschub aus.

Angesichts 27 Welt- und 147 olympischer Rekorde, die in Japan erkämpft wurden, stellte die DDR-Sportführung im Schulterschluss mit dem Politbüro nach den Spielen fest: »Es gibt keine absoluten Grenzen für die Entwicklung der menschlichen Leistungsfähigkeit.«[46] Viele Goldmedaillenleistungen von 1960 hätten in Tokio nur noch zu dritten bis sechsten Plätzen gereicht. Besonders rasant hatten sich die sportlichen Leistungen in den Vereinigten Staaten, in Japan, Frankreich und in der Bundesrepublik entwickelt. Die UdSSR blieb zwar stärkste Sportnation, hatte jedoch ihren Leistungsvorsprung auf die USA fast eingebüßt.[47] Für den Entwicklungsschub im kapitalistischen Lager machten die DDR-Sportfunktionäre die wachsende materielle, ideelle und wissenschaftliche Unterstützung des Leistungssports verantwortlich. In einem internen Papier gingen Hans Schuster und Horst Röder detaillierter auf diese Veränderungen ein. Sie konstatierten eine in den kapitalistischen Staaten – inklusive der Bundesrepublik – gestiegene gesellschaftliche Wertung des Leistungssports, die zu einer höheren Motivation der Sportjugend führe. Außerdem seien in Japan, Frankreich und Westdeutschland wissenschaftliche Gremien zur Unterstützung der Olympiavorbereitung ins Leben gerufen worden, die auf eine Aufwertung von Wissenschaft, Medizin und Technik im Training hinarbeiteten.[48]

Die DDR selbst hatte wenig Grund zu hadern, denn schließlich hatte sie in Tokio große Sportnationen wie Großbritannien und Australien hinter sich gelassen. Zudem wies sie, gerechnet seit den Olympischen Spielen 1956, den kontinuierlichsten und größten Leistungsanstieg der 20 stärksten Sportländer der Welt auf.[49] Doch auch die DDR sah sich mit der modernen Grenzenlosigkeit menschlicher Leistungsfähigkeit konfrontiert und reagierte auf diese Irritation im Sinne des Zeitgeistes mit einem Perspektivpapier, das ihr sportliches Vorwärtskommen nach Möglichkeit bis in das Jahr 1972 planen und errechnen sollte. Darin übertrug sie Prinzipien des wissenschaftlich-methodischen Fortschritts auf den Sport und vollzog den Übergang zu einer neuen Form der wissenschaftlichen Planung im Sport.

---

[46] Auswertung Tokio 1964 und Sofortmaßnahmen bei den KJS, 26.1.1965. SAPMO DY30/J IV 2/2/972. Abgedruckt in: Teichler, Sportbeschlüsse, S. 480-487, S. 482.
[47] Ebd. S. 483.
[48] Horst Röder/Hans Schuster, Zusammenfassende Einschätzung der Ergebnisse und Schlussfolgerungen zu den XVIII. Olympischen Sommerspielen in Tokio, in: Theorie und Praxis des Leistungssports 2, 1965, Heft 10, S. 3-44, S. 20.
[49] Auswertung Tokio 1964 und Sofortmaßnahmen bei den KJS, 26.1.1965. SAPMO DY30/J IV 2/2/972. Abgedruckt in: Teichler, Sportbeschlüsse, S. 480-487, S. 485.

Auf bundesdeutscher Seite zeigte sich besonders Willi Daume beeindruckt von der rasanten Entwicklung des internationalen Leistungsniveaus. Auch um die öffentliche Verunsicherung durch den Erfolg der DDR-Athleten vor den Olympischen Spielen aufrechtzuerhalten, ließ er sich beim abschließenden Frühschoppen in Tokio deshalb trotz der beachtlichen Leistungen der westdeutschen Olympiateilnehmer nicht zu Lobeshymnen hinreißen. Vielmehr äußerte er den viel zitierten Satz: »Wir sind noch einmal davon gekommen!«.[50] Noch während der Spiele verfasste er einen Brief an den Bundesminister des Innern, Höcherl, in dem er sein persönliches Konzept entwickelte, um auf die neuen Herausforderungen des modernen Hochleistungssports zu reagieren. Denn die Planung für die nächsten Spiele sollte unmittelbar nach dem Erlöschen des Olympischen Feuers beginnen und stärker zentralisiert und wissenschaftlich durchdrungen sein.[51] Dazu strebte Daume die Schaffung einer zentralen Koordinierungsstelle auf Bundesebene an, die den bisherigen wissenschaftlich-methodischen Ausschuss ablösen und mit mehr Kompetenzen ausgestattet sein sollte.

Seine Überlegungen hinsichtlich eines solchen zentralen Bundesausschusses waren zwar bereits vor seiner Abreise zu den Olympischen Spielen entstanden, doch nun erst schien ihm dieser Schritt unausweichlich. Daher wurde nach vorsichtigen Rücksprachen mit den Verbänden der wissenschaftlich-methodische Ausschuss am 30. Januar 1965 in den Bundesausschuss zur Förderung des Leistungssports umgewandelt. Dieser war im Gegensatz zum alten Ausschuss ein Organ des Deutschen Sportbundes, da das Nationale Olympische Komitee satzungsgemäß keine solchen Ausschüsse unterhielt. Außerdem sollte der Bundesausschuss auch den Leistungssport in nichtolympischen Disziplinen fördern helfen, deren Vertreter jedoch nicht im Nationalen Olympischen Komitee und dessen Ausschuss vertreten waren.[52] Die Mitglieder des Bundesausschusses wurden durch das Präsidium des Deutschen Sportbundes für eine Periode von vier Jahren zwischen den Olympischen Spielen berufen. Bei seiner Gründung hatte der Ausschuss 32 männliche Mitglieder und ein weibliches. Der Vorstand setzte sich aus sieben Personen zusammen. Die thematische Arbeit erfolgte in vier Arbeitskreisen mit den Schwerpunkten Sportmedizin, Pädagogik/Methodik, Jugendförderung und Soziales. Ihre Leiter Herbert Reindell, Woldemar Gerschler, Otto Neumann sowie Gerhard Stöck waren schon im wissenschaftlich-methodischen Ausschuss tätig gewesen. Den Vorsitz erhielt erneut Josef Nöcker, der durch den Geschäftsführer Siegfried Perrey unterstützt wurde. Die Dienststelle des Bundesausschusses wurde in Köln-Müngersdorf bei der Deutschen Sporthochschule eingerichtet.[53]

Der Bundesausschuss, der die Koordination der gesamten überfachlichen Arbeit der Verbände im Leistungssport übernahm, sportwissenschaftliche Grundlagenforschung anregte und somit auch monopolisierte und ständige Besprechungen

---

[50] Kein Geld mehr für Methoden nach Turnvater Jahn, in: Frankfurter Allgemeine Zeitung, 26.10.1964. Nachgewiesen in: BArch Koblenz 106/71413.
[51] So der Grundtenor von Daume an Höcherl, 15.10.1964. BArch Koblenz B106/71413.
[52] Willi Daume, Gedankenskizze: Bundesausschuss zur Förderung des Leistungssports, 19.1.1965, S. 2. BArch Koblenz B106/71413.
[53] Perrey an Kramer, 19.1.1966. BArch Koblenz B322/271.

mit den Fachverbänden vorsah, beschnitt die Kompetenzen der einzelnen Verbände weiter. Dass die westdeutsche Sportbewegung diesen eklatanten Zentralisierungsschritt mit vollzog, war zum einen den neuen Kräfteverhältnissen im Weltsport geschuldet. Zum anderen entsprang er auch einer gewandelten gesellschaftlichen Stimmung. Denn die verlorenen Ausscheidungswettkämpfe vor Tokio hatten sich tief in das Bewusstsein der westdeutschen Bevölkerung eingeprägt. So fragte Willi Daume auf einer Tagung der Evangelischen Akademie in Bad Boll im Jahr 1965 zum Thema ›Sport – Anspruch und Wirklichkeit‹,

> »ob hier nicht von der Gesellschaft ein erheblicher Druck auf den Sport ausgeübt wird, in dem sie die ursprünglich sowjetische These, dass sportliche Erfolge Ausdruck eines überlegenen Gesellschaftssystems sind, zur Weltthese macht.«[54]

Da die bundesdeutsche Sportführung jedoch genau dieser Gesellschaft nicht zutraute, zwischen der Überlegenheit eines Gesellschaftssystems und dessen sportlichen Leistungen zu trennen, sah sie sich verpflichtet, die Herausforderung von Seiten der DDR anzunehmen.[55] Solche Überlegungen schürte Willi Daume bewusst mit Sätzen wie: »Und wir wollen beweisen, dass unsere freiheitliche Gesellschaftsordnung der autoritären nicht unterlegen ist.«[56] Darin schwang aber wiederum der Eigennutz mit, den gesellschaftlichen Stellenwert des Sports dadurch zu verbessern, dass der DSB häufig auf dessen gewachsene Bedeutung in der Systemkonkurrenz hinwies.

2.2 Prognostikboom und Transferbeginn

Neues Ökonomisches System im Sport: der Perspektivplan 1965-72

Die leistungssportliche Entwicklung der DDR in den 1960er Jahren wurde nicht nur durch sportinterne Konflikte und Umstrukturierungsversuche und den externen Impuls der internationalen Leistungssteigerung beeinflusst, sondern auch durch das Reformklima das seit Beginn des Jahrzehnts in der Luft lag. Die Deutung der Reformphase der zweiten deutschen Diktatur ist nach wie vor umstritten.[57] Auch aus dem Sport heraus lassen sich keine eindeutigen Antworten for-

---

54 Zitiert aus: Guido von Mengden, Sport – Anspruch und Wirklichkeit, in: Olympisches Feuer 15, 1965, Heft 3, S. 1-5, S. 4.
55 Siehe dazu: Edgar Engelhard, Brauchen wir einen Sportminister?, in: Leibesübungen 15, 1964, Heft 11, S. 2; sowie Walter Umminger, Olympisches Tagebuch 1964/VII, in: Olympisches Feuer 14, 1964, Heft 7, S. 1-2, S. 2.
56 Pressemitteilung DSB, Nr. 41/64, Daume entwickelt großen Plan, Zeit für Leistungszentrum ist gekommen, S. 6-9, S. 8. BArch Koblenz B106/71413.
57 Zu der Reformproblematik siehe grundsätzlich: Sigrid Meuschel, Legitimation und Parteiherrschaft in der DDR, Frankfurt a. Main 1992, S. 123-220 und jüngst sehr ansprechend: Philipp Heldmann, Herrschaft, Wirtschaft, Anoraks. Konsumpolitik in der DDR der Sechzigerjahre, Göttingen 2004. Aus streng wirtschaftspolitischer Sicht: André Steiner, Die DDR-Wirtschaftsreform der sechziger

mulieren. Dennoch zeigen sich im Bereich der Leistungssportförderung zwei wichtige Aspekte der Reformen: Das Neue Ökonomische System, das Walter Ulbricht im Jahr 1962 vor dem ZK entwickelte und auf dem VI. Parteitag der SED im Januar 1963 verkündete, wurde zum einen in unterschiedlichen gesellschaftlichen Teilbereichen nachvollzogen. Zum anderen schürten die Parolen vom ›wissenschaftlich-technischen Fortschritt‹ und der Prognostik auch im sportlichen Apparat Aufbruchsstimmung.

Schon als Walter Ulbricht auf der 17. Tagung des Zentralkomitees der SED am 3. Oktober 1962 für diese neue Ausrichtung der Ökonomie in der DDR warb, bediente er sich eines Vergleichs aus dem Sport. Um zu verdeutlichen, was er unter Orientierung am wissenschaftlich-technischen Höchststand verstehe, führte er aus:

> »Die jungen, in die Fußballoberliga aufgestiegenen Mannschaften sind sicher sehr ehrgeizig und wollen nach vorn. Worauf müssen sie sich orientieren? Von wem müssen sie lernen? Wer ist für sie der Maßstab? Maßstab ist für sie die Mannschaft, die die Weltmeisterschaft erobert hat, nicht aber eine, die in der Mitte liegt.«[58]

Der erste Sekretär setzte damit gemäß seiner ideologischen Überzeugung sportliche und wirtschaftliche Handlungsmuster gleich. Dies entsprach dem Bild eines komplett durchstrukturierten, sozialistischen Gesellschaftssystems, in dem die Grenzen zwischen den einzelnen Teilbereichen der Gesellschaft aufgehoben waren und in dem unterschiedliche Bereiche deshalb ähnlichen Regeln folgten.[59]

Ebenso selbstverständlich, wie Ulbricht auf der 17. Tagung des ZK der SED ein Bild aus dem Sport gewählt hatte, setzte der DTSB umgekehrt wiederum die von der Partei zu diesem Anlass für die Volkswirtschaft geforderte »Durchsetzung des wissenschaftlich-technischen Fortschritts« und das »Prinzip der materiellen Interessiertheit« für ihren Bereich um.[60] Auch die Bestandsaufnahme zur Vorbereitung der Olympischen Sommerspiele 1964, die der DTSB und das Staatliche Komitee zeitgleich entwickelten und die das Sekretariat des ZK der SED am 5. Dezember 1962 bestätigte, war bereits von der allgemeinen Aufbruchsstimmung geprägt. Dabei knüpfte die Direktive, die auf die fortschreitende Verwis-

---

Jahre: Konflikt zwischen Effizienz – und Machtkalkül, Berlin 1999. Zu Reformansätzen in der Jugend- und Kulturpolitik mit leichter Tendenz zur Überbewertung: Monika Kaiser, Machtwechsel von Ulbricht zu Honecker. Funktionsmechanismen der SED-Diktatur in Konfliktsituationen 1962 bis 1972, Berlin 1997, besonders S. 133-231.

[58] Walter Ulbricht, Kampf um Höchstniveau erfordert straffe komplexe Führung, wissenschaftliche Planung sowie die volle Ausnutzung der ökonomischen Gesetze des Sozialismus in der Volkswirtschaft. Aus dem Referat »Die Vorbereitung des VI. Parteitages der Sozialistischen Einheitspartei Deutschlands« auf der 17. Tagung des Zentralkomitees der SED vom 3. bis 5. Oktober 1962, in: Walter Ulbricht, Zum ökonomischen System des Sozialismus in der DDR, Band 1, Berlin (Ost) 1968, S. 26-45, S. 36.

[59] Aus gutem Grund wird speziell für diesen Aspekt der Untersuchung auf die Forschungsperspektive Sigrid Meuschels zurückgegriffen. Siehe: Meuschel, Überlegungen. Zwar hat sich in der sporthistorischen Forschung in den letzten Jahren der Trend durchgesetzt, stärker auf die Brechung des Herrschaftsanspruchs der SED im Sport zu blicken, doch hier soll zunächst umgekehrt gezeigt werden, dass jeder Freiraum im Sport nur deshalb entstehen konnte, da zunächst eine vollständige rhetorische und strukturelle Anpassung an das Herrschaftssystem vollzogen wurde.

[60] Ulbricht, Kampf, S. 32 und 43.

senschaftlichung des Sports drängte und für exakte Belastungsprotokolle und Leistungskontrollen plädierte, an zwei entscheidende Entwicklungslinien an, die der Sport in den letzen Jahren bereits selbst hervorgebracht hatte. Zum einen hatte schon die Direktive des Staatlichen Komitees aus dem Jahr 1959 eine Verbesserung der sportwissenschaftlichen Forschung und die stärkere Verwissenschaftlichung des sportlichen Trainings gefordert. Zum anderen war das Prinzip der materiellen Interessiertheit – hier in Form einer Bezahlung der Trainer nach der Leistung ihrer Schützlinge – kein wirkliches Novum. Doch erst die veränderten gesellschaftlichen Rahmenbedingungen machten es möglich, dieses Prinzip nun auch festzuschreiben.[61]

Der tatsächliche Einfluss des Neuen Ökonomischen Systems auf den Bereich des Sports wurde bereits im Jahr 1963 im Zuge der Ausarbeitung einer Perspektivplanung bis zum Jahre 1972 für den Leistungssport deutlich. Die Perspektivplanung gewann im Zuge der Durchsetzung des Neuen Ökonomischen Systems eine höhere Lenkfunktion, war stärker auf die Zukunft ausgerichtet und sollte auf höherem wissenschaftlichem Niveau erarbeitet werden. Auch im Leistungssport kam nun den Planungsaufgaben größere Aufmerksamkeit zu. Daher legten Bernhard Orzechowski und Helmut Horatschke als Vertreter der Abteilung Leistungssport des DTSB am 15. August 1963 eine Konzeption vor, welche die Gründung einer neuen Arbeitsgruppe für Perspektivplanung vorsah. Diese sollte der Leitung der Leistungssportkommission bis Oktober 1963 eine Direktive für die Perspektivplanung 1965 bis 1972 zur Beratung vorlegen. Das Papier sah vor, in dieser Gruppe alle Personen und Untergruppen zusammenzufassen, die bisher an der Planung für die Verbände, Sportclubs und Sportschulen mitgearbeitet hatten.[62] Es zeichnete sich also früh ab, dass im Schatten der Reformen durch die Sportfunktionäre selbst an einer weiteren Zentralisierung im Bereich des Leistungssports gefeilt wurde. Damit geriet auch die grundsätzliche Auseinandersetzung um die Führung des Leistungssports erneut auf die Tagesordnung.[63]

Eine Umsetzung der neuen Losungen bis Oktober 1963 stellte sich jedoch aus sportlichen Gründen als unmöglich heraus. Denn die Ausarbeitung einer Konzeption der Perspektivplanung fiel genau mit der arbeitsintensiven Vorbereitungsphase für die Olympischen Winterspiele 1964 in Innsbruck zusammen. Daher stellte Hans Schuster von der Forschungsstelle der Deutschen Hochschule für Körperkultur und Sport für die Leistungssportkommission erst im März 1964 einen personellen, inhaltlichen und terminlichen Entwurf für das Anlaufen der Perspektivplanung fertig. In diesem Papier bekräftigte Hans Schuster als Vertreter des Sports zwei für den Leistungssport erwartete Grundpositionen: Erstens sollte im Sport der »Übergang zu einer Entwicklung auf der Grundlage langfristiger, weitgehend wissenschaftlich begründeter Perspektivpläne« parallel zu »allen

---

[61] Der Stand der Vorbereitung auf die Olympischen Sommerspiele 1964 und Maßnahmen zur weiteren Entwicklung der Leistungen in den olympischen Sportarten, 29.11.1964, fol. 170-178, fol. 177. SAPMO DY12/1781.
[62] Abteilung Leistungssport, Vorlage für die Leitung der Leistungssport-Kommission am 21.8.1963. Konzeption zur Ausarbeitung der Perspektivplanung bis zum Jahre 1972 für das Gebiet des Leistungssports, 15.8.1963. BArch Berlin DR5/1060.
[63] Ebd. S. 4.

Bereichen des gesellschaftlichen Lebens« vollzogen werden. Zum anderen sollte die Perspektivplanung inhaltlich dem Ziel dienen, langfristig eine Überlegenheit im Leistungssport gegenüber der Bundesrepublik zu sichern.[64] Schuster nahm dennoch auch eine Eigengesetzlichkeit des Sports in das Papier auf, indem er der Vorbereitung der Olympischen Sommerspiele Priorität vor der Ausarbeitung der Perspektivplanung einräumte.

Die gesamte Perspektivplanung sollte sich aus unterschiedlichen Teilen zusammensetzen: aus dem Grundsatzmaterial, dem Perspektivplan des Leistungssports in der DDR 1965-1972, aus Perspektivplänen der einzelnen Sportverbände, einem Plan für die Forschung, für Investitionen und für die Entwicklung des Sportmedizinischen Dienstes. Dies lässt den personellen Umfang der Perspektivplanung erahnen: Neben der zentralen Leitung in der Hand der Arbeitsgruppe Perspektivplanung sah das Konzept die Bildung von Arbeitsgruppen in den einzelnen Verbänden vor. Teilfragen sollten von zehn Mitarbeitern der Forschungsstelle übernommen werden, außerdem war die Konsultation von Staatlichem Komitee und Sportmedizinischem Dienst vorgesehen.[65] Viele personelle Entscheidungen wurden jedoch auf die Zeit nach den olympischen Ausscheidungswettkämpfen verlegt, um einzelne Trainer und Funktionäre nicht doppelt zu belasten. Die zentrale Arbeitsgruppe Perspektivplanung sollte von Schuster und Horatschke geleitet werden. Der Vorschlag zur Vorbereitung der Perspektivplanung und die zentrale Arbeitsgruppe wurden in der 4. Beratung der Leitung der Leistungssportkommission am 1. April 1964 bestätigt.[66]

Die zentrale Arbeitsgruppe Perspektivplanung nahm in dieser Zusammensetzung ihre Arbeit auf und legte am 15. Mai 1964 einen ersten Gesamtentwurf für die Entwicklung des Leistungssports in den Jahren 1965-72 vor. Diese Konzeption trug deutlich den Anspruch einer konsequenten Umsetzung der Grundsätze des Neuen Ökonomischen Systems im Bereich des Sports in sich. So forderte sie die Orientierung am »wissenschaftlich-methodischen Höchststand« und ein »neues System der Planung und Leitung des Leistungssports«.[67] Was Walter Ulbricht für das Verhältnis zwischen Arbeiter und Betrieb postuliert hatte, wurde nun auch für den Leistungssport nachvollzogen: »Die Herstellung einer vollständigen Übereinstimmung zwischen den gesellschaftlichen und persönlichen Interessen ist auch im Leistungssport die wichtigste Triebkraft.«[68] Außerdem sollten auch Diskrepanzen und Widersprüche zwischen den drei grundlegenden

---

[64] Forschungsstelle DHfK/Hans Schuster, Vorschlag zur Vorbereitung der Perspektivplanung im Leistungssport 1965-1972, 10.3.1964, fol. 122-126, fol. 122 und 123. SAPMO DY12/3310.
[65] Ebd. fol. 124-125.
[66] Leistungssportkommission, Protokoll über die 4. Beratung der Leitung der Leistungssportkommission am 1.4.1964, 3.4.1964. BArch Berlin DR5/1070.
[67] Arbeitsgruppe Perspektivplanung/Schuster, 1. Gesamtentwurf Grundsätze für die Entwicklung des Leistungssports in den Jahren 1965-72, 15.5.1964, mit vier Anlagen, S. 5 und 8. BArch Berlin DR5/1082.
[68] Ebd. S. 4. Bei Ulbricht heißt es im wirtschaftlichen Kontext dazu: »Diese vollständige Übereinstimmung zwischen den gesellschaftlichen Erfordernissen und den materiellen Interessen der Individuen, Kollektive und Gruppen ist die wichtigste Triebkraft unserer ökonomischen und damit auch der gesellschaftlichen Entwicklung.« In: Walter Ulbricht, Neue Fragen des ökonomischen Systems der Planung und Leitung der Volkswirtschaft. Aus dem Referat »Programm des Sozialismus und die geschichtliche Aufgabe der Sozialistischen Einheitspartei Deutschlands« auf dem VI. Parteitag

Bereichen Leistungssport, Massensport und Kinder- und Jugendsport aufgelöst werden. Dadurch würde eine »erweiterte Reproduktion« sportlicher Talente erreicht, welche die Planbarkeit sportlicher Leistung langfristig ermöglichte. Mit der Forderung nach der Ausbreitung des Trainings als »der rationellsten Form der körperlichen Erziehung« auch in den Schulen stand der Spielcharakter des Sports erneut auf dem Prüfstand.[69] Die einzelnen Termini zeigen deutlich, dass es in dem Plan primär darum ging, die Produktion sportlicher Leistungen effizienter zu machen und dadurch zu steigern. Daher bot sich die Übernahme eines wirtschaftspolitischen Modells nahezu an.

Im Zuge des Neuen Ökonomischen Systems waren auch Fragen der zentralen Leitungstätigkeit und der Aufwertung der Wissenschaft auf die Tagesordnung gekommen. In diesem Punkt brach nun der Kompetenzstreit zwischen dem Staatlichen Komitee für Körperkultur und Sport und dem Deutschen Turn- und Sportbund erneut aus. Der Streit entbrannte an dem Vorschlag der Arbeitsgruppe Perspektivplanung zur Stellung der Leistungssportkommission und Neuregelung der Zuständigkeiten für die Deutsche Hochschule für Körperkultur, die schon länger Begehrlichkeiten in den Reihen der DTSB-Funktionäre geweckt hatte.

Die SED bemühte sich bei der Durchsetzung des Neuen Ökonomischen Systems, ihre neuen Planungsschwerpunkte organisatorisch abzusichern.[70] Das lässt sich auch im Bereich des Sports an der Aufwertung der Leistungssportkommission nachweisen. Die Arbeitsgruppe griff hier die alte Forderung nach einem einheitlichen Leitungsorgan für die zentrale Führung des Leistungssports wieder auf. Dieses zentrale Organ sollte neben den Leitungen der Sportverbände im Bereich Leistungssport auch die Sportclubs, Kinder- und Jugendsportschulen, die Forschungseinrichtungen im Leistungssport, den Sportmedizinischen Dienst und die Entwicklung von Trainings-, Mess- und Sportgeräten leiten, kontrollieren und koordinieren.[71] Letztlich sollte es die gesamte sportwissenschaftliche Forschung anleiten und so die »Umwandlung der Wissenschaft in eine Hauptproduktivkraft und in einen Hauptfaktor zur Entwicklung des gesellschaftlichen Lebens« auch im Bereich des Leistungssports vorantreiben.[72] Dazu war geplant, der Leistungssportkommission einen eigenen ›Rat für Leistungssportforschung‹ zu unterstellen.

Ebenso reibungslos vollzog der Sport die Erweiterung des Perspektivplanungszeitraums mit, den Walter Ulbricht auf dem 5. Plenum des ZK der SED vom 3.

---

der Sozialistischen Einheitspartei Deutschlands, Berlin, 15. bis 21.1.1963, in: Walter Ulbricht, Zum ökonomischen System des Sozialismus in der DDR, Band 1, Berlin (Ost) 1968, S. 102-122, S. 103.

[69] Arbeitsgruppe Perspektivplanung/Schuster, 1. Gesamtentwurf Grundsätze für die Entwicklung des Leistungssports in den Jahren 1965-72, 15.5.1964, mit vier Anlagen, S. 4-5. BArch Berlin DR5/1082.

[70] So die These von Hans Georg Kiera, Partei und Staat im Planungssystem der DDR. Die Planung in der Ära Ulbricht, Düsseldorf 1975, S. 110. Kiera führt als Beispiel die Gründung eines Beirats für ökonomische Forschung neben dem schon bestehenden Forschungsrat bei der Staatlichen Plankommission an.

[71] Arbeitsgruppe Perspektivplanung/Schuster, 1. Gesamtentwurf Grundsätze für die Entwicklung des Leistungssports in den Jahren 1965-72, 15.5.1964, mit vier Anlagen, S. 8. BArch Berlin DR5/1082.

[72] Ebd. S. 17-18.

bis 7. Februar 1964 postulierte. Von nun an sollte die prognostische Einschätzung der Entwicklung der Produktivkräfte einen Zeitraum von 15 bis 20 Jahren umfassten.[73] Diesen Gedanken griff Manfred Ewald in seinem Schlusswort zur 13. Tagung des Bundesvorstandes des DTSB am 18. Juni 1964 auf.[74] Trotzdem sollte es noch einige Zeit dauern, bis für den Bereich des Sports eine perspektivische Grundlinie bis ins Jahr 1980 entworfen wurde. Denn noch gelang es kaum, eine Einigung für den Zeitraum bis 1972 zu finden.

Das erarbeitete Grundsatzpapier zur Perspektivplanung im Leistungssport wurde am 20. und 21. November 1964, gemäß der anfänglichen Terminplanung, in der Leitung der Leistungssportkommission diskutiert. Diese vertagte nun die Fertigstellung des Materials auf Anfang Mai, denn in der Diskussion zeichnete sich rasch ab, dass in drei grundlegenden Bereichen noch keine Einigung erzielt werden konnte: die Höhe der Fördergelder, die Verantwortlichkeiten im Schulsport und die Leitung der Sportwissenschaft.

Manfred Ewald brachte die Frage der Fördergelder zusätzlich auf die Tagesordnung. Daraufhin machte Rudi Hellmann unmissverständlich klar, dass zunächst im Sport intern nach finanziellen Reserven gesucht werden müsse, erst dann könne bei der Parteiführung auf eine Erhöhung der Mittel hingearbeitet werden. Gleichzeitig skizzierte Hellmann einen Lösungsvorschlag. Er appellierte an den DTSB, die finanziellen Förderproportionen zwischen den einzelnen Verbänden zu verändern und damit die vorhandenen Mittel gezielter einzusetzen. Schließlich müsse Westdeutschland, wenn die DDR erst einmal eine eigene Mannschaft zu den Olympischen Spielen entsenden dürfe, nicht mehr in allen Disziplinen überholt werden.[75] Interessant ist daran, dass Hellmann bereits mit der Entscheidung von Madrid, die der DDR ein eigenes olympisches Startrecht zugestand, aber erst im Jahr darauf fiel, kalkulierte.

Mit seinem Vorschlag ebnete der Leiter der Arbeitsgruppe Sport beim ZK ideell dem Leistungssportbeschluss des Jahres 1969 den Weg, der fünf Jahre später die bevorzugte Förderung medaillenintensiver Sportarten festschrieb. Auch wenn er zu diesem Zeitpunkt dem DTSB noch ausdrücklich empfahl, bei dem Einsparen nicht nur auf die medaillenintensiven Sportarten zu schielen, sondern auch die Popularität und »die nationalen Traditionen der einzelnen Sportarten« zu berücksichtigen.[76] Scharfer Gegenwind blies ihm daraufhin von seinem Mitarbeiter Walter Gröger und dem Leiter der Forschungsstelle der DHfK, Hans Schuster, entgegen, die deutlich machten, dass die internen Reserven nicht für einen 6. Platz in der Nationenwertung bei den Olympischen Spielen 1968 reichen und zusätzliche Gelder von außen benötigt würden. Schließlich erhöhe sich der gesellschaftliche Aufwand für den Leistungssport zurzeit weltweit. Die beiden DTSB-Vertreter Ewald und Reichert wollten diese kategorische Forderung nach einer Erhöhung

---

[73] Walter Ulbricht, Die ökonomischen Gesetze des Sozialismus im gesamten volkswirtschaftlichen Reproduktionsprozess einheitlich anwenden. Aus dem Referat auf der 5. Tagung des ZK der SED 3. bis 7. Februar 1964, in: Walter Ulbricht: Zum ökonomischen System des Sozialismus in der DDR, Band 1, Berlin (Ost) 1968, S. 389-449, S. 441.
[74] Protokoll der XIII. Tagung des Bundesvorstandes, 18.6.1964, fol. 122. SAPMO DY12/914.
[75] Kurzprotokoll der Leitungssitzung für die Perspektivplanung am 20./21.11.1964, S. 5. BArch Berlin DR5/1074.
[76] Ebd. S. 5.

der Mittel allerdings nicht mittragen. Es sollte zunächst eine umfassende Bestandsaufnahme dazu gemacht werden, wo tatsächlich externe und interne Reserven vorhanden waren.

Eine längere Diskussion lösten im Anschluss daran Konflikte über den Schulsport aus. Neben Ewalds erneuter Forderung nach einer täglichen Sportstunde als Basis des Leistungssports und der Gründung von Schulsportgemeinschaften ging es vor allem um die Frage, bei wem die Verantwortung für die vorschulische und schulische Erziehung grundsätzlich liegen sollte. Ewald attackierte damit erneut die Kompetenzen des Ministeriums für Volksbildung, dem am Ende der Diskussionsrunde jedoch wiederum die Hauptverantwortung für die schulische und vorschulische Körpererziehung zugesprochen wurde.[77]

Abschließend scheiterte Ewald auch mit seiner Forderung, die DHfK oder zumindest deren Forschungsstelle der Verantwortung des DTSB zu unterstellen. Dabei half es ihm auch nicht, dass deren Leiter Hans Schuster ihm in diesem Punkt argumentativ zur Seite sprang. Wie erwartet waren es jedoch Neumann und Reimann aus dem Staatlichen Komitee, die eine Veränderung der Zuständigkeiten vereitelten, indem sie vehement für die Trennung der Leitung des Leistungssports und der leistungssportlichen Forschung plädierten und sich hiermit zunächst durchsetzen konnten. Es war jedoch offensichtlich geworden, welche grundlegenden Probleme bis zur Verabschiedung der Direktive noch zu klären waren.

Letztlich konnte zwar bis Ende Februar 1965 nach längeren Diskussionen im Wesentlichen Einigung erzielt werden, doch ein Punkt blieb nach wie vor umstritten: die Machtverteilung zwischen dem Staatlichen Komitee und dem DTSB. Hier führten auch »stundenlange Debatten« zu keiner Annäherung.[78] Aus diesem Grund forderte Rudi Hellmann sowohl Ewald als auch Neumann auf, eine Diskussionsgrundlage zu verfassen. In ihrer Stellungnahme stellten sich die Genossen des Staatlichen Komitees ganz in den frischen Wind des Neuen Ökonomischen Systems und behaupteten von sich, eine Erhöhung des wissenschaftlichen Niveaus der Planung und Leitung anzustreben, während der DTSB lediglich an Strukturveränderungen interessiert sei. Außerdem bemühten sie sich, die leistungssportliche Entwicklung in der DDR seit Gründung des DTSB als rückläufig darzustellen und ihm die fehlende wissenschaftliche Durchdringung des Leistungssports anzulasten.[79] Diese negative Bestandsaufnahme löste in der Abteilung Sport jedoch eine gegensätzliche Reaktion aus. Hellmann etwa bezog im Folgenden klar Position für den DTSB. Er empfahl Honecker am 25. Februar 1965, Neumann und Ewald zum Gespräch zu laden, und dabei endgültig die Erhöhung der Verantwortung des DTSB im Bereich des Leistungssports und in den Sportwissenschaften festzulegen. Ein solcher Vorschlag sollte nach dem Treffen in die Direktive eingearbeitet werden.

Am Tag darauf versuchte der Stellvertretende Vorsitzende des Staatlichen Komitees, Rudolf Reimann, noch einmal bei Hellmann zu intervenieren. Er erhob

---

[77] Ebd. S. 8.
[78] Arbeitsgruppe Sport, Stellungnahme der AG Sport zu der Konzeption des Genossen Manfred Ewald und des Genossen Alfred Neumann über das System und die Struktur der sozialistischen Körperkultur in der Periode bis 1970, 25.2.1965, S. 1. SAPMO DY30/IV A2/18/3.
[79] Ebd. S. 2.

2.2 Prognostikboom und Transferbeginn

gegen mehrere Punkte der zu diesem Zeitpunkt vorliegenden Direktive Einspruch, und bat Hellmann, diese in der Vorlage für Honecker zu kennzeichnen. Er warf Hellmann auch vor, dass die Übertragung der Leitung und Koordinierung der Sportwissenschaft auf den DTSB nicht in der Arbeitsgruppe Perspektivplanung entschieden wurde, sondern nachträglich von Hellmann und Ewald in die Direktive aufgenommen worden war.[80] Gleichermaßen wehrte Reimann sich gegen die Formulierungen, die staatlichen Organe hätten den DTSB in seiner Tätigkeit lediglich zu unterstützen und der DTSB sei hauptverantwortlich für die Entwicklung des Sports unter der erwachsenen Bevölkerung. Auch die Umwandlung der Sportschule Bad Blankenburg in eine Sportschule für Körperkultur und Sport und deren Angliederung an den DTSB lehnte Reimann ab.[81] Hellmann bat Reimann daraufhin, diese Probleme noch nicht offen im Staatlichen Komitee anzusprechen, sondern erst die anberaumte Besprechung zwischen Ewald, Neumann und ihm bei Honecker abzuwarten. Reimanns Karriere im Staatlichen Komitee endete vier Monate nach diesem Interventionsversuch, er wurde am 1. Juli 1965 durch das Politbüro abberufen.

Kritik an der Politbürovorlage schlug Manfred Ewald auch von anderer Stelle entgegen. Der Stellvertreter des Ministers für Finanzen, Rudolf Sandig, machte ihn in einem persönlichen Schreiben vom 22. Juni 1965 darauf aufmerksam, dass in der Vorlage die finanzielle Steigerungsrate für den Leistungssport nicht exakt ausgewiesen und daher mindestens für die Zeitspanne seit 1963 zu ergänzen sei. Denn er habe diese nachgerechnet und dabei festgestellt, dass sie bei zehn Prozent läge und somit doppelt so hoch sei wie die des Nationaleinkommens.[82] Diese kleine Randbemerkung verrät den Beginn einer Politik der Leistungssportfunktionäre, welche sie bis 1989 perfektionieren sollten und die es bis heute nahezu unmöglich macht die genauen Kosten des DDR-Leistungssportsystems zu bestimmen: Mit genauen Zahlen wurde bewusst gegeizt, und die Höhe der Ausgaben für den Leistungssport war volkswirtschaftlich unverhältnismäßig.

Auch die endgültige Fassung des Politbürobeschlusses enthielt nicht die geforderte Angabe zur Steigerungsrate. Ebenso wenig bezog der ›Plan über die weitere Entwicklung des Leistungssports bis zum Jahr 1972‹, der schließlich am 10. August 1965 vom Politbüro verabschiedet wurde, Stellung zu dem schwelenden Konflikt zwischen DTSB und Staatlichem Komitee. Dieser erwähnte zwar den Übergang zu einem neuen System der Leitung und Planung, das besonders durch die »exakte Abgrenzung der Verantwortung« gekennzeichnet sei, thematisierte jedoch das Verhältnis zwischen der staatlichen und der gesellschaftlichen Organisation im Sport nicht explizit, wie dies beispielsweise in dem Politbürobeschluss des Jahres 1959 noch der Fall gewesen war. Dennoch enthielt der Beschluss mehrere Anhaltspunkte, wie die Machtverteilung im Bereich des Leistungssports zukünftig aussehen sollte. Das zeigte zum einen die Bildung eines ›Rates für Leistungssportforschung‹ bei der Leistungssportkommission des DTSB, zum anderen die Schaffung neuer Personalstellen im Leistungssport. Denn von den 140

---

[80] Aktennotiz für den Vorsitzenden Genossen Neumann, 4.3.1965, S. 1. BArch Berlin DR5/1108.
[81] Ebd. S. 2-4.
[82] Sandig an Ewald, betr.: Politbürovorlage über die Weiterentwicklung des Leistungssports, 22.6.1965, S. 2. BArch Berlin DR5/1113.

neuen Arbeitskräften wurden dem DTSB 110 zugeordnet, dem Staatlichen Komitee nur die verbleibenden 30.[83]

Das Staatliche Komitee hatte die Einrichtung des Rates für Leistungssportforschung zunächst unterstützt, jedoch gefordert, ihn dem Wissenschaftlich-Methodischen Rat zu unterstellen und somit seinem Verantwortungsbereich zuzuschlagen.[84] Dieses Interesse war durchaus nachvollziehbar, denn dem neuen Leitungsorgan – bestehend aus Wissenschaftlern, Trainern und Funktionären – wurde neben der Perspektivplanung auch die »Koordinierung aller Forschungseinrichtungen« überantwortet.[85] Damit hatte der DTSB seinen langen Arm erneut nach der Deutschen Hochschule für Körperkultur und Sport ausgestreckt. Wie weit er auf diesem Weg bereits gekommen war, lässt sich weniger aus dem offiziellen Politbürobeschluss schließen als aus einem internen Papier, das bereits im Juni 1965 zwischen Hellmann und Honecker kursierte.

Dieses Papier ging aus einer Aussprache zwischen Ewald, Neumann, Honecker und Hellmann hervor und enthielt eine Vereinbarung über die Abgrenzung der Verantwortungsbereiche zwischen dem Staatlichen Komitee und dem DTSB. Hellmanns wachsende Sympathien für die Forderungen des DTSB schlugen sich auch dieses Mal deutlich nieder. So informierte er Honecker in dem Anschreiben zu dem Material, dass er sich im Wesentlichen an den Gedanken der DTSB-Führung orientiert habe und deshalb nun mit Widerspruch aus dem Staatlichen Komitee rechne.[86] Der war besonders im Punkt zwei vorauszusehen, in dem der Einfluss des DTSB auf die DHfK erhöht wurde. Dazu strebte Hellmann eine eigene Vereinbarung zwischen der Sportorganisation und der Hochschule an, die festschreiben sollte, dass der DTSB an der Aufstellung der Studienprogramme beteiligt würde.[87] Außerdem erhielt der DTSB die Leitung und Planung des Leistungssports zugesprochen, einschließlich der Leistungssportforschung. Wie stark sich das Kräfteverhältnis bereits zu Gunsten des DTSB und seiner Leistungssportkommission verschoben hatte, lässt sich an der Umkehrung der Befehlskette ablesen: Beschlüsse der Leistungssportkommission, die in den Verantwortungsbereich des Staatlichen Komitees fielen, waren von diesem in Form von Direktiven umzusetzen und lediglich zu kontrollieren.[88]

Damit war das Staatliche Komitee für Körperkultur und Sport final vom Entscheidungs- zum Verwaltungsorgan des Leistungssports degradiert worden. Das wird zusätzlich daran deutlich, dass dem DTSB die gesamte Koordination der

---

[83] Plan über die weitere Entwicklung des Leistungssports bis zum Jahre 1972, 10.8.1965. SAPMO DY30/J IV 2/2/997. Abgedruckt in: Teichler, Sportbeschlüsse, S. 495-522, S. 514 und 518.
[84] Hellmann an Honecker, 18.6.1965, S. 1. SAPMO DY30/IV A2/18/3.
[85] Plan über die weitere Entwicklung des Leistungssports bis zum Jahre 1972, 10.8.1965. SAPMO DY30/J IV 2/2/997. Abgedruckt in: Teichler, Sportbeschlüsse, S. 495-522, S. 514.
[86] Hellmann an Honecker, 18.6.1965, S. 1. SAPMO DY30/IV A2/18/3.
[87] Vereinbarung über die Abgrenzung der Verantwortungsbereiche und über die Zusammenarbeit zwischen dem Staatlichen Komitee für Körperkultur und Sport und dem Deutschen Turn- und Sportbund, 18.6.1965, S. 2. SAPMO DY30/IV A2/18/3.
[88] Ebd. S. 3. Zum Kompetenzzuwachs der Leistungssportkommission in dieser Zeit siehe auch: Anlage 3 der Präsidiumsvorlage Nr. 12/3/65, betr.: Entwicklung des Leistungssports bis zum Jahre 1972: Arbeitsrichtlinien der Leistungssportkommission beim Präsidium des DTSB, 11.9.1965, fol. 238-241. SAPMO DY12/781. Zur Umstrukturierung der LSK in dieser Zeit: Ritter, Wandlungen, S. 81-86.

internationalen wissenschaftlichen Zusammenarbeit im Bereich der Sportwissenschaften zuerkannt wurde und das Staatliche Komitee diesem seine eigenen Vorschläge mitteilen musste. Außerdem enthielt die Vereinbarung eine Maßnahme, die Reimann Ende Februar noch für indiskutabel erklärt hatte, denn sie schrieb die Verantwortung des DTSB für den gesamten Massensport fest.[89] Diese Absprache wurde pünktlich, drei Tage bevor Manfred Ewald vom Sekretariat des DTSB für einen Studienaufenthalt in Moskau bis Anfang des nächsten Jahres beurlaubt wurde, getroffen.[90] Rudi Reichert sollte ihn bis dahin an der Spitze des DTSB vertreten; Bernhard Orzechowski fiel ob dieser Tatsache zwischenzeitlich der Vorsitz bei der Leistungssportkommission zu.

Auf der 12. Tagung des Präsidiums des DTSB am 14. September 1965 wurde der Politbürobeschluss zur Entwicklung des Leistungssports bis zum Jahr 1972 bestätigt und ein erster Maßnahmenplan verabschiedet. Unter anderem wurde festgelegt, den Beschluss auf einer außerordentlichen Tagung des Bundesvorstandes am 30. September zu erläutern.[91] Dort galt es besonders für ein Novum zu werben, denn der perspektivische Leistungssportbeschluss schrieb erstmalig die lange Zeit umstrittene Vorrangigkeit des Leistungssports vor dem Massensport fest. Dieser Auftrag fiel Bernhard Orzechowski zu, der das Hauptreferat hielt. Darin wies er zunächst auf die sich verschärfende Auseinandersetzung zwischen den sozialistischen und kapitalistischen Sportländern hin, um im gleichen Argumentationsstrang vor dem spitzensportlichen Aufrüsten im Westen zu warnen. Als praktisches Beispiel dafür führte Orzechowski die Gründung des Bundesausschusses zur Förderung des Leistungssports an, die der Deutsche Sportbund am 30. Januar 1965 in Hannover vollzogen hatte.[92] Damit bereitete er argumentativ den Boden für die anzukündigenden Einschnitte: finanzielle Sparmaßnahmen bei den nichtolympischen Sportarten, Delegierung von Trainern aus nichtolympischen Sportarten in olympische Verbände und Überführung nichtolympischer Disziplinen einzelner Sportarten aus den Sportclubs in Betriebssportgemeinschaften.[93]

Orzechowskis Ausführungen zu dem Leistungssportbeschluss zeigen deutlich, wie der sportlichen Basis des DDR-Sports in dieser Zeit kompromisslos ein Strukturwandel von oben oktroyiert wurde. Dennoch sahen viele, die den Beschluss ausgearbeitet hatten oder ihn kommentierten, weniger das Diktat als den Fortschritt darin. Die Reden Orzechowskis und seiner Koreferenten strotzten vor Technikgläubigkeit, dem Bekenntnis zur Wissenschaft und ungebremstem Fortschrittsglauben.[94] Knapp einen Monat später erklärte auch Günter Erbach auf der

---

[89] Ebd. S. 7.
[90] Protokollauszug der 25. Sitzung des Sekretariats am 21.6.1965, fol. 253. SAPMO DY12/523.
[91] DTSB/Büro des Präsidiums, Protokoll. 12. Tagung des Präsidiums des DTSB am Dienstag, den 14.9.1965, TOP 3, fol. 185. SAPMO DY12/781.
[92] Hauptreferat zur Bundesvorstandssitzung am 30.9.1965. Arbeitsthema: Zur Entwicklung des DDR-Leistungssports bis zum Jahr 1972. Das Referat ist abgedruckt in: Theorie und Praxis des Leistungssports 4, 1966, Heft 1, S. 1-36, S. 6.
[93] Ebd. S. 8-11.
[94] Unter anderem: Hans Röder, Zur Entwicklung der sportartspezifischen Wissenschaftlichen Arbeit und zur Bildung Wissenschaftlicher Zentren der Olympischen Sportarten, in: Theorie und Praxis des Leistungssports 4, 1966, Heft 1, S. 36-55.

XVII. Ordentlichen Tagung des Bundesvorstandes des DTSB, den Beschluss zum Kind des Neuen Ökonomischen Systems. Dies bedeute, dass auch die Körperkultur im Prozess der »Entwicklung der DDR zu einem modernen sozialistischen Industriestaat den Übergang zu einer wissenschaftlich begründeten Perspektivplanung« vollziehen müsse.[95] Angestrebt sei ein komplexes Planungssystem, das alle gesellschaftlichen Bereiche erfasse, weshalb sich die Körperkultur an den Leistungen der Volkswirtschaft, der Wissenschaft und anderer kultureller Bereiche orientieren müsse. Ebenso beschwor Erbach den verantwortungsvollen Umgang mit der Prognostik, denn nur eine genaue Kenntnis der momentanen gesellschaftlichen Entwicklung mache es möglich, die nächsten Aufgaben für die Zukunft festzulegen.[96] Darin sah auch ein Autor der *Theorie und Praxis der Körperkultur* die Weiterentwicklung gegenüber der alten Siebenjahresdirektive, die das Staatliche Komitee für Körperkultur und Sport im Jahr 1959 vorgelegt hatte. Diese sei weder theoretisch fundiert gewesen, noch dem Geiste einer komplexen wissenschaftlichen Prognostik entsprungen.[97]

Die für den Beginn der 1960er Jahre typische Begeisterung für die Prognostik hatte nicht nur den Perspektivplan zur Entwicklung des Leistungssports bis ins Jahr 1972 geprägt, sondern sie öffnete den Leistungssport gleich auf mehreren Ebenen dem wissenschaftlichen Fortschritt. In dem Beschluss selbst verbarg sich diese Öffnung hinter der kryptischen Festlegung: »Ausarbeitung und Verwirklichung vorwärtsweisender, kühner Trainingskonzeptionen in den einzelnen Sportarten und Disziplinen«.[98] Damit waren neben Ambitionen in der Sportmedizin eben auch das Training im Strömungskanal, Fragen der Akklimatisierung und des Höhentrainings vor den Spielen in Mexiko, autogenes und ideomotorisches Training, Ernährungs- und Substitutionsprogramme sowie Elektrostimulationen gemeint.[99]

Die feste Überzeugung, über den wissenschaftlichen Fortschritt zur Überlegenheit des Sozialismus über den Kapitalismus zu gelangen, kennzeichnete die Stimmung im Staatsapparat der DDR Mitte der 1960er Jahre. Aus den Diskussionen im Vorfeld des Plans zur Entwicklung des Leistungssports bis 1972 geht diese Haltung deutlich hervor. Der Sport verortete sich kategorisch in diesem Trend und gab so ein Paradebeispiel der Konformität der einzelnen Gesellschaftsbereiche in der sozialistischen Diktatur ab. Trotzdem schärfte der Leistungssport sein Profil in dieser Zeit, was ihm gelang, da er viele Anknüpfungspunkte für das Neue Ökonomische System bereits eigenständig entwickelt hatte. Aus diesem Grund wurde der Leistungssport auch international das erfolgreichste Kind dieses Systems.[100] Doch obwohl die Verwissenschaftlichung sowie die materielle Inte-

---

[95] Referat Günter Erbach auf der XVII. Ordentlichen Tagung des Bundesvorstandes des DTSB, 21.10.1965, fol. 137-146, fol. 137. SAPMO DY12/919.
[96] Ebd. fol. 138.
[97] Walter Sieger, Zur wissenschaftlichen Planung und Leitung im Bereich Körperkultur, in: Theorie und Praxis der Körperkultur 13, 1964, S. 358-362.
[98] Plan über die weitere Entwicklung des Leistungssports bis zum Jahre 1972, 10.8.1965. SAPMO DY30/J IV 2/2/997. Abgedruckt in: Teichler, Sportbeschlüsse, S. 495-522, S. 499.
[99] Helmuth Westphal, Sport in der DDR von 1961 bis 1970, in: Günter Wonneberger et al., Geschichte des DDR-Sports, Berlin 2003, S. 203-265, S. 256.
[100] So auch die Einschätzung in: Staritz, Geschichte, S. 238.

ressiertheit im Leistungssport bereits seit den 1950er Jahren angelegt waren, wurde die sportliche Entwicklungsphase zu Beginn der 1960er Jahre von den Beteiligten deutlich als Aufbruch empfunden. Das lag zum einen an den sich modernisierenden Vorstellungen von der Automatisierung, Technisierung und Planbarkeit des sportlichen Übungsprozesses, zum anderen an den tiefen strukturellen Veränderungen im Sportsystem. Nun gelang es, die Vorrangigkeit des Leistungssports endgültig festzuschreiben und die Debatten innerhalb des DTSB und des Staatlichen Komitees um die Aufwertung des Massensports endgültig verstummen zu lassen.

VOM FEINDBILD ZUM VORBILD: KINDER- UND JUGENDSPORTSCHULEN
FÜR DIE BUNDESREPUBLIK

Die Olympischen Spiele in Tokio hatten neben der stärkeren wissenschaftlichen Entwicklung sportlicher Spitzenleistungen noch einen weiteren Trend des modernen Hochleistungssports sichtbar gemacht: Die Anstrengungen der USA, der Sowjetunion und auch einiger europäischer Staaten im Nachwuchsleistungssport hatten die ersten ›Goldkinder‹ hervorgebracht. Die Amerikanerin Sharon Stouder erschwamm in Tokio im Alter von 15 Jahren drei Goldmedaillen und eine Silbermedaille, der 16-jährige französische Publikumsliebling Christine Caron erkämpfte sich eine Silbermedaille über 100 Meter Rücken und die gleichaltrige Russin Galina Prozumentschikowa brillierte über 200 Meter Brust. Eine tschechische Turnerequipe, die im Schnitt sieben Jahre jünger war als ihre sowjetischen Konkurrentinnen, läutete außerdem den Generationenwechsel auf Schwebebalken und Bodenmatte ein. Die 17-jährige DDR-Meisterin Erika Barth schied aus ihrer Favoritenrolle nur aufgrund einer schweren Verletzung vor den Spielen aus.

Daher wandten sich die bundesdeutschen Sportfunktionäre im Anschluss an die japanischen Spiele den Schwachstellen bei der eigenen Nachwuchsförderung zu. Dieser Fachdiskurs, der unmittelbar nach den Olympischen Spielen in Tokio einsetzte und sich schnell auf das Modell des Sportgymnasiums fokussierte, wurde von Beginn an parallel in der Presse geführt. An beiden Diskursen lassen sich die Abkehr von antikommunistischen Klischees, bürgerliche Restvorbehalte gegenüber einer Neubewertung der Leibesübungen, die Betonung einer positiven deutschen Sporttradition vor 1933 und die verinnerlichte Herausforderung durch die DDR ablesen.

Hatte man zu Beginn der 1950er Jahre auch aus pädagogischen Gründen Kinder bis zu einem gewissen Alter lediglich fröhlich spielen lassen, verschob sich seitdem besonders in den Ostblockstaaten gerade im Turnen, Schwimmen und Eiskunstlauf die Aufnahme des Leistungstrainings ins früheste Kindesalter. Diese Entwicklungsrichtung unter dem Fachbegriff ›frühzeitige Spezialisierung‹ skizzierte und publizierte der Rektor der Hochschule für Körperkultur in Sofia, Dragomir Mateef, erstmalig im Jahre 1954. Zur gleichen Zeit, als dieses Konzept in der DDR zwei Jahre später anlässlich der internationalen Arbeitstagung ›Jugend und Sport‹ in Leipzig hitzig diskutiert wurde, erwogen Pädagogen in der Bundesrepublik noch, jegliche Leistungselemente aus dem Schulsport und den Bundesjugendspielen zu verbannen.[101] Dass dieser sportpädagogische Trend im Nachwuchsleistungssport in eine Sackgasse führte, war den westdeutschen Sportfunktionären bereits bei den Ausscheidungswettkämpfen vor Tokio schmerzlich vor Augen geführt worden. Nun galt es demnach argumentativ nachzubessern, um die gesellschaftlichen Vorbehalte gegenüber dem Leistungssport im Kindesalter zu schmälern und strukturelle Alternativen zu schaffen. Dabei erblickte der westdeutsche Sport sein Heil nun in der ostdeutschen Kinder- und Jugendsportschule.

In den 1950er Jahren, als der Eiserne Vorhang noch blickdicht war, galten diese Schulen als Orte des militärischen Drills und der ideologischen Indoktrination. Die Ausnutzung kindlichen Ehrgeizes wurde ebenso angeprangert wie die nahezu unmenschliche Trainingsbelastung, die außerdem auf Kosten des allgemeinen Unterrichts praktiziert würde. Gespickt mit Begriffen wie Aufzucht und Zwang suggerierten die Beschreibungen den Ursprung dieser Schulen im Nationalsozialismus und diffamierten die Kinder- und Jugendsportschulen als Nachfolgeinstitutionen der Nationalpolitischen Erziehungsanstalten.[102] Erst mit dem Auftreten ihrer jugendlichen Erfolgsprodukte setzte im Westen eine detaillierte und objektive Auseinandersetzung mit dem Geheimnis des kommunistischen Sportwunders ein. So erschien im Jahr 1964 die deutsche Übersetzung der Studie ›Medaillen nach Plan‹ des Amerikaners Henry W. Morton, die sich dezidiert mit dem sowjetischen Mutterland der Kinder- und Jugendsportschulen auseinandersetzte. Im Jahr darauf reiste eine Delegation des Bundesverbandes Deutscher Leibeserzieher in die Sowjetunion und veröffentlichte danach einen nahezu euphorischen Bericht über deren Kinder- und Jugendsportschulen.[103] In diesem Umfeld sprach sich auch der stellvertretende Vorsitzende des Deutschen Turnerbundes, Joseph Göhler, für die Gründung eines westdeutschen Pendants aus, dem er den vorläufigen Namen Sportgymnasium gab.[104] Je nach politischem Standpunkt war dieser Begriff entweder ein Pleonasmus oder ein Affront gegen die Überreste des sportfeindlichen Bildungsbürgertums. In diese Kerbe schlug auch die *Frankfurter Rundschau*, die am 8. Juni 1965 die öffentliche Diskussion mit einem Bericht über die Kinder- und Jugendsportschule in Rostock eröffnete. Der Artikel endete mit der lapidaren Feststellung, es sei nicht einzusehen, »warum in unseren Schulen wohl musische Begabungen besonders beachtet und gefördert werden, nicht aber sportliche Talente«.[105]

Im Rahmen dieser Veröffentlichungen erhielt das Modell der Kinder- und Jugendsportschule im Westen ein neues Gesicht. So wurde nun statt des Zwangs das Prinzip der Freiwilligkeit betont, das sich insbesondere im Mitspracherecht der Eltern äußere, ihr Kind jederzeit auf eine andere Schule wechseln zu lassen.

---

[101] Zur Entstehung des Begriffs: Karl Koch, ›Frühzeitliche Spezialisierung‹ – Problem oder Aufgabe?, in: Die Leibeserziehung 12, 1964, S. 158-160.
[102] H.R., Jugend- und Sportschulen in der Sowjetzone, in: Deutsche Jugend, 1955, S. 158-159; Margot Richter, Kinder- und Jugendsportschulen im Osten Deutschlands, in: Die Leibeserziehung 6, 1957, S. 301-305. Das Misstrauen gegenüber dem DDR-Sport insgesamt schürten auch Publikationen wie Siegfried Pelzig, Sport hinter dem Eisernen Vorhang, Darmstadt 1952.
[103] August Kirsch, Talentsuche und Talentförderung in der UdSSR, in: Die Leibeserziehung 13, 1965, S. 426-432.
[104] Joseph Göhler, Kindergarten, in: Olympische Jugend 10, 1965, Heft 11, S. 2.
[105] Eine Schule für »Spitzensportler von morgen«, in: Frankfurter Rundschau, 8.6.1965, S. 3.

Außerdem rückte nun das Klischee der geistig anspruchslosen, sozialistischen Sportmaschine in den Hintergrund. Vielmehr stelle gerade die Doppelbelastung der Kinder durch das Training und den Unterricht nach den allgemein gültigen Lehrplänen hohe geistige Anforderungen an die Schüler.[106] Dabei halfen ihnen besonders qualifizierte Lehrer, die durch die Anwendung moderner Unterrichtsformen beispielsweise die Hausaufgabenbelastung reduzierten, um so den jungen Talenten den Rücken für das sportliche Training freizuhalten. Diese Feststellung veröffentlichte Prof. Konrad Paschen, der kommissarische Direktor des Instituts für Leibesübungen der Universität Hamburg, im Jahr 1966 in der Wochenzeitung *Die Zeit*.[107] Er ging jedoch in seinem Beitrag noch über die Forderung nach sportlichen Zügen für westdeutsche Gymnasien hinaus. Denn außerdem prangerte er die grundsätzlich mangelnde Leistungsorientierung des Schulsports an und forderte eine Neubewertung des Leistungssports, denn der sei nun einmal »die Fortsetzung der Politik mit anderen Mitteln«.[108]

Nun sollte es also auch im Schulsport mit dem ›zweckfreien Tun‹ vorbei sein. Dieser schon in den 1950er Jahren angelegte – wenn auch nicht unumstrittene – Trend, wurde seit Beginn der 1960er Jahre in *Der Leibeserziehung*, dem offiziellen Organ des Bundesverbandes deutscher Leibeserzieher, weiterhin forciert. Dort begründete ein Verfasser bereits im Jahr 1964 den allgemein schlechten Gesundheitszustand der westdeutschen Kinder und Jugendlichen mit dem Fehlen leistungssportlicher Elemente im Schulsport und dem damit verbundenen Mangel an Leistungserlebnissen.[109] Vereinzelte Gegenstimmen griffen jedoch die Mitte der 1950er Jahre geäußerte Kritik Erich Fettings und Kurt Starkes an der Betonung der Leistung im Schulsport wieder auf. Unter dem Titel ›Das Unbehagen an den Bundesjugendspielen‹ klagte ein Sportlehrer, dass durch die Auszeichnung der leistungsstarken Schüler durch eine Urkunde mit der Unterschrift des Bundespräsidenten und die Veröffentlichung der Punktsieger in der Tagespresse der ›Arroganz des Spitzenkönners‹ Vorschub geleistet werde.[110] Damit opfere der Schulsport eines seiner pädagogischen Ziele, namentlich die Motivierung vieler zur Bewegung und deren relative Beurteilung nicht nur nach messbarer Leistung, sondern auch nach Leistungswille und Leistungsvoraussetzung.

Dieser philanthropische Weg des Schulsports sollte jedoch in Zukunft den spitzensportlichen Ambitionen westdeutscher Funktionäre weichen. Dies ging zumindest deutlich aus dem Festvortrag Karl Adams hervor, den dieser im Oktober 1966 auf der Jahreshauptversammlung des Bundesverbandes Deutscher Leibeserzieher in Hannover hielt. Der für seine Scharfzüngigkeit bekannte Rudertrainer begann seine Ausführungen mit der Bemerkung, dass das westdeutsche Denken seit dem Zweiten Weltkrieg von zwei Dogmen bestimmt würde:

---

[106] Ebd.
[107] Sport auf Kinderbeinen, in: Die Zeit, 23.9.1966, S. 25.
[108] Ebd.
[109] Koch, Spezialisierung, S. 160.
[110] Hans Dassel, Das Unbehagen an den Bundesjugendspielen, in: Die Leibeserziehung, 13, 1965, S. 369-372, S. 371.

»Alles was die Nationalsozialisten gemacht haben, ist falsch, und alles was die Kommunisten machen, ist falsch. Da beide den Leistungssport förderten oder fördern, muß das falsch im Quadrat sein.«[111]

Demgegenüber lobte Adam Paschens Vorstoß aus der Wochenzeitung *Die Zeit*, auch in der Bundesrepublik am kommunistischen Vorbild orientierte Sportgymnasien einzurichten. Von ihnen erhoffte er sich eine Signalwirkung auf den allgemeinen Schulsport, der stärker auf den Leistungssport ausgerichtet werden sollte. Denn erstens sei die Erziehung zur Leistung auch in anderen Fächern eine anerkannte pädagogische Maxime, und außerdem könne man mit der Warnung vor Zivilisationsschäden keine Jugendlichen motivieren. Diesen müsse man vielmehr die Aussicht auf spitzensportlichen Ruhm bieten. Auch die Deutsche Sportjugend, die 2,8 Millionen starke Jugendgliederung des Deutschen Sportbundes, rang sich Ende des Jahres 1966 nach zahlreichen Sitzungen, Gesprächen und Diskussionen zu einem klaren ›Ja‹ zum Nachwuchsleistungssport durch.[112] Damit war der Boden in der Bundesrepublik argumentativ für zweierlei geebnet: eine stärkere Instrumentalisierung der Bundesjugendspiele zur Talentsichtung und die Einrichtung von Sportgymnasien. Diese Trendwende wurde im April 1966 durch die Vergabe der Olympischen Spiele 1972 an die Stadt München forciert. Im Jahr 1967 galt es nun, den Einstellungswandel in konkrete Strukturen zu gießen.

Bereits im Jahr 1961 hatte Willi Daume vorgeschlagen, die Bundesjugendspiele stärker als bisher als Sieb für junge Talente zu nutzen und somit ein Fördersystem zu entwickeln, das kein Talent übersah. Doch zu diesem Zeitpunkt fürchteten die Vertreter im wissenschaftlich-methodischen Ausschuss noch »die Voreingenommenheit der Kultusministerien und der Lehrerverbände gegenüber den Forderungen des Leistungssports.«[113] Daher einigte man sich zwar darauf, die Talentsuche an den Schulen sobald wie möglich beginnen zu lassen. Die nötigen Kontakte sollten jedoch auf persönlicher Ebene zu einzelnen Lehrern hergestellt werden, um somit einen schwierigen, offiziellen sportpolitischen Kraftakt zu vermeiden.

Im Jahr 1965 setzte sich schließlich der Leistungsrat des Deutschen Leichtathletikverbandes erneut mit der paradoxen Situation auseinander, dass zwar sechs Millionen potentielle Talente pro Sommer für eine Sieger- oder Ehrenurkunde sprangen, liefen und warfen, ihre Ergebnisse jedoch nicht systematisch erfasst und ausgewertet wurden. Lediglich das Kultusministerium des Landes Niedersachsen war in dieser Hinsicht bereits aktiv geworden. Im Schuljahr 1965/66 hatte das Ministerium die niedersächsischen Schulen aufgefordert, alle Schülerinnen und Schüler zu melden, die als 13- bis 15-Jährige im leichtathletischen Dreikampf 60 und mehr Punkte erkämpft hatten. Auf diese Weise wurden 350 Jungen und Mädchen erfasst, von denen wiederum 140 Jungen und 158 Mädchen in den Herbstferien 1966 in acht Sportschulen zu einem Sechs-Tage-Lehrgang eingeladen wurden. Nachdem sie dort spielerisch mit der Leichtathletik vertraut gemacht worden

---

[111] Karl Adam, Über das Verhältnis von Leistungssport und Schulsport. Festvortrag von Karl Adam auf der Jahreshauptversammlung des Bundesverbandes Deutscher Leibeserzieher 28./29.10.1966 in Kiel, in: Die Leibeserziehung 15, 1967, S. 1-6, S. 1.
[112] Gerhard Vögtler, Ein Ja zum Leistungssport, in: Olympische Jugend 12, 1967, Heft 1, S. 2.
[113] Protokoll über die Tagung des Ausschusses zur wissenschaftlichen und methodischen Förderung des Leistungssports in Dortmund am 11.10.1961, S. 9. BArch Koblenz B322/363.

waren, Vorträge über Gesundheits- und Trainingsfragen gehört und an zwei Festwettkämpfen teilgenommen hatten, wurde versucht, die noch vereinslosen Jugendlichen an Vereine zu überführen.[114] Darauf folgend kündigte der Kultusminister von Rheinland-Pfalz einen ähnlichen Versuch an. Im Juni 1967 lud der bayerische Leichtathletikverband auserkorene Teilnehmer der Bundesjugendspiele an die Sportschule in Grünwald ein. Danach zog er jedoch ein weitaus weniger euphorisches Fazit als die Hannoveraner. Denn es mangelte sowohl an Geld als auch an Talenten. Von 100 eingeladenen Schülern kamen lediglich 40, und viele ihrer Leistungsangaben entsprangen Messungsfehlern während der Bundesjugendspiele. So kam es, dass ein angeblicher 11,1-Sekunden-Sprinter die 100 Meter schließlich beim erneuten Test in 14 Sekunden abspazierte.[115]

Ein Jahr später stellte die Landesregierung Baden-Württemberg 500.000 DM bereit, die helfen sollten, auch im ›Ländle‹ die letzten Talente vor München zu sieben, schließlich stünde die »sportliche Reputation der Bundesrepublik auf dem Spiel«.[116] Zunächst wurden Fragebögen an die Schulen des Landes versandt, in denen die sportliche Begabung der 12- bis 16-Jährigen erhoben wurde. Aus 7000 Antworten wurden 2500 Kinder und Jugendliche ausgewählt, die an 27 neu gebildete Stützpunkte delegiert wurden, wo sie – wenn sie das wollten – ein leistungsorientiertes Training aufnehmen konnten. Ähnliche Erfolge erhoffte sich die Landesregierung davon, dass sie den Leiter der Staatlichen Sportschule Ludwigsburg damit beauftragte, systematisch den Leistungsgedanken im Schulsport zu fördern. Die Ausbildungslehrgänge richteten sich an Lehrer, deren Augen für die Talentsichtung geschärft werden sollten. Außerdem wurde die Einrichtung erster Sportzüge anvisiert. Das Sportgymnasium selbst wurde in Baden-Württemberg jedoch strikt abgelehnt.

Schon als Josef Göhler im Jahr 1965 das Sportgymnasium ins Gespräch gebracht hatte, waren die Wogen der Entrüstung hoch geschlagen. Der Hauptkritikpunkt war, dass man in der Bundesrepublik keine kommunistischen Methoden nachahmen könne und dürfe.[117] Im Vorfeld der Münchner Spiele verlagerte sich diese Diskussion aber langsam in die andere Richtung. Der Hauptausschuss des DSB sprach sich am 8. April 1967 auf einer Sitzung in Duisburg-Wedau für eine allgemeine Aufwertung des Leistungssports aus und plädierte erneut für die Einrichtung von Sportgymnasien.[118] Dabei wurde unter dem Sportgymnasium eine Ganztagsschule mit Internat verstanden, in der eine drei- bis vierstündige sportliche Grundausbildung in der Woche vorgesehen war, die durch zwei bis drei Nachmittagstrainingseinheiten in der vom Schüler oder der Schülerin selbst gewählten Sportart ergänzt würde.

---

[114] August Kirsch, Talentsuche und Talentförderung. Die Vorbereitungen für die Olympischen Spiele in München haben begonnen, in: Olympische Jugend 12, 1967, Heft 2, S. 7. Siehe auch: Werner Höllein, Gibt es im Sport noch Leistungsreserven?, in: Olympische Jugend 12, Heft 8, 1967, S. 4.
[115] Talentsucher auf verwischten Spuren, in: Süddeutsche Zeitung, 28.6.1967, S. 29.
[116] So Dr. Paul Kiefer, Ministerialrat im Kultusministerium von Baden-Württemberg. Ein Fangnetz für sportliche Talente, in: Frankfurter Allgemeine Zeitung, 9.5.1968, S. 9.
[117] Josef Göhler, Schule und Olympia, in: Olympisches Feuer 15, 1965, Heft 6, S. 1-3.
[118] Heinz Karger, Referat zur Förderung des Sports und der Leibeserziehung an Universitäten und Schule, in: Leibesübungen 18, 1967, Heft 10, S. 7-8. Siehe auch: Resolution des Hauptausschusses des Deutschen Sportbundes am 8.4.1967, S. 1. BArch Koblenz B322/431.

Diese Idee relativierte Karl-Wilhelm Leyerzapf vor dem Präsidium des DSB am 1. Juli 1967 in Baden-Baden. Dort forderte er, sich von dem Begriff ›Sportgymnasium‹ zu lösen, da dieser dem Ziel der bestmöglichen Durchlässigkeit der Schulen in der Bundesrepublik widerspreche. Vielmehr schließe er Real- und Hauptschüler dezidiert von einer stärkeren Sportorientierung aus. Stattdessen regte Leyerzapf die Schaffung von Sportzügen und Sportzweigen an Gymnasien, Realschulen und Gesamtschulen an. Ein Zug sollte mit Klasse 5, ein Zweig mit der Klasse 11 eingerichtet werden, wie es bisher bei mathematisch-naturwissenschaftlichen, neusprachigen, musischen und wirtschaftswissenschaftlichen Zweigen üblich war. Dennoch hielt sich Leyerzapf die Möglichkeit offen, die Elite dieser Zweige in DSB-Schulen zusammenzufassen, »um sie hier der sportlichen Ausbildung zu unterziehen, die der Bundesrepublik die sportliche Repräsentanz geben wird, die für Olympische Spiele, Welt- und Europameisterschaften heutzutage erforderlich ist, um bestehen zu können.«[119]

Zur gleichen Zeit erklangen erste Stimmen, die Schulen für die Einrichtung von Sportzügen zur Verfügung stellen wollten. So brachten etwa Oberbürgermeister Hans Walter Wild das Bayreuther Gymnasium Christian Ernestinum, Direktor Johannes Rosenboom das Paul-Schneider-Gymnsium der evangelischen Kirche im Rheinland in Meisenheim und Hessens umtriebiger Kultusminister Ernst Schütte das ›Schuldorf Bergstraße‹, in dem bereits ab September 1967 mehr Sport gelehrt werden sollte, ins Gespräch. Während sich die Idee des Sportzuges trotz fortbestehender Vorbehalte somit rasch durchgesetzt hatte, blieb die Einrichtung von Sportgymnasien auch zukünftig umstritten. Im Oktober 1967 lehnte auch der von Hessens Kultusminister angeregte Arbeitskreis ›Talentförderung mit Hilfe der Schule‹ als Suborganisation der Kontaktkommission zwischen dem Deutschen Sportbund und der Kultusministerkonferenz die Einrichtung von Sportgymnasien bis auf weiteres ab.[120] Dennoch wurden die Sportzüge in den Reihen des DSB ganz offen lediglich als Vorstufe zum eigentlichen Sportgymnasium gehandelt.[121]

Der westdeutsche Sport gewann durch diese schrittweise Einführung Zeit, den gängigsten Ressentiments gegen die Sportschulen entgegenzuwirken. So erschien es vielen Verantwortlichen als nicht adäquat, die Sportgymnasien lediglich als Produkt der ideologischen Auseinandersetzung zwischen der Bundesrepublik und der DDR einzuführen. Daher sollten diese in die öffentliche Debatte um zunehmende Zivilisationsschäden auch im Jugendalter integriert werden, die seit den 1950er Jahren im Zusammenhang mit dem Goldenen Plan geführt wurde. Über diesen Umweg werteten die Protagonisten der Schulen gleichzeitig den Sport auf und kämpften gegen bürgerliche Vorbehalte gegenüber einer »Muskelreifeprüfung in Ermangelung geistiger Fähigkeiten« an.[122] So fürchtete beispiels-

---

[119] Karl Wilhelm Leyerzapf vor dem Präsidium des DSB am 1.7.1967 in Baden-Baden: Zur Idee des Sportgymnasiums, S. 3. BArch Koblenz B322/122.
[120] Der Hessische Kultusminister, Bericht über die Möglichkeiten schulischer Förderung von sportlich talentierten Schülern, 20.2.1968, S. 2. BArch Koblenz B322/431.
[121] Siehe dazu: Franz Lotz, Neue Wege der Leistungsschulung, in: Olympisches Feuer 17, 1967, Heft 7/8, S. 2-5; Josef Göhler, Vorstufen zum Sportgymnasium, in: Olympisches Feuer 17, 1967, Heft 10, S. 10-11.
[122] Johannes Rosenboom, Sportzug – Sportgymnasium?, Anlage zu einem Brief Rosenbooms an Gieseler, 18.8.1967, S. 5. BArch Koblenz B322/431. Zu diesen Ressentiments siehe auch: Daume an

weise der Bundesverband Deutscher Leibeserzieher eine Abwertung des Abiturs durch das Prinzip ›Weitsprung statt Latein‹ und ›Geräteturnen statt Mathematik‹. Um solchen Befürchtungen vorzugreifen, propagierte der bereits genannte Schuldirektor Johannes Rosenboom die These, dass die Leibesübungen tatsächlich den musischen Fächern zuzuordnen seien, denn wie der Künstler am Piano erreiche auch ein Langstreckenläufer wie Rudolf Harbig sein Ziel spielend.[123] Durch die Konstruktion eines Zusammenhangs zwischen dem jungen Mozart und der Schwimmerin Sharon Stouder wurde erneut versucht, den Intellektuellen ihre Urangst vor der körperlichen Ertüchtigung zu nehmen.

Wichtige kritische Argumente gegen das Sportgymnasium kamen auch in einer Debatte unter den Leibeserziehern, die im Laufe des Jahres 1967 in der Zeitschrift *Die Leibeserziehung* geführt wurde, zum Ausdruck. Darin wurde dem DSB und der Gesellschaft vorgeworfen, von der falschen Seite aus auf mehr Rekorde hinzuarbeiten. Denn die besten Eliteschulen nützten nichts, wenn sich im Schulunterricht nicht per se eine Höherbewertung der sportlichen Leistung durchsetze.[124] Grundsätzlich wurde auch die Übertragbarkeit des ostdeutschen Modells in Frage gestellt, denn schließlich seien die Kinder- und Jugendsportschulen nur ein Teil eines umfassenden sozialistischen Fördersystems und außerdem auf eine Art zentralistisch und autoritär angeleitet, die in der föderalen Demokratie nicht durchsetzbar sei. Im gleichen Zusammenhang wies einer der Autoren darauf hin, dass die Entwicklung der Kinder- und Jugendsportschulen der DDR seit 1960 strengster Geheimhaltung unterliege und längst nicht mehr im Detail nachverfolgt werden könne.[125] Die Beiträge wurden jedoch von einer viel tiefer gehenden Angst vor einer fortschreitenden Abwertung der allgemeinen schulischen Leibeserziehung durch die Schaffung elitärer Sportschulen getragen. Diese Schulen würden finanzielle und materielle Ressourcen verschlingen und außerdem den übrigen Schulen sportliche Talente entziehen, die ansonsten helfen könnten, das allgemeine Leistungsniveau im Schulsport zu heben.[126] Die bundesdeutschen Sportlehrer hatten die Gefahr erkannt, dass der DSB nicht nur dabei war, eine Einrichtung des DDR-Sports, sondern auch dessen Trennung von Breiten- und Leistungssport zu übernehmen.

Gerade weil die DDR-Kinder- und Jugendsportschulen für die Entwicklung deutlich »Pate gestanden«[127] hatten, bemühten sich die Beteiligten in dem öffentlichen Diskurs gemeinsame deutsche Sporttraditionen im weitesten Umfeld der Talentför-

---

Beckmann (Vorsitzender des Rates der Evangelischen Kirche der Union und Präses der Evangelischen Kirche im Rheinland), 6.6.1967. BArch Koblenz B322/431; aber auch: Werner Höllein, Das Sportgymnasium muß endlich kommen, in: Olympische Jugend 12, 1967, Heft 10, S. 2.

[123] Johannes Rosenboom, Sportzug – Sportgymnasium?, Anlage zu einem Brief Rosenbooms an Gieseler, 18.8.1967, S. 4. BArch Koblenz B322/431.

[124] Bodo Schmidt, Das ›Sportgymnasium‹ im Spannungsfeld von Leistungssport und Leibeserziehung, in: Die Leibeserziehung 15, 1967, S. 360-365, S. 364.

[125] Klaus Brögel, Die Kinder- und Jugendsportschulen der DDR, in: Die Leibeserziehung 15, 1967, S. 377-382.

[126] Genannt in: Franz Lotz, Neue Wege der Leistungsschulung, in: Olympisches Feuer 17, 1967, Heft 7/8, S. 2-5, S. 5. Dazu auch: Herbert Haag, Der Ruf nach dem Sportgymnasium. Analyse der Problematik, in: Die Leibeserziehung 15, 1967, S. 365-369.

[127] August Kirsch, Bei der Diskussion um das Sportgymnasium die nachmittäglichen Kinder- und Jugendsportschulen nicht vergessen, in: Olympische Jugend 12, 1967, S. 5.

derung von Kindern und Jugendlichen zu zeigen. So wies beispielsweise Konrad Paschen im Jahr 1966 in seinem Artikel in der Wochenzeitung *Die Zeit* darauf hin, dass die Tradition der Schulrekorde und Ehrentafeln an den Kinder- und Jugendsportschulen bereits ein fester Bestandteil der Gymnastiklehre Johann Christoph Friedrich GutsMuths gewesen sei, die dieser Ende des 18. Jahrhunderts am Schnepfenthaler Philanthropin praktiziert hatte. Bereits zu diesem frühen Zeitpunkt sei die Messung, Aufzeichnung und Honorierung sportlicher Leistung von Jugendlichen üblich gewesen.[128] Auch *Der Spiegel* wies darauf hin, dass es nicht nur die DDR-Musterschulen gewesen seien, die den bundesdeutschen Sportfunktionären imponiert hätten. Schließlich habe bereits Carl Diem vor dem Zweiten Weltkrieg gefordert, neben den musischen Sonderschulen auch Sportgymnasien zu gründen.[129]

Selbst die Leibeserzieher beharrten darauf, dass die Forderung nach der täglichen Sportstunde keine sozialistische Erfindung sei, sondern vielmehr aus der pädagogisch reformfreudigen Zeit nach dem Ersten Weltkrieg stamme. Diese Betonung einer gemeinsamen Sporttradition, die von beiden deutschen Staaten geteilt wurde, entsprang jedoch weniger dem Wiedervereinigungsbedürfnis als vielmehr dem Versuch zu kaschieren, dass sich die Sportförderung des ideologischen Gegners vom Feindbild zum Vorbild entwickelt hatte. Dennoch zeigte gerade diese Phase Mitte der 1960er Jahre, wie stark die bundesdeutsche Sportentwicklung der DDR hinterherhinkte. Ihr fehlte der umfassende visionäre Modernisierungsimpuls, den der DDR-Sport durch das Neue Ökonomische System erhalten hatte. Der Sport der Bundesrepublik zog ähnliche Impulse erst verspätet aus der westdeutschen Planungseuphorie.

2.3 Olympische Weichenstellungen

Mauerbau im Sport – die Düsseldorfer Beschlüsse

Die sportpolitischen Weichenstellungen in beiden deutschen Staaten zu Beginn der 1960er Jahre wurden zudem durch Entscheidungen des Internationalen Olympischen Komitees beeinflusst. Dem Komitee fiel es zunehmend schwerer, auf künstliche deutsch-deutsche Gemeinsamkeiten zu pochen. Denn genau ein Jahr nach der demonstrierten deutschen Einheit auf den Aschenbahnen und in den Schwimmhallen von Rom, schuf die DDR mit dem Bau der Berliner Mauer neue deutschlandpolitische Tatsachen, die auch am Sport nicht spurlos vorübergingen. So erfolgte die Reaktion der bundesdeutschen Sportbewegung auf den Mauerbau innerhalb von drei Tagen. Am 16. August 1961 kamen die geschäftsführenden Vertreter des DSB- sowie des NOK-Präsidiums im Düssel-

---

[128] Sport auf Kinderbeinen, in: Die Zeit, 23.9.1966, S. 25. Zur Praxis GutsMuths: Eisenberg, Sports, S. 96-104.
[129] Nachwuchs, Förderung, Talent im Dorf, in: Der Spiegel 32, 31.7.1967, S. 65.

dorfer Parkhotel zusammen. Trotz mehrerer Gegenstimmen setzten Willi Daume, Max Danz, Herbert Kunze und Walter Wülfing ihre Position durch und verkündeten wenig später auf einer Pressekonferenz den Abbruch sämtlicher Sportbeziehungen zur DDR.[130] Im Detail bedeutete dies, dass es in Zukunft keine Teilnahme westdeutscher Athleten an nationalen und internationalen Wettkämpfen auf dem Gebiet der DDR geben würde, und keine Starterlaubnis für ostdeutsche Sportler an nationalen Wettkämpfen in der Bundesrepublik. Mit diesem Entschluss beugte sich die bundesdeutsche Sportführung sowohl der Meinung der bundesdeutschen Öffentlichkeit als auch den Forderungen von politischer Seite, wie sie von Willy Brandt und Heinrich von Brentano geäußert wurden. Auch die NATO reagierte, auf gutes Zuraten der Bundesregierung hin, und verhinderte bis 1964 die Einreise von DDR-Sportlern in NATO-Länder, indem das Allied Travel Office in Westberlin ihnen die notwendigen Dokumente verweigerte.[131]

Damit begann eine sportpolitische Phase im deutsch-deutschen Miteinander, die maßgeblich durch fatale Inkonsequenzen geprägt war. Diese entstanden aus den wachsenden Diskrepanzen zwischen den abnehmenden gesamtdeutschen Gefühlen der beiden Gesellschaften und der starren deutschlandpolitischen Haltung der Bundesregierung. Zusätzlich wurden sie jedoch durch das Internationale Olympische Komitee geschürt, das den Antrag der DDR auf vollständige Anerkennung auf der IOC-Session im Juni 1961 in Athen wiederum ablehnte und die beiden deutschen NOKs damit zum nahezu Unmöglichen zwang: Trotz des Abbruchs der innerdeutschen Sportbeziehungen sollte erneut eine gesamtdeutsche Olympiamannschaft für die Olympischen Spiele 1964 geschaffen werden.

Gemäß der Weisung des Internationalen Olympischen Komitees forderte IOC-Kanzler Otto Mayer beide NOKs im Mai 1962 auf, die Verhandlungen über eine gesamtdeutsche Mannschaft aufzunehmen. Doch dieses Mal zögerte die westdeutsche Seite. Im September 1962 gab Willi Daume seinen persönlichen Zweifeln gegenüber Ritter von Halt Ausdruck: »Der weitaus überwiegende Teil der öffentlichen Meinung ist zweifellos dafür, dass 1964 keine gesamtdeutsche Mannschaft gebildet wird.«[132] Doch die Bundesregierung versuchte genau, dieser Entwicklung – wie jeglichem nationalen Auseinanderdriften – hartnäckig entgegenzuwirken. Daher sprach sich das Kabinett in einem Beschluss vom 28. November 1962 für eine gesamtdeutsche Mannschaft aus. Bundeskanzler Adenauer hatte sich somit der neuen Linie des Auswärtigen Amtes untergeordnet. Diese entsprang der Überzeugung, dass eine gesamtdeutsche Mannschaft schließlich die Existenz der DDR kaschiere und somit eine »Schlappe Ulbrichts«[133] sei.

---

[130] Siehe zu den Verhandlungen: Pabst, Sport, S. 297-299. Der Beschluss im gesamten Wortlaut ist abgedruckt in Walter Umminger, Stadion hinter Stacheldraht, in: Olympisches Feuer 11, Heft 9, 1961, S. 1-3, S. 1.

[131] Holzweißig, Diplomatie, S. 20. Wenn DDR-Athleten in NATO-Ländern antraten, dann nur im Rahmen gesamtdeutscher Mannschaften. An insgesamt zwölf Weltmeisterschaften in olympischen Disziplinen nahmen DDR-Sportler in dieser Zeit nicht teil. Siehe: Gieseler, Mittel, S. 16.

[132] Willi Daume an Ritter von Halt, 10.9.1962, Archiv des Nationalen Olympischen Komitees 4a/10, zitiert in: Blasius, Bewegung, S. 226.

[133] Schreiben Staatssekretär Lahrs an den Außenminister, 8.11.1962 (PA AA, 604/Nr.1069), zitiert in: Geyer, Kampf, S. 82. Eine Veränderung der Haltung auf Regierungsseite bahnte sich bereits 1960

Im Vorfeld des ersten Aufeinandertreffens zwischen den Delegationen der beiden deutschen NOKs im Dezember 1962 in Lausanne entwarf Willi Daume einen Kompromissvorschlag für die kommenden Olympischen Spiele, der vorsah, dass zwei getrennte Mannschaftsteile, verbunden durch eine Hymne und eine Flagge, antraten. Damit dachte er, der deutschlandpolitischen Vorgabe Bonns sowie den Anforderungen des Internationalen Olympischen Komitees gerecht geworden zu sein, und musste dennoch nicht zynisch über das Bestehen der Düsseldorfer Beschlüsse hinwegtäuschen. Tatsächlich konnten sich beide deutsche Seiten auf diesen Kompromiss einigen, doch Daume hatte sowohl die Bundesregierung als auch Avery Brundage unterschätzt. Zurück in Bonn wurde er bei einer Besprechung im Innenministerium unsanft darauf hingewiesen, dass dieser Vorschlag nichts anderes als die sportpolitische Umsetzung des Konföderationsmodells sei, das Walter Ulbricht gerade auf die deutschlandpolitische Agenda der DDR gesetzt hatte.[134] Obwohl Willi Daume wohl auch ein weiteres Mal eine sportpolitische Entscheidung an der Bundesregierung vorbei lanciert hätte, scheiterte er letztendlich am Präsidenten des Internationalen Olympischen Komitees. Dieser verwarf gegen Jahresende den Vorschlag, der ein vorzeitiges Ende seines olympischen Prestigeprojekts bedeutet hätte, und zwang die beiden Nationalen Olympischen Komitees zu Beginn des neuen Jahres zu einem weiteren Treffen in Lausanne.

Dort wurde rasch deutlich, dass beide Verhandlungsseiten wenig Interesse an der Fortführung des gesamtdeutschen Olympiaprojektes hatten. Bei dem Treffen am 20. August 1963 entbrannte die Auseinandersetzung zwischen den beiden deutschen Nationalen Olympischen Komitees zunächst an der Frage, wie viele Ausscheidungswettkämpfe in Berlin durchgeführt werden sollten.[135] Dabei argumentierte die westdeutsche Seite, dass es der gestiegene Umfang der gesamtdeutschen Olympiaausscheidungen erforderlich mache, Westberlin stärker als bisher als Austragungsort für solche Veranstaltungen mit einzubeziehen – wohl wissend, dass Berlin die Achillesferse der DDR-Deutschlandpolitik war. Daher schlug sich Brundage auch nach einigem Hin und Her auf die ostdeutsche Seite. Er stimmte Daume zwar prinzipiell zu, erklärte jedoch, dass auch er nicht an einer »Konzentrierung in Westberlin«, interessiert sei. Die DDR-Delegation wähnte sich auf der sicheren Seite. Sie überspannte den Bogen aber, indem sie forderte, den Ausdruck Brundages in die abschließende Erklärung aufzunehmen. Dieser bat jedoch um das Vertrauen beider Delegationen, dass er auch ohne eine quantitative Festschreibung in seiner Rolle als Schiedsrichter darüber wachen werde, dass nicht übermäßig viele Ausscheidungswettkämpfe in Westberlin stattfinden würden. Diesen Kompromiss unterzeichnete zunächst jedoch nur das bundesdeutsche Nationale Olympische Komitee.

Die DDR-Delegation wartete erst noch eine interne Aussprache zwischen NOK-Präsident Schöbel, Helmut Behrendt und dem IOC-Kanzler Otto Mayer ab, die im Anschluss an die offiziellen Verhandlungen stattfand. Darin gab May-

---

an. Siehe: Heckenschützenkrieg gegen die Olympia-Mannschaft, in: Bulletin des Presse- und Informationsamtes der Bundesregierung, 2.8.1960, S. 1405/1406.
[134] Blasius, Bewegung, S. 240.
[135] Bericht über die Verhandlungen des IOC mit den beiden deutschen NOK am 20.8.1963 in Lausanne, fol. 182-189. SAPMO DY12/773.

er seiner Überzeugung Ausdruck, dass das Nationale Olympische Komitee der DDR zur vollen Anerkennung gelangen könne. Er erwähnte dabei, dass Brundage geraten habe, dass das russische IOC-Mitglied Adrianow den Antrag vorbringen sollte.[136] Aus dieser Aussage konnte die DDR-Delegation den Schluss ziehen, dass die Änderung ihres Status in der Olympischen Bewegung bereits auf höchster Ebene besprochen worden war. Im Anschluss an diese Besprechung unterzeichnete Schöbel die Erklärung zur Bildung einer gesamtdeutschen Olympiamannschaft. Denn neben der Möglichkeit, die der IOC-Kanzler ihm gerade zwischen den Zeilen in Aussicht gestellt hatte, verblasste plötzlich die Bedeutung der Zahl der Ausscheidungswettkämpfe in Westberlin.

Nach der Lausanner Konferenz brauchte es jedoch noch 96 Sitzungen der Fachverbände, 15 Sitzungen der NOKs und insgesamt über 1000 Verhandlungsstunden, um aus der papierenen Verpflichtung zu einer gesamtdeutschen Olympiamannschaft zu kommen. Hinzu kamen 60 erbitterte Ausscheidungswettkämpfe, die nicht nur darüber entschieden, welche Athleten aus Ost und West teilnehmen durften, sondern auch, wer schließlich die gemeinsame Fahne ins Stadion von Tokio tragen sollte. Die wenigen dokumentierten Publikumsreaktionen bei den Ausscheidungswettkämpfen in Ost und West zeugen deutlich von einer zunehmenden Anspannung und Rivalität zwischen den beiden deutschen Sportnationen. So wurde der in den Westen geflüchtete Turner Kurt Friedrich bei den Qualifikationskämpfen in Magdeburg ausgebuht; gegen die DDR-Turner-Garde flogen dafür in der Bundesrepublik Eier.[137] Besonders geflüchtete ehemalige DDR-Sportler konnten teilweise nur mit Geleitschutz durch Willi Daume zu ihren Qualifikationskämpfen in ihre ehemalige Heimat reisen.

Das Ende der gesamtdeutschen Illusion

Wurde die gesamtdeutsche Olympiamannschaft somit immer mehr zur Farce, machten es zwei Gründe der ›olympischen Höflichkeit‹ dem Internationalen Olympische Komitee jedoch unmöglich, die in Aussicht gestellte Trennung der beiden deutschen Mannschaften in den Jahren 1963 und 1964 tatsächlich zu vollziehen. So musste der 60. IOC-Kongress kurzfristig wegen innenpolitischer Spannungen von seinem ursprünglich geplanten Austragungsort Nairobi verlegt werden. Da dies zu dem Zeitpunkt bekannt wurde, als beide deutschen Nationalen Olympischen Komitees in Lausanne zu ihrer Vorbesprechung weilten, erkannte die westdeutsche Delegation sofort ihre Chance und bot die Verlegung des Kongresses nach Baden-Baden an.[138] Als die höchsten Olympier dort im Herbst 1963 tatsächlich zusammentrafen, war es ihnen kaum möglich, ausgerechnet den Gastgeber durch den Trennungsbeschluss zu brüskieren. Es bahnte sich aber in Baden-Baden durch das endgültige Ausscheiden des 72-jährigen Karl Ritter von Halt ein

---

[136] Ebd. fol. 188.
[137] Hartmann, Goldkinder, S. 53.
[138] Bericht über die Verhandlungen des IOC mit den beiden deutschen NOK am 20.8.1963 in Lausanne, fol. 182-189, fol. 188. SAPMO DY12/773.

Klimawechsel an. Denn mit von Halt verlor Avery Brundage einen eisernen Mitstreiter für eine gesamtdeutsche Olympiamannschaft.

Dass der Präsident des IOC trotzdem an seinem Projekt festzuhalten gedachte, wurde in einem Brief deutlich, den der IOC-Kanzler Otto Mayer im Juli 1964 dem Nationalen Olympischen Komitee der DDR zukommen ließ. Darin bestätigte er zwar, den erneuten Antrag der olympischen Vertretung der DDR auf ihre volle olympische Anerkennung zur Kenntnis genommen zu haben. Gleichzeitig forderte er den Kreis um Schöbel jedoch auf, ihren Antrag »im Interesse des Olympischen Geistes« nicht ausgerechnet unter den wehenden Olympiafahnen von Tokio auf die Tagesordnung zu bringen.[139] Ein solcher Idealismus stieß bei den sozialistischen Funktionären jedoch auf taube Ohren. Viel realistischer antwortete Schöbel daher, Mayer wisse selbst sehr genau um die Schwierigkeiten bei der Bildung der gesamtdeutschen Mannschaft. Es sei somit kaum sinnvoll, den Antrag zu verschieben.[140]

Wie ernsthaft die DDR gerade vor den Olympischen Spielen in Tokio auf ihre volle Anerkennung hinarbeitete, zeigt der Maßnahmenkatalog, den der Sekretär für Internationale Verbindungen, Günter Heinze, im Juli 1964 dem Sekretariat des DTSB vorlegte und der dort bestätigt wurde. Dieser Katalog sah neben einem Treffen mit den russischen IOC-Mitgliedern Konstantin Adrianow und Alexej Romanow in Moskau auch Konsultationen mit allen weiteren Sportleitungen der sozialistischen Länder vor. Auf die IOC-Mitglieder Rumäniens und Jugoslawiens sollte dabei noch einmal gesondert eingewirkt werden, was nur ein weiterer Hinweis auf deren schlechtes Ansehen im Verbund der Bruderländer war.[141] Außerdem waren Reisen zu den olympischen Vertretungen Japans, Ägyptens, Finnlands, Schwedens und eventuell Islands vorgesehen. Dabei sollte der Einfluss des, durch die Israelpolitik der Bundesregierung provozierten, ägyptischen IOC-Vertreters auf den gesamten arabischen Raum genutzt werden. Zusätzlich wurden alle Sportverbände sowie die Publikationsorgane der Auslandspropaganda in das Ringen um Anerkennung einbezogen.[142]

Zeitgleich setzte auf bundesdeutscher Seite eine ähnliche Werbekampagne gegen die Anerkennung des Nationalen Olympischen Komitees der DDR ein. Dazu verlangte das Auswärtige Amt von seinen Botschaftern, auf die IOC-Mitglieder ihrer jeweiligen Länder im gesamtdeutschen Sinne einzuwirken. Dies geschah mit Erfolg, denn schließlich sagten die IOC-Vertreter aus 22 Ländern zu, in Tokio gegen eine volle Anerkennung des Nationalen Olympischen Komitees der DDR zu stimmen. Im Gegensatz zu der Situation in der DDR wurden jedoch aus den Reihen des westdeutschen Sports kritische Stimmen gegen dieses Eingreifen der Politik laut. Daher übersandte Willi Daume die Liste mit den Namen der in Frage kommenden IOC-Mitglieder erst nach mehrmaliger Aufforderung durch das Auswärtige Amt. Außerdem forderte Daume nachdrücklich, alles zu vermeiden,

---

[139] Mayer an das NOK der DDR, 8.7.1964, fol. 235. SAPMO DY12/519.
[140] Schöbel an Mayer, o. Datum, fol. 236-237. SAPMO DY12/519.
[141] DTSB/Sekretär für internationale Verbindungen, Sekretariatsvorlage Nr.: 25/1/64, betr.: Maßnahmen zur Unterstützung unseres Antrages an den IOC-Kongress in Tokio auf selbständige Teilnahme an den Olympischen Spielen, 9.7.1964, fol. 39-42, fol. 40. SAPMO DY12/519.
[142] Ebd. fol. 41-42.

2.3 Olympische Weichenstellungen

was diese Kampagne mit dem westdeutschen Nationalen Olympischen Komitee in Verbindung bringen könne.[143] Er wusste, dass die olympische Familie empfindlich auf eine derart offensichtliche Politisierung ihrer Einflusssphäre reagieren würde. Am Ende regelte sich das Problem in Tokio jedoch ein letztes Mal im Sinne des Auswärtigen Amtes. Der Antrag des russischen IOC-Mitglieds Andrianow auf die vollständige Anerkennung des Nationalen Olympischen Komitee der DDR wurde abgelehnt und auf die nächste Session 1965 vertagt.[144]

Nach der Tokioer Sitzung äußerte sich der ostdeutsche NOK-Vertreter Schöbel jedoch zuversichtlich, dass sein Komitee spätestens im darauf folgenden Jahr in Madrid seine volle Anerkennung erhalten werde. Dabei berief er sich auf ein Gespräch mit Daume und Brundage, die nach den Querelen um das Zustandekommen der gesamtdeutschen Mannschaft nun erste Anzeichen der Resignation zeigten. Außerdem hatte sich in Tokio ein entscheidender Faktor für die Stellung der DDR im Internationalen Sport verändert, denn dort wurde sie durch den Internationalen Leichtathletikverband vollständig anerkannt. Mit diesem Durchbruch in einer olympischen Kernsportart waren auch die Weichen zu einer eigenen Olympiamannschaft der DDR gestellt.[145]

Dennoch appellierte Avery Brundage im Juni 1965 in einem persönlichen Schreiben ein letztes Mal an die beiden deutschen Olympischen Komitees, an der bewährten Lösung festzuhalten. Darin unterstrich er auf der einen Seite seine persönliche Verbundenheit mit der gesamtdeutschen Olympiamannschaft, nannte sie jedoch außerdem einen Sieg der olympischen Idee über die Politik. Er erinnerte dabei noch einmal an das Treffen von Lausanne aus dem Jahre 1951 und wie er die beiden Vertretungen damals gefragt habe: »1. Sind Sie Deutsche? 2. Wünschen und erwarten Sie ein wiedervereinigtes Deutschland?«[146] Dann fügte er hinzu, dass diese Aussagen weiterhin Gültigkeit hätten und somit nichts gegen den Erhalt des olympischen Status Quo spräche. Es zeugt dabei von einer gewissen Naivität, dass Brundage mit Verweis auf die ›Lausanner Vereinbarung‹ ausgerechnet an die größte sportpolitische Niederlage der DDR in den 1950er Jahren erinnerte.

Die Reaktionen auf das Schreiben fielen auf beiden Seiten der Mauer erwartungsgemäß aus. Während Willi Daume dem Vorschlag Brundages umgehend zustimmte und darüber hinaus anbot, über die Wiederaufnahme des innerdeutschen Sportverkehrs zu verhandeln, klang die Antwort aus Ostberlin eher kühl.[147] Dort berief sich Heinz Schöbel in seiner Antwort auf die Regel 7 der olympischen Satzung, wonach nicht nur Länder und Nationen, sondern auch Zonen oder Re-

---

[143] Blasius, Bewegung, S. 253.
[144] Andrianow verlangte in seinem Vortrag die vollständige Anerkennung des NOK der DDR, da dies die einzige Möglichkeit sei, die Einflussnahme führender NATO-Staaten auf den Sport zu verhindern und so ein überzeugendes Zeichen für die politische Unabhängigkeit der Olympischen Bewegung zu setzen. Proposal by Mr. Konstantin Andrianow, Annex No. 5. Minutes of the 62nd Session of the International Olympic Committee, Tokyo, October 6-8, 1964. IOC Historical Archives, Samaranch Olympic Studies Centre, Olympic Museum, Lausanne, Switzerland.
[145] Blasius, Bewegung, S. 257.
[146] Brundage an beide deutschen NOK, 3.6.1965, fol. 394-398, fol. 395. SAPMO DY12/780.
[147] Sid, »bieten umfassenden Neubeginn an«. Erste Erklärung Willi Daumes, 14.6.1965, fol. 399. SAPMO DY12/780.

gionen zu einer vollständigen olympischen Anerkennung gelangen können, wenn dieses Territorium über einen angemessenen Zeitraum über eine stabile Regierung verfüge habe.[148] Er machte Brundage mit Verweis auf die Einflussnahme der Bundesregierung und des Auswärtigen Amtes auf den Sport erneut deutlich, dass eine gesamtdeutsche Olympiamannschaft längst nicht mehr dem Klima zwischen beiden deutschen Staaten entspreche. Folglich brachte das Nationale Olympische Komitee der DDR sein Anerkennungsproblem auch auf die Tagesordnung der 63. IOC-Session, die am 8. Oktober 1965 in Madrid stattfand.[149]

Dort stellte Andrianow unter dem Tagesordnungspunkt 16 den Antrag, dass die ostdeutsche Delegation gehört werden sollte. Danach legte Albert Mayer in seinem Plädoyer für die vollgültige Aufnahme der DDR die einzelnen politischen Eingriffe dar, die das deutsch-deutsche Problem in den letzten Jahren in die Olympische Bewegung getragen hatten. Willi Daume widersprach der Darstellung Mayers, betonte seinen guten Willen, an der bisherigen Regelung festzuhalten, und distanzierte sich gleichzeitig vom Vorgehen der Politik: »Das westdeutsche Olympische Komitee ist für die Einmischung der Regierung, die es nicht erbeten hat, nicht verantwortlich.«[150] Danach wurde die DDR-Delegation unter der Leitung von Heinz Schöbel 45 Minuten lang gehört. Die daraufhin einsetzende Debatte, die erst am nächsten Tag ihre Fortsetzung fand, endete mit einem Beschluss, der Daumes Kompromissvorschlag aus dem Jahre 1963 aufnahm. Demnach wurde das Nationale Olympische Komitee der DDR zwar vollständig anerkannt, dennoch sollten bei den Olympischen Spielen 1968 die nun getrennten Mannschaftsteile noch einmal mit der gleichen Flagge, der gleichen Hymne und dem gleichen Emblem antreten.[151] Dies war ein Trostpflaster für die westdeutsche Delegation. Sie erhielt aber noch ein weiteres. Denn trotz der Anerkennung des Nationalen Olympischen Komitees der DDR durften die Bundesdeutschen den Namen Nationales Olympisches Komitee für Deutschland weiter tragen. Die geringe Zahl von nur fünf Gegenstimmen, die das Protokoll vermerkt, sprechen für die hohe Akzeptanz dieser Lösung.[152]

Mit der Entscheidung von Madrid entsprach das Internationale Olympische Komitee den realen Gegebenheiten in beiden Teilen Deutschlands. Die 1000 Verhandlungsstunden vor Tokio hatten gezeigt, dass es tatsächlich nicht mehr möglich war, eine gemeinsame Mannschaft über die Berliner Mauer hinweg zu bilden. Während der DDR-Sport im Folgenden seine Anerkennung konsequent aus-

---

[148] Schöbel an Brundage, 23.6.1965, fol. 400-405, fol. 401. SAPMO DY12/780.
[149] Zum Folgenden auch: Minutes of the 63rd Session of the International Olympic Committee, Madrid, October 6-8, 1965, S. 9-10. IOC Historical Archives, Samaranch Olympic Studies Centre, Olympic Museum, Lausanne, Switzerland.
[150] IOC-Bulletin Nr. 92 (15.11.1965). Auszug aus dem Protokoll d. 63. IOC-Kongresses, S. 2. SAPMO DY12/3702.
[151] Ebd. S. 3.
[152] Mit dieser salomonischen Lösung kam das IOC insbesondere dem französischen Veranstalter der Winterspiele entgegen. Denn bereits vor der Session in Madrid hatte der französische Sportminister Maurice Herzog erklärt, nur eine gesamtdeutsche Mannschaft dürfe zu den Winterspielen in Grenoble einreisen. Mit der vollständigen Spaltung dieser Mannschaft hätte das IOC bereits das nächste Problem hervorgebracht. Siehe dazu: Letzte Brücke, in: Der Spiegel, Heft 41, 1965, S. 132-135, S. 135.

baute, zum Beispiel durch die Wahl Heinz Schöbels im April 1966 zum ersten IOC-Mitglied der DDR, gewann der bundesdeutsche Sport auf viel kleinerer Ebene fortan wieder Bewegungsfreiheit. Da mit der Entscheidung von Madrid auch die Zugehörigkeit Westberlins zum westdeutschen Sportgebiet festgeschrieben worden war, stand nun der Wiederaufnahme des innerdeutschen Sportverkehrs nichts mehr entgegen. Somit konnte »die verlorene ›kleine‹ Gemeinsamkeit durch eine wiedergewonnene größere ersetzt werden.«[153]

München macht das Rennen

Im unmittelbaren Umfeld der Trennung der gesamtdeutschen Olympiamannschaft eröffnete sich für die bundesdeutschen Olympier eine neue große Chance: die Bewerbung der Stadt München als Austragungsort der XX. Olympischen Sommerspiele 1972. Nach der Version Willi Daumes war dieser Gedanke vom Präsidenten des Internationalen Olympischen Komitees, Avery Brundage, in einem vertraulichen Gespräch an ihn herangetragen worden. Dieser wollte, dass die 1972er Spiele in Europa stattfinden, bisher hatten sich jedoch nur Wien und Moskau beworben. Da Wien zu diesem Zeitpunkt bereits darüber nachdachte, seine Bewerbung aus finanziellen Gründen wieder zurückzuziehen, wiesen alle Zeichen in Richtung Osten. Das entsprach jedoch in keiner Weise dem Willen des Komitees. Daher sollte München nun als neuer Kandidat auftreten.[154] Nachdem Willi Daume dies während einer Besprechung mit Bundeskanzler Ludwig Erhard, dem bayerischen Ministerpräsidenten Erwin Goppel und dem Oberbürgermeister der Stadt München, Hans-Jochen Vogel, Ende November erneut in Aussicht gestellt hatte, diskutierte das Bonner Kabinett den Vorschlag am 2. Dezember 1965. Es sprach sich im Anschluss daran für eine Bewerbung Münchens aus und sicherte die Übernahme von einem Drittel der Kosten durch den Bund zu. Am 8. Dezember segnete auch der Haushaltsausschuss des Bundestages diese finanzielle Regelung ab.[155]
    Während die Bundesrepublik nach der offiziellen Bekanntgabe der Kandidatur Münchens in eine Art Olympiataumel geriet – 75 % der Bevölkerung begrüßten die Bewerbung trotz der immensen Kosten moderner Olympischer Spiele[156] – hielt sich die Begeisterung jenseits der Mauer in Grenzen. Pünktlich zur ersten Sitzung des Präsidiums des DTSB im neuen Jahr legte der Vizepräsident des DTSB für Internationale Verbindungen, Günter Heinze, eine erste Stellungnahme zur Bewerbung der Stadt München als Austragungsort für die Olympischen Spiele 1972 vor, die in Zusammenarbeit mit Präsidiumsmitgliedern des NOK der DDR erarbeitet worden war. In ihr wurde den bundesdeutschen Bewerbern unterstellt, die

---

[153] N.N., Die Entscheidung von Madrid, in: Olympisches Feuer 15, 1965, Heft 9, S. 1-3, S. 2.
[154] Von Hovora an Seibt, betr.: Olympische Spiele 1972, hier: Austragungsort, 19.11.1965. BArch Koblenz B136/5566. Wenn man mitberechnet, dass diese Mitteilung erst vom DSB an das BMI ging und dort noch die Benachrichtigung an das Bundeskanzleramt verfasst werden musste, fand das ›vertrauliche Gespräch‹ wohl tatsächlich im Umfeld des Kongresses in Madrid statt.
[155] Lücke an Vogel, 8.12.1965. BArch Koblenz B136/5566.
[156] Jahrbuch der Öffentlichen Meinung 1965-1967, S. 27.

Spiele lediglich aus Gründen der nationalen Repräsentation anzustreben und durch sie ihren Alleinvertretungsanspruch unterstreichen zu wollen. Außerdem plane die Bundesregierung durch das Sportereignis von innenpolitischen Problemen abzulenken – ebenso wie es Adolf Hitler bei den 1936er Spielen versucht habe.[157] Diese pseudo-historische Parallelisierung wurde zur Grundlage der DDR-Propaganda gegen die Münchner Spiele.

Das Papier offenbarte aber auch die tatsächlichen sportpolitischen Konsequenzen, die in der Olympischen Bewegung der DDR gefürchtet wurden. An erster Stelle stand dabei die grundsätzliche internationale Aufwertung, welche die westdeutsche Sportbewegung aus den Spielen im eigenen Land ziehen konnte. Im Gegensatz dazu erwartete die DDR-Sportbewegung ihre erneute Abwertung in der olympischen Welt. Außerdem herrschte nun wenig Zuversicht, noch vor 1972 zu einer Änderung des gemeinsamen olympischen Protokolls für die beiden deutschen Mannschaftsteile zu kommen. Aus diesen Befürchtungen ging ein Maßnahmenplan zur Verhinderung der Spiele in München hervor. Dieser schrieb Informationsbesuche bei den Sportleitungen der Bruderländer fest. Auf allen anderen größeren Treffen der internationalen Föderationen sollten deren Mitglieder ebenfalls im Sinne der DDR-Sportführung beeinflusst werden. Die größte Hürde für diesen ›Antiwerbezug‹ der ostdeutschen Sportfunktionäre war es jedoch, dass sie noch nicht im Internationalen Olympischen Komitee vertreten waren und höchstwahrscheinlich keine Einladung zu dem entscheidenden IOC-Kongress in Rom erhalten würden. Lediglich mit der Kandidatur Schöbels für einen Platz in der exklusiven Herrenrunde verband sich eine schwache Hoffnung des DTSB, ihren Standpunkt doch noch zu Gehör bringen zu können.[158] Die Aussicht auf einen Sitz im IOC hemmte aber umgekehrt die DDR-Propaganda gegen München. Denn um das neu gewonnene Ansehen vor dem IOC nicht zu verspielen, wurden auffällige staatliche Propagandaaktionen aus dem Maßnahmenplan gestrichen. Daher entfielen sowohl die öffentlichen Stellungnahmen des Ministeriums für Auswärtige Angelegenheiten als auch des Staatlichen Komitees für Körperkultur und Sport. Eine repräsentative Diskussionsrunde im Fernsehen fiel den sportpolitischen Erwägungen ebenfalls zum Opfer.[159]

Argumentativ sollte von Beginn an gezielt auf die potentiellen Gegenkandidaten Madrid oder Montreal hingearbeitet werden. Dabei hielt die DDR-Sportführung ein überzeugendes Argument in den Händen. Denn in den letzten Jahren war die Durchführung von Internationalen Meisterschaften auf dem Boden der Bundesrepublik häufig an Protokollschwierigkeiten mit der DDR gescheitert, da das Hissen der DDR-Flagge dort nach wie vor gesetzlich verboten war. Auch das umstrittene Grundsatzurteil des Bundesgerichtshofs vom 14. März 1961, in dem

---

[157] Sekretär für Internationale Verbindungen, Präsidiumsvorlage Nr. 1/7/66, betr.: Stellungnahme zur Bewerbung der Stadt München als Austragungsort für die Olympischen Spiele 1972, 14.1.1966, fol. 3-13, fol. 3. SAMPO DY12/849.

[158] Sekretär für Internationale Beziehungen, Sekretariatsvorlage Nr. (…), betr.: Maßnahmen zur Vorbereitung des IOC-Kongress in Rom, 15.3.1966, fol. 26-31, fol. 31. SAPMO DY12/849.

[159] Sie wurden bereits handschriftlich aus der Präsidiumsvorlage gestrichen: Sekretär für Internationale Verbindungen, Präsidiumsvorlage Nr. 1/7/66, betr.: Stellungnahme zur Bewerbung der Stadt München als Austragungsort für die Olympischen Spiele 1972, 14.1.1966, fol. 3-13, fol. 9. SAMPO DY12/849.

dieser die Verfassungsfeindlichkeit des DTSB festgestellt hatte, besaß weiterhin Gültigkeit. Das war Grund genug für die Sportfunktionäre der DDR öffentlich die Frage zu stellen, wie ein Ablauf der Olympischen Spiele in München ohne Diskriminierung der DDR überhaupt möglich sein solle.[160]

Diesen Schlag hatte Willi Daume jedoch kommen sehen. Explizit um diesem Argument aus Pankow zuvorzukommen, hatte der Präsident des Deutschen Sportbundes das Bundesministerium des Innern bereits bei einer Besprechung am 8. März 1966 um eine Erklärung an das Internationale Olympische Komitee gebeten, die Protokollstreitigkeiten bei den Münchner Spielen grundsätzlich ausschließen sollte.[161] Tatsächlich gab die Bundesregierung daraufhin am 23. März dem IOC eine Erklärung ab, die etwas verschwommen aussagte, dass alle Regeln, die »derzeit« bestünden, von den Münchner Organisatoren eingehalten würden.[162] Damit schwieg sie sich beharrlich zu einer Frage aus, die unausgesprochen im Raum stand: Der Beschluss von Madrid hatte ausdrücklich nur das gemeinsame Protokoll für beide deutsche Mannschaften für die 1968er Spiele festgelegt. Damit stand jedoch nicht fest, dass diese auch noch 1972 gültig sein sollten. Daher baten Daume und Oberbürgermeister Vogel die Bundesregierung unter dem Druck der ostdeutschen Propaganda am 20. April – fünf Tage vor Beginn des Kongresses in Rom – um eine Erklärung, dass diese die Regeln des Internationalen Olympischen Komitees vorbehaltlos beachten würde. Damit war er jedoch zu weit gegangen. Nachdem die Bundesregierung bereits am 4. April eine uneingeschränkte Einreiseerlaubnis für die DDR ausgesprochen und sich am 18. April verpflichtet hatte, jede Störung der Spiele durch Emigrantenorganisationen zu unterbinden, sah sie sich außer Stande, noch einen weiteren Schritt von den Kernsätzen ihrer Deutschlandpolitik abzurücken.[163]

Als Daume daraufhin den Vorschlag für ein Schreiben machte, dass zwar nicht das Wort ›vorbehaltlos‹ enthielt, aber dennoch weit über den Standpunkt der Bundesregierung hinausging, riss dem Minister für Gesamtdeutsche Fragen, Erich Mende, der Geduldsfaden. Dieser forderte nun am folgenden Tag Bundesinnenminister Paul Lücke auf, Daume einen Briefentwurf zukommen zu lassen, in dem klar stehe, »dass die Bundesregierung nichts zulassen könne, was ihr Alleinvertretungsrecht infrage stelle.«[164] Dies lehnte Lücke wiederum als »provokatorisch« ab, konnte aber auch seinen eigenen Entwurf, der Daume zumindest auf halber Strecke entgegenkam, nicht mehr gegen Mende durchsetzen. Tatsächlich traf am

---

[160] Dahingehende Feststellung in: Sekretär für Internationale Beziehungen, Sekretariatsvorlage Nr. (…), betr.: Maßnahmen zur Vorbereitung des IOC-Kongress in Rom, 15.3.1966, fol. 26-31, fol. 29. SAPMO DY12/849.
[161] Vor der ostdeutschen Propaganda warnte Daume bereits in einem Brief an den Bundesminister des Innern Lücke vom 21.2.1966. Daume an Lücke, 21.2.1966, S. 3. BArch Koblenz B136/5566.
[162] Auszug aus der Erklärung in: Referat Sp 2 (Schmitz) an von Hovora, 28.6.1968, S. 2. BArch Koblenz B106/36167.
[163] Von Hovora an Vogel, Bewerbung der Landeshauptstadt München um die Ausrichtung der Olympischen Spiele 1972; RR Höfling i.V., Vermerk, betr.: Bewerbung der Stadt München um die Ausrichtung der Olympischen Spiele 1972, hier: Emigrantenorganisationen, 18.4.1966. BArch Koblenz B106/36167.
[164] Referat I/4, Vermerk, betr.: Bewerbung Münchens für die Olympischen Spiele, 5.5.1966, S. 1. BArch Koblenz B136/5566.

23. April gegen Mittag ein Fernschreiben in Rom ein, das Mendes Formulierung enthielt. Willi Daume ließ es bewusst unter den Tisch fallen, da er wusste, wie sensibel das IOC mittlerweile auf Bonner Alleinvertretungs-Allüren reagierte. Doch auch ohne ein weiteres Schreiben aus Bonn wurde München am 25. April 1966 im zweiten Wahlgang zum Austragungsort der XX. Olympischen Sommerspiele gekürt. Da die Flaggenfrage jedoch vor der Vergabe alles andere als ausdiskutiert worden war, brachte Willi Daume neben einem sportlichen Prestigeprojekt auch ein deutschlandpolitisches Desaster mit nach Hause. Dies sollte das Verhältnis zwischen der Bundesregierung und dem Deutschen Sportbund in den kommenden Jahren empfindlich abkühlen lassen.

DRITTES KAPITEL

AUFBRUCHSSTIMMUNG IM SPITZENSPORT – IRRITATIONEN UND HERAUSFORDERUNGEN MITTE DER 1960ER JAHRE

3.1 Staatsnähe und Konzentration

Sport und Staat in der Bundesrepublik

Die Vergabe der Olympischen Spiele an die Stadt München zog in der Bundesrepublik nicht nur deutschlandpolitische, sondern auch sportpolitische Konsequenzen nach sich. Nachdem der DSB die sportliche Herausforderung durch die DDR angenommen hatte, musste sich nun auch die Bundesregierung zu der gesellschaftlichen Aufwertung des Leistungssports positionieren. In den Reihen der Politik setzte sich zunehmend die Überzeugung durch, dass sportliche Spitzenleistungen fester Bestandteil der staatlichen Repräsentation seien. Dadurch wuchs gleichzeitig das Bedürfnis nach staatlicher Mitbestimmung im Sport. Dies kollidierte wiederum mit dem Unabhängigkeitsbedürfnis der bundesdeutschen Sportbewegung und belastete das ohnehin schwierige Verhältnis zwischen Staat und Sport zusätzlich. Die nötigen Zentralisierungs- und Konzentrationsprozesse in der Leistungssportförderung, wie sie die DDR zeitgleich erfolgreich durchlief, erfolgten nun leicht verzögert auch westlich der Mauer.

Der erste Anpassungsschritt der Bundesregierung an die veränderten Gegebenheiten bestand darin, im Juli 1966 das Sportreferat im Bundesministerium des Innern mit Blick auf die Olympischen Spiele 1972 in eine Sportabteilung umzuwandeln. Die Leitung verblieb jedoch bei Ministerialdirigent Cornelius von Hovora. Sie setzte sich fortan aus vier Referaten zusammen: Allgemeine Fragen des Sports, Olympische Spiele 1972, Sportfördermaßnahmen und Sportstättenbau.[1] Bereits im Januar desselben Jahres hatten sich Willi Daume und der Bundesminister des Innern, Paul Lücke, in einem Gespräch mit weiteren Vertretern des Sports auf eine engere Zusammenarbeit zwischen Verband und Ministerium geeinigt. Diese kam in den nun häufiger stattfindenden Gesprächen zwischen beiden Einrichtungen zum Ausdruck.

Tatsächlich konnte die öffentliche Annäherung jedoch nicht darüber hinweg täuschen, dass die Ressentiments zwischen Sport und Staat fortbestanden. Auf Seiten des Sports traten sie auf der Sitzung des Geschäftsführenden Vorstandes des DSB im Februar 1967 deutlich zu Tage. Dort konstatierten die Anwesenden einen »wach-

---

[1] Errichtung einer Sportabteilung, in: Bulletin des Presse- und Informationsamtes der Bundesregierung, 22.7.1966, S. 765.

senden Einfluß des Staates auf den Sport«, der unter anderem aus der steigenden finanziellen Förderung resultiere.[2] Besorgt um ihre Unabhängigkeit lehnten die Vertreter des DSB auf dieser Sitzung die Schaffung eines Sportrates ab. Die Idee eines solchen Rates war in einer Besprechung zwischen Daume und Lücke geboren worden und sollte eine Art Zwischeninstanz zwischen Staat und Sport schaffen. Diese Vorüberlegung stieß im April 1967 auch im Präsidium des DSB auf Misstrauen. Daher fühlte sich Präsident Daume bemüßigt, dem Präsidium im Juli erneut zu versichern, dass weder er noch der Bundesminister des Innern an irgendeiner Form des staatlichen Dirigismus im Bereich des Sports interessiert seien.[3]

Doch nicht nur auf Seiten des Sports traten Empfindlichkeiten auf. Auch im Bundesministerium des Innern trauten die Verantwortlichen den Sportlobbyisten nicht über den Weg. Dort registrierte man mit Unmut, dass sich Daume im Juli 1967 um ein direktes Gespräch mit dem Bundeskanzler bemühte, um diesen für einen Auftritt vor dem DSB-Bundestag im kommenden Jahr zu gewinnen. Daher brachte der Staatssekretär im Bundesministerium des Innern, Karl Gumbel, gegenüber seinem Kollegen Werner Knieper im Bundeskanzleramt bereits im Vorfeld die Befürchtung zum Ausdruck, Daume könne das Gespräch nutzen, um hinter dem Rücken des Ministeriums mit Bundeskanzler Kurt Georg Kiesinger eine Einigung über strittige Fragen zu erreichen. Dieses sei zum einen nicht das erste Mal und zum anderen stehe Daume in keinem guten Verhältnis zum Bundesministerium des Innern.[4] Kniepert versprach daraufhin den Staatssekretär über die Kontakte zwischen dem DSB-Präsidenten und dem Bundeskanzleramt auf dem Laufenden zu halten.

Damit hatte er zunächst wenig Arbeit, denn Kiesinger ignorierte Daumes Bitte um ein halbstündiges Gespräch bis zum März 1968 geflissentlich. Dementsprechend verschärfte sich auch der Ton der Schreiben Daumes an das Kanzleramt. Darin überging Daume jedoch wiederum die Tatsache, dass er an der Verstimmung zwischen dem Bundeskanzler und dem DSB nicht ganz unbeteiligt gewesen war. So hatte er die Bundesregierung hinsichtlich der Protokollregelung für München durch sein Vorpreschen vor dem IOC vor ein nicht unbedeutendes deutschlandpolitisches Problem gestellt. Außerdem war es bei der Besetzung des Beirats des Organisationskomitees für die Olympischen Spiele 1972 zu einem weiteren unglücklichen Vorfall gekommen, der ähnlich tief in Daumes taktisches Geschick blicken ließ. Er hatte den Bundeskanzler im Mai 1967 über Paul Lücke bitten lassen, Mitglied im Beirat des Organisationskomitees für die Spiele der XX. Olympiade in München 1972 zu werden. Kiesinger lehnte dies wegen seiner hohen Arbeitsbelastung ab. Diese Absage hielt Willi Daume jedoch nicht davon ab, den Namen des Bundeskanzlers dennoch in die Mitgliedsliste des Beirats aufzunehmen und sie in einer von ihm als Präsident des DSB herausgegebenen Broschüre zu publizieren.[5]

---

[2] Beschlussprotokoll von der Sitzung des Geschäftsführenden Vorstandes des DSB am 25.2.1967 in Inzell, 2.3.1967, S. 2. BArch Koblenz B322/122.
[3] Beschlussprotokoll von der 64. Präsidialsitzung des DSB am 1.7.1967 in Wiesbaden, 5.9.1967, S. 5. BArch Koblenz B322/122.
[4] Gumbel an Knieper, 3.7.1967. BArch Koblenz B136/5560.
[5] Grundschöttel an Kiesinger, betr.: Beirat des Organisationskomitees für die Spiele der XX. Olympiade in München 1972 e.V., 10.11.1967, S. 1. BArch Koblenz B136/5567.

3.1 Staatsnähe und Konzentration

Letztlich führte jedoch ein weiteres Anliegen des Deutschen Sportbundes im März 1968 zu einem Treffen zwischen Daume und Kiesinger. Denn der DSB-Präsident hatte Kiesinger mehrfach gebeten, vor dem DSB-Bundestag im Mai 1968 eine Ansprache an die westdeutsche Sportbewegung zu dem Leitthema des Kongresses ›Sport und Staat‹ zu halten. Im Januar ging Daume nun von der Überredungskunst zur Drohung über und informierte das Bundeskanzleramt, dass wenn sich Kiesinger nicht zu einer solchen Ansprache bereit erklären würde, er sich eben um den Vizekanzler bemühen müsse. Die Angst vor dem parteipolitischen Kapital, das die SPD aus diesem Schachzug Daumes schlagen könnte, ließ nun sogar Staatssekretär Gumbel die Empfehlung aussprechen, Kiesinger solle die Rede übernehmen.[6] Daraufhin empfing der Bundeskanzler Willi Daume am 19. März 1968 zu einem Vier-Augen-Gespräch. Darin erklärte sich Kiesinger bereit, die Ansprache vor dem DSB-Bundestag zu halten. Selbst hinsichtlich Kiesingers Mitgliedschaft im Organisationskomitee der Münchner Spiele wurde ein Kompromiss geschlossen: Daume bot dem Kanzler den Ehrenvorsitz des Komitees an.

Im Schatten dieser Querelen zwischen dem DSB und der Bundesregierung fand am 1. Dezember 1967 die erste ausführliche Bundestagsdebatte zum Thema Sport statt.[7] Die Debatte griff alle Argumentationslinien des öffentlichen Diskurses auf. Daher lag die Sportförderung der DDR und des Ostblocks zwar als Negativfolie über den Beiträgen, doch im Detail eiferten die Abgeordneten deren System stärker nach, als sie es sich selbst eingestehen wollten. Nahezu alle Redner lehnten zunächst ausdrücklich staatlichen Dirigismus beziehungsweise die Einrichtung eines Sportministeriums ab. Dennoch wurde die Konkurrenzsituation zwischen Sportlern der beiden Blöcke als Politikum akzeptiert und daraus die Pflicht des Staates abgeleitet, die Konkurrenzfähigkeit seiner Sportler sicherzustellen.[8] Ebenso selbstverständlich kritisierte der FDP-Abgeordnete Wolfgang Mischnick, dass westdeutsche Sportler weiterhin an der Deutschen Hochschule für Körperkultur und Sport in Leipzig promovieren müssten, da die Sporthochschule Köln immer noch nicht über das Promotionsrecht verfüge.[9] Vielfach tauchten die Annäherungen an das ostdeutsche Sportmodell jedoch subtiler auf. So erfuhr der Hochleistungssport in dieser Debatte eine Wertschätzung, die in den 1950er Jahren undenkbar gewesen wäre. Nun erschien er als »eine gesunde Weiterentwicklung des Breiten- und Leistungssport« und wurde als »Mittel der Erziehung und Ansporn für alle Leistungsklassen« gewertet.[10] Darüber hinaus redeten alle Beteiligten wie selbstverständlich einer Zentralisierung, Konzentration und einer staatlichen Beteiligung an der Sportförderung das Wort.

Diese drei Prinzipien verfestigten sich in zwei Modellen, um welche die politische und öffentliche Diskussion über den Sport in den nächsten Jahren kreisen sollte: die Einrichtung einer Bundeszentrale für Sport als Organ zwischen Theorie und Praxis und den Entwurf eines umfassenden Förderkonzepts für den Leis-

---

[6] Gumbel an Carstens, 30.1.1968. BArch Koblenz B136/5560.
[7] Abgedruckt in: Deutscher Bundestag, 5. Wahlperiode, 139. Sitzung, 1.12.1967, S. 7037-7068.
[8] So der Abgeordnete Manfred Wörner, ebd. S. 7040.
[9] Ebd. S. 7060.
[10] So der Bundesminister des Innern Paul Lücke, ebd. S. 7049-50.

tungssport. Denn »alle Fördermaßnahmen können sich nur voll auswirken, wenn sie auf einer geschlossenen methodischen Konzeption beruhen.«[11] Damit entwickelte sich der Sport unversehens von der gesellschaftlichen immer mehr zur Staatsaufgabe, wenngleich dies ausdrücklich bestritten wurde. Auch in zwei weiteren Punkten verlief die Sportdebatte im Deutschen Bundestag spiegelbildlich zum gesamtgesellschaftlichen Diskurs. Die Abgeordneten konstatierten eine gestiegene gesellschaftliche Bedeutung des Sports, da er ein Mittel nationaler Repräsentation sei. Diese verlange nun auch nach einem stabilen wissenschaftlichen Unterbau, weshalb nahezu einstimmig die Einrichtung neuer Lehrstühle für Sportwissenschaften – besonders für Sportmedizin – gefordert wurde. Außerdem markierte die Debatte den Versuch, die Neubewertung des westdeutschen Sportwesens mit Traditionsbeständen der deutschen Sportbewegung vor 1933 zu verknüpfen. Daher verband der FDP-Abgeordnete Werner Kubitza seine Forderung nach dem Ausbau der Sport- und Erholungsanlagen in der Bundesrepublik mit dem Hinweis auf die Entwürfe zu einem Reichsspielplatzgesetz der Jahre 1912 und 1920. Ebenso erinnerte ein SPD-Abgeordneter daran, dass man im Jahr 1929 zur Prüfung für das höhere Lehramt das nötige Hausarbeitsthema auch aus dem Bereich der Leibesübungen wählen konnte. Eine solche Regelung lasse jedoch die heutige Geringschätzung des Sports durch die Kultur tragenden Schichten nicht mehr zu. Auch diese Vorbehalte müssten noch überwunden werden, um die Leistungsfähigkeit des westdeutschen Sportsystems zu erhöhen.[12]

Obwohl alle Argumente und Forderungen, welche die westdeutsche Sportbewegung in den zurückliegenden Jahren systematisch aufgebaut hatte, Eingang in die Debatte fanden, fiel deren Bewertung in den Reihen des Sports alles andere als positiv aus. Angesichts der leeren Bankreihen im Parlament, da die Debatte an einem Freitagnachmittag stattfand, stellte Willi Daume rückblickend enttäuscht fest: »Der Wert der Debatte bestand darin, dass sie stattfand.«[13] Auch das DSB-Präsidium zog auf seiner nächsten Präsidialsitzung eine negative Bilanz, in der jedoch gleichzeitig der Zwiespalt deutlich wurde, in dem sich die Sportbewegung befand. Denn obwohl der Geschäftsführende Vorstand des DSB erst ein Jahr zuvor davor gewarnt hatte, dass höhere staatliche Fördersummen auch mehr staatliche Einflussnahme mit sich brächten, forderte das Präsidium nun eine weitere Erhöhung des Leistungssportetats. Außerdem plädierte das höchste Gremium des DSB für die Einführung des individuellen Leistungstrainings in der Schule, die Anstellung von weiteren Bundestrainern und die Errichtung neuer Trainingszentren. Außerdem wurde eine Konzentration der fördernden Maßnahmen für den Leistungssport gefordert.[14] Die Bedürfnisse des DSB waren also noch nicht einmal ansatzweise befriedigt. Fraglich war nur, welches Maß an Verstaatlichung der bundesdeutsche Sport im Gegenzug mittragen würde.

---

[11] Ebd. S. 7051.
[12] Ebd. S. 7042 und 7045.
[13] Die gähnende Leere hat tief enttäuscht, in: Neue Rheinzeitung, 4.12.1967. BArch Koblenz B322/694. Ebenso: Franz Lotz, Der enttäuschte Staatsbürger. Zur Sportdebatte im Bundestag, in: Olympisches Feuer 18, 1968, Heft 1, S. 6-7.
[14] Deutscher Sportbund, Beschlussprotokoll von der 66. Präsidialsitzung des Deutschen Sportbundes am 13.1.1968 in Frankfurt, 24.1.1968. BArch Koblenz B322/124.

Mit dieser Frage sah sich der DSB unmittelbar im Anschluss an die Bundestagsdebatte konfrontiert. Die in der Debatte von allen Fraktionen außer der FDP geforderte Bundeszentrale für Sport löste in den Reihen des DSB die unterschiedlichsten Befürchtungen aus: Erstens hatte man das Gefühl, das Bundesministerium des Innern spiele in der Planungsphase gegenüber dem Verband nicht mit offenen Karten. Zweitens wussten die Funktionäre, dass ihre eigene Ineffizienz und ihre gleichzeitig ständig wachsenden finanziellen Ansprüche solche Überlegungen erst herausgefordert hatten. Da der DSB einen drohenden staatlichen Zugriff auf seinen Aufgabenbereich voraussahnte, gründete er im Januar 1968 die Arbeitskommission ›Sport und Staat‹, in der Vertreter aus Politik, Wissenschaft und dem DSB zusammenkamen.[15]

Mit den Ergebnissen des ersten Treffens dieser Kommission am 19. Januar 1968 in Düsseldorf war der Präsident des DSB, Willi Daume, jedoch alles andere als zufrieden. In einem Schreiben an den Staatssekretär im Bundeskanzleramt, Gumbel, klagte er deshalb über zu viel Deklamation und zu wenig Essenz. Der Arbeitskreis habe zwar die Unabhängigkeit der Sportorganisation vom Staat gebetsmühlenartig beschworen, daraus jedoch keine umgekehrte Schlussfolgerung für den DSB gezogen. Für Daume war indes klar, dass von dem Sportbund und seinen einzelnen Verbänden, deren Etats größtenteils aus öffentlichen Geldern bestanden, in Zukunft eine stärkere finanzielle Verantwortung gefordert werden müsse. Nun sei es an der Zeit, die unrationelle und überalterte Verwaltung und Organisation des westdeutschen Sports zu reformieren und zu modernisieren. Wenn das nicht geschehe, habe der Staat allen Grund, ein Aufsichtsrecht zu beanspruchen.[16]

Dass dies durchaus der staatlichen Zielrichtung entsprach, wurde deutlich, als der Leiter der Abteilung Sport im Bundesministerium des Innern, Cornelius von Hovora, die Idee einer zentralen Bundesstelle für den Sport im Februar 1968 gegenüber dem Sportinformationsdienst aufgriff. Dabei betonte er, dass er keine staatliche Behörde anstrebe, sondern eine selbständige Institution, deren Hauptaufgabe im Bereich der sportwissenschaftlichen Koordination läge.[17] Trotzdem feilte das Bundesministerium des Innern zunächst für sich und hinter den Kulissen an eben dieser Idee einer staatlichen Behörde weiter. Das stellte auch Karlheinz Gieseler pikiert fest, als er den Mitgliedern des Geschäftsführenden Vorstandes des DSB im Mai desselben Jahres den Jahresbericht der Bundesregierung übersandte. Darin war ein Absatz über die Bundeszentrale für Sport enthalten, der deren Planung als abgeschlossen hinstellte. Diese Feststellung verknüpfte der Hauptgeschäftsführer des DSB mit der Forderung, das Bundesministerium solle dem DSB seine Vorstellungen zur Zentrale mitteilen, damit gemeinsam daran weitergearbeitet werden könne.[18]

---

[15] Gieseler an Bürgermeister Hans Koschnick, Minister Heiner Geisler, Staatssekretär Gumbel, Staatssekretär Erwin Lauerbach, Minister a. D. Wolfgang Mischnick, Dr. Joachim Besser, Heinz Lindner, Prof. Dr. Günter Lüschen, Guido von Mengden, August Zeuner, 22.1.1968. BArch Koblenz B322/694.
[16] Daume an Gumbel, 21.2.1968. BArch Koblenz B322/694.
[17] Sid, Bundeszentrale für Sport wird selbständig, 19.2.1968. BArch Koblenz B322/694.
[18] Gieseler an die Mitglieder d. Geschäftsführenden Vorstandes des DSB, 21.5.1968. BArch Koblenz B322/694.

Bevor es dazu kam, konnte der DSB jedoch noch in Ruhe seinen Bundestag begehen, dessen Rahmen erneut Veränderungen im Selbstverständnis der Sportbewegung deutlich machte. Bereits Anfang April hatte Willi Daume im Präsidium angeregt, dem Ablauf des Bundestages eine neue Form zu geben. Er schlug eine repräsentative Veranstaltung zur Eröffnung vor, auf der als Zeichen der »olympischen Aufrüstung« der Bundeskanzler Kurt Georg Kiesinger sprechen sollte.[19] Im Anschluss daran sah er vor, die Mitgliederversammlung – entsprechend dem Stil der Bundestreffen der großen Parteien – auf einzelne Arbeitskreise aufzuteilen. Diese symbolische Anpassung griff auch die Eröffnungsansprache auf, die der Präsident des Deutschen Sportbundes am 23. Mai in Stuttgart hielt. Darin bekannte er sich zur demokratischen Mitverantwortung und unterstrich, dass der DSB den Sport an Stelle des Staates als Teil des Staates organisiere. Für diese Leistung verlange der Verband zwar finanzielle Unterstützung, lehne jedoch jede weitergehende staatliche Einflussnahme ab. Außerdem warnte er davor, dass der Staat die Arbeit, welche die Vereine ehrenamtlich ausführten, niemals finanzieren könne, sollte diese an staatliche Stellen übertragen werden. Außerdem sei allein dieser Gedanke ein großer Schritt hin zu einem »behörden- oder staatsgelenkten Sport östlicher Provenienz«.[20] Stattdessen propagierte Daume das in der Charta des Deutschen Sports enthaltene Partnerschaftskonzept und sprach sich deutlich gegen die Schaffung eines Sportministeriums aus. Daume trat in Anwesenheit Kiesingers selbstbewusst auf und vertrat sozusagen vor dem Bundeskanzler die Interessen der ›Partei der Sportler‹. Auch Kiesinger, der als erster Bundeskanzler tatsächlich vor dem DSB-Bundestag sprach, lehnte ein Sportministerium ab.[21]

Gleichzeitig liefen im Bundesministerium des Innern jedoch die Planungen für eine Bundeszentrale des Sports weiter. Diese wurde zwar lediglich als Angebot an den Sport dargestellt, legte jedoch einen neuen Organisationsgrad im Bereich der Sportwissenschaften fest, der nicht länger auf ehrenamtlicher Basis durch den Bundesausschuss für Leistungssport zu erbringen war. Nun sollte die Lücke zwischen der leistungssportlichen Praxis und der universitären Trainingsforschung durch ein umfassendes Koordinationsorgan geschlossen werden. Dadurch löste sich das Bundesministerium des Innern vom Grundprinzip der Zweckfreiheit der Sportwissenschaften, die nun stärker als Auftragsarbeit der Fachverbände verstanden wurden.[22]

Im Deutschen Sportbund und im Nationalen Olympischen Komitee löste die Studie Bestürzung aus. Folglich sprach sich das DSB-Präsidium am 6. Juli 1968 in Wiesbaden gegen den Entwurf des Bundesministeriums aus. Aus den Reihen des Sports wurden dem Ministerium Tendenzen der Verstaatlichung und vor allem eine Geringschätzung des Ehrenamtes vorgeworfen. Tatsächlich sollte die Bun-

---

[19] Vorlage für die Vorbereitung des Bundestages 1968 des DSB, o. Datum. BArch Koblenz B322/694.
[20] Willi Daume, Die außerparlamentarische Mitverantwortung des Sports. Ansprache des Präsidenten beim 9. Bundestag des DSB am 24. Mai 1968 in Stuttgart, in: DSB, Daume, S. 226-235, S. 232.
[21] Freier Sport in einem freien Staat. Ansprache von Bundeskanzler Dr. Kurt Kiesinger, in: Jahrbuch des Sports 1967/68, S. 11-17.
[22] Kroppenstedt an Gieseler, betr.: Bundeszentrale für Sport, Anlage: Arbeitsstudie zur Errichtung einer Bundeszentrale des Sports, 5.6.1968, S. 1-5. BArch Koblenz B322/27.

desbehörde des Sports neben dem leitenden Direktor und den sieben Abteilungsleitern mit 41 Beamten und 21 Angestellten besetzt werden. Die geplanten Mittel beliefen sich auf rund zehn Millionen DM. Besonders die Verbeamtung sportlicher Führungskräfte, so fürchtete der DSB, würde auf die Dauer die Personalstruktur des westdeutschen Sports verändern. Er selbst würde seine leitenden Angestellten an die Bundeszentrale verlieren, die mit höheren Gehältern und sozialer Sicherheit lockte.[23] Außerdem schuf die Verbeamtung ein deutliches Gefälle gegenüber den vielen ehrenamtlichen Helfern, deren Einsatz Daume auf dem Bundestag noch als unbezahlbar bezeichnet hatte. In diesem Punkt entwertete das Bundesministerium die zivilgesellschaftliche Grundstruktur des bundesdeutschen Sports. Andererseits knüpfte das DSB-Präsidium aber auch an Willi Daumes Warnung zu Beginn des Jahres an: In Zukunft musste der DSB tatsächlich beweisen, dass er seine Arbeit auch aus eigener Kraft effizienter gestalten konnte. Dazu sollte eine kleine Kommission nun einen konstruktiven Gegenentwurf erarbeiten. Ihr gehörten Prälat Bockler, Fritz Bauer, Willi Hübner, Wilhelm Kregel, Max Danz, Prof. Franz Lotz und Josef Nöcker an.[24]

Die Beurteilung der Bundeszentrale fand sowohl in den Reihen des Sports als auch in der Politik Gegner und Fürsprecher. Sportreferent von Hovora bemühte sich die Studie öffentlich herunterzuspielen und stellte sie als einen Privatentwurf eines Oberregierungsrates hin. Auch der Bundesminister des Innern selbst sah sich bei der Verleihung des Silbernen Lorbeerblattes Ende August 1968 bemüßigt, sich gegen die Art und Weise auszusprechen, in der in den vorangegangenen Wochen das Verhältnis zwischen Sport und Politik diskutiert worden war.[25] Zwar warnte Walter Umminger, Mitglied der Deutschen Olympischen Gesellschaft, in der Zeitung *Die Welt* scharf vor der Verstaatlichung des Sports, doch Max Danz, der Präsident des Deutschen Leichtathletikverbandes, äußerte sich an gleicher Stelle positiv über die Studie. Er behauptete sogar, dass nach seiner Einschätzung die Mehrheit der Fachverbände die Einrichtung einer solchen Zentrale begrüßen würde. Denn »wenn man die Leistungskurve des Spitzensports in der Bundesrepublik betrachtet, drängt sich die Notwendigkeit einer zentralen Förderung geradezu auf.«[26] Damit deutete Max Danz gleichzeitig an, dass die Idee einer Bundeszentrale keineswegs unerwartet für den freien deutschen Sport kam, sondern vielmehr eine konsequente Umsetzung von dessen Forderung nach mehr staatlicher Unterstützung und somit eine offensichtliche Konsequenz seiner drängenden Vergleiche mit der DDR war.

Dementsprechend unaufgeregt fielen auch die Treffen zwischen Willi Daume und dem Bundesminister des Innern, Ernst Benda, nach diesem öffentlichen Intermezzo aus. Benda selbst hatte Daume um eine klärende Aussprache gebeten, die dieser möglichst früh vor den Olympischen Spielen in Mexiko führen wollte,

---

[23] Vorlage für Punkt 4 der Tagesordnung, Bundeszentrale des Sports, o. Datum (wohl aber für die Präsidiumssitzung am 6.7.1968). BArch Koblenz B322/27.
[24] Ergebnisprotokoll von der Sitzung des Geschäftsführenden Vorstandes des DSB am 19.8.1968 in Frankfurt, 27.8.1968. BArch Koblenz B322/694.
[25] Das Planspiel mit der Sportzentrale, in: Die Welt, 10.7.1968, S. 13. Der Sport ist keine Staatsaufgabe, in: Bulletin des Presse- und Informationsamtes der Bundesregierung, 30.8.1968, S. 916-917.
[26] Ohne den Segen des Ministers, in: Die Welt, 10.7.1968, S. 13.

da er im Falle eines schlechten Abschneidens des westdeutschen Mannschaftsteils eine Schwächung seiner Verhandlungsposition fürchtete.[27] Das Gespräch, das am 29. August 1968 stattfand, verlief positiv. Dies lag daran, dass Daume fern der Öffentlichkeit gegenüber dem Minister zugab, dass die Probleme, welche die Studie aufgezeigt hatte, bereits zu Zeiten Höcherls vom DSB selbst artikuliert worden waren. Damit knüpfte er gleichzeitig an die Aussage Max Danz an. Dennoch bezeichnete der Präsident des Deutschen Sportbundes den vorgeschlagenen Lösungsweg über eine Art Behörde als inakzeptabel. Doch auch dem Minister war bereits daran gelegen, den Begriff ›Bundeszentrale‹ möglichst aus dem öffentlichen Sprachgebrauch zu entfernen.[28] Beide einigten sich außerdem auf weiterführende Gespräche in einer Koordinierungskommission aus Vertretern des DSB und des Bundesministeriums des Innern. Die Abordnung des Sports sollte von Willy Weyer, dem nordrhein-westfälischen Innenminister, Vizepräsidenten des DSB und in dieser Frage Daumes engstem Vertrauten, geleitet werden.

Aus den Beratungen dieser Kommission am 19. und 20. November 1968 ging ein ›Koordinierungsprogramm 1969 für den Sport‹ hervor, das Ende Januar 1969 zunächst im Geschäftsführenden Vorstand des DSB, dann erneut mit dem Bundesministerium des Innern diskutiert werden sollte. In ihm erfuhr die Charta des deutschen Sports, die der DSB-Hauptausschuss im Oktober 1966 verabschiedet hatte, eine unerwartete politische Aufwertung. Die Charta hatte den Staat, die Parteien und alle gesellschaftlichen Gruppen dazu aufgerufen, eine echte Partnerschaft mit dem Sport einzugehen.[29] Nun galt sie als der Rahmen, in dem die neuen Kooperationsbeziehungen zwischen Staat und Sport ausgehandelt werden sollten. Schließlich war in ihr bereits eine angemessene Einordnung des Sports und der Leibeserziehung in den Kulturbereich gefordert worden. Sie erschien aber außerdem als die Grundlage, auf welcher der DSB aus eigener Kraft den neuen Herausforderungen einer Aufwertung des Sports begegnen wollte. Dazu gehörte die Einrichtung eines hauptamtlichen Verwaltungsapparates ebenso wie der Aufbau einer Führungsakademie des DSB. Diese Neustrukturierung war als Gegengewicht zu einer stärkeren Integration des Sports in die Sozial-, Gesundheits- und Bildungspolitik des Bundes konzipiert.[30] Die Umwandlung des Bundesausschusses für Leistungssport und die Einrichtung eines Sportbeirats beim Bundesministerium des Innern sollten der reinen Deklamation im neuen Jahr Taten folgen lassen.

Auch östlich der Mauer blieb das Rumoren im westdeutschen Sport nicht unbemerkt. Daher wurden die Sportdebatte im Bundestag, die Planungen zur Bundeszentrale und der DSB-Bundestag 1968 intern im DTSB und in der nur auf den Dienstgebrauch beschränkten Zeitschrift *Theorie und Praxis des Leistungssports* diskutiert. Extern reflektierte die Propaganda die Ergebnisse der Debatten im *Deutschen Sportecho* und in der Zeitschrift *Theorie und Praxis der Körperkultur*. Die Autoren interner Materialien gingen dabei erstaunlich gelassen mit dem

---

[27] Daume an Weyer, 27.8.1968. BArch Koblenz B322/694.
[28] Daume an Weyer, 3.9.1968. BArch Koblenz B322/694.
[29] Die Charta des deutschen Sports ist abgedruckt in: Olympisches Feuer 16, 1966, S. 1-2.
[30] Gieseler an die Mitglieder der Koordinierungskommission des DSB, Koordinierungsprogramm für den Sport, 4.12.1968, S. 1. BArch Koblenz B322/694.

Aufrüsten des westdeutschen Leistungssports durch Staat, Gesellschaft und Industrie um. Diese wurde zufrieden als Reaktion auf die hohen Leistungen des DDR-Sports in den Jahren 1966/67 gewertet.[31] Langsam entwickelten die DDR-Sportfunktionäre also ein Bewusstsein für ihre sportliche Überlegenheit.

Im Detail bemühten sich die Arbeiten aus der Abteilung ›Zeitgeschichte des Sports‹ an der Forschungsstelle der Deutschen Hochschule für Körperkultur in Leipzig jedoch um eine ideologisch elaboriertere Erklärung der Vorgänge im westdeutschen Sport. Sie interpretierte diese als Ausdruck des Übergangs Westdeutschlands vom monopolistischen zum staatsmonopolistischen Kapitalismus, wie ihn Walter Ulbricht auf dem VI. Parteitag der SED im Jahr 1963 prophezeit hatte. Kennzeichen dieser Form des Kapitalismus sei, dass er alle Bereiche des gesellschaftlichen Lebens erfasse und verändere.[32] Da dieser Schritt nun auch vom westdeutschen Sport nachvollzogen worden sei, widerlege er die bürgerliche These von der Zweckfreiheit und Individualität des Leistungssports und seiner isolierten Entwicklung unabhängig von gesellschaftlichen Prozessen. Auch in den externen Veröffentlichungen wurden die Konzentrations- und Zentralisierungsprozesse, z.B. durch die Gründung des Bundesausschusses für Leistungssport oder den Aufbau von Trainingszentren im westdeutschen Leistungssport, gemäß der eigenen Ideologie mit denen in der freien Wirtschaft gleichgesetzt und somit in eine allgemeine gesellschaftliche Entwicklung eingeordnet.[33]

In dem DSB-Bundestag des Jahres 1968 sahen die DDR-Sportideologen außerdem eine realpolitische Relevanz. Das Auftreten Kiesingers galt als propagandistischer Akt zur breiten gesellschaftlichen Durchsetzung der Notstandsgesetze. Demnach sollte der Deutsche Sportbund dafür gewonnen werden, die außerparlamentarische Opposition zu paralysieren. Zwar formulierten die Verantwortlichen diesen Vorwurf moralisch überhöht, doch die Fakten sprachen nicht gegen sie. Denn Willi Daume hatte aus seiner Konformität mit der Regierungsmeinung in der Frage der außerparlamentarischen Opposition nie einen Hehl gemacht. Daher betonte der DSB-Präsident in seiner Rede vor dem DSB-Bundestag auch den deutlichen Unterschied zwischen außerparlamentarischer Opposition und außerparlamentarischer Mitverantwortung. Schon einen Monat zuvor hatte sich Willi Daume gegenüber dem Westberliner Regierenden Bürgermeister, Klaus Schütz, aus Anlass eines Treffens mit den Olympiakandidaten zu dem Ausspruch hinreißen lassen, der eine Steilvorlage für die DDR-Propaganda wurde:

---

[31] DTSB/Abteilung Sportverkehr, Präsidiumsvorlage Nr. 8/5/67, betr.: Argumentation zur Sport-Debatte im westdeutschen Bundestag, 15.11.1967, fol. 499-505, fol. 501. SAPMO DY12/785. Werner Thilo, Sport und ›formierte Gesellschaft‹, in: Theorie und Praxis des Leistungssports 4, 1967, Heft 2, S. 17-30, S. 27. Auffallend sind an diesen Arbeiten die detaillierten Kenntnisse der Verfasser über die sportpolitischen Entwicklungen in der Bundesrepublik. An der DHfK wurden beispielsweise die Zeitschriften der einzelnen westdeutschen Landesverbände, die der Fachverbände und die Tagespresse ausgewertet, zuzüglich aktueller sportpolitischer Literatur.

[32] Ebd. S. 20-21. So auch Gerhard Oehminge, Zu Problemen des westdeutschen Leistungssports unter den Bedingungen des staatsmonopolistischen Herrschaftssystems, in: Theorie und Praxis des Leistungssports 5, 1968, Heft 8, S. 1-6.

[33] Reinhard Zimpel, Zur Konzentration und Zentralisation im Leitungssystem des westdeutschen Leistungssports, in: Theorie und Praxis der Körperkultur 17, 1968, S. 410-419.

»Die Jugend, die in diesem Saale ist, ist eine andere als die, mit der Sie sich in den letzten Wochen auseinandersetzen mussten. Ich hätte ihnen lieber einen Speer überreicht, aber auch dieser Diskus kann eine gute Waffe sein.«[34]

Ebenso zufrieden nahm die DDR-Sportführung den Vorstoß der westdeutschen Sportdelegierten Heinz Laufer und Erwin Schumacher zur Kenntnis. Sie verteilten auf dem DSB-Bundestag einen von Laufer verfassten Brief, der mit mehreren Sportvereinen, besonders aus Nordrhein-Westfalen, abgestimmt worden war. In diesem forderte Laufer den DSB-Bundestag auf, auch zu den Notstandsgesetzen, dem Stillstand in der Deutschlandpolitik, der außerparlamentarischen Opposition und dem Krieg in Vietnam Stellung zu beziehen.[35] Zwar verhallte diese Aufforderung ebenso folgenlos wie die erstmals aus den eigenen Reihen des Sports durch Georg von Opel öffentlich geäußerte Kritik an Willi Daumes Führungsstil. Dennoch sind dies deutliche Anzeichen dafür, dass die fortschreitende Konzentration und die zunehmende Staatsnähe des bundesdeutschen Sports von Teilen der sportlichen Basis durchaus kritisch verfolgt und als Belastungsprobe empfunden wurden. Das Unbehagen wurde lauter, als es sich beim Übergang in das nächste Jahrzehnt mit der Gesellschaftskritik der Neuen Linken verband.

DER AUFSTIEG DER LEISTUNGSSPORTKOMMISSION

Der wachsende Leistungsdruck im internationalen Sport und die sportliche Konkurrenz zur Bundesrepublik führten auch im DDR-Sport zu einer stärkeren Zentralisierung der Organisation des Leistungssports. Während in der Bundesrepublik noch um eine Bundeszentrale des Sports gerungen wurde, war östlich der Mauer bereits im Jahr 1967 die Leistungssportkommission der DDR gegründet worden. Das Gremium ist in der bisherigen sporthistorischen Forschung einseitig als Ausdruck von Ewalds Machtstreben und als diktatorischer Handstreich innerhalb der DDR-Sportstrukturen interpretiert worden.[36] Tatsächlich stellte seine Gründung jedoch eine stringente Fortsetzung der sportpolitischen Entwicklung der DDR dar. Außerdem war die Kommission nicht von Beginn an die geheime Schaltzentrale des Leistungssports, sondern musste sich zunächst zwischen den verhärteten Fronten des Staatlichen Komitees und des DTSB verorten. In diesem Prozess brachen Widerstände und Machtansprüche auf, die das Bild eines monolithischen Interessenblocks im DDR-Sport relativieren.

Seit der Gründung der ersten Leistungssportkommission im Jahr 1959 hatte sich die DTSB-Führung um Manfred Ewald und Bernhard Orzechowski darum bemüht, diese in ein tragfähiges Entscheidungsgremium des Leistungssports umzuwandeln. Wie wenig ihnen das jedoch gelungen war, zeigt der Politbürobe-

---

[34] Diskuswerfer, in: Süddeutsche Zeitung, 25.4.1968, S. 30. Zitiert in: Rudolf Volkert, Der DSB-Bundestag 1968 – Schein und Wirklichkeit, in: Theorie und Praxis der Körperkultur 17, 1968, S. 775-783, S. 781 und Abteilung Sportverkehr, Einschätzung A. Zum Bundestag des westdeutschen Sportbundes, fol. 173-191, fol. 174. SAPMO DY12/541.
[35] Heinz Laufer an die Teilnehmer und Delegierten des Bundestages des Deutschen Sportbundes, o. Datum, fol. 68-69. SAPMO DY12/541.
[36] Spitzer, Zirkel, 1995, S. 360-375 sowie Ritter, Wandlungen, insb. S. 101-110.

schluss zur ›Vorbereitung auf die Olympischen Spiele 1968 und Weiterentwicklung des Leistungssports bis 1972‹ vom 13. Dezember 1966. Darin ordnete die Partei- und Staatsführung an, dass die Arbeit der Leistungssportkommission als »komplex verantwortliches Führungsorgan« effektiver werden müsse.[37] Diesen Gedanken setzte der Vorsitzende der Leistungssportkommission, Bernhard Orzechowski, in einer Vorlage um, welche die Leistungssportkommission am 3. Mai 1967 beriet. Darin versuchte er die Arbeitsweise der Leistungssportkommission intern zu ändern, indem er auf das bereits gescheiterte Modell einer ›kleinen‹ und einer ›großen‹ Kommission zurückgriff. Orzechowski verwendete nun lediglich andere Begriffe. Zweimal im Quartal sollte die Leistungssportkommission geschlossen zusammenkommen und grundsätzliche Aufgaben des Leistungssports beraten. Daneben beauftragte er eine neu zu bildende Leitung der Leistungssportkommission mit der kurzfristigen Lösung operativer Aufgaben und Probleme. Dazu gehörte beispielsweise die Evaluierung einzelner Fachsektionen und Sportclubs.[38] Dieser zaghafte Nachbesserungsversuch durch Bernhard Orzechowski entsprach jedoch nicht der Vorgabe des Politbüros und dem Ziel, das Manfred Ewald in Zusammenarbeit mit der Abteilung Sport beim ZK im Hintergrund bereits vorbereitete: die Umformung der Leistungssportkommission zu einem umfassenden neuen Leitungsorgan im Leistungssport.

Erste Arbeitsrichtlinien für ein solches Organ, dessen Name auf ›Leistungssportkommission der DDR‹ erweitert wurde, ließ die Abteilung Sport Alfred B. Neumann im Herbst 1967 zukommen. Der Leiter des Staatlichen Komitees für Körperkultur und Sport nahm zu dem vorgelegten Material gegenüber Walter Gröger aus der Abteilung Sport kritisch Stellung und erzielte sogar in einem entscheidenden Punkt eine Änderung der Arbeitsrichtlinien. Denn in dem ihm vorgelegten Entwurf war der Gedanke enthalten, dass die Leistungssportkommission zukünftig eine endgültige Entscheidungsbefugnis im Leistungssport erhalten sollte, »die für alle Sportleitungen verbindlich« sei.[39] Neumann bat darum, den Begriff ›Sportleitungen‹ zu konkretisieren und somit dem Missverständnis vorzubeugen, dass das neu zu konstituierende Organ gegenüber einzelnen Ministerien weisungsberechtigt sei. Außerdem wünschte er, dass in dem neuen Gremium stärker die Idee sozialistischer Gemeinschaftsarbeit und Kooperation betont würde. Tatsächlich hieß es in den endgültigen Richtlinien, die Hellmann am 8. November formulierte und an die zuständigen Stellen zurücksandte, zu den Kompetenzen der neuen Kommission, sie treffe »endgültige Entscheidungen, die von den Mitgliedern der Kommission in ihrem Verantwortungsbereich durchzuführen sind.«[40] Auch Neumanns Bitte, Gröger in das neue Gremium aufzunehmen, wurde entsprochen.

---

[37] Vorbereitung auf die Olympischen Spiele 1968 und Weiterentwicklung des Leistungssports bis 1972, 13.12.1966. SAPMO DY30/JIV 2/2/1088. Abgedruckt in: Teichler, Sportbeschlüsse, S. 530-535, S. 531.
[38] Leistungssportkommission, Vorlage Nr. 2464 für die Beratung der Leistungssportkommission am 3.5.1967, betr.: Führungs- und Leitungsfragen der Leistungssportkommission, 24.4.1967. BArch Berlin DR5/1163.
[39] Neumann an Gröger, 4.10.1967, S. 1. BArch Berlin DR5/1138.
[40] Hellmann an Honecker, Arbeitsrichtlinien für die Leistungssportkommission der DDR, 8.11.1967, im Anhang S. 1. SAPMO DY30/IV A2/18/5.

Das zeigt, dass die Gründung der Kommission trotz Ewalds zunehmender Machtfülle primär das Produkt innersystemischer Aushandlungsprozesse war.[41]

Die neue Leistungssportkommission der DDR, die neben dem Staatlichen Komitee auch mit den Ministerien für Volksbildung und für Hoch- und Fachschulwesen sowie dem Zentralrat der FDJ abgesprochen war, stellte an sich kein Novum dar. Neu war lediglich die Tatsache, dass sie nun zum Entscheidungsorgan promoviert und die Zahl ihrer Mitglieder auf 16 beschränkt wurde. Dem innersten Zirkel gehörten von nun an auch die Stellvertreter des Ministers für Volksbildung und des Ministers für Hoch- und Fachschulwesen an. Die Sportvereinigungen Vorwärts und Dynamo waren in dem neuen Gremium nicht mehr vertreten.[42] Die Leitung übernahm erneut Manfred Ewald. Das erstaunt nicht, denn dem ehemaligen Leiter Orzechowski war es nicht gelungen, die Handlungsfähigkeit der Kommission zu verbessern. Die Gründungsrichtlinien, die im Geiste der Zeit eine Vorrangigkeit des Leistungssports festschrieben, die Konkurrenzsituation mit der Bundesrepublik betonten und auf Planung und Prognostik schworen, wichen in keinem Punkt von der Grundrichtung des Leistungssports der DDR ab. Folglich bekannte sich die neue Kommission auch zu den Beschlüssen der Partei sowie den daraus resultierenden Festlegungen durch das Staatliche Komitee und den DTSB. Die Veränderung beschränkte sich auf die strukturelle Ebene.

Schon Alfred B. Neumann war in seiner Stellungnahme aufgefallen, dass die Kommission auch mit der Bestätigung von Plänen und Leistungszielen der einzelnen Fachsektionen sowie mit der Zusammensetzung von Nationalmannschaften und internationalen Vertretungen einzelner Sportclubs betraut sein sollte. Dabei handelte es sich jedoch um originäre Kompetenzen des Sekretariats des DTSB.[43] Da Manfred Ewald niemals Kompetenzabstriche in seinem engsten Umfeld zugelassen hätte, liegt die Vermutung nahe, dass er den Bereich Leistungssport nun nahezu ganz aus dem DTSB herauslöste und dem neuen Entscheidungsorgan unterordnete. Schließlich hatten die für den Leistungssport zuständigen DTSB-Vizepräsidenten Orzechowski (Leistungssport), Heinze (Internationale Fragen), Heil (Kultur und Bildung) sowie der Leiter der Hauptabteilung Wissenschaft im Leistungssport und Trainingswesen im DTSB, Röder, einen Platz in dem neuen Gremium inne. Somit wurde also das DTSB-Präsidium von Fragen des Leistungssports entlastet, die nun direkt in der Kommission entschieden wurden.[44] Die zugehörigen DTSB-Abteilungen wurden dadurch zu einem Apparat der Kommission, die sonst ihrer Kontrollfunktion bis in den kleinsten Bereich des Leistungssports mit ihrer eigenen personellen Stärke niemals hätte nachkommen können. Auch darauf hatte Neumann bereits aufmerksam

---

[41] Die Tatsache, dass Neumann an der Ausarbeitung der Arbeitsrichtlinien beteiligt war, verwirft die These Giselher Spitzers, die von Andreas Ritter übernommen wurde, dass es sich bei der Gründung der Leistungssportkommission der DDR um einen konspirativen Akt des DTSB-Präsidenten Manfred Ewald handelte.

[42] Zur Zusammensetzung: Hellmann an Honecker, Arbeitsrichtlinien für die Leistungssportkommission der DDR, 8.11.1967, im Anhang, S. 4. SAPMO DY30/IV A2/18/5.

[43] Neumann an Gröger, 4.10.1967, S. 2. BArch Berlin DR5/1138.

[44] Dies bestätigt eine Auswertung der Tagesordnungen der einzelnen Präsidiumssitzungen seit Bestehen der Leistungssportkommission bis ins Jahr 1972 hinein. Vgl. SAPMO DY12/785 bis 797.

gemacht. Durch diese Umstrukturierung verkürzten sich die Entscheidungswege im Bereich des Leistungssports innerhalb des DTSB. Kürzere Wege garantierte auch die Anwesenheit der Stellvertreter der Minister. Im Folgenden musste sich nun zeigen, ob es der Kommission auch gelingen würde, Kompetenzen des Staatlichen Komitees zu besetzen.

Zunächst führte jedoch die Art und Weise, in der Ewald die alte Leistungssportkommission am 8. November 1967 auflöste, zu harscher Kritik. Da diese aus der Abteilung Sicherheit kam, liegt allerdings die Vermutung nahe, dass Ewalds gewohnt undiplomatisches Vorgehen lediglich als argumentativer Vorwand diente. Tatsächlich dürften die Sportzuständigen der Nationalen Volksarmee bei der Abteilung Sport gegen ihren Ausschluss aus dem neuen Gremium protestiert haben.[45] Hellmann verteidigte daher auch den DTSB-Präsidenten. Dieser habe die neuen Richtlinien während der letzten Sitzung der alten Kommission ausführlich dargestellt. Außerdem habe Ewald in der Sitzung darauf hingewiesen, dass der Schritt mit der Parteiführung abgesprochen sei. Mit diesem Argument war die Sache für Hellmann erledigt. Die Sportvereinigungen Vorwärts und Dynamo sowie die Gesellschaft für Sport und Technik fanden erst später ihren Platz in der Leistungssportkommission.[46]

Im Gegensatz zu der Auflösung der alten Kommission verlief die konstituierende Sitzung der neuen Leistungssportkommission der DDR am 21. November 1967 reibungslos. Wie bereits in seinem Einladungsschreiben an die Mitglieder der neuen Kommission, erklärte Ewald zu diesem Anlass erneut die Notwendigkeit eine Entscheidungsebene über dem DTSB einzurichten. Diese ergebe sich als Konsequenz der Entwicklungen im Leistungsbereich des internationalen Spitzensports und den internen Erfahrungen des DDR-Sportsystems.[47] Damit rekurrierte Ewald selbst auf die Abhängigkeit des DDR-Sports von Veränderungen im Bereich des internationalen Spitzensports.

Wie wenig tatsächliche Durchsetzungskraft das neue Gremium besaß, zeigt sich jedoch daran, dass die neue Leistungssportkommission mit ihrem wichtigsten Reformprojekt zunächst scheiterte: einer neuen Bestimmung und Abgrenzung der Verantwortungsbereiche im Leistungssport. Diese neue Grenzziehung nannte das ansonsten unspektakuläre Arbeitsprogramm, das die Kommission Anfang Dezember 1967 für das kommende Jahr verabschiedete, an erster Stelle. Ihm folgten die Vorbereitung der DDR-Olympiamannschaft auf die Olympischen Spiele und die Formierung des Olympiakaders für das Jahr 1972. Außerdem sollten Grundsatzentscheidungen zu wichtigen Fragen der Forschung, der Kaderausbildung, des Nachwuchssports und der Sportgeräteentwicklung erarbeitet werden.[48] Das Gremium musste aber, um tatsächlich handlungsfähig zu werden, zunächst in den eigenen Reihen zum Konsens kommen. Das zeigt der Umgang

---

[45] Borning (Abt. Sicherheitsfragen) an Honecker, betr.: u.a. Auflösung der Leistungssportkommission, 13.11.1967, S. 2. SAPMO DY30/IV A2/18/5.

[46] Hellmann an Honecker, 17.11.1967, S. 1. SAPMO DY30/IV A2/18/5. Spitzer weist auf die Nachbesserung in der Organisationsstruktur hin, ohne diese jedoch genau zu datieren. Siehe: Spitzer, Zirkel, S. 371-372.

[47] Ewald an Neumann, 16.11.1967. BArch Berlin DR5/1184.

[48] Leistungssportkommission der DDR, Programm und Themenplan für das Jahr 1968, 8.12.1967, fol. 226-230. SAPMO DY12/3321.

mit der von Manfred Ewald erarbeiteten Vorlage zur Festlegung der Verantwortung im Leistungssportbereich. Diese wurde immer wieder diskutiert, aber nicht angenommen: Ewald war also mit seinem ersten Handstreich innerhalb des Gremiums gescheitert.[49]

Die Vorlage enthielt Richtlinien dafür, wie die einzelnen DTSB-Abteilungen der Leistungssportkommission zuzuarbeiten bzw. deren Beschlüsse umzusetzen hatten. Grenzziehungen im Bereich des Leistungssports wurden außerdem für das Staatliche Komitee für Körperkultur und Sport, das Ministerium für Hoch- und Fachschulwesen und die FDJ festgeschrieben.[50] Wenig offensichtlich verschob der Vorsitzende der Leistungssportkommission der DDR einzelne Kompetenzbereiche der für den Leistungssport verantwortlichen Organe. So versuchte er insbesondere Zuständigkeiten aus dem Bereich der Sportwissenschaften in der Leistungssportkommission zu kumulieren. Da diese aber das ureigene Terrain des Staatlichen Komitees für Körperkultur und Sport waren, setzte ein handschriftlicher Korrektor besonders hinsichtlich der Arbeitsweise des Rates für Leistungssportforschung den Rotstift an.[51]

Dem Rat für Leistungssportforschung bei der Leistungssportkommission des DTSB fielen bereits seit seiner Konstituierung unter der Leitung von Hans Schuster am 18. Januar 1966 viele Kompetenzen aus dem Staatlichen Komitee zu. Obwohl lediglich als beratendes Organ konzipiert, war er laut Statut dennoch für die Lenkung, Organisation und Koordinierung der sportwissenschaftlichen Arbeit aller im Bereich des Leistungssports tätigen Institutionen und Einrichtungen zuständig – und damit auch für die Deutsche Hochschule für Körperkultur.[52] Dies versuchte der Korrektor nun bei der Neufassung der Zuständigkeiten des Rates als beratendem und unterstützendem Organ der Leistungssportkommission der DDR abzuschwächen.[53] Außerdem reduzierte er das Recht der Bestätigung von wichtigen Forschungskonzeptionen durch den Rat durch den Anhang »auf der Grundlage der beschlossenen Forschungspläne«.

Diese Einschränkungen überraschen unter dem Gesichtspunkt, dass der Rat für Leistungssportforschung nun Günter Erbach unterstellt wurde, der das Staatliche Komitee für Körperkultur und Sport vertrat und daher durchaus an einer hohen Kompetenzfülle des Beratungsorgans interessiert gewesen sein könnte. Das Staatliche Komitee hegte dazu jedoch zu viele grundsätzliche Vorbehalte gegenüber der neuen Leistungssportkommission der DDR. Dies wird daran deutlich, dass

---

[49] Leistungssportkommission der DDR, Protokoll der Beratung der Leistungssportkommission der DDR am 17.1.1968, 18.1.1968. BArch Berlin DR5/1184.

[50] Leistungssportkommission der DDR (Ewald), Vorlage für die Leistungssportkommission der DDR Nr. 3174, betr.: Festlegung der Verantwortung im Leistungssportbereich, 10.1.1968. BArch Berlin DR5/1184.

[51] Die Kritikpunkte an der Vorlage sind nicht im Protokoll der Sitzung festgehalten, gehen aber aus den handschriftlichen Randnotizen eines Exemplars hervor, das höchstwahrscheinlich durch einen Verantwortlichen aus dem Staatlichen Komitee – entweder Neumann oder Erbach – auf diese Art kommentiert wurde.

[52] Wissenschaftlich-Methodischer Rat, Information über die konstituierende Sitzung des Rates für Leistungssportforschung, 27.1.1966. BArch Berlin DR5/1121.

[53] Leistungssportkommission der DDR (Ewald), Vorlage für die Leistungssportkommission der DDR Nr. 3174, betr.: Festlegung der Verantwortung im Leistungssportbereich, 10.1.1968, S. 5. BArch Berlin DR5/1184.

der Korrektor auch den Terminus »Vorsitzender des Rates ist das Mitglied der Leistungssportkommission Prof. Dr. Erbach« durch »vom stellvertretenden Vorsitzenden des Staatlichen Komitees geleitet« ersetzte.[54] Auch das ist ein nachdrücklicher Hinweis auf das immer noch bestehende Staatliche Komitee für Körperkultur und Sport. Als dessen Repräsentant sollte Erbach in diesem Zusammenhang ausdrücklich genannt werden, nicht als Mitglied der neuen Kommission. Ewald wurde außerdem bei dem Versuch ertappt, Kompetenzen des Staatlichen Komitees auf die Abteilung Wissenschaft beim DTSB übertragen zu wollen.

Völlig unerwartet dürfte hingegen ein Vorstoß des Sekretariats des Präsidiums des DTSB für Manfred Ewald gekommen sein. Es hatte sich in seiner Sitzung am 23. April 1968 mit einigen Fragen der Durchführung der Beschlüsse der Leistungssportkommission durch den DTSB befasst. Im Anschluss daran sprach sich das Sekretariat dafür aus, das Arbeitsprogramm der Kommission dem Präsidium des DTSB zu unterbreiten. Dadurch sollte die Verbindlichkeit der Beschlüsse der Leistungssportkommission für die einzelnen Leitungen des DTSB herausgestrichen werden.[55] Gerade diese kleine Episode macht deutlich, dass das neue Beschlussorgan des Leistungssports sich trotz aller Machtfülle zunächst innerhalb der herkömmlichen Leitungsstrukturen behaupten musste. Außerdem zeigt die weiterreichende Auseinandersetzung um die Vorlage zur Festlegung der Verantwortung im Leistungssport, dass die Leistungssportkommission noch nicht stark genug war, um das Spannungsverhältnis zwischen dem Deutschen Turn- und Sportbund und dem Staatlichen Komitee für Körperkultur und Sport auszugleichen oder beizulegen.

Diese Spannungen nahmen im Umfeld der Gründung der Leistungssportkommission eher zu, da der DTSB zeitgleich begann, seine Position im DDR-Sport neu zu bestimmen. Dabei dehnte er seine Einflusssphäre im Leistungssportbereich weiter aus. Bereits am 30. Mai 1967 legte Ewald auf der 19. Sitzung des Sekretariats des DTSB einen Vorschlag zur Veränderung der Hauptaufgabenstellung des DTSB vor. Darin erklärte der Präsident den Aufbau eines weit verzweigten, gut funktionierenden Wettkampfsystems zur zukünftigen Hauptaufgabe des DTSB. Umgekehrt solle sich die Organisation aus dem allgemeinen Volkssport zurückziehen, der auf die örtlichen Organe des Staatlichen Komitees übergehen sollte.[56] Ewald ging von der Existenz zweier Bereiche des DDR-Sports aus: Auf der einen Seite sah er die Körperkultur und die allgemeine sportliche und touristische Freizeitbetätigung. Dieser Bereich sollte nun durch die Staatlichen Komitees in den Bezirken, die Betriebsleitungen und gesellschaftlichen Organisationen wie FDGB und FDJ organisiert werden. Auf der anderen Seite erhielt der DTSB die alleinige Verantwortung über den Übungs-, Trainings- und Wettkampfbetrieb,

---

[54] Ebd. S. 6.
[55] Leistungssportkommission der DDR, Vorlage Nr. 4/4/68 für das Präsidium des Bundesvorstandes des DTSB, betr.: Programm der Leistungssportkommission der DDR für das Jahr 1968, 6.5.1968, fol. 338. SAPMO DY12/787.
[56] Ewald, Vorschlag zur Veränderung der Hauptaufgabenstellung für den DTSB, 27.5.1967, fol. 316-318. SAPMO DY12/536.

das Herzstück des DDR-Leistungssports.⁵⁷ Das war die Linie, die Ewald auf dem Leipziger Sportkongress im Herbst des gleichen Jahres verfolgte.

Die eingeschlagene Richtung musste zwangsläufig zu Missverständnissen führen. Einzelne DTSB-Funktionäre in den Bezirken begannen sich konsequent aus dem so genannten Volkssport zurückzuziehen, und Vertreter des FDGB klagten mit Recht, sie könnten die Lücke, die der DTSB im Massensport hinterlasse, nicht eigenständig füllen. Das zwang Manfred Ewald, diese Linie auf der V. Bundesvorstandssitzung des DTSB am 30. November 1967 zumindest verbal zu korrigieren.⁵⁸ Doch das benannte Grundproblem blieb bestehen. Ewald versuchte seine Organisation noch stärker auf den Leistungssport hin auszurichten, denn Wandergruppen, Wassertreter und Altherrenfußballmannschaften verschlangen wichtige Ressourcen auf dem Weg zur Weltspitze.

In Ewalds egozentrischen Vorschlägen, die dem Gründungsauftrag des DTSB als sozialistischer Massenorganisation diametral entgegenstanden, sah jedoch Alfred Neumann wiederum seine letzte Chance zum ehrenvollen Rückzug aus dem Zentrum des DDR-Leistungssports. Daher formulierte er als Konsequenz aus Ewalds Forderungen ein Papier zu den staatlichen Aufgaben auf dem Gebiet der Körperkultur und des Erholungswesens, in dem er die Kompetenzen des Staatlichen Komitees eindeutig zu Gunsten des Freizeit- und Erholungssports verschob. Damit versuchte er die Lücke zu besetzen, die Ewalds Fixierung auf den Leistungssport hinterließ, und dem Breitensport doch noch einmal zu mehr Beachtung und höheren finanziellen Mitteln zu verhelfen. Seine Ausführungen gipfelten in der Forderung, dass im Falle der Ablehnung einer Neuorientierung des Staatlichen Komitees, doch zumindest ein eigenes Staatliches Komitee für Erholungswesen unter seiner Leitung zu gründen sei.⁵⁹ Diese Gedanken stießen jedoch in der Abteilung Sport auf Unverständnis und trugen sicherlich ihren Teil zu der kurz darauf erfolgenden Entlassung Neumanns aus der Funktion des Leiters des Staatlichen Komitees für Körperkultur und Sport bei.

Gemessen an dieser deutlichen und langfristigen Prioritätensetzung zu Gunsten des Leistungssports erschien der im kommenden Jahr, am 20. September 1968, verabschiedete Staatsratsbeschluss über ›Die Aufgaben der Körperkultur im entwickelten System des Sozialismus in der Deutschen Demokratischen Republik‹ als eine Farce. Das breitensportliche Mammutprogramm, das bis ins Jahr 1980 60 % der DDR-Bevölkerung in einem geregelten Sportbetrieb organisieren sollte, wurde nie erfüllt.⁶⁰ Der Beschluss griff zwar das neuerdings in der DDR-Verfassung festgeschriebene Recht der Bürger der DDR auf Sport und Erholung als Teil

---

⁵⁷ Referat Ewalds auf der IV. Tagung des Bundesvorstandes, 8.6.1967, fol. 36-37. SAPMO DY12/924.
⁵⁸ Schlusswort Manfred Ewalds zur V. Bundesvorstandssitzung d. DTSB, 30.11.1967, fol. 142-146. SAPMO DY12/925.
⁵⁹ Hellmann an Honecker, 8.12.1967. SAPMO DY30/IV A2/18/5.
⁶⁰ Beschluss des Staatsrates der Deutschen Demokratischen Republik ›Die Aufgaben der Körperkultur und des Sports bei der Gestaltung des entwickelten gesellschaftlichen Systems des Sozialismus in der Deutschen Demokratischen Republik‹, in: Neues Deutschland, 21.9.1968, S. 1-23. Eine detaillierte Betrachtung des Beschlusses muss an dieser Stelle entfallen, da seine Relevanz hauptsächlich im Breiten-, nicht aber im Leistungssport lag. Er findet an dieser Stelle hauptsächlich aus Gründen der Vollständigkeit Erwähnung.

ihrer körperlichen und geistigen Bildung auf, scheiterte jedoch an fehlenden Übungsstätten und Trainingspersonal im Massensport.[61]

3.2 Grundsatzfragen

Verantwortung der Gesellschaft für ihre Spitzensportler: die Stiftung Deutsche Sporthilfe

Die Vorbereitung auf die Münchner Spiele war in der Bundesrepublik nicht nur ein politisches, sondern auch ein sportliches und gesellschaftliches Projekt. In der bundesdeutschen Gesellschaft setzte sich zunehmend die Auffassung durch, dass sportliche Erfolge Ausdruck der Leistungsfähigkeit einer Gesellschaft seien. Diesen Prozess forcierte und instrumentalisierte der Deutsche Sportbund, indem er in Anlehnung an die Argumentationslinie der ostdeutschen Funktionäre begann, an ein Verantwortungsgefühl der Gesellschaft gegenüber dem Leistungssport zu appellieren. Die Umsetzung dieses Gedankens erfolgte jedoch anders als im zweiten deutschen Staat. Denn während sich in der DDR die gesellschaftliche Anerkennung des Spitzensports in hohen staatlichen Zuwendungen spiegelte, wurde im pluralistisch-demokratischen Staat tatsächlich ein gesellschaftlicher Akteur in der Spitzensportförderung aktiv: die Stiftung Deutsche Sporthilfe. Mit dem neuen Akteur stellten sich jedoch nicht nur Kompetenzstreitigkeiten ein, sondern es traten nun auch Grundsatzfragen über die Bewertung und Gewichtung von Leistungs- und Breitensport auf.

Die Neubewertung sportlicher Leistung fand erstmalig in der Charta des Deutschen Sports aus dem Jahr 1966 ihren Niederschlag. Darin bekannte sich der DSB deutlich zur Leistungsorientierung des modernen Sports, konstatierte eine Erwartungshaltung der Gesellschaft hinsichtlich sportlicher Leistungen und appellierte umgekehrt an sie, soziale Verantwortung für ihre Sportler zu übernehmen. Außerdem forderte er, die intellektuelle einseitige Betonung einer Erziehung des Geistes zu überwinden.[62] Im kommenden Jahr bemühte sich die 4. Hauptausschusssitzung des DSB, die am 8. April 1967 in Duisburg-Wedau tagte, diesem theoretischen Programm zur praktischen Umsetzung zu verhelfen. Die Versammlung verabschiedete eine Resolution, die mit dem richtungsweisenden Satz begann: »Sport und Leistung gehören unabdingbar zusammen.«[63] Darin wurden sportliche Höchstleistungen als wichtiger Faktor der nationalen Repräsentanz definiert und daraus Empfehlungen für den Schul- und Studentensport und die Organisation des Spitzensports abgeleitet. Dazu gehörte auch der Beschluss, in Zusammenarbeit

---

[61] Westphal, Sport, S. 227.
[62] Die Charta des deutschen Sports ist abgedruckt in: Olympisches Feuer 16, 1966, S. 1-2.
[63] Resolution des Hauptausschusses des Deutschen Sportbundes am 8.4.1967, S. 2. BArch Koblenz B322/431. Siehe dazu auch: DSB, Beschlussprotokoll der 4. Hauptausschuss-Sitzung des Deutschen Sportbundes am 8.4.1967 in Duisburg, 12.7.1967. BArch Koblenz B322/122.

mit der Deutschen Olympischen Gesellschaft eine Stiftung zur sozialen Absicherung der Spitzensportler mit dem Namen ›Stiftung Deutsche Sporthilfe‹ zu gründen. Als Gründungsdatum wurde der 26. Mai 1967 vorgeschlagen. Dieser Entscheidung war eine nicht unumstrittene Rede Josef Nöckers vorausgegangen, in welcher der Vorsitzende des Bundesausschusses für Leistungssport auf die neu definierte Rolle des Spitzenathleten hinwies: Da er der breiten Masse als Identifikationsfigur diene, sei es unverantwortlich, an seinen Siegen zu partizipieren ohne ihm umgekehrt jedoch einen finanziellen Ausgleich für stetig steigende Trainingsbelastungen zu bieten. Schließlich werde dieser in anderen Ländern durch den Staat oder die Universitäten geleistet.[64] Gerade die Aussicht auf die Olympischen Spiele in München verlange aber eine Lösung dieser Widersprüche.

Nöckers Einschätzung traf – so sehr sie auch den Amateurstatus auf den Prüfstein stellte – genau die Stimmung in der westdeutschen Bevölkerung. So ermittelte das Allensbacher Institut für Demoskopie im April und Mai 1967, dass 57 % der westdeutschen Bevölkerung sehr viel an einem guten Abschneiden der westdeutschen Sportler in München läge. Außerdem bemängelten 43 % der Befragten, es werde nicht genug dafür getan, den Erfolg der westdeutschen Sportler bei den Olympischen Spielen sicherzustellen.[65] Diese Umfrageergebnisse waren das Produkt eines neuen öffentlichen Diskurses über die Bedeutung sportlicher Spitzenleistungen. Langsam zeigten die ersten Presseveröffentlichungen ihre Wirkung, die davor warnten, dass ein Rückfallen im Sport auch ein schlechteres Abschneiden auf dem Technologiesektor oder in der Wirtschaft nach sich ziehen könnte, da das Bekenntnis zur Höchstleistung unterschiedlichen gesellschaftlichen Bereichen gleichermaßen inhärent sei.[66] Auch der Ratzeburger Rudertrainer Karl Adam hatte immer wieder darauf hingewiesen, dass sportliche Spitzenleistungen vom Rückhalt in der Gesellschaft lebten:

> »Entscheidend ist die geistige Haltung des Volkes und der Verbandsfunktionäre. Solange der Wille zum Leistungssport in Westdeutschland wie eine Mimose im rauen Sturmwind dahinkümmert, können billigerweise keine Hochleistungen erwartet werden.«[67]

Daher kamen Anfang November 1967 sechzehn Vertreter des DSB, des Nationalen Olympischen Komitees, der Deutschen Olympischen Gesellschaft und des Organisationskomitees für die Olympischen Spiele zusammen, um die Gründung der ›Deutschen Sporthilfe‹ vorzubereiten. Bereits auf dieser Sitzung sprach DSB-

---

[64] Josef Nöcker, Zur Förderung des Leistungssports, in: Leibesübungen 18, 1967, Heft 10, S. 3–7, S. 4.
[65] Jahrbuch der Öffentlichen Meinung, 1965-1967, S. 28–29.
[66] Z.B. Vorneweg ein Kommunist, in: Rheinischer Merkur, 5.6.1964. Nachgewiesen in: BArch Koblenz B106/71413.
[67] Wie man's drüben macht, in: Vorwärts!, 30.9.1964. Nachgewiesen in: BArch Koblenz B106/71413. Karl Adam wurde das Sprachrohr der Überzeugung, dass sportliches, wirtschaftliches und wissenschaftliches Leistungsstreben strukturell gleich sei. Dazu: Karl Adam, Nichtakademische Betrachtungen zu einer Philosophie der Leistung, in: Hans Lenk/Simon Moser/Erich Beyer (Hrsg.), Philosophie des Sports, Schorndorf 1973, S. 22–33 und ders., Leistungssport als Denkmodell. Schriften aus dem Nachlaß, hrsg. von Hans Lenk, München 1978.

Präsident Willi Daume offen aus, dass es angesichts der Sportfördermaßnahmen im Osten notwendig geworden sei, auch im freien Westen einen eigenen Weg für die Förderung der Spitzensportler zu finden.[68] Aus der von den Beteiligten beschlossenen Stiftungsidee lassen sich jedoch eher die ostdeutschen Vorbilder als ein wirklich eigener Ansatz herauslesen. Denn die Vorstellung, Athleten als Vorbilder der Jugend zu unterstützen und »Spitzensportler und Spitzensportlerinnen zum Ausgleich für ihre Inanspruchnahme durch die Gesellschaft« zu entschädigen, lag der DDR-Förderpolitik schon in den frühen 1950er Jahren zugrunde.[69] Außerdem stellte nun auch die bundesdeutsche Sportbewegung die soziale Verträglichkeit des bürgerlichen Amateurideals in Frage, da es die Chancen einer sportlichen Karriere an die eigenen finanziellen Möglichkeiten koppele. Der DSB beklagte dies im Chor mit der DDR-Sportführung als unsportlich und unsozial.[70]

Die durch den Deutschen Sportbund und das Nationale Olympische Komitee am 26. Mai 1967 in Berlin gemeinsam gegründete Stiftung Deutsche Sporthilfe setzte diese Neubewertung praktisch um. Dazu wurde sie mit Spendengeldern ausgestattet, die bei DSB und NOK beispielsweise im Zuge des Germar-Aufrufs in Robert Lemkes TV-Ratesendung eingegangen waren. Die Gründungsorganisationen bemühten sich bewusst, auf staatliche Mittel zu verzichten. Dadurch wahrten sie ihre Unabhängigkeit und taten der Idee eines ›unpolitischen Sports‹ genüge. Stattdessen sollte der Stiftung Deutsche Sporthilfe ein Anteil am Verkauf der Olympiabriefmarken zugute kommen. Dieser Briefmarkenaufschlag sei ein symbolischer Beitrag aller Bundesbürger zur Förderung des Spitzensports und somit »Ausdruck der Verbundenheit der Nation mit den Athleten.«[71] Geplant war, dass es der Stiftung bis 1972 gelänge, einen solch hohen Betrag anzusammeln, dass sie zukünftig von den Zinsen ihres Vermögens leben könne. Diese Finanzkonzeption erwies sich jedoch als utopisch. Die Stiftung Deutsche Sporthilfe wurde daher unmittelbar nach ihrer Gründung selbst spendenaktiv und legte damit den Grundstein für Konkurrenzstreitigkeiten mit der Deutschen Olympischen Gesellschaft.[72]

Der Auftrag der Stiftung bezog sich nicht nur auf die materielle, sondern auch auf die ideelle Unterstützung der Leistungssportler. Daher vergütete sie zum einen

---

[68] Protokoll über eine vorbereitende Besprechung zur Gründung der Stiftung Deutsche Sporthilfe, Frankfurt a. Main, 12.11.1966, S. 2. BArch Koblenz B322/414. Ebenso: Stiftung Deutsche Sporthilfe, Protokoll der konstituierenden Sitzung des Vorstandes am 12.7.1967 in Frankfurt a. Main, S. 2. BArch Koblenz B322/414; so auch: Referat des Herrn Josef Neckermann (Vorsitzender der ›Stiftung Deutsche Sporthilfe‹) anlässlich der konstituierenden Sitzung des Kuratoriums, Donnerstag, 20.6.1968, Frankfurt a. Main, S. 7. BArch Koblenz B322/414.

[69] So wurde der Stiftungszweck in der Stiftungsurkunde vom 26.5.1967 benannt. Das Dokument ist abgedruckt in: Pelshenke, Stiftung, S. 373-380.

[70] Mitgliederrundschreiben des DSB, 15.6.1967, S. 2. BArch Koblenz B322/122.

[71] Willi Daume, Das Sozialwerk des deutschen Sports. Zur Gründung der Stiftung ›Deutsche Sporthilfe‹, S. 2. BArch Koblenz B322/58.

[72] Günter Pelshenke, Deutsche Sporthilfe. Weniger bekannte Bereiche einer bekannten Stiftung, Frankfurt a. Main/Berlin/Bern/New York/Paris/Wien 1999, S. 181. Die DOG hatte ihr Einverständnis zur Stiftungsgründung an die Bedingung geknüpft, dass diese nicht spendenaktiv werden dürfe. Dazu: Stiftung Deutsche Sporthilfe, Protokoll der Sitzung des Gutachterausschusses am 29.7.1967, S. 3. BArch Koblenz B106/49887.

Lohn- und Verdienstausfälle, finanzierte Ernährung, Erholung und sportärztliche Betreuung und erstattete Fahrtkosten. Zum anderen schuf sie ein stabiles Mentorennetz für die Aktiven, das ihnen entsprechend ihrer Begabung berufliche Kontakte vermitteln sollte. Die Stiftung setzte sich aus einem elfköpfigen Vorstand, einem Kuratorium und einem Gutachter-Ausschuss zusammen. Als Vorsitzenden schlug Willi Daume den Unternehmer und sechsfachen olympischen Medaillengewinner im Dressurreiten, Josef Neckermann, vor. Mit ihm sicherte sich der Sport eine zuverlässige Kontaktperson zur Wirtschaft.

Die Wahl des Vorsitzenden änderte jedoch nichts daran, dass es sich bei der Stiftung um eine Einrichtung des deutschen Spitzensports und nicht der Wirtschaft handelte. Tatsächlich trat Neckermann auch die ersten neun Monate als Person nicht in Erscheinung und beschränkte sich darauf, der Stiftung – nach langen Überredungskünsten durch den DSB-Präsidenten – seinen Namen geschenkt zu haben. Außerdem war die Stiftung von Beginn an personell mit weiteren für den Sport verantwortlichen Stellen verflochten. So wurde der Vorsitzende des Bundesausschusses für Leistungssport, Josef Nöcker, auch Vorsitzender des Gutachterausschusses der Stiftung.[73] Durch die Wahl des Sportreferenten von Hovora in ihren Vorstand pflegte die Stiftung darüber hinaus enge Beziehungen zum Sportreferat des Bundesministeriums des Innern. Seit Beginn der 1970er Jahre versuchte Neckermann seinerseits in die Spitzengremien des Deutschen Sports, beipielsweise in das Präsidium des DSB, aufgenommen zu werden. Mit der Deutschen Olympischen Gesellschaft war die Stiftung wiederum dadurch verflochten, dass diese anfänglich ihre Verwaltungskosten übernahm und ihr Räumlichkeiten zur Verfügung stellte.

Im Juni 1968 konstituierte sich in Frankfurt am Main mit dem Kuratorium der Stiftung die Kernzelle des Projekts. Es war der Satzung nach zwar zunächst nur mit zwei Stimmen im Vorstand vertreten, doch aus diesem Organ schöpfte die Stiftung ihr Kapital und mit ihm leistete sie ihren Beitrag zur gesellschaftlichen Aufwertung des Leistungssports. Die erste Mitgliederliste des Kuratoriums war ein kurzer Auszug aus dem ›Who is Who‹ der oberen Zehntausend der Bundesrepublik. In ihm nahmen Minister, Verleger, Vorstandsvorsitzende aus Industrie und Wirtschaft, Geschäftsführer und Intendanten Platz.[74] Zunächst waren nur 30 Mitglieder angedacht, doch wegen des großen Interesses wurde bereits bei der Gründung eine Beschränkung auf 100 Mitglieder festgelegt. Im Jahr 1994 war der Umfang des Kuratoriums auf 300 Personen angewachsen.[75]

Die Tatsache, dass die Mitgliedschaft in dem Kuratorium zunehmend zur Prestigefrage wurde, resultierte aus einem verstärkten Bewusstsein für die in-

---

[73] Diese Berufung Nöckers war im Bundesausschuss alles andere als unumstritten, wurde jedoch letztlich begrüßt. Tatsächlich zeigt sie, wie auch die Kompetenzen im westdeutschen Leistungssport auf einen immer enger werdenden Personenkreis konzentriert wurden. Zur Berufung Nöckers: Bundesausschuss zur Förderung des Leistungssports, Protokoll über die Vorstandssitzung des Bundesausschusses am 12.7.1967 in Wachenheim/Pfalz, 18.7.1967, S. 12. BArch Koblenz B322/271.

[74] Siehe: Liste der Mitglieder des Kuratoriums der ›Stiftung Deutsche Sporthilfe‹, 20.6.1968. BArch Koblenz B322/414.

[75] Pelshenke, Stiftung, S. 121.

ternationale sportliche Konkurrenzsituation. Sie bildete aber auch eine neue Sicht der wirtschaftlichen und gesellschaftlichen Führungsschicht auf den Sport ab. Hanns Martin Schleyer, bis zu seiner Ermordung durch die Rote Armee Fraktion ebenfalls Kuratoriumsmitglied, brachte diesen Bewusstseinswandel einmal auf den simplen Punkt: »Die Leistungen von Unternehmern und Sportlern haben die gleichen Wurzeln.«[76] Damit war aus der von Karl Adam angeführten ›Mimose im rauen Sturmwind‹ ein etablierter gesellschaftlicher Wert geworden.

Mit der Stiftung Deutsche Sporthilfe hatte ein neuer Akteur die Bühne der bundesdeutschen Leistungssportförderung betreten. Das schuf auch Reibungspunkte gegenüber den anderen Förderinstitutionen, zumal lediglich die Stiftung exklusiv auf den Leistungssport hin ausgerichtet und somit Ausdruck einer fortschreitenden Trennung zwischen Breiten- und Spitzensport war. Insbesondere aus der Sicht Josef Neckermanns spielte der Breitensport lediglich eine sekundäre Rolle. Das wurde besonders deutlich, als sich dieser öffentlich gegen das Konzept der ›heiteren Münchner Spiele‹ aussprach, in dem seiner Ansicht nach zu stark die Freude am Sport anstelle der Spitzenleistung im Mittelpunkt stand.[77]

Von Beginn an bestand daher ein latenter Konflikt zwischen der Stiftung Deutsche Sporthilfe und dem Deutschen Sportbund, der nach wie vor einen engen Zusammenhang von Breiten- und Leistungssport propagierte. Dabei ging es um das Organisations- und Deutungsmonopol über den Leistungssport. Der Präsident des DSB verteidigte gegenüber der Stiftung verbissen das ursprüngliche bundesdeutsche Leistungssportmodell, wonach der Dachverband und seine Mitgliedsverbände die Leistungssportförderung organisierten, nicht aber der Staat oder eine private Stiftung. Ein gesunder Mittelweg zwischen der Förderung des Breiten- und des Leistungssports war nur so auf die Dauer garantiert. Gleichzeitig kämpfte Daume auch gegen die einseitige argumentative Aufwertung des repräsentativen Spitzensports durch die Stiftung, die umgekehrt – wie in der DDR – leicht zu einer Abwertung des Breitensports führen konnte. Schließlich argumentierte der DSB selbst gegenüber der Bundesregierung, dass zur Spitzensportförderung eben auch die Breitensportförderung gehöre.

Der Streit eskalierte, als die Stiftung Deutsche Sporthilfe ankündigte, ihren Förderauftrag auszuweiten. Ihr Geschäftsführer Günter Pelshenke unterbreitete dem Gutachterausschuss den Vorschlag, dass die Stiftung in Zukunft anvisieren sollte, eine umfassendere Nachwuchsförderung zu betreiben. Josef Nöcker riet ihm davon ab, da dies einen tiefen Eingriff in die Arbeit der Verbände bedeutete, welcher der Stiftung Deutsche Sporthilfe nicht zustehe.[78] Das hielt Josef Neckermann jedoch nicht davon ab, zu Beginn des neuen Jahres vor dem erweiterten Geschäftsführenden Vorstand und in Anwesenheit von DSB-Vertretern als Ziel

---
[76] Zitiert in: Pelshenke, Bereiche, S. 65.
[77] Ebd. S. 183.
[78] Protokoll der 5. Sitzung des Gutachterausschusses vom 13.11.1967, S. 1. BArch Koblenz B106/49887.

der Stiftung für das Jahr 1968 unter anderem erneut eine erweiterte Nachwuchsförderung zu nennen.[79]

Im Mai des gleichen Jahres erhielt die Stiftung im Land Nordrhein-Westfalen durch die Wasserfreunde Wuppertal tatsächlich die Möglichkeit, ein neues Aktionsfeld zu erschließen. Dort sagte die Landesregierung zu, sich an einem Modell zu beteiligen, wonach Regionaltrainer über die Landesfachverbände bzw. Landessportbünde angestellt und deren Kosten jeweils zur Hälfte von der Stiftung und dem Bundesland getragen würden. Darin sah die Stiftung Deutsche Sporthilfe die Möglichkeit, ein breit angelegtes System der Talentschulung aufzubauen, in dem diese Regionaltrainer die Vorstufe zu den Bundestrainern und Bundesleistungszentren bildeten. Nur so glaubte der Vorstand, sei mit Ausrichtung auf die Münchner Spiele eine effektive Förderung möglich.[80] Über die Frage der Anstellung von Regionaltrainern und die weiteren Aufgaben der Stiftung sollte eine gemeinsame Sitzung des Gutachterausschusses und des Vorstandes im Juli beraten. Die Münchner Spiele wurden im Folgenden durch den Kreis um Neckermann immer wieder als argumentatives Druckmittel eingesetzt.

Willi Daume parierte allerdings den Vorstoß Neckermanns, der durch den Ministerpräsidenten des Landes Nordrhein-Westfalen, Friedel Schirmer, persönlich unterstützt wurde. In einem eindringlichen Antwortschreiben machte er den Unternehmer darauf aufmerksam, dass die Finanzierung von Trainern nicht dem Stiftungszweck entspreche, der sich allein an der sozialen Absicherung der Spitzensportler zu orientieren habe. Als Kompromiss schlug Daume vor, dass eine weitere neu zu gründende ›Stiftung zur Förderung der Olympischen Spiele‹ in dieser Frage aktiv werden sollte.[81] Da sich jedoch lediglich der DSB gegen das Regionaltrainermodell ausgesprochen hatte, befasste sich die wie geplant am 25. Juli 1968 stattfindende Sitzung der Stiftung Deutsche Sporthilfe explizit mit Daumes Replik. Die Beteiligten kamen zu dem Schluss, dass der Einsatz von Regionaltrainern unverzichtbar und diese Frage der Dreh- und Angelpunkt der zukünftigen Spitzensportförderung sei. Außerdem stellten sie fest, dass keine juristischen Bedenken gegenüber einer Entfremdung des eigentlichen Stiftungszwecks bestünden. Mit diesem kompromisslosen Standpunkt ging die Stiftung Deutsche Sporthilfe am 18. August 1968 in eine abschließende Beratung mit dem DSB, auf der sie tatsächlich das Plazet für einige wenige Testfälle in Nordrhein-Westfalen erhielt. Die Wasserfreunde Wuppertal, die den Stein mit ihrer Anfrage ins Rollen gebracht hatten, wurden in die Trainerförderung aufgenommen.

Das grundsätzliche Misstrauen zwischen beiden Organisationen blieb jedoch weiter bestehen. Dazu trug der Vorsitzende der Stiftung Deutsche Sporthilfe, Josef Neckermann, immer wieder seinen Teil bei, indem er versuchte, durch die deutliche Abgrenzung von den anderen Sportorganisationen das eigene Profil der Stiftung in der Öffentlichkeit zu schärfen und selbständig in das bundesdeutsche

---

[79] Stiftung Deutsche Sporthilfe, Protokoll über die Sitzung des erweiterten Geschäftsführenden Vorstandes mit dem Gutachterausschuss am 13.1.1968, S. 1. BArch Koblenz B322/414.
[80] Ergebnisprotokoll über die 4. Sitzung des Vorstandes der Stiftung Deutsche Sporthilfe am 20.6.1968, S. 3-4. BArch Koblenz B322/558. Siehe auch das Schreiben Neckermann an Daume, 21.5.1968, S. 4. BArch Koblenz B322/414.
[81] Daume an Neckermann, 9.7.1968, S. 1-2. BArch Koblenz B322/414.

Fördersystem einzugreifen. Der DSB sah sich dadurch mit der Frage konfrontiert, inwieweit er bereit war die wachsende Bedeutung der Stiftung und des Spitzensports mitzutragen und diesen Trend auch strukturell umzusetzen. In den Reihen des DSB bestand zum einen ein latentes Unbehagen gegenüber der zunehmenden Aufwertung sportlicher Leistung, zum anderen war der Aufbau eines umfassenden Sportfördersystems – ähnlich dem der DDR – seit der Vergabe der Olympischen Spiele an die Stadt München in greifbare Nähe gerückt. Dazu trug auch das Aufkommen der bundesdeutschen Planungseuphorie seinen Teil bei.

Der wissenschaftliche Kongress ›Sozialismus und Körperkultur‹ 1967

Zu diesem Zeitpunkt war die Entscheidung für eine vorrangige Förderung des Leistungssports im DDR-Sport längst gefallen, doch das Staatliche Komitee für Körperkultur und Sport und der DTSB stritten weiterhin um den Königsweg hin zur sportlichen Leistung. Ihre theoretische Auseinandersetzung darüber, ob der Leistungssport primär aus der Sportwissenschaft oder stärker aus dem Übungs- und Wettkampfbetrieb zu entwickeln sei, eskalierte auf dem wissenschaftlichen Kongress ›Sozialismus und Körperkultur‹, der im Jahr 1967 in Leipzig stattfand. Dieser war jedoch nicht nur ein sporttheoretisches Kräftemessen. Der Kongress war vielmehr Alfred Neumanns letzter Versuch, dem DTSB Grenzen zu ziehen, der seinen Einfluss auf die Sportwissenschaften sukzessive ausgedehnt hatte. Hier wird wiederum deutlich, dass das DDR-Sportsystem intern nicht frei von Konflikten und Widersprüchen war. Der Fall zeigt außerdem eine besondere Art, solche Konflikte quasi semi-öffentlich auszutragen.

Da sich der ›Plan über die weitere Entwicklung des Leistungssports bis zum Jahre 1972‹ einer klaren Aussage zu dem verfahrenen Verhältnis zwischen dem DTSB und dem Staatlichen Komitee enthalten hatte, brach dieser Konflikt schon ein Jahr vor dem Kongress erneut in aller Heftigkeit auf. Manfred Ewald stellte immer wieder die Rechte des staatlichen Organs bei der Entwicklung der Körperkultur der DDR in Frage. Er knüpfte aber auch an seine bewährte Taktik an, die Arbeit des Komitees zu behindern und es dadurch als ineffizient darzustellen. Eine solche Gelegenheit ergab sich im Umfeld des Kongresses der internationalen Kanu-Föderationen, der im August 1966 in der DDR stattfand. Alfred B. Neumann organisierte in seiner Funktion als Vorsitzender des Staatlichen Komitees für Körperkultur und Sport gemäß einer Vorgabe des Sekretariats des ZK der SED ein Abschlussdiner für die Teilnehmer. Selbst diesen banalen Organisationsakt versuchte Ewald dadurch zu sabotieren, dass er dem Organisationsbüro und den Mitarbeitern des Komitees bewusst falsche Informationen zuspielte. Dieser Vorfall veranlasste Neumann sein Ausscheiden aus dem Komitee anzudrohen, falls das Sekretariat des Politbüros ihm nicht den Rücken freihalte.[82] Neumann ahnte nicht, wie bald ihm dieser Wunsch erfüllt werden sollte.

Zunächst versuchte Neumann in einer Aussprache mit Ewald im November 1966 zu einer Verbesserung der Zusammenarbeit beider Organe zu gelangen.

---
[82] Neumann an das Sekretariat des Politbüros, 29.8.1966. BArch Berlin DR5/1138.

Dabei gab die von Ewald zum Ausdruck gebrachte Geringschätzung der Arbeit des Staatlichen Komitees erneut Anlass zu längeren Diskussionen. Neumann hingegen bemühte sich währenddessen darum, das Staatliche Komitee beispielsweise an der Ausarbeitung des DTSB-Jahresplans für 1967 zu beteiligen und somit eine engere Kooperation zu gewährleisten. Außerdem strebte er in Zusammenarbeit mit der Arbeitsgruppe Sport eine Vereinbarung über die Abgrenzung der Verantwortungsbereiche zwischen dem Staatlichen Komitee und dem DTSB an. An deren Ausarbeitung nahm Ewald von Beginn an bewusst keinen Anteil.[83] Denn er hatte sich ohne Neumanns Wissen mit der Arbeitsgruppe bereits auf eine andere Lösung geeinigt.

Mit dieser sah sich Neumann nun Anfang Dezember konfrontiert, als der DTSB, die Abteilung Sport und das Staatlichen Komitee gemeinsam eine Vorlage an das Politbüro über den Stand der Vorbereitung der Olympischen Spiele der Jahre 1968 und 1972 erarbeiteten. Die Vorlage wurde, nachdem sie in der Leistungssportkommission diskutiert und verändert worden war, am 24. November noch einmal im Präsidium des DTSB beraten. An dieser Sitzung konnte Neumann jedoch nicht teilnehmen. Stattdessen informierte ihn Ewald telefonisch über deren Verlauf, erklärte alle Fragen für erledigt und erhielt daraufhin auch Neumanns Einverständnis. Zu diesem Zeitpunkt war Neumann nicht bewusst, dass das Präsidium des DTSB hinter seinem Rücken den entscheidenden ersten Punkt der Vorlage verändert hatte. Er schrieb nun das Ziel fest, auf das der DTSB in den letzten Jahren hingearbeitet hatte: Die Leitung der Sportwissenschaften und somit die Verantwortung für die Leistungssportforschung sollte insgesamt an die Sportorganisation und ihre Leistungssportkommission übergehen.[84] Zwar bemühte sich der Vorsitzende des Staatlichen Komitees, gegen dieses Vorgehen bei Rudi Hellmann zu intervenieren, jedoch ohne Erfolg. Der am 13. Dezember 1966 verabschiedete Politbürobeschluss sah für das Staatliche Komitee lediglich noch eine unterstützende Funktion vor.[85] Damit war die von Neumann so engagiert erarbeitete und auch in seiner Beschwerde an die Abteilung Sport angeführte Vereinbarung über die Abgrenzung der Verantwortungsbereiche zwischen dem Staatlichen Komitee und dem DTSB hinfällig geworden.

Alfred B. Neumann war zwar gezwungen, sich der Entscheidung des Politbüros zu beugen, doch wollte er seine Stimme noch einmal im November 1967 im Rahmen des wissenschaftlichen Kongresses ›Sozialismus und Körperkultur‹ erheben. Die Vorbreitung, Durchführung und Auswertung des Kongresses war Aufgabe des Wissenschaftlich-Methodischen Rats. Bereits im Januar 1967 lag ein erster inhaltlicher Entwurf vor, an dessen weiterer Ausarbeitung sich auch das Sekretariat des DTSB beteiligte und der dessen volle Unterstützung fand. Das vorläufige Programm schrieb fest, auf dem Kongress politisch-ideologische

---

[83] Aktenvermerk über eine Besprechung mit Genossen Ewald am 1.11.1966, 2.11.1966, S. 1-3. BArch Berlin DR5/1107. Ewalds Desinteresse an der Vereinbarung belegt auch Neumann an Hellmann, 10.11.1966. BArch Berlin DR5/1138.
[84] Neumann an Hellmann, betr.: Vorlage an das Politbüro über den Stand der Vorbereitung der Olympischen Spiele 1968/72, 6.12.1966, S. 3. BArch Berlin DR5/1138.
[85] Vorbereitung auf die Olympischen Spiele 1968 und Weiterentwicklung des Leistungssports bis 1972, 13.12.1966. SAPMO DY30/J IV 2/2/1088. Abgedruckt in: Teichler, Sportbeschlüsse, S. 530-535.

3.2 Grundsatzfragen

Grundfragen und wissenschaftliche Ergebnisse dahingehend zu verknüpfen, dass Körperkultur und Sport als bedeutender Faktor des gesellschaftlichen Lebens herausgestellt würden. Außerdem sollten in den einzelnen Beiträgen die Errungenschaften der DDR-Körperkultur gegenüber dem Sport in Westdeutschland dezidiert betont werden.[86]

Als im Juni 1967 ein detaillierter Ablaufplan vorlag, kehrte im Sekretariat des DTSB erstmalig Unruhe ein. Denn insbesondere die geplanten Sektionen II, zum Leistungssport, und IV, zu Problemen der Sportwissenschaft und der Planung der Körperkultur, rührten aus Sicht des DTSB an einem sensiblen Punkt: Beide tangierten das spannungsgeladene Verhältnis zum Staatlichen Komitee für Körperkultur und Sport, das sich auch im Laufe des Jahres 1967 nicht gebessert hatte. Daher rief das Sekretariat des DTSB die an der Kongressvorbereitung beteiligten DTSB-Funktionäre Edelfried Buggel und Horst Röder zu erhöhter Wachsamkeit auf. Aber auch die zuständigen Mitarbeiter aus den Abteilungen ›Planung und Leitung des Leistungssports‹ und ›Organisation‹ wurden ermahnt, die Interessen des DTSB bei der Linienführung der beiden Sektionen durchzusetzen.[87]

Dass das frühe Unbehagen des DTSB gegenüber dem Kongress berechtigt war, zeigte ein Eklat zwischen Alfred B. Neumann, Günter Erbach von der DHfK und der Abteilung Sport im unmittelbaren Vorfeld der Veranstaltung. Der Vorsitzende des Staatlichen Komitees legte sein Grundsatzreferat entgegen aller Absprachen erst sehr spät, genau zwei Tage vor dem Beginn des Kongresses, in der Abteilung Sport beim ZK der SED vor. Dennoch entging Hellmann bei einer Durchsicht nicht, dass sich Neumann mit dem Papier ein letztes Mal gegen die Deutungs- und Leitungsmacht des DTSB im DDR-Sport auflehnte und gewillt war, dies auch publik zu machen. Dazu begab sich Neumann auch auf ideologisch fragwürdiges Terrain, sodass eine zweieinhalbstündige Aussprache in der Abteilung Sport folgte. Dort wurde ihm vorgeworfen, in seinem Grundsatzreferat Beschlüsse der Partei und die Aussagen der jüngsten Reden Walter Ulbrichts und Erich Honeckers unterlaufen zu haben. Neumann stellte außerdem die bisherige Entwicklung von Körperkultur und Sport in der DDR als fehlerhaft dar und forderte eine stärkere theoretisch-philosophische Orientierung der Sportwissenschaft, der eine Führungsrolle im System der Körperkultur zukomme.[88]

Mit dem Versuch dem DTSB-Sportmodell, das – zumindest per definitionem – stark auf den Massensport im entwickelten gesellschaftlichen System des Sozialismus ausgerichtet war, einen eigenen Entwurf mit starker Fixierung auf den Leistungssport und die Sportwissenschaften entgegenzustellen, zwang Neumann seine Genossen aus der Abteilung Sport zur Entscheidung. Zwar relativierte Neumann einige seiner Thesen im Vorfeld des Kongresses, doch die 1000 Sportwis-

---

[86] Staatliches Komitee für Körperkultur und Sport/Wissenschaftlich-Methodischer Rat, Vorlage für die Tagung des Staatlichen Komitees für Körperkultur und Sport am 25.1.1967, betr.: Beschluss über die Weiterentwicklung des Wissenschaftlich-Methodischen Rates und über die Durchführung einer wissenschaftlichen Konferenz ›Sozialismus und Körperkultur‹, 16.1.1967, Anlage II, S. 2. BArch Berlin DR5/2467.

[87] DTSB/Abteilung Wissenschaft, Sekretariatsvorlage Nr. 24/3/1967, betr.: Mitarbeit des DTSB zur Vorbereitung der wissenschaftlichen Konferenz ›Sozialismus und Körperkultur‹, 22.6.1967, fol. 596-603. SAMPO DY12/536.

[88] Hellmann an Honecker, 8.12.1967, S. 1-4. SAPMO DY30/IV A2/18/5.

senschaftler, -mediziner, -lehrer, Trainer und Funktionäre aus der DDR und aus anderen Staaten des Warschauer Paktes, die sich im November 1967 für drei Tage in Leipzig trafen, wurden trotzdem bei genauem Zuhören Zeugen eines versteckten Schlagabtauschs. Diesen führten auf der einen Seite die Funktionäre des DTSB und auf der anderen Seite die Redner aus den Reihen des Staatlichen Komitees und der Deutschen Hochschule für Körperkultur und Sport. Den Dreh- und Angelpunkt stellte dabei die Frage nach dem Stellenwert der Sportwissenschaften dar.

Dieser Konflikt trat bereits in den Referaten von Alfred B. Neumann und Manfred Ewald deutlich zu Tage.[89] Der DTSB-Präsident ließ seinen Text lediglich von einem Vizepräsidenten verlesen und blieb dem Kongress, dessen Zweck er früh durchschaut hatte, aus Protest fern. Beide Führungsfiguren des DDR-Sports konkurrierten in ihren Beiträgen darum, wessen Verdienst die internationalen Sporterfolge seien. Während Neumann diese in dem hohen Niveau der Sportwissenschaften, einem genuinen Feld des Staatlichen Komitees, begründet sah, führte Ewald sie auf den leistungsorientierten Übungs-, Trainings- und Wettkampfbetrieb zurück, auf dessen Perfektionierung er zur gleichen Zeit den gesamten DTSB einschwor. Neumanns Loblied auf die Sportwissenschaften verfolgte jedoch ein höheres Ziel, dem auch der Beitrag seines Stellvertreters und Vorsitzenden des Wissenschaftlich-Methodischen Rates, Günter Erbach, gewidmet war. Dieser plädierte für eine stärkere Theoriebildung innerhalb der Sportwissenschaften, also für eine »Wissenschaft von der Wissenschaft«.[90] Mit dieser stärkeren Theoretisierung versuchte er die DDR-Sportwissenschaft gegenüber der vom DTSB geforderten Praxisorientierung abzuschotten und somit ›Freiraum‹ für die Forschenden zu schaffen.

Demgegenüber lobte Günter Wonneberger gerade die Praxiswirksamkeit des Fachs. Diese habe erst zugenommen, seitdem der DTSB seinen Einfluss auf die Sportwissenschaften erhöht hätte.[91] Er übernahm damit die Argumentationslinie der DTSB-Funktionäre, die ihn erst jüngst zum Rektor der DHfK gemacht hatten. Damit blieb Wonneberger die Ausnahme, denn andere Vertreter der DHfK kritisierten öffentlich die Mitgliederentwicklung des DTSB, die Auslastung der Übungsgruppen und die Trainingsmethoden der DTSB-Ausbilder.[92] Damit schlugen sie sich

---

[89] Alfred B. Neumann, Zur Stellung und Funktion der Körperkultur im entwickelten gesellschaftlichen System des Sozialismus in der DDR, in: Theorie und Praxis der Körperkultur 17, 1968, Beiheft: Sportwissenschaftlicher Kongress der Deutschen Demokratischen Republik ›Sozialismus und Körperkultur‹ vom 23. bis 25. November 1967 in Leipzig, Teil I, S. 7-18. Sowie: Manfred Ewald, Die gesellschaftliche Funktion des DTSB im System der sozialistischen Körperkultur in der Deutschen Demokratischen Republik, in: ebd. S. 53-64.
[90] Günter Erbach, Zu wissenschaftstheoretischen Fragen der Sportwissenschaft, in: Theorie und Praxis der Körperkultur 17, 1968, Beiheft: Sportwissenschaftlicher Kongress der Deutschen Demokratischen Republik ›Sozialismus und Körperkultur‹ vom 23. bis 25. November 1967 in Leipzig, Teil III, S. 120-128, S. 122. Ähnlich hinsichtlich der Prognostik: Friedrich Trogsch, Methodologische und methodische Probleme bei der prognostischen Tätigkeit im Bereich von Körperkultur und Sport, in: ebd. S. 155-159. (Dr. paed. Friedrich Trogsch war Dozent im Institut für Theorie, Soziologie und Organisation der Körperkultur der DHfK).
[91] Günter Wonneberger, Zur historischen Position der Sportwissenschaft der DDR, in: ebd. S. 117-120.
[92] Klaus Henning, Kriterien der Leistungsentwicklung im organisierten Übungsbetrieb, in: Theorie und Praxis der Körperkultur 17, 1968, Beiheft: Sportwissenschaftlicher Kongress der Deutschen

3.2 Grundsatzfragen

auf die Seite des Staatlichen Komitees, denn dessen Kampf gegen den wachsenden Einfluss des DTSB auf die Sportwissenschaften, war auch ihr eigener.

In Leipzig fand alles andere als ein demokratischer Schlagabtausch statt. Dennoch lässt sich innerhalb des ansonsten bedingungslos integrierten Sportbereichs an dieser Stelle eine bewusste Grenzziehung von unten nachweisen.[93] Denn während der DTSB konsequent die Linie der Partei vertrat, wurde diese durch die meisten Vertreter der Sportwissenschaften in Frage gestellt. Der Definitionsmacht der Partei stellten sie einen eigenen theoretischen Entwurf entgegen und versuchten so, den Einfluss des DTSB auf ihre wissenschaftliche Arbeit zurückzudrängen und wissenschaftlichen Freiraum zu erstreiten. Auffällig ist dabei auch, welch starke Rolle das ›Deutungsmonopol‹ über den Leistungssport in der DDR spielte. Denn die Streitpartei, die in der Lage war, ihren Weg zum Olympischen Gold als den effektiveren darzustellen, sicherte sich Einfluss, Macht und Fördergelder. Um diesen Deutungsanspruch drehte sich grundsätzlich auch die Auseinandersetzung zwischen dem Deutschen Sportbund und der Stiftung Deutsche Sporthilfe westlich der Mauer. Das zeigt deutlich, dass der extreme Aufschwung des Leistungssports seit Mitte der 1960er Jahre in beiden Staaten ähnliche Konflikte heraufbeschwor. Lediglich die Lösungsmechanismen waren andere.

So folgte dem Leipziger Kongress eine weitere, dieses Mal fünfstündige Aussprache in der Abteilung Sport, in der Neumann und Erbach jedoch auf ihrem Standpunkt einer neuen theoretischen Begründung der Körperkultur, die den Ursprung des Sports in der Arbeit sah, beharrten. Damit attackierten beide die Argumentationslinie Manfred Ewalds, der den Sinn der Körperkultur aus Gesundheit und Lebensfreude ableitete.[94] Neumann gab an, seine Neudefinition der Körperkultur mit führenden Wissenschaftlern abgestimmt zu haben. Außerdem

---

Demokratischen Republik ›Sozialismus und Körperkultur‹ vom 23. bis 25. November 1967 in Leipzig, Teil II, S. 117-120. (Dr. paed. Klaus Henning war Abteilungsleiter im Institut für Volkssport der DHfK.) Sowie: Günter Görlitz/Walter Sieger, Probleme der Planung von Körperkultur und Sport in der DDR, in: Theorie und Praxis der Körperkultur 17, 1968, Beiheft: Sportwissenschaftlicher Kongress der Deutschen Demokratischen Republik ›Sozialismus und Körperkultur‹ vom 23. bis 25. November 1967 in Leipzig, Teil III, S. 151-155. (Dr. phil. habil. Walter Sieger war Leiter des Instituts für Theorie, Soziologie und Organisation der Körperkultur der DHfK; Günter Görlitz war Stellvertreter des Vorsitzenden des Staatlichen Komitees für Körperkultur und Sport. Er wurde kurz nach dem Kongress seines Postens enthoben.)

[93] Der Begriff ist gewählt in Anlehnung an: Lindenberger, Grenzen. Über die Hintergründe der Akteure dieser Grenzziehung kann an dieser Stelle nur gemutmaßt werden. Weitergehende Aussagen wären nur durch eine kollektiv-biographische Studie zu erhellen, wie sie Ralph Jessen für die DDR-Hochschullehrerschaft im Allgemeinen vorgelegt hat. Dazu: Ralph Jessen, Akademische Elite und kommunistische Diktatur. Die ostdeutsche Hochschullehrerschaft in der Ulbricht-Ära, Göttingen 1999. Gerade der Bereich der Sportwissenschaften erscheint unter diesem Aspekt untersuchenswert, da seine Akteure genau an der Schnittstelle zwischen Freiraum durch hohe Effektivität und der starken Kontrolle des für die Diktatur unverzichtbaren Leistungssportsektors agierten. Ansätze aus dem Bereich der Sportwissenschaften, die monokausal auf die totale Stilllegung der Sportwissenschaften hin argumentierten, geben nur wenig Aufschluss. Z.B. Giselher Spitzer, Die DDR-Sportwissenschaft und die SED. Hintergründe und Konsequenzen der Hospitation des Instituts für Körperkultur Halle 1958 als Wendepunkt der politischen Kontrolle, in: Helmut Beuer/Roland Naul (Hrsg.), Schwimmsport und Sportgeschichte. Zwischen Politik und Wissenschaft. Festschrift für Hans-Georg John zum 65. Geburtstag, Sankt Augustin 1994, S. 161-188.

[94] Hellmann an Honecker, 8.12.1967, S. 3. SAPMO DY30/IV A2/18/5.

resultierten sie aus seinem Studium in der Sowjetunion und entsprächen den Beschlüssen des VII. Parteitages. Dieser habe das gesellschaftliche Klima verändert und wirke sich somit auch auf die Stellung des Sports aus.

Gegenüber diesen Argumenten war Hellmann machtlos, daher vertagte er die Aussprache, ohne dass zuvor eine Lösung gefunden worden wäre. Doch dieses Mal hatte Neumann den Bogen überspannt und so sprach Walter Ulbricht bei einem Gespräch mit einigen Sportführern, das Ende Dezember in Oberhof stattfand, in Abwesenheit Neumanns ein persönliches Machtwort. Er beauftragte Hellmann, »den Nervenkrieg« zwischen den beiden Organisationen zu beenden und noch im Januar die nötigen Personalentscheidungen an Honecker weiterzuleiten.[95] Daraus resultierte eine Sekretariatsvorlage vom 11. Januar 1968, welche die Abberufung Neumanns und seines Stellvertreters Günter Görlitz forderte. Nach Zustimmung des Sekretariats am 24. Januar wurde Roland Weißig zum Vorsitzenden des Komitees berufen und Richard Gunne zu seinem Stellvertreter ernannt.

Nach den Winterspielen in Grenoble sollte Alfred Neumann stellvertretender Vorsitzender für den nicht-materiellen Bereich im Komitee der Arbeiter- und Bauerninspektion werden. Dieser bat jedoch von sich aus Erich Honecker um eine von diesem vorgeschlagene Tätigkeit im Auswärtigen Amt, da er befürchtete, in der Arbeiter- und Bauerninspektion doch weiterhin den unmittelbaren Problemen des Sports ausgesetzt zu sein.[96] Während die Abberufung Neumanns in der DDR sang- und klanglos vonstatten ging, wurde sie in der Bundesrepublik sehr wohl wahrgenommen und kommentiert. Die *Frankfurter Allgemeine Zeitung* ließ sich jedoch bei ihrer Interpretation zu stark von den eigenen Feindbildern leiten. Die Zeitung berichtete nämlich, dass Neumann nicht abgesetzt, sondern aus anderen Gründen ins Ministerium für Auswärtige Angelegenheiten berufen wurde: Dort sei ein Fachmann gefragt gewesen, um die Propaganda gegen die Münchner Spiele zu koordinieren.[97] Dies zeigt zum einen wie wenig Interna über den engsten Zirkel des DDR-Leistungssports hinaus im Westen bekannt wurden und zum anderen, dass die Bundesrepublik der DDR-Propaganda gegen die Olympischen Spiele in München einen erheblichen Stellenwert beimaß.

3.3 Die Teilung Deutschlands in der Olympischen Welt

Der Protokollbeschluss von Mexiko City 1968

Der Kompromiss von Madrid, welcher der DDR zwar ein Startrecht als eigenständiger Mannschaftsteil sicherte, sie jedoch immer noch an Olympiaflagge und

---

[95] Zusammenfassung eines Gesprächs, zu dem Genosse Walter Ulbricht am 27.12.1967 in Oberhof eingeladen hatte, 3.1.1968, S. 13. SAPMO DY30/IV A2/18/6.
[96] Neumann an Honecker, 20.3.1968. BArch Berlin DR5/1138.
[97] Der Auftrag, in: Frankfurter Allgemeine Zeitung, 8.5.1968, S. 9.

-hymne band, war für die Ostberliner Sportdiplomaten nur ein Etappenziel gewesen. Entsprechend hielten sie auch nach der Entscheidung von Madrid an ihrer bewährten Taktik fest, die Flaggenfrage bei jeder internationalen Sportveranstaltung neu auf die Tagesordnung zu bringen. Dies taten sie mit wachsendem Erfolg, denn im politischen Weltklima standen die Zeichen auf Entspannung, und auch der internationale Sport wurde den unterschiedlichsten Formen der ›Querelles d'Allemand‹ langsam überdrüssig.

Bereits im Jahr 1963 vergab die internationale Föderation des Skisports die Skiweltmeisterschaft nordisch an Oslo statt an Garmisch, da die bundesdeutschen Sportfunktionäre lediglich zusichern konnten, dass alle ausländischen Mannschaften uneingeschränkt teilnehmen könnten. Diese Aussage galt jedoch keineswegs für eine Delegation der DDR. Das Auswärtige Amt bat die Sportfunktionäre um Verständnis, denn schließlich hatten sich die NATO-Staaten erst auf Drängen Bonns im September 1961 auf eine Einreisesperre für DDR-Sportler geeinigt. Nun konnte die Bundesrepublik unmöglich selbst eine Einreiseerlaubnis aussprechen.[98] Dieser Teufelskreis, den die Einmischung des Auswärtigen Amtes in die Organisation internationaler Sportveranstaltungen auch im Ausland geschaffen hatte, belastete jedoch die westdeutsche Sportführung im Laufe der 1960er Jahre immer häufiger auch selbst. Daher war die DDR im Zuge der Protokollquerelen selbst zum Austragungsort sportlicher Großereignisse avanciert. Im Jahr 1966 fand die Weltmeisterschaft im Gewichtheben und im Jahr darauf die im Biathlon in der DDR statt. Dazu kamen Europameisterschaften im Schwimmsport, im Segeln der Finn-Dinghi-Klasse und im Jahr 1965 im Boxen. Die DDR besetzte gezielt die Lücke, welche die Bundesrepublik als Veranstaltungsort hinterließ. Das Ministerium für Finanzen richtete sogar einen Sonderfonds in Höhe von einer Millionen Mark für die Ausrichtung solcher Veranstaltungen ein.[99]

Daher beschwerte sich Willi Daume auch im März 1966 bei Staatssekretär Rolf Lahr im Auswärtigen Amt, dass dessen Diplomaten in unmittelbarem Kontakt zu den ausländischen Sportverbänden stünden, statt auf die gastgebenden Regierungen einzuwirken, die doch deren tatsächliche Ansprechpartner auf dem internationalen Parkett seien. So entstehe der unangenehme Eindruck, die Bundesrepublik treibe die Politisierung des internationalen Sports voran.[100] In keinem anderen gesellschaftlichen Bereich schien die Einschätzung, die der Historiker Peter Bender traf, zu diesem Zeitpunkt so zutreffend wie im Sport:

> »Alle Welt schüttelte den Kopf über den deutschen Kleinkrieg um Wimpel, Ständer, Schilder, Bezeichnungen, Symbole, Einladungen, Rangfolgen und Diplomatenpässe. Es war das goldene Zeitalter der Juristen; Protokoll galt als Politikum; (…) die Nutzlosigkeit wurde nur noch von der Peinlichkeit übertroffen.«[101]

---

[98] Overbeck an BMI, betr.: Nordische Ski-Weltmeisterschaft in Garmisch-Partenkirchen 1966, 6.4.1963. BArch Koblenz B106/17778. Zur Entscheidung des NATO-Rats siehe auch: Holzweißig, Diplomatie, S. 37-38.
[99] Hinweis darauf in: Ewald, Einige wichtige Probleme bei der weiteren Entwicklung von Körperkultur und Sport in der DDR, 7.8.1970, S. 9. SAPMO DY30/IV A2/18/9.
[100] Daume an Lahr, betr.: Weltmeisterschaft im Eisschnelllauf der Herren in Göteborg am 19. und 20.2.1966, 24.3.1966. BArch Koblenz B106/17778.
[101] Bender, Episode, S. 170.

Deshalb waren auch erstmalig bundesdeutsche Fachverbände bereit, aus der sportdiplomatischen Front gegen die DDR auszuscheren, die zunehmend zu ihrer eigenen Isolation im internationalen Sport führte. Als die Bundesregierung den Deutschen Leichtathletikverband aufforderte, auf einen Start bei der Europameisterschaft in Budapest im Jahr 1966 zu verzichten, da deren Veranstalter der DDR kurzfristig ein Startrecht als selbständige Mannschaft mit eigener Flagge und Hymne eingeräumt hatte, lehnte dessen Präsident Max Danz dies ab.[102] Im Jahr darauf geriet der Deutsche Eishockeyverband im Auswärtigen Amt in die Kritik, da er sich nicht genügend bemüht habe, ein Aufeinandertreffen der beiden Teams aus Deutschland mit vollem Protokoll bei der Eishockey-Weltmeisterschaft in Wien zu verhindern.[103] Doch der Verband hatte sich bereits im Jahr 1961 bei einem Flaggenzwischenfall in der Schweiz auf Jahre vor der internationalen Eishockeyfamilie diskreditiert. Damals hatte die bundesdeutsche Eishockeynationalmannschaft an der Weltmeisterschaft in Genf teilgenommen, obwohl schon im Vorfeld ersichtlich gewesen war, dass es in einem Vorrundenspiel zum direkten Aufeinandertreffen der Mannschaften aus Bundesrepublik und DDR kommen würde. Als vor dem Beginn des Spiels absehbar wurde, dass die bundesdeutsche Mannschaft ihren ostdeutschen Konkurrenten mit großer Wahrscheinlichkeit unterliegen würde, schritt DSB-Präsident Willi Daume persönlich ein, um die Linie des Auswärtigen Amtes durchzusetzen: Die DDR-Spieler warteten auf dem Eis in voller Montur vergeblich auf ihre bundesdeutschen Gegner.[104]

Auch in der internationalen Sportwelt regte sich Widerstand gegen solche deutsch-deutschen Eskapaden. Das galt gleichermaßen für die Sportverbände von NATO-Mitgliedern und von Staaten des Warschauer Pakts. Zwar sagte der kommunistische Block die Frauenweltmeisterschaft im Volleyball Anfang des Jahres 1967 geschlossen ab, nachdem sich der japanische Veranstalter geweigert hatte, der DDR ein gleichberechtigtes Startrecht einzuräumen. Doch schon im Mai und Juni 1966 hatte die Solidarität zwischen der DDR und ihren Bruderstaaten kurzzeitig gebröckelt. So konnte die DDR im Mai 1966 die anderen kommunistischen Teilnehmer nicht zu einem Boykott überreden, falls sie bei den Europameisterschaften der Ringer im klassischen Stil in Essen nicht gleichberechtigt starten dürfte.[105] Letztlich musste sie sich deshalb damit zufrieden geben, mit ihrer Verbandsfahne einzulaufen und einen Fanfarenstoß als Hymnenersatz hinnehmen. Auf harsche Kritik der sowjetischen Delegation stieß außerdem die überstürzte Abreise der DDR-Mannschaft von der Ringer-Weltmeisterschaft in Toledo/USA im Juni 1966. Dort hatten die ostdeutschen Funktionäre erneut versucht, den protokollarischen Ablauf kurzfristig zu ändern.[106]

Der zunehmend inkonsequente Umgang mit der deutsch-deutschen Protokollproblematik durch die Bundesrepublik und ihre Verbündeten wurde auch wäh-

---

[102] Sid, Daume: Keine Stellungnahme, 31.8.1966. BArch Koblenz B106/17779.
[103] AA an Sportreferat im BMI, betr.: Flaggenfrage, 15.3.1967. BArch B106/17784.
[104] Daume-Druck, in: Der Spiegel, Heft 13, 1961, S. 80-82. Zur Vorgeschichte des Skandals von Genf siehe auch: Verdammt nochmal, in: Der Spiegel, Heft 11, 1961, S. 76.
[105] Abteilung Internationale Verbindungen, betr.: Information des DTSB an die Botschaften der DDR in der CSSR, VR Bulgarien, VR Polen, SR Rumänien und die Gesandtschaft in der SFR Jugoslawien, 10.5.1966, S. 1. SAPMO DY30/IV A2/18/4.
[106] AA an Sportreferat im BMI, betr.: Protokollfragen, 3.7.1966. BArch Koblenz 106/17666.

rend zweier Wintersportveranstaltungen zu Beginn des Jahres 1966 deutlich. Im Januar 1966 schritt die bayerische Polizei im höchsten Maße undiplomatisch bei dem Auftritt der DDR-Mannschaft bei der Biathlon-Weltmeisterschaft in Garmisch ein, da diese auf ihrer Kleidung das Emblem mit Hammer und Zirkel trug. Im Monat darauf nahmen die Mitglieder der Mannschaft der DDR jedoch unbehelligt mit ihrem Emblem auf dem Ärmel an den Nordischen Ski-Weltmeisterschaften in Oslo teil. Zu allem Überfluss wurden sie über die Eurovision in den eingeblendeten Zwischentexten auch als Sportler der DDR betitelt. Willi Daume mäkelte aus diesem Anlass, nun stünden die Verantwortlichen der Bundesrepublik »mit ihrer Garmischer Haltung sowohl unglaubwürdig wie als die letzten Kalten Krieger« dar.[107] Er mahnte den Bundesminister des Innern nachdrücklich, die Zeichen von Oslo als Teil eines internationalen Wandels ernst zu nehmen. Denn auch im Internationalen Olympischen Komitee nahm das Verständnis für die Alleinvertretungspolitik der Bundesregierung im Bereich des Sports rapide ab. Das wurde erneut deutlich, als Avery Brundage bei der Eröffnung des 66. IOC-Kongresses in Rom am 24. April 1966 die Fachverbände aufforderte, internationale Veranstaltungen in Länder außerhalb der NATO zu verlegen, da weiterhin Einreisebeschränkungen der Allianz gegenüber Sportlern der DDR bestünden. Willi Daumes sensibles Gespür für die Befindlichkeiten in der obersten internationalen Sportbehörde hatte ihn also nicht getrogen. Doch die Konsequenzen, die sich für die Münchner Spiele aus diesen Veränderungen ergeben sollten, konnte auch Willi Daume zu diesem Zeitpunkt nur erahnen.

Da die westdeutschen Sportfunktionäre im Ausland kaum noch mit Unterstützung für die Alleinvertretungspolitik ihrer Regierung rechnen konnten, änderten sie im Laufe des Jahres 1966 ihre Taktik. Von nun an arbeiteten die westdeutschen Fachverbände in den internationalen Föderationen auf eine Entpolitisierung des sportlichen Zeremoniells hin. Durch einen generellen Verzicht auf Nationalflaggen, Hymnen und Staatsembleme sollte der internationale Sportverkehr unabhängig von der außenpolitischen Situation unverkrampft weiterlaufen können.[108] Tatsächlich ließen sich einige Föderationen auf die neue Kompromissformel ein. Im Jahr 1967 fanden sowohl die Radweltmeisterschaften in Amsterdam als auch die Weltmeisterschaften im Eisschnelllauf in Oslo ohne das übliche Protokoll statt. Diese Lösung wurde auch im Eishockey und im Kanusport ernsthaft in Erwägung gezogen. Im Kunstturnen einigten sich die Verbände darauf, auf Flaggen und Hymnen zu verzichten, wenn dieses Recht nicht für alle teilnehmenden Mannschaften gewährleistet sei. Damit war auch ein Procedere für die Weltmeisterschaft im Kunstturnen im September 1966 in Dortmund gefunden. Auf der entscheidenden olympischen Ebene war ein solcher Kompromiss jedoch nicht durchsetzbar. Ein dahingehender Antrag, den Prinz Georg von Hannover im Jahr 1968 auf dem 67. Kongress des Internationalen Olympischen Komitees in Mexiko City einbrachte und der den generellen Verzicht auf Flaggen und Hymnen bei den olympischen Siegerehrungen vorsah, scheiterte um zwei Stimmen an der nötigen Zweidrittelmehrheit. Es war jedoch eine andere Entscheidung dieses

---

[107] Daume an Lücke, 21.2.1966, S. 3. BArch Koblenz B136/5556.
[108] Gieseler an Höfling, 2.2.1967. BArch Koblenz B106/17784.

IOC-Kongresses, welche die Bonner Regierung über Nacht in Panik versetzte: Dem Nationalen Olympischen Komitee der DDR wurde in Mexiko City das gleichberechtigte olympische Startrecht mit eigener Flagge und eigener Hymne zugesprochen.

Tatsächlich war es nur eine Frage der Zeit, bis das gestiegene Ansehen der DDR in der Welt des internationalen Sports auch zu deren vollständiger Anerkennung durch die Olympische Bewegung führen würde. Daher stellte Avery Brundage einer DDR-Delegation bereits im Dezember 1967 in Aussicht, dass sie auch ohne neuen Antrag im Jahr 1968 ihre volle Souveränität erlangen könne.[109] Aus diesem Grund sandte der Generalsekretär des Internationalen Olympischen Komitees, Johann Westerhoff, am 25. Mai 1967 ein Schreiben an Willi Daume, in dem er eine feste Zusage verlangte, dass die Olympischen Spiele im Jahr 1972 nach den zu diesem Zeitpunkt gültigen Regeln durchgeführt werden könnten. Er forderte Daume ausdrücklich auf, sich diese Zusage von der Bundesregierung bestätigen zu lassen. Der Vorstand des Organisationskomitees für die Olympischen Spiele in München entsprach dieser Bitte und gab die gewünschte Erklärung am 22. November 1967. Er unterließ es jedoch, über diesen Schritt Rücksprache mit der Bundesregierung zu halten. Der bei der Sitzung anwesende Sportreferent Cornelius von Hovora enthielt sich folglich der Stimme, als das Schreiben zur Diskussion stand. Das Organisationskomitee unterrichtete die Bundesregierung erst nachträglich über den Vorgang.[110]

Da die Erklärung keinen Hinweis auf die Haltung der Bundesregierung gab, nahmen weder das Internationale Olympische Komitee noch die Verantwortlichen in Bonn sie ernst. Lediglich das Auswärtige Amt erkannte, dass das olympische Eis für die Bundesdeutschen immer dünner wurde. Nun sollte zunächst eine Kommission für IOC-Fragen beim Organisationskomitee der Münchner Spiele eingerichtet werden, um das weitere Vorgehen zu prüfen. Ihr gehörten neben dem NOK-Präsidenten Willi Daume der Parlamentarische Staatssekretär Köppler für das Bundesministerium des Innern, Staatsminister Huber und Oberbürgermeister Vogel an. Das einschneidende Ergebnis der Besprechung unterlag zunächst der Geheimhaltung, brachte den Bonner Apparat aber in Bewegung. Denn alle Beteiligten waren sich einig, dass die Regelung von Madrid im Jahr 1972 keinen Bestand mehr haben würde.[111] Das bestätigte IOC-Präsident Avery Brundage Willi Daume in einem Vier-Augen-Gespräch. Darin machte er keinen Hehl daraus, dass er nur mit den Stimmen des Ostblocks ein weiteres Mal zum IOC-Präsidenten gewählt werden könne. Der Preis dafür sei aber die vollständige protokollarische Anerkennung der DDR.

Aus diesem Grund bat Daume Ende Juli 1968 erneut um eine Erklärung der Regierung, dass diese auch ein Hissen der DDR-Flagge im Jahr 1972 in München tolerieren werde. Nur so sei ein noch größerer Propagandaerfolg der SED, näm-

---

[109] Bericht über eine Reise zu IOC-Präsident Avery Brundage vom 11.-22.12.1967, S. 3. SAPMO DY30/IV A2/18/6.
[110] Der gesamte Vorgang in: Schmitz an von Hovora, betr.: Gesamtdeutsche Belange bei der Organisation und Durchführung der Olympischen Spiele 1972, 28.6.1968. BArch Koblenz B106/36167.
[111] Schenkenburg an Carstens, betr.: Gesamtdeutsche Belange bei den Olympischen Spielen 1972, 30.7.1968. BArch Koblenz B136/5565.

lich die Rückgabe der Spiele, zu verhindern.[112] Mitte August setzte Daume auf ein neues Argument und bat um die gewünschte Erklärung, allein um die Protokollfrage in Mexiko vertagen zu können. Nun drängte auch der Bundesminister für Gesamtdeutsche Fragen, Herbert Wehner, darauf, die geforderte Stellungnahme abzugeben und so Schadensbegrenzung zu betreiben. Erst ein Treffen zwischen Daume und dem Bundesminister des Innern gegen Ende des Monats entspannte die Lage wieder. Daume erklärte sich bereit auf die Erklärung zu verzichten, da Avery Brundage ihm in einem weiteren Gespräch zugesichert habe, dass er nach den blutigen Ereignissen in der Tschechoslowakei als Folge des ›Prager Frühlings‹ keine Diskussion über die deutsche Frage zulassen werde.[113] Vor dem IOC-Kongress in Mexiko City kam es daher auch nicht zu einer Aussprache zwischen den Ministern Brandt, Wehner und Benda mit dem Bundeskanzler, die der Außenminister angeregt hatte. In dieser sollte die Bundesregierung ihre Haltung zur olympischen Protokollfrage formulieren und sie dem Nationalen Olympischen Komitee noch vor seiner Abreise mitteilen. Der Staatssekretär im Bundeskanzleramt, Karl Carstens, hatte Kiesinger jedoch bereits zuvor handschriftlich angeboten, ihn in dieser Frage zu entlasten und zu vertreten.[114] Die darin enthaltene Geringschätzung des Problems kehrte nach dem 67. IOC-Kongress in Mexiko City mit der Wucht eines Bumerangs ins Bundeskanzleramt zurück.

Am 12. Oktober 1968 bewies das Internationale Olympische Komitee einmal mehr, dass es weniger an Real- als an sportinterner Machtpolitik interessiert war. Die deutsche Frage kam daher trotz der sowjetischen Panzer in Prag auf die Tagesordnung, nachdem sowohl Nordkorea als auch Formosa (Taiwan) erneut darauf bestanden hatten, zukünftig unter den Bezeichnungen ›Volksrepublik Nordkorea‹ beziehungsweise ›Republik China‹ antreten zu dürfen.[115] Dadurch öffnete sich dem IOC die Möglichkeit, sich auf einen Schlag aller seiner Protokollstreitigkeiten zu entledigen. Bei der folgenden Abstimmungsrunde erhielt das NOK der DDR mit 44 zu vier Stimmen das Recht auf eine eigene Hymne und Flagge sowie ein eigenes Emblem zugesprochen. Die zukünftige Mannschaftsbezeichnung sollte ›Deutschland-DDR‹ lauten. Das Organisationskomitee der Olympischen Spiele in München wurde aufgefordert, bis spätestens Ende des Jahres eine Erklärung abzugeben, ob die Spiele auch nach dieser neuen Regelung reibungslos ablaufen könnten.

Eiszeit im Bundeskanzleramt

Die DDR hatte ihr Ziel erreicht. Mit ihrer vollständigen Anerkennung durch die Olympische Bewegung kam für sie eine Phase des Agierens zum Abschluss. Nun

---

[112] Daume an Köppler, 31.7.1968. BArch Koblenz B106/36167.
[113] Von Hovora, Vermerk, betr.: IOC-Kongress in Mexiko, 30.8.1968. BArch Koblenz B106/36167.
[114] Handschriftliche Randnotiz Schenkenburg an Carstens, betr.: Gesamtdeutsche Belange bei den olympischen (sic) Spielen 1972, 17.9.1968. BArch Koblenz B136/5565.
[115] Neben den beiden deutschen NOKs kämpften auch China und Taiwan sowie zwei koreanische NOKs um Geltung und Alleinvertretung. Siehe zu beiden Fällen die kurze Darstellung in: Höfer, Querelle, S. 212.

mussten die bundesdeutsche Sportführung und die Bundesregierung in Aktion treten, wollten sie die Spiele nicht verlieren. Das wurde jedoch dadurch erschwert, dass der IOC-Beschluss erneut für Verstimmungen zwischen Sport und Politik sorgte. Denn in Bonn fühlten sich die Verantwortlichen nach der Entscheidung von Mexiko City durch das Nationale Olympische Komitee hintergangen. Tatsächlich legte die Eindeutigkeit des Abstimmungsergebnisses nahe, dass Willi Daume diese Entwicklung zumindest hatte kommen sehen.[116] Auch im Bundeskanzleramt brodelte nun die Gerüchteküche. Der Leiter der außenpolitischen Abteilung im Bundeskanzleramt, Horst Osterheld, wollte gehört haben, dass Daume gegenüber einem Vertreter des Bundespresseamtes schon vor der Entscheidung seiner Erwartung eines solchen Beschlusses Ausdruck gegeben habe. Daher forderte er die Absetzung Daumes als Vorsitzenden des Organisationskomitees, wozu das Bundeskanzleramt weder die Mittel noch das Recht gehabt hätte.[117] Außerdem sollte sich die Bundesregierung nun intensiver mit den Fragen des Sports befassen.

Die beiden unmittelbaren Reaktionen auf die Entscheidung von Mexiko City, die in Bonn diskutiert wurden, zeigen die Absurdität der deutschlandpolitischen Zwangslage, in welche die Regierung über Nacht geraten war. Das Bundeskanzleramt erwog spontan einen Verzicht auf die Spiele. Leider brachte eine unmittelbar in Auftrag gegebene Meinungserhebung des Instituts für angewandte Sozialwissenschaften in Bad Godesberg ein ernüchterndes Ergebnis. Denn nur 12 % der Gesamtbevölkerung gaben an, lieber ein Scheitern der Spiele in Kauf zu nehmen als eine DDR-Mannschaft mit eigener Flagge und Hymne zu akzeptieren.[118] Noch geringer waren die Aussichten für eine reale Umsetzung des Vorschlags des Olympiabeauftragten der CDU/CSU-Fraktion, Prinz Konstantin von Bayern. Er forderte, München für die Dauer der Spiele zum exterritorialen Gebiet zu erklären. Neben offensichtlicher rechtlicher Bedenken wies das Magazin *Der Spiegel* auf den prekären Zirkelschluss dieses Vorschlags hin: »Aus Angst vor Ulbrichts Zwei-Staaten-Theorie soll ein dritter deutscher Staat geschaffen werden: das souveräne Olympia-Territorium München.«[119]

Wesentlich sachlicher ging das Bundeskabinett in seiner Sitzung am 16. Oktober mit der neuen Situation um. Dort stellten die Anwesenden zwar fest, dass die IOC-Entscheidung durchaus Konsequenzen für die Deutschlandpolitik der Bundesregierung habe. Eine völkerrechtliche Anerkennung der DDR sei mit dem Beschluss jedoch keinesfalls verbunden. Daher vertagte das Kabinett seine Reaktion auf Bitte des Staatssekretärs Karl Gumbel, der zunächst die Rückkehr des Bundesministers des Innern aus Mexiko abwarten wollte.[120] Ende Oktober beauftragte das Kabinett schließlich das Innenministerium, gemeinsam mit dem Aus-

---

[116] Schenkenburg an Kiesinger, betr.: Entscheidung des IOC in der deutschen Frage, 14.10.1968. BArch Koblenz B136/5565.
[117] Osterheld an Kiesinger, betr.: IOC-Beschluss, 12.11.1968, S. 5-6. BArch Kolenz B136/5565.
[118] Diehl (Presse- und Informationsamt der Bundesregierung) an Kiesinger, 17.10.1968. BArch Koblenz B136/5565.
[119] Olympia im Vatikan, in: Der Spiegel, Heft 43, 1968, S. 27-28, S. 27.
[120] Gumbel, Aufzeichnungen, betr.: IOC-Beschluss vom 12.10.1968, 17.10.1968. BArch Koblenz B106/36167.

3.3 Die Teilung Deutschlands in der Olympischen Welt 165

wärtigen Amt und dem Bundesministerium für Gesamtdeutsche Fragen eine Kabinettsvorlage zu Wegen aus der Krise zu erarbeiten.

Die erste Referentenbesprechung, die am 21. November unter Vorsitz des Ministerialrats im Bundesministerium des Innern, Schmitz, stattfand, verlief aus Sicht des Bundeskanzleramtes unerfreulich, da sie lediglich die tiefen Widersprüche in den deutschlandpolitischen Auffassungen der einzelnen vertretenen Ministerien offenbarte.[121] Einigkeit herrschte lediglich zwischen den Vertretern des Auswärtigen Amtes und denen des Bundeskanzleramtes. Beide stilisierten die Münchner Protokollfrage zu einem Exempel für die Glaubwürdigkeit und die Fortführung der Bonner Deutschlandpolitik. Daher plädierte das Auswärtige Amt dafür, die Münchner Spiele zurückzugeben, da diese Frage einen grundsätzlichen Wandel im Umgang mit der DDR einleiten könnte. Die Vertreter des Bundeskanzleramtes wollten sich hingegen zunächst noch alle Möglichkeiten offen halten. Aus ihrer Sicht war die Protokollfrage für München durch den Entschluss des 67. IOC-Kongresses noch längst nicht entschieden. Daher weigerten sie sich auch weiterhin, die von Willi Daume gewünschte Erklärung abzugeben. Demgegenüber drängten die Anwesenden aus dem Bundesministerium für Gesamtdeutsche Fragen auf genau diese Stellungnahme. Aus ihrer Sicht waren die Würfel für München längst gefallen, daher schlossen sie eine Rückgabe der Spiele kategorisch aus. Vielmehr stellten sie einen Zusammenhang zwischen den sportlichen Protokollfragen und der Deutschlandpolitik der Bundesregierung per se in Frage. Das Ministerium für Gesamtdeutsche Fragen sah auch keine Bedenken, Flagge und Hymne der DDR im übrigen Sportverkehr schon vor den Münchner Spielen zuzulassen. Wegen dieser erheblichen Meinungsverschiedenheiten war es zu diesem Zeitpunkt nicht möglich, eine Kabinettsvorlage zu erarbeiten.[122]

Aus Sicht Willi Daumes drängte aber die Zeit. Deshalb forderte er die Bundesregierung Ende November 1968 erneut auf, die wichtige Erklärung abzugeben. Damit forcierte er zumindest die Bemühungen um die Entstehung einer Kabinettsvorlage, obwohl Osterheld dem NOK-Präsidenten gleichzeitig vorwarf, künstlich Panik zu schüren. Er selbst halte es für völlig unrealistisch, dass die Olympischen Spiele zurückgegeben werden müssten, falls die Erklärung von Seiten der Bundesregierung bis zum Ende des Jahres ausbliebe. Denn erstens habe das Internationale Olympische Komitee die Spiele in Kenntnis der ablehnenden Haltung der Bundesregierung an die Stadt München vergeben und zweitens könnten die Herren um Avery Brundage kaum an einem Erdrutsch in der Deutschlandfrage interessiert sein.[123] Damit unterstellte der Leiter der außenpolitischen Abteilung im Bundeskanzleramt dem IOC eine deutschlandpolitische Weitsicht, die längst nicht mehr von seinen eigenen Landsleuten geteilt wurde. Auf olympischer Ebene gingen die Uhren anders. Dort hatte der Oberbürgermeister von

---

[121] Osterheld, Vermerk, 22.11.1968. BArch Koblenz B136/5565.
[122] Protokoll der Ressortbesprechung am 21.11.1968 im BMI über eine Kabinettsvorlage zur Frage der Auswirkungen des Beschlusses des IOC vom 12.10.1968, 25.11.1968. BArch Koblenz B106/36167. Sowie von Hovora an Gumbel, betr.: Tagesordnungspunkt 1 der Sitzung des Ausschusses für gesamtdeutsche und Berliner Fragen am 27.11.1968, 26.11.1968. BArch Koblenz B106/36167.
[123] Osterheld an Kiesinger, betr.: Zusammenkunft mit Journalisten, 6.12.1968. BArch Koblenz B136/5565.

Montreal längst erklärt, dass seine Stadt jederzeit und auch kurzfristig als Ersatzaustragungsort zur Verfügung stehe.

Trotz starker Bedenken aus dem Auswärtigen Amt und dem Bundeskanzleramt folgte das Bundeskabinett am 18. Dezember 1968 einer Vorlage des Bundesministeriums des Innern und gab am Tag darauf die gewünschte Erklärung über den reibungslosen Ablauf der Spiele an das Internationale Olympische Komitee ab. Die treibenden Kräfte hinter der Entscheidung waren vor allem die Bundesminister Willy Brandt und Herbert Wehner, die nun das Flaggen- und Hymnenproblem endgültig aus der Welt schaffen wollten.[124] Obwohl hier bereits die Ansätze der neuen Ostpolitik zu erkennen waren, unterstrich das Bundesministerium des Innern zu diesem Zeitpunkt noch, dass diese Erklärung für München eine absolute Ausnahmeregelung darstelle. Die Kabinettsvorlage betonte außerdem, dass die Entscheidung keinerlei Auswirkungen auf die Nichtanerkennungspolitik der Bundesrepublik habe. Denn schließlich sei die DDR auf olympischer Ebene lediglich als Territorium, nicht als Staat oder Nation anerkannt.[125] Diese deutschlandpolitischen Feinheiten waren der Bevölkerung jedoch kaum noch zu vermitteln. Daher warf die Presse am nächsten Tag die berechtigte Frage auf, weshalb eine Regelung, die im Sommer 1972 erlaubt sein würde, bis dahin verboten bleiben sollte. Dadurch wurde die Protokollfrage der Münchner Spiele letztendlich genau zu dem, was das Auswärtige Amt befürchtet hatte: zum deutschlandpolitischen Wendepunkt im Sport.

Noch bevor das Bundeskabinett sich zu einer Erklärung durchgerungen hatte, wagten bereits einzelne Bundesländer einen neuen Weg in der Flaggenfrage. Sechs Länder vertraten auf der Konferenz der Innenminister der Länder, die am 29. November 1968 tagte, die Meinung, dass in Zukunft nicht mehr gegen Flagge und Hymne der DDR eingeschritten werden sollte. Diesen Vorstoß wagten Bayern, Berlin, Hamburg, Hessen, Niedersachsen und Schleswig-Holstein.[126] Da sich die anderen Länder nicht äußerten, konnte nur die ausdrückliche Bitte Ernst Bendas verhindern, dass ein dahingehender Beschluss gefällt wurde. Trotzdem marschierte am Nikolaustag eine 37-köpfige Sportlerdelegation aus der DDR bei einer kleinen Judoveranstaltung in Lemgo unbehelligt mit ihrer Flagge ein. Auf Weisung des Düsseldorfer Innenministeriums ging die Polizei nicht gegen diese Provokation vor. Während Osterheld sofort eine Ausübung des Bundeszwangs in solchen Fällen in Erwägung zog, forderte das Kabinett lediglich den Bundesminister des Innern auf, beschwichtigend auf die Länder einzuwirken. Das änderte jedoch nichts daran, dass diese auf ihrer Innenministerkonferenz am 6. Februar 1969 erneut Bedenken gegen das Vorgehen der Bundesregierung erhoben. Sie stellten fest, dass eine unterschiedliche Behandlung der Olympischen Spiele und anderer internationaler Sportveranstaltungen inkonsequent sei.[127]

---

[124] Entwurf Kabinettsvermerk, o. Datum. BArch Koblenz B136/5565.
[125] Kabinettsvorlage des BMI, betr.: Auswirkungen des Beschlusses des IOC vom 17.10.1968 auf die Vorbereitung und Durchführung der Olympischen Spiele 1972 und den internationalen gesamtdeutschen Sportverkehr, 17.12.1968, S. 7. BArch Koblenz B136/5565.
[126] Schenkenburger an Kiesinger, betr.: Heutige Fraktionssitzung, 9.12.1968, S. 2. BArch Koblenz B136/5565.
[127] BMI an AA, BMG und den Chef des Bundeskanzleramtes, betr.: Auswirkungen des Beschlusses des IOC vom 12.10.1968, o. Datum. BArch Koblenz B136/5565.

Obwohl sich an der ablehnenden Haltung des Bundesministeriums des Innern und des Bundeskanzleramtes gegenüber dieser Frage zunächst nichts änderte, mehrten sich nun parteiübergreifende Stimmen aus dem parlamentarischen Raum, die dazu aufrufen, den westdeutschen Sport endgültig von seiner protokollarischen Bürde zu befreien. In diesem Punkt herrschte verblüffende Einigkeit zwischen dem Vorsitzenden der SPD-Bundestagsfraktion, Helmut Schmidt, dem Bundesminister für Gesamtdeutsche Fragen, Herbert Wehner, dem Vorsitzenden der CDU/CSU-Bundestagsfraktion, Rainer Barzel, und dem CDU-Sportexperten Manfred Wörner. Neben ihm sprachen sich auch die führenden Sportpolitiker der SPD und FDP, Adolf Müller-Emmert und Werner Kubitza, für eine Anerkennung der Regeln der internationalen Sportfachverbände aus.[128] Letztlich dauerte es noch bis zum 22. Juli 1969, bis das Kabinett die einzige noch mögliche Entscheidung fällte und sich grundsätzlich für eine Duldung der Flagge und Hymne der DDR bei internationalen Sportveranstaltungen auf dem Boden der Bundesrepublik aussprach.

Der Kabinettsbeschluss enthielt jedoch die Aufforderung an den Sport, weiter auf eine Entnationalisierung des Protokolls bei internationalen Sportveranstaltungen hinzuarbeiten. Darüber hinaus zeigte die Feststellung, diese Duldungserklärung sei ohne Bedeutung für die bundesdeutsche Nichtanerkennungspolitik, wie sehr die Große Koalition trotz einer schrittweisen Öffnung noch in den alten Denkschemata verhaftet war. Aufschlussreich für das Verhältnis zwischen Staat und Sportorganisation war in diesem Kontext das Versprechen, das der Geschäftsführende Vorstand des DSB zeitgleich gab. Er teilte nach seiner Sitzung am 16. Juli 1969 mit, weiter darauf hinzuarbeiten, dass sportliche Feste entnationalisiert und so erst zu tatsächlich weltoffenen Ereignissen würden.[129]

Die einzelnen Bundesländer schlossen sich der Kabinettsregelung an, die somit bei den Schwimm-Europameisterschaften im August 1969 in Würzburg erstmalig zur Anwendung kam. Im Anschluss an die Veranstaltung stellte die *Frankfurter Allgemeine Zeitung* fast erstaunt fest:

> »Seit Sonntagabend weiß nun jedermann, daß die von Politikern und Sportführern zur Beratung des Flaggen- und Hymnenproblems aufgewendete Zeit in keinem Verhältnis zur geringen Bedeutung des Vorgangs stand. Würzburg hat die politische Welt nicht verändert und dem Sport nicht geschadet.«[130]

Dieser Kommentar machte deutlich, dass selbst die konservative Presse längst weiter von den Denkmustern der Hallstein-Doktrin Abstand genommen hatte als das bundesdeutsche Kabinett.

Im Bereich der olympischen Sportdiplomatie schlugen sich die Zeichen internationaler Entspannung gegen Ende der 1960er Jahre deutlich nieder. Die sportliche Konkurrenz blieb von diesem Prozess jedoch unberührt. Sie verschärfte sich vielmehr durch die Lösung der Protokollstreitigkeiten. Denn in Mexiko City war

---

[128] Sid, Vorentscheidung über Protokollfragen, 29.4.1969. BArch Koblenz B136/5565.
[129] Der Kabinettsbeschluss und die Stellungnahme des Geschäftsführenden Vorstandes sind abgedruckt in: Mitglieder-Rundschreiben des Deutschen Sportbundes, betr.: Verwendung der Symbole der DDR bei internationalen Sportveranstaltungen, 1.8.1969. BArch Koblenz B322/137.
[130] Zitiert aus: Erleichterung und Verbesserung im innerdeutschen Sportverkehr, in: Bulletin des Presse- und Informationsamtes der Bundesregierung, 24.9.1969, S. 1023-1024, S. 1023.

beschlossen worden, dass die deutsch-deutsche Konkurrenzsituation in München nicht mehr durch eine gesamtdeutsche Olympiamannschaft kaschiert werden würde. Dadurch wurde die IOC-Tagung des Jahres 1968 zur Initialzündung für die deutsche Leistungssportentwicklung.

VIERTES KAPITEL

DIE STRUKTUREN FESTIGEN SICH – EUPHORIE, KRITIK UND STABILISIERUNG AM ENDE DER 1960ER JAHRE

4.1 In Aufbruchsstimmung vereint

Konkurrenz als Schrittmacher

Neben der strukturellen Konzentration durch die Gründung der Leistungssportkommission der DDR vollzog sich Ende der 1960er Jahre auch eine inhaltliche Konzentration durch die bevorzugte Förderung bestimmter Sportarten durch den DTSB. Diesen Prozess initiierte der III. Deutsche Turn- und Sporttag, den der DTSB für Juni 1966 einberufen hatte. Die dort postulierte vorrangige Förderung der olympischen Sportarten forcierte das Präsidium im Jahr 1967 massiv und provozierte dadurch scharfe Diskussionen an der sportlichen Basis.[1] Ungeachtet dessen mündete diese Linie im Jahr 1969 in einem weiteren Konzentrationsbeschluss, der unter dem Titel ›Grundlinie der Entwicklung des Leistungssports in der DDR bis 1980‹ die Beschränkung auf wenige medaillenintensive Sportarten zu Ungunsten einiger Mannschaftssportarten festschrieb. Unter der Federführung der Leistungssportkommission hatten das Sekretariat des DTSB und die Leitung des Staatlichen Komitees für Körperkultur und Sport die Direktive gemeinsam ausgearbeitet.[2]

Ein solcher Beschluss war aus den Reihen des DTSB immer wieder gefordert worden. Ewald konkretisierte diesen Gedanken gegenüber Ulbricht jedoch erstmalig bei einem Gespräch in Oberhof am 27. Dezember 1967. Der erste Sekretär sprach sich dafür aus, die Förderung der Disziplinen Reiten und Moderner Fünfkampf zu überprüfen und alpine Wettkämpfe auf das Gebiet der DDR zu be-

---

[1] Ein Hinweis auf solche Auseinandersetzungen im Kreis Tangerhütte findet sich in: Protokoll der VI. Bundesvorstandssitzung des DTSB, 11.4.1968, fol. 59. SAPMO DY12/926.
[2] Protokoll der Beratung der Leistungssportkommission der DDR am 5.6.1968, 10.6.1968, S. 2. BArch Berlin DR5/1184. Die Grundlinie und der daraus resultierende Umsetzungsbeschluss ›Die weitere Entwicklung des Leistungssports bis zu den Olympischen Spielen 1972‹ sind in der sportwissenschaftlichen Literatur häufig diskutiert worden. Aus diesem Grund kann sich die Darstellung an dieser Stelle darauf beschränken, die Entstehung des Beschlusses im Kontext der deutsch-deutschen Konkurrenzsituation zu behandeln. Eine detaillierte Beschreibung legte vor: Ritter, Wandlungen, S. 181-241. Er versteht seine Studie offenbar als Auseinandersetzung mit Hans Joachim Teichler, Die Leistungssportbeschlüsse des Politbüros – zur Funktion der zentralen Planung im DDR-Leistungssport, in: Norbert Gissel (Hrsg.), Sportliche Leistung im Wandel, Hamburg 1998, S. 145-166. Der Umsetzungsbeschluss, den das Politbüro am 8.4.1969 bestätigte, ist abgedruckt in: Spitzer, Schlüsseldokumente, S. 154-174.

schränken. An einer besonderen Förderung des Segelsports wollte Ulbricht trotz der hohen Materialkosten festhalten. Er forderte Ewald schließlich auf, eine Vorlage für das Politbüro auszuarbeiten.³ Als das Gespräch im September 1968 in Döllensee fortgesetzt wurde, einigten sich die Mitglieder des DTSB, des Staatlichen Komitees und der Abteilung Sport des ZK darauf, die Sportarten Moderner Fünfkampf, Basketball, Reiten, Eishockey und die alpinen Disziplinen des Wintersports aus dem Förderprogramm herauszulösen.⁴ Damit setzte sich das DTSB-Sekretariat gegen den Willen der Abteilung Sport durch, die sich bis zum Schluss bemüht hatte, die Einschränkung lediglich auf drei Sportarten zu reduzieren.⁵

Der Politbürobeschluss, der diese internen Konzentrationsbestrebungen im Leistungssport fixierte, sollte erst nach den Olympischen Spielen in Mexiko City verabschiedet werden, um die dortige Entwicklung einzelner Sportarten noch berücksichtigen zu können. So fiel der unpopuläre Beschluss schließlich mit dem bis dahin größten sportlichen Erfolg der DDR zusammen: Sie präsentierte sich in Mexiko erstmals bei Olympischen Spielen leistungsstärker als die Bundesrepublik. Dies stellte die DDR-Sportführung nun vor ein argumentatives Problem, denn trotz der Erfolge ihrer Sportler setzte sie einen Beschluss durch, der viele Leistungssportkarrieren über Nacht beendete.

Der DTSB in Person des Abteilungsleiters Wissenschaft und Trainingsmethodik, Horst Röder, verteidigte die neue Linie mit einer bemerkenswerten Prognose für die 1970er Jahre. So konstatierte Röder zwar, dass die Bundesrepublik nach 1956 das erste Mal einen Ergebnisrückgang hatte hinnehmen müssen, was in elf von 17 Sportarten der Fall gewesen war. Im gleichen Atemzug warnte er jedoch davor, dass der westdeutsche Sport gerade durch diese Niederlage und wegen der Olympischen Spiele 1972 nun alles daran setzen würde, diese Entwicklung aufzuhalten. Röder wies außerdem darauf hin, dass Gastgeberländer der Olympischen Spiele ihre Punktzahl nachweislich im Schnitt um 2,75 % hatten steigern können. Daher setze die Verteidigung der Wertungsposition vor der Bundesrepublik in München eine weitere systematische Leistungssteigerung der DDR-Athleten voraus.

Diese Warnung verband der Abteilungsleiter mit dem Hinweis auf das schlechte Abschneiden der sowjetischen Athleten in Mexiko gegenüber den USA. Sie mussten den Amerikanern erstmalig seit 1956 den ersten Platz in der Nationenwertung überlassen. Als Grund dafür führte er die allgemeine Orientierung der führenden Sportnationen auf Schwerpunktsportarten an. So erreichten die USA ebenso wie Australien 80 % ihrer Gesamtpunktzahl im Schwimmen und in der Leichtathletik. Dieser Entwicklung könne sich auch die DDR in Zukunft nicht entziehen. Damit war der argumentative Bogen zu dem geplanten Politbürobeschluss gespannt. Abschließend wies Röder darauf hin, dass lediglich die künstli-

---

3 Zusammenfassung eines Gesprächs, zu dem Walter Ulbricht am 27.12.1967 in Oberhof eingeladen hatte, 3.1.1968, S. 6. SAPMO DY30/IV A2/18/6.
4 Zusammenfassung eines Gesprächs, zu dem Walter Ulbricht am 14.9.1968 in Döllensee eingeladen hatte, o. Datum, S. 4. SAPMO DY30/IV A2/18/1.
5 Hellmann an Honecker, 4.9.1968, S. 1-3. SAPMO DY30/IV A2/18/6.

che Situation der gesamtdeutschen Olympiamannschaft die DDR gezwungen habe, nahezu alle olympischen Sportarten gleichwertig zu fördern.⁶

Auch Ewald, der sich in die Auswertung der Olympischen Spiele 1968 einschaltete, warnte davor, die Konkurrenz zur Bundesrepublik von nun an zu unterschätzen. Er klagte darüber hinaus, dass zwar wesentliche, aber längst nicht alle Vorbedingungen im DDR-Sport gegeben seien, um »Westdeutschland einen für die DDR erfolgreichen Kampf liefern zu können.«⁷ Insbesondere müsse die material-technische Basis des Leistungssports weiter verbessert werden. Dazu gehörte vor allem die termingerechte Fertigstellung der Investitionsvorhaben, die für das Jahr 1969/70 bereits verabschiedet worden waren. Ewald reflektierte zwar die Frage, ob er ein moralisches Recht habe, immer höhere Fördersummen zu beantragen, zumal in dem Bewusstsein, dass dieses Geld zu Ungunsten anderer Investitionsprojekte erhoben werden müsse. Letztlich lasse ihm die weltweit zunehmende politische Bedeutung des Leistungssports jedoch keine andere Wahl, besonders hinsichtlich der Olympischen Spiele 1972 in München.

Ewalds Warnung vor der sportlichen Aufrüstung in der Bundesrepublik fiel in eine Zeit wachsender Finanzschwierigkeiten des DDR-Sports. Bei dem Gespräch in Döllensee hatte Walter Ulbricht die Sportführung bereits aufgefordert, die anvisierte Steigerung der Investitionen für zentrale Sportbauten in den Jahren bis 1972 nach unten zu korrigieren.⁸ Ende des Jahres 1969 erschien zudem ein Artikel in der *Theorie und Praxis der Körperkultur*, der sich mit den Investitionsschwierigkeiten im Sportstättenbau auseinandersetzte.⁹ Auch die 39 Investitionsmaßnahmen, die der Ministerrat im November 1968 als Sonderprogramm im Hinblick auf die Münchner Spiele beschlossen hatte, wurden nicht wie geplant umgesetzt. Verspätete Bilanzierungen der Vorhaben durch die zuständigen Bezirksräte und die fehlenden Kapazitäten der beauftragten Baubetriebe ließen es fraglich erscheinen, dass in den neuen Anlagen ab Beginn des Jahres 1971 trainiert werden könne.¹⁰ Gleichzeitig bahnte sich eine Krise bei der Versorgung der Leistungssportler mit importierten ebenso wie eigenen Sportgeräten an. Es fehlten Sportschuhe, Schaumstoffmatten und Ersatzteile im Bootsbau.¹¹ Diese Finanzie-

---

6 Röder an Hellmann, Zusammenfassende Einschätzung der Ergebnisse und hauptsächlichen Tendenzen der Leistungsentwicklung zu den XIX. Olympischen Sommerspielen 1968, S. 6 und 16. SAPMO DY30/IV A2/18/41. Solange die DDR-Linie darauf ausgerichtet war, möglichst viele Athleten der gesamtdeutschen Olympiamannschaft zu stellen, um so den prestigeträchtigen Posten des Chef de Mission zu erhalten, bot sich eine besondere Förderung der Mannschaftssportarten an. Nun erschien es jedoch zu teuer für eine gewertete Medaille mehrere Sportler zu trainieren. So auch: Spitzer/Reinartz, Strukturwandel, S. 131-139.

7 Ewald an Honecker, Einschätzung der Olympischen Spiele in Mexiko, 7.11.1968, S. 2. SAPMO DY30/IV A2/18/6.

8 Zusammenfassung eines Gesprächs, zu dem Walter Ulbricht am 14.9.1968 in Döllensee eingeladen hatte, o. Datum, S. 4. SAPMO DY30/IV A2/18/1.

9 Erich Engler/Dieter Denz, Zu einigen ökonomischen Problemen im Bereich von Körperkultur und Sport, in: Theorie und Praxis der Körperkultur 18, 1969, S. 847-850.

10 Information über den Stand der Realisierung des Beschlusses des Politbüros vom 12.11.1968 zur Sicherung der Vorbereitung der Olympischen Spiele 1972, o. Datum, S. 1-3. SAPMO DY30/IV A2/18/9. Dazu auch: Ewald an Hellmann, 10.1.1970, S. 1-2. SAPMO DY12/3326.

11 Ewald an Hellmann, 14.7.1971, Anlage: Information über Probleme des Leistungssports im Hinblick auf die Olympischen Spiele. SAPMO DY30/IV A2/18/11.

rungsschwierigkeiten besiegelten praktisch die Konzentration auf wenige medaillenintensive Sportarten. Somit reagierte der Beschluss nicht nur auf den internationalen Trend im Weltsport und die Konkurrenz zur Bundesrepublik, sondern auch auf hausgemachte Probleme der DDR-Sportführung.

Der so genannte Leistungssportbeschluss passierte das Sekretariat des Zentralkomitees am 19. März 1969. Im April bestätigte ihn das Präsidium des DTSB und legte fest, wie er öffentlich zu diskutieren sei. Bernhard Orzechowski wurde beauftragt, den Beschluss auf der am 23. April stattfindenden 10. Tagung des Bundesvorstands des DTSB in seinem Referat zu behandeln. Danach sollte das Dokument mit Kadern des Leistungssports am 28. April und auf einem zentralen Lehrgang an der Sonderschule des ZK in Brandenburg in der ersten Maiwoche ausgewertet werden. Diese Strategie zeigt nicht nur die Bedeutung des Beschlusses, sondern auch seine Unpopularität. Aus diesem Grund waren die Präsidenten der Fachsektionen vorab über die weitere Einschränkung der Leistungssportförderung einzelner Sportarten informiert worden. Daher erregte weder die Einstellung der Förderung des alpinen Rennsports noch des Wasserballs öffentlichen Widerspruch. Lediglich der Vertreter der Sektion Hockey prophezeite Auseinandersetzungen mit Sportlern und Funktionären an der Basis.[12] Bei den Delegierten überwog jedoch insgesamt das Bewusstsein, Zeugen einer tief greifenden sportpolitischen Weichenstellung zu sein, zu der es auch aus ökonomischen Gründen keine Alternative gab. Das ehemalige LSK-Mitglied Helmut Horatschke brachte das in seinem Redebeitrag auf den Punkt: »Entweder Spitzenleistung auch durch Konzentration der ökonomischen Mittel oder breite Mittelmäßigkeit.«[13]

Je knapper die Ressourcen im Leistungssport wurden, desto größeres argumentatives Gewicht kam der Konkurrenzsituation gegenüber der Bundesrepublik zu. Besonders Ewald und Hellmann verstanden es meisterlich, auf dieser Klaviatur zu spielen. So informierte Ewald beispielsweise die SED-Bezirksleitung Groß-Berlin zu Beginn des Jahres 1968 über die Entwicklung des Sportstättenbauwesens in Westdeutschland mit dem ausdrücklichen Hinweis, dass er damit die verantwortlichen Stellen in der DDR bewegen wolle, dem eigenen Sportstättenbau erhöhte Aufmerksamkeit zu widmen.[14] Auch Hellmann hielt Erich Honecker über das leistungssportliche Nachrüsten in der Bundesrepublik auf dem Laufenden. Im Februar 1969 informierte der Abteilungsleiter Sport das ZK-Mitglied Honecker über den geplanten außerordentlichen Bundestag des westdeutschen Sportbundes, auf dem Anfang März ein neues, umfassendes Konzept der Leistungssportförderung beraten werden sollte. Zwei Monate später legte er weitere Informationen zur Sportförderung in der Bundeswehr, zur Stiftung Deutsche Sporthilfe und zur Arbeit des Bundesausschuss für Leistungssport nach.[15] Die Papiere, die in dieser Zeit von unterschiedlichen Stellen zur bundesdeutschen Leistungssportförderung angefertigt wurden, enthielten alle die gleichen Beobachtungen. Es wurde zum einen auf Konzentrationstendenzen und zuneh-

---

[12] Protokoll der X. Bundesvorstandssitzung des DTSB, 23.4.1969, fol. 23. SAPMO DY12/930.
[13] Ebd. fol. 38.
[14] Ewald an Naumann, 2.1.1968. SAPMO DY12/3326.
[15] Hellmann an Honecker, 13.2.1969 und Hellmann an Honecker, 3.4.1969. SAPMO DY30/IV A2/18/7.

mende Verwissenschaftlichung im westdeutschen Sportbetrieb hingewiesen, zum anderen zeigten die Autoren, dass sich nun auch in der Bundesrepublik das Argumentationsmuster des ›Klassenkampfs in den Sportstadien‹ durchgesetzt hatte.[16] Außerdem wurde davor gewarnt, dass das Interesse sportwissenschaftlicher Institute und leistungssportlicher Forschungsstellen an den Förderstrukturen des DDR-Sports zunehme. Dies gelte insbesondere für den Bereich des Kinder- und Jugendsports.[17] Anfang des Jahres 1970 legte das Forschungsinstitut für Körperkultur und Sport schließlich eine umfassende ›Information zur gegenwärtigen Situation im westdeutschen Leistungssport‹ vor, die der DTSB und die Abteilung Sport in Auftrag gegeben hatten und von der 500 Exemplare zur internen Information gedruckt werden sollten.[18] Im Mai 1970 lag die Studie dem Politbüro vor. In den Fachzeitschriften fand zeitgleich eine intensive Auseinandersetzung mit der leistungssportlichen Entwicklung der Bundesrepublik statt.

Auch der bundesdeutsche Sport erhielt zu dieser Zeit durch den wachsenden Konkurrenzdruck einen beträchtlichen Entwicklungsschub. Im Innenausschuss des Deutschen Bundestages fand erstmals eine öffentliche Anhörung zum Sport statt, während ein außerordentlicher Bundestag des DSB am 1. März 1969 in Bremen ein neues Sportförderkonzept verabschiedete. Beider Wurzeln lagen in den negativen Erfahrungen, die der Deutsche Sportbund im Gegensatz zum DDR-Sport in Mexiko City hatte machen müssen. Angesichts einer Medaillenbilanz, die für die DDR neun Goldmedaillen auswies, für die Bundesrepublik jedoch nur fünf, verkehrte der Vorsitzende der Deutschen Sporthilfe, Josef Neckermann, Willi Daumes Fazit von 1964 ins Gegenteil: »Hier sind wir nicht mehr davon gekommen. Hier sind wir auf die Nase gefallen.«[19] Außerdem musste auch der bundesdeutsche Sport auf die endgültige Trennung der beiden Mannschaftsteile reagieren. Denn nachdem die DDR im olympischen Raum ihr Recht auf eine eigene Flagge und Hymne erstritten hatte, wurde die Konkurrenzsituation zwischen den beiden deutschen Staaten sichtbarer und somit schärfer.

Nach den Spielen in Mexiko City regte sich in Sport und Politik daher erneut die Frage, ob die Misserfolge aus tiefer liegenden, strukturellen Mängeln resultierten. Dahingehend hatte sich bereits Siegfried Perrey vom Bundesausschuss für Leistungssport unmittelbar nach Abschluss der Spiele geäußert. Seiner Meinung nach fehlte es dem Sport nicht an finanzieller Unterstützung, sondern an einem effektiven Umgang mit den vorhandenen Mitteln. Ähnliche Befürchtungen bewogen einige Abgeordnete des Deutschen Bundestages, eine Kleine Anfrage zu stellen, die Innenminister Benda aufforderte, zur Zukunft der bundesdeutschen

---

[16] Abteilung Sportverkehr, Sekretariatsvorlage Nr. 3/4/69, betr.: Einschätzung zur gegenwärtigen Lage im westdeutschen Sport, 20.10.1969, S. 9. SAPMO DY30/IV A2/18/43.
[17] Hellmann an Honecker, 15.4.1970. SAPMO DY30/IV A2/18/9.
[18] Hellmann an Honecker, 27.4.1970. SAPMO DY30/IV A2/18/9. Die 28-seitige Studie selbst: Analyse zur gegenwärtigen Situation im westdeutschen Leistungssport. Ausgearbeitet von FB I – Forschungsgruppe Zeitgeschichte, LSK 3/57/70. BArch Berlin DR5/1380.
[19] Nicht die Sportler haben versagt, sondern die Gesellschaft, in: Frankfurter Allgemeine Zeitung, 29.10.1968, S. 10.

Sportförderung Position zu beziehen.²⁰ Das Parlament bemühte sich damit, stärker Anteil an der Spitzensportförderung zu nehmen. Doch der Bundesminister des Innern antwortete eher ausweichend. Da sich sein Ministerium gerade erst die Finger an dem Vorschlag einer Bundeszentrale für Sport verbrannt hatte, sparte Benda die Frage nach einer strukturellen Effizienzsteigerung der Sportförderung in seiner Antwort an den Bundestag konsequent aus.²¹

Damit wirkte er der Befürchtung des DSB-Präsidiums entgegen, das »emotionell hochgespielte Mexiko-Ergebnis und das sachlich abzuwägende Konzept für bundeszentrale Maßnahmen zur Förderung des Leistungssports« könnten miteinander vermengt werden.²² Gleichwohl bekannte sich die Führung des Deutschen Sportbundes zu den organisatorischen Schwächen der Bewegung und bot an, ihre Organe, wie beispielsweise den Bundesausschuss zur Förderung des Leistungssports, effizienter zu gestalten, wenn der Staat seine Verantwortung im Schul- und Hochschulsport übernehme. Das Ziel blieb weiterhin die gemeinsame Entwicklung einer umfassenden staatlichen Sportkonzeption, die dem Sport einen angemessenen Platz in der Sozial-, Gesundheits- und Bildungspolitik einräumen sollte.²³ Mit diesem Ziel im Blick lud der Bundesminister des Innern, Ernst Benda, am 23. Januar 1969 Politiker, Trainer, Leistungssportler, Journalisten und Funktionäre zu dem erwähnten Sporthearing in den Deutschen Bundestag ein. Dort sollte eine kritische Bestandsaufnahme aus verschiedenen Blickwinkeln heraus vorgenommen werden. Es dominierte aber der Blick auf den Konkurrenten DDR.

Obwohl Ernst Benda in seiner Einführungsrede erneut ausdrücklich jede Form des Staatssports ablehnte, weil dieser mit den demokratischen Werten und Strukturen der Bundesrepublik nicht vereinbar sei, blickten viele Referenten und Fragende in ihren Beiträgen neidvoll über die innerdeutsche Grenze. Josef Neckermann klagte, dass die DDR zur Ausbildung ihrer Schwimmer 120 Regionaltrainer beschäftige, die Sowjetunion sogar 1.300. Der Rudertrainer Karl Adam monierte einen eklatanten Leistungsabfall der westdeutschen Ruderer gegenüber ihren ostdeutschen Konkurrenten.²⁴ Immer wieder tönte die Klage, dass der Sport in der DDR einen höheren gesellschaftspolitischen Rang einnehme als in der Bundesrepublik. Die unverhohlene Bewunderung der jüngsten DDR-Sporterfolge in Mexiko verband sich argumentativ mit dem zunehmenden Leistungsdruck vor den Münchner Spielen. Wie hoch dieser Druck war, zeigte sich an der Bereitschaft einzelner Redner, von dem konstruiert unpolitischen Charakter des eigenen Sportsystems abzurücken. Besonders der ›Ruderprofessor‹ Karl Adam über-

---

[20] Deutscher Bundestag, 5. Wahlperiode, Kleine Anfrage der Abgeordneten Dr. Wörner, Frau Griesinger, Prinz zu Sayn-Wittgenstein-Hohenstein, Kiep, Dr. Stark (Nürtigen) und Genossen, betr.: Sportförderung nach den Olympischen Spielen in Mexiko, 6.11.1968, Drucksache V/3453.

[21] Deutscher Bundestag, 5. Wahlperiode, Der Bundesminister des Innern an den Präsidenten des Deutschen Bundestages, betr.: Sportförderung nach den Olympischen Spielen in Mexiko, 2.12.1968, Drucksache V/3619.

[22] Deutscher Sportbund, Beschlussprotokoll von der 69. Präsidialsitzung des Deutschen Sportbundes am 20.11.1968, 19.12.1968, S. 1. BArch Koblenz B322/124.

[23] Ebd. S. 2.

[24] Stenographisches Protokoll über die Öffentliche Informationssitzung des Innenausschusses, 23.1.1969 unter dem Vorsitz von Schmitt-Vockenhausen, S. 48, 63 und 97. BArch Koblenz B322/694.

spannte den rhetorischen Bogen mit der Feststellung: »Es gibt ein merkwürdiges irrationales Dogma bürgerlicher Ideologie, nachdem Sport nichts mit Politik zu tun haben darf.«[25] Diese Wortwahl wies eine deutliche Anlehnung an den sozialistischen Sprachgebrauch auf.

Der Redebeitrag des schleswig-holsteinischen Ministers Otto Eisenmann der zumindest bis 1972 eine vorrangige Förderung des Leistungssports forderte, zeigte zudem, wie weit sich der bundesdeutsche Diskurs über den Sport – unter dem Druck der sozialistischen Herausforderung – auf das Leistungsprinzip hin ausgerichtet hatte. Eisenmann kennzeichnete den Sport als »Ausdruck unserer modernen Leistungsgesellschaft« und somit als Abbild der gesellschaftlichen Verhältnisse. Folglich verlangte er eine »geistige Aufwertung des Sports als einem wesentlichen Teil unserer Kultur- und Gesellschaftsordnung.«[26] Damit griff er die Forderungen des DSB aus den 1950er Jahren auf.

Doch der rhetorische Abschied vom Sport als zweckfreiem Tun allein schmiedete noch kein Olympisches Gold. Letztlich kristallisierte sich aber aus dem Hearing eine konzeptionelle Umsetzung des Konkurrenzdrucks heraus: Der Innenminister kündigte an, die Mittelzuweisung an die einzelnen Fachverbände in Zukunft effizienter zu gestalten. An Stelle des bisher üblichen Gießkannenprinzips sollte nun eine Verzahnung und genaue Abstimmung der einzelnen Zuweisungen treten und auf der Basis mittel- und langfristiger Planvorstellungen ein wirkungsvoller Gesamtplan der Spitzensportförderung entwickelt werden.[27]

Ein solches effizienteres Fördermodell hatte der DSB bereits aus eigenem Antrieb heraus entwickelt, um dem Eingriff von staatlicher Seite zuvorzukommen. Dabei griff das Präsidium auf Überlegungen zurück, die während der regelmäßigen Treffen des vergangenen Jahres zwischen dem Deutschen Sportbund und dem Ministerium diskutiert worden waren. Seine Fachverbände berieten einen ersten Entwurf zwei Tage nach dem Hearing vor dem Innenausschuss in Kassel. Er sah vor, die Koordination und Neustrukturierung des Leistungssports durch eine Stärkung des Bundesausschusses zur Förderung des Leistungssports in den eigenen Reihen zu behalten. Aus diesem Grund strebte das Präsidium an, die Zusammenarbeit zwischen dem Ausschuss und den Fachverbänden zu intensivieren und dessen Kompetenzen zu erweitern. Der Zeit seines Bestehens umstrittene Bundesausschuss sollte von nun an die Fachverbände auch in Fragen der Beschickung internationaler Wettkämpfe beraten. Gemeinsam mit den Fachverbänden sollte der Ausschuss Aktionsprogramme ausarbeiten, die für jeweils ein Jahr neue Leistungs-, Forschungs- und Trainingszentren planten und den Kader der qualifizierten Bundestrainer festlegten. Über seine Gutachtertätigkeit wurde er außerdem an der Mittelverteilung im Leistungssport beteiligt, und ihm wurde die Verantwortung für die Entwicklung langfristiger Förderkonzepte übertragen.[28]

---

[25] Ebd. S. 92.
[26] Ebd. S. 37.
[27] Ernst Benda, Verstärkte Förderung des Sports, in: Bulletin des Presse- und Informationsamtes der Bundesregierung, 28.1.1969, S. 84-87, S. 85.
[28] Deutscher Sportbund, Förderung des Leistungssports, 21.1.1969, S. 1-2. BArch Koblenz B322/55.

Die neuen Arbeitsrichtlinien für den Bundesausschuss zur Förderung des Leistungssports zeigen, dass im bundesdeutschen Sport nicht nur der Wille zu mehr Konzentration gereift war, sondern auch die Überzeugung, dass sportliche Spitzenleistungen langfristig planbar seien.[29] Nun sollte endlich umgesetzt werden, was Josef Nöcker schon im März 1965 vor dem DSB-Präsidium gefordert hatte: An die Stelle der ›Arbeit am Mann‹ musste die kontinuierliche und umfassende Organisation von Spitzenleistungen treten.[30] Aus diesem Grund erhielt der neue Bundesausschuss den Auftrag, neben kurzfristigen Aktionsprogrammen auch eine mittelfristige Vierjahres-Planung zu betreiben und einen langfristigen Sportplan bis zum Jahr 1980 zu entwickeln.[31] Ein höheres Maß an Zentralisierung im westdeutschen Sport war kaum möglich. Die Konzentration wurde durch die neue Zusammensetzung des Gremiums abgefedert, dem nun auch Fachwarte, Trainer und Aktive aus den Fachverbänden angehören sollten. Die Fachverbände stimmten auf ihrer Beratung am 25. Januar 1969 dem Konzept zu. Den Preis eines höheren Maßes an Koordination bezahlten die Fachverbände dafür, dass das Konzept ihnen eine höhere administrative und finanzielle Ausstattung in Aussicht stellte.[32] Ein außerordentlicher Bundestag des DSB, der am 1. März 1969 in Bremen stattfand, verabschiedete das Konzept.

Am 11. Oktober 1969, auf der 7. Hauptausschuss-Sitzung des DSB in Duisburg-Wedau, rief der geschäftsführende Präsident Willy Weyer den neuen Ausschuss ins Leben. Dabei ging er noch einmal auf dessen Entstehungskontext ein und nannte ihn »ein Modell für die Zukunft«. Er erhoffte sich davon, dass ein mit den Verbänden kooperierendes Organ, das den alten, teilweise stark isoliert agierenden Bundesausschuss ablöste, eine Signalwirkung für die verkrusteten Führungsstrukturen im deutschen Sport. Denn verpflichtet zu Spezialistentum, Management und Koexistenz, verkörperte der neue Bundesausschuss moderne Leitungskonzepte. Damit reagierte der Sport auf eine Gesellschaft, die sich zu öffnen begann und in der Kooperationen und Aushandlungsprozesse an die Stelle alter Hierarchien traten.[33] Der neue Bundesausschuss sollte engere Verbindungen zwischen Bundes-, Regional- und Vereinsebene schaffen und eng mit den Wissenschaften zusammenarbeiten.

Ein Vergleich des neuen Gremiums mit dem hierarchischen Ungetüm, das 1961 bewusst als über den Verbänden stehendes Organ gegründet worden war, zeigt, dass sich im westdeutschen Sport langsam eine neue Sicht auf Lenkung und Leitung entwickelte. Auch die personelle Neubesetzung versprach frischen Wind. Als besonders wichtiger Schritt galt dabei der Führungswechsel von Josef Nöcker zu dem jungen Präsidenten des Ruderverbandes, Claus Heß. Ihm wurde statt des Managers Siegfried Perrey nun der Sportwissenschaftler Helmut Meyer als haupt-

---

[29] Josef Nöcker und Willi Weyer sprachen auf der 7. Hauptausschuss-Sitzung des DSB am 11.10.1969 übereinstimmend von der »Organisation der Leistung«.
[30] Ergebnisprotokoll der 54. Sitzung des Präsidiums des DSB am 5./6.3.1965 in Frankfurt a. Main, S. 4. BArch Koblenz B106/71413.
[31] Ergebnis der Fachverbände am 25.1.1969 in Kassel, S. 1. BArch Koblenz B322/55.
[32] Ebd. S. 2.
[33] Anlage 1) zum Beschlussprotokoll der 7. Hauptausschuss-Sitzung des DSB am 11.10.1969 in Duisburg-Wedau, Ansprache des Geschäftsführenden Präsidenten Willi Weyer, S. 3. BArch Koblenz B322/47.

amtlicher Direktor zur Seite gestellt.³⁴ Nicht umsonst versuchte sich nun auch der bundesdeutsche Sport das aufgeklärte Modell des ›government by discussion‹ ans Revers zu heften. Viel stärker als von der Modernisierung seiner Organisationsstrukturen wurde der bundesdeutsche Sport jedoch durch das gesamtgesellschaftliche Klima beeinflusst, in dem die Zeichen ganz auf Planung standen.

PLANUNGSEUPHORIE

Im Verlauf der 1960er Jahre hatten die Verantwortlichen des bundesdeutschen Sports mosaikartig einzelne DDR-Fördermechanismen wie die Jahrespläne der einzelnen Verbände oder die Idee der Kinder- und Jugendsportschulen Erfolg versprechend kopiert. Gegen Ende des Jahrzehnts setzte sich in der Bundesrepublik jedoch ein umfassendes staatliches Leistungssportkonzept durch, das den Übergang zu langfristigen Förderplänen und eine stärkere wissenschaftliche Unterfütterung der Sportförderung vorsah. Das Konzept entsprang deutlich der Neubewertung und -organisation der politischen Planung.³⁵

Die so genannte Planungseuphorie erfasste diverse Politikfelder von der Bildungs- bis hin zur Landwirtschafts- und Strukturpolitik. Die Politik orientierte sich nun stärker an mittel- und langfristigen Zukunftsperspektiven, der Staat dehnte seine Steuerungskapazitäten aus und die wachsende Integration von Expertenwissen in politische Entscheidungsprozesse führte sukzessive zu einer Verwissenschaftlichung der Politik. Ziel der Planung war es, Krisen zukünftig nicht nur zu lösen, sondern ihnen auch vorbeugen zu können. Die Planung sollte die Demokratie stärken helfen und schürte zudem ein optimistisches gesellschaftliches Reformklima.

Die zentralen Bestandteile der politischen Planung schlugen sich deutlich in der staatlichen Sportförderung der Bundesrepublik nieder. Im Bundesministerium des Innern wurde nun der Übergang zu langfristigen Planungs- und Finanzkonzepten im Leistungssport vollzogen. Zudem erhöhte sich im Zuge der Ausweitung staatlicher Steuerungskapazitäten auch der Einfluss der Politik auf den Sport merklich. Das zeigte sich besonders in der veränderten Zusammenarbeit zwischen dem Bundesministerium des Innern und dem DSB sowie an der Gründung der ›Deutschen Sportkonferenz‹. Zudem profitierte der Sport von dem wachsenden

---

34 Trotzdem blieb Josef Nöcker dem Bundesausschuss als Kommissionsleiter erhalten. Erneut zeigte sich in der personellen Zusammensetzung des Ausschusses ein starker Trend zu Experten aus dem Ostblock und der DDR. Neben Nöcker übernahmen der ehemalige polnische Sportfunktionär Tomasz Lempart und der ehemalige Trainerassistent der DHfK, Eduard Friedrich, Kommissionsleitungen in dem neuen Bundesausschuss. Dazu die Studie: Krüger, Sport, S. 152-153.
35 Michael Ruck, Ein kurzer Sommer der konkreten Utopie – Zur westdeutschen Planungsgeschichte der langen 1960er Jahre, in: Schildt, Zeiten, S. 362-401. Dazu auch: Faulenbach, ›Modernisierung‹. Jüngst am Rande: Paul Nolte, Die Reformzeit der alten Bundesrepublik in den 60er und 70er Jahren. Liberalisierung, Gesellschaftsplanung und Verstaatlichung, in: Calließ, Reformzeit, S. 15-32, bes. S. 21-25 und Hans Günter Hockerts, Einführung, in: Frese, Demokratisierung, S. 249-257 auch Gabriele Metzler, »Geborgenheit im gesicherten Fortschritt«. Das Jahrzehnt von Planbarkeit und Machbarkeit, ebd. S. 777-797 sowie dies., Demokratisierung durch Experten? Aspekte politischer Planung in der Bundesrepublik, in: Haupt, Aufbruch, S. 267-288.

Bedarf an Experten, die den Sachverstand für die mittel- und langfristigen Planungskonzepte bereitstellen sollten. Das ermöglichte es dem Deutschen Sportbund nun, seine Idee einer zentralen Koordinierungsstelle für die sportwissenschaftliche Forschung durchzusetzen. Mit der Einrichtung des ›Bundesinstituts für Sportwissenschaft‹ gelang ihm die Aufwertung der Sportwissenschaften, die von hoher Bedeutung für die gesellschaftliche Wertschätzung des Sports war.

Zunächst schlug sich die Planungseuphorie im Übergang zu langfristigen staatlichen Förderkonzepten für den Leistungssport nieder. Ende des Jahres 1968 forderte die CDU/CSU-Fraktion die Bundesregierung auf, unverzüglich mit der Ausarbeitung eines Vierjahres-Programms zur Förderung des Leistungssports zu beginnen, das den systematischen Ausbau der Leistungszentren, die Einstellung weiterer Bundestrainer, die Schaffung einer zentralen Einrichtung zur Dokumentation und Auswertung der Ergebnisse der Sportwissenschaft und weitere Maßnahmen zur Vorbereitung der bundesdeutschen Sportler auf ihren Auftritt in München beinhalten sollte.[36] Der Sportexperte der CDU, Manfred Wörner, begründete den Vorstoß seiner Fraktion damit, dass es bei den kommenden Olympischen Spielen um die staatliche Reputation der Bundesrepublik gehe.[37]

Das Bundesministerium des Innern beharrte hingegen darauf, dass der Übergang zur langfristigen Planung nicht von einem Tag auf den anderen zu vollziehen sei. Dort hatten die Verantwortlichen schon im Oktober 1968 eingesehen, dass die übliche Förderpraxis den Ansprüchen der mittelfristigen Finanzplanung, welche die Einjahres-Analysen durch längerfristige Wirtschaftspläne ersetzen sollte, nicht gerecht wurde. Die Fachverbände des DSB reichten bisher Voranträge für das kommende Förderjahr ein, die oftmals nur geschätzte Angaben zu einzelnen internationalen Begegnungen enthielten. Stattdessen forderte das zuständige Referat die Fachverbände nun auf, sich zu einer möglichen Vier-Jahres-Planung zu äußern. Darin sollten sie nicht nur die gewünschten Zuwendungen für die einzelnen Jahre aufführen, sondern auch perspektivische Angaben zu benötigten Bundestrainern, Trainingsmöglichkeiten, zu Lehrgangsarbeit und Talentauslese machen. Das Ministerium verlangte außerdem Angaben zum Leistungsstand der durch den Fachverband vertretenen Sportart – sowohl im Spitzen- als auch im Breitensport.[38] Mit diesen Fragen versuchten die Innenpolitiker nicht nur ein längerfristiges Finanzierungskonzept zu entwerfen, sondern darüber hinaus einen umfassenden Sportförderplan zu entwickeln. Der DSB, der erneut um seine Kompetenzen fürchtete, reagierte dementsprechend verärgert auf das Rundschreiben des Ministeriums an die einzelnen Verbände. Der Schatzmeister des DSB, August Zeuner, warf dem Ministerium sogar vor, die Fachverbände indirekt auf-

---

[36] Deutscher Bundestag, 5. Wahlperiode, Antrag der Abgeordneten Dr. Wörner, Frau Griesinger, Frau Stommel, Bremer, Dr. Stark (Nürtingen), Rösing und der Fraktion der CDU/CSU, betr.: Olympisches Vierjahres-Programm zur Förderung des Leistungssports, 3.12.1968, Drucksache V/3584.
[37] Deutscher Bundestag, 5. Wahlperiode, 212. Sitzung, 5.2.1969, S. 11513-11521, S. 11513.
[38] Geeb, Vermerk mit Entwurf für ein Schreiben an die Fachverbände, betr.: Zuwendung aus Mitteln des Bundes zur Förderung des Sports und der Leibesübungen, 25.10.1968, S. 2-3. BArch Koblenz B106/71416.

zufordern, die Gutachtertätigkeit des DSB bei der Einstellung neuer Bundestrainer zu hintergehen, da diese sich nun direkt mit Bonn in Verbindung setzten.[39]

Dieser Vorwurf prallte jedoch an den Zuständigen der Abteilung Sport ab. Vielmehr stellten sie erfreut fest, dass aus der Umfrage unter den Verbänden deutliche Leitlinien für eine langfristige Planung hervorgegangen waren. Die Verbände baten ausdrücklich darum, weitere regionale Trainingsschwerpunkte zu schaffen, verstärkt Bundes- und Regionaltrainer einzustellen und Leistungsausschüsse und neue Ligen zu gründen. Das Leistungsniveau der Sportler sollte durch häufigere Leistungsvergleiche gehoben werden. Ein Punkt machte besonders deutlich, dass die Verbände bereit waren, sich auf langfristige Planungskonzepte einzulassen: Sie forderten die Finanzierung hauptamtlicher Führungskräfte, die neben der Verwaltungs- und Organisationsarbeit in den Verbänden auch die zunehmenden Planungsaufgaben übernehmen sollten.[40] Die Verbände kooperierten gerne. Schließlich stiegen ihre Zuwendungen durch die Bundesregierung ›für zentrale Maßnahmen auf dem Gebiet des Sports und der Leibesübungen‹ von 1969 bis 1972 durch Planungseuphorie und Olympiabegeisterung von knapp 11,3 auf gut 23,5 Mio. DM.[41]

Die Planungsgläubigkeit in der Abteilung Sport nahm zeitgleich mit dem Regierungswechsel und der Bildung der sozialliberalen Koalition unter Willy Brandt weiter zu, obwohl bei der Bilanzierung des zweiten Förderjahres gegen Ende des Jahres 1969 erste Probleme auftraten. Nun stellte sich nämlich heraus, dass die Voranträge für das Jahr 1970 bei vielen Verbänden bis zu 100 % von dem in der langfristigen Planung veranschlagten Betrag abwichen. Die vorgelegten langfristigen Planungen waren aufgrund der hohen Differenzen insgesamt wertlos. Daraus zogen die Verantwortlichen im Bundesministerium des Innern den Schluss, dass die vorgegebenen Richtlinien die Verbände nicht ausreichend zu einer realistischen Planung angehalten hätten. Sie beschlossen nun, in Zusammenarbeit mit dem Deutschen Sportbund, ein detailliertes Schema für die Erstellung mittelfristiger Planungen zu entwickeln. Darin sollte auf den Leistungsstand der international aktiven Sportler, auf Ursachen für Leistungsrückstände und auf weitere Erfordernisse »für den Anschluss an die Weltspitzenklasse« eingegangen werden.[42]

Im Zuge dieser Planungsschwierigkeiten fand der neu strukturierte Bundesausschuss zur Förderung des Leistungssports seinen Platz in der bundesdeutschen Sportförderung. Er entwickelte nun verstärkt eigene Pläne oder bot den Fachverbänden Planungshilfen an. Der Bundesausschuss wurde erstmalig im Zuge der Planungen für das Jahr 1971 aktiv. In insgesamt 60 Planungsgesprächen mit den

---

[39] Zeuner an das BMI, betr.: Zuwendung aus Mitteln des Bundes zur Förderung des Sports und der Leibesübungen, 26.11.1968, S. 1. BArch Koblenz B106/71416. Siehe auch: Beschlussprotokoll über die Sitzung des Geschäftsführenden Vorstandes am 19.11.1968, 10.1.1969, S. 3. BArch Koblenz B322/47.

[40] Groß an Kroppenstedt, betr.: Beschluss des Bundestages vom 8.7.1968, 25.3.1969, S. 4. BArch Koblenz B106/71416.

[41] Zahlen aus: Gieseler, Sport, S. 118-119. Im Jahr 1950 hatte der Etat noch 300.000 DM betragen.

[42] Referat Sp 3 (wahrscheinlich Geeb) an Referat Sp 2 (wahrscheinlich Kroppenstedt), betr.: Sportförderung; Beschluss des Deutschen Bundestages vom 2.7.1969, 10.11.1969, S. 2-3. BArch Koblenz B106/71416.

Fachverbänden versuchte er sportfachliche Gesichtspunkte mit haushaltsrechtlichen Erfordernissen in Einklang zu bringen.[43] Seit Anfang des Jahres 1971 nahmen der Bundesausschuss und das zuständige Referat der Abteilung Sport außerdem regelmäßige Realisierungsgespräche auf, da der Bundesausschuss als Koordinationsorgan der Fachverbände den besten Ein- und Überblick in deren Jahresplanung hatte.

Helmut Meyer, einer der leitenden hauptamtlichen Mitarbeiter des Bundesausschuss, stellte im Oktober 1971 rückblickend fest, dass die Planungsgespräche seit der Neuformierung des Ausschusses einen fundierteren Verlauf genommen hätten. Dies verhinderte aber nicht, dass immer wieder Deckungslücken in der langfristigen Sportplanung zu Tage traten.[44] Während der Regierungsentwurf des Bundeshaushalts für das Jahr 1971 nur Ausgaben in Höhe von insgesamt gut 11,7 Mio. DM vorsah, hatten die Planungsgespräche mit den Verbänden einen Bedarf von mehr als 13,2 Mio. DM ermittelt. Der ungedeckte Differenzbetrag ergab sich aus einer erneuten Ausweitung des Lehrgangsprogramms, der zunehmenden Zahl von Wettkampfveranstaltungen, aber auch durch die Aufnahme neuer olympischer Disziplinen in das Programm für München (z.B. Kanu-Slalom und Judo). Außerdem hatte der DSB – wie der DTSB – begonnen, Beobachtungsgruppen zu internationalen Sportveranstaltungen zu entsenden. Das Bundesministerium des Innern und der Bundesausschuss zur Förderung des Leistungssports empfahlen daher, den Differenzbetrag zu decken.[45] Prompt stellte sich für das kommende Förderjahr eine vergleichbar hohe Deckungslücke ein.[46]

Diese budgetären Unwägbarkeiten hielten die sozialliberale Koalition jedoch nicht davon ab, ihr Projekt eines Bundessportplans weiter voranzutreiben. Der neue Bundesminister des Innern, Hans-Dietrich Genscher, hatte den Begriff eines ›Gesamtförderplans‹, der Planungen fachlicher, organisatorischer und finanzieller Art zusammenfassen sollte, bereits in seiner ersten Erklärung zur Sportförderung an den Deutschen Bundestag verwendet. Durch ihn sollten die einzelnen Maßnahmen auf Bundes-, Länder- und Gemeindeebene aufeinander abgestimmt werden.[47] Dadurch erhielt die Sportplanung in der Bundesrepublik eine neue Dimension, die stabilere Koordinations- und Forschungseinrichtungen benötigte. Zwei davon kündigte Genscher an gleicher Stelle an: Die seit längerem auch im Bundestag geforderte so genannte ›Deutsche Sportkonferenz‹ und das ebenfalls schon länger angedachte ›Bundesinstitut für Sportwissenschaft‹.

Gegen Ende der 1960er Jahre wurden im Verband, im Bundesministerium des Innern und in den Parteien parallel zu den steigenden Fördersummen immer wieder unterschiedliche Kooperationsgremien zwischen Staat und Sport ins Gespräch gebracht, diskutiert und verworfen. Beispielsweise torpedierte die CDU/CSU-Fraktion den von der SPD vorgeschlagenen ›Deutschen Sportrat‹ wegen

---

[43] Jahresplanung der Bundessportfachverbände 1971, S. 1. BArch Koblenz B106/49957.
[44] Meyer an von Köckritz, 14.10.1971, S. 2. BArch Koblenz B106/49957.
[45] Dorn an Kraske, 23.10.1970. BArch Koblenz B106/71416.
[46] Für 1972 forderten die Sportfachverbände Zuwendungen in Höhe von 12.947.800 DM, während der Bundeshaushalt nur 11.327.000 DM vorsah. Aus: Flotho, Vermerk, betr.: Förderung zentraler Maßnahmen der Bundesfachverbände im Jahr 1972, 20.7.1972. BArch Koblenz B106/49957.
[47] Deutscher Bundestag, 6. Wahlperiode, Bundesminister des Innern an den Präsidenten des Deutschen Bundestages, betr.: Sportförderung, 27.11.1969, Drucksache V/109, S. 2.

verfassungsrechtlicher Bedenken. Der DSB wiederum lehnte die Gründung eines Sportbeirates beim Bundesministerium des Innern aus Angst vor staatlichem Dirigismus strikt ab.[48] Dennoch teilten alle Beteiligten die Auffassung, dass ein umfassendes Sportförderkonzept nur durch ein Koordinierungsorgan aus Vertretern des Bundes, der Länder, der Gemeinden und des Sports umsetzbar war. Ein solches Gremium könnte das föderalistische Prinzip aufweichen, nach dem Schulsport und Talentsichtung Aufgabe der Länder waren, Leistungszentren nur mit den Gemeinden geplant werden konnten, während die Spitzenverbände ihre Fördergelder auf Bundesebene ausbezahlt bekamen.

Um dieser föderalen Zersplitterung der Sportförderung entgegenzuwirken, hatte Ernst Benda bereits im Januar 1969 während des öffentlichen Sporthearings von einer ›Ständigen Sportkonferenz‹ gesprochen. Auch der DSB hatte sich schon auf seinem Bundestag 1968 ausdrücklich für eine stärkere Kooperation zwischen Staat und Sport ausgesprochen und von sich aus die Schaffung eines solchen Gremiums begrüßt. Dennoch blieb das Grunddilemma bestehen, dessen beide Seiten Walter Umminger, eine kritische Stimme aus den Reihen der Deutschen Olympischen Gesellschaft, folgendermaßen beschrieb:

> »Die eine ist: Der Sport braucht und will eine kräftige Hilfe des Staates. Die zweite ist: Der Staat will helfen, aber auch mitreden. Das hat zur Folge: Der Sport, der auf die Hilfe des Staates nicht verzichten kann und will, möchte dem Staat auf seine Entscheidungen so wenig Einfluss wie nur irgend möglich einräumen.«[49]

Solange jedoch keine Einigung über die Form eines solchen Organs zu erzielen war, intensivierte sich zunächst die Kooperation zwischen dem Deutschen Sportbund und dem Deutschen Bundestag. Die engen Beziehungen zwischen beiden, die sich zu Beginn der 1950er Jahre in der Gründung des ›Kreises der Freunde des Sports‹ manifestiert hatten, waren seit dem Ausbau der Abteilung Sport im Bundesministerium des Innern lockerer geworden.[50] Erst die zunehmenden Streitigkeiten zwischen dem DSB und dem Ministerium um die Bundeszentrale und den Sportbeirat hatten wieder Raum für einen neuen Akteur geschaffen, den der Deutsche Bundestag nun besetzte.[51] Die Führung des Deutschen Sportbundes war

---

[48] Die einzelnen gescheiterten Ansätze zählt auf: Karlheinz Gieseler, Koordinierung zwischen Sport und Staat. Vorlage zur Sitzung des Geschäftsführenden Vorstandes am 21.5.1969, S. 1-2. BArch Koblenz B322/47.

[49] Walter Umminger, Staatssport oder Staatsaktion?, in: Olympisches Feuer 19, 1969, Heft 2, S. 1-3, S. 1.

[50] Karlheinz Gieseler, Koordinierung zwischen Sport und Staat. Vorlage zur Sitzung des Geschäftsführenden Vorstandes am 21.5.1969, S. 4. BArch Koblenz B322/47.

[51] Paradoxerweise war das Diskussionsklima zwischen der Abteilung Sport und dem DSB ausgerechnet zu der Zeit, in der sie eine längerfristige Zusammenarbeit entwickeln sollten, tief greifend gestört. Der Sportreferent im Bundesministerium des Innern, von Hovora, verließ demonstrativ den Sitzungsraum, als das Präsidium des DSB seine Idee des Sportrates kritisierte. Willi Weyer, der geschäftsführende Präsident des DSB und Parteifreund von Innenminister Genscher, drohte umgekehrt seinen sofortigen Rücktritt an, sobald der Sportbeirat eingesetzt würde. Als das Ministerium dem DSB schließlich Terminvorschläge für eine Besprechung über die Schaffung einer ständigen Sportkonferenz zukommen ließ, wurde es von dem Verband schroff aufgefordert, zunächst einmal seine Vorstellungen über ein solches Gremium schriftlich einzureichen. Siehe dazu: DSB, Beschlussprotokoll von der 72. Präsidialsitzung des Deutschen Sportbundes am 14.6.1969, 16.7.1969, S. 1-2. BArch Koblenz B322/187.

sich außerdem bewusst, dass das neue, engere Verhältnis zwischen Staat und Sport koordinierender Gremien bedurfte. Sie arbeitete jedoch gezielt auf Institutionen hin, denen sich nicht vorwerfen ließ, in die Deutsche Sportbewegung ›hineinregieren‹ zu wollen. Da der Deutsche Bundestag schon ob seines Verfassungsauftrags dazu nicht in der Lage war, bot er sich als Träger eines solchen Gremiums an.

Sowohl der Deutsche Sportbund als auch das Innenministerium hatten schon Anfang der 1960er Jahre mit dem Gedanken gespielt, einen Sportausschuss ins Leben zu rufen. Bis sich der Sonderausschuss für Sport und Olympische Spiele am 13. November 1969 schließlich unter dem Vorsitz von Konrad Kraske konstituieren konnte, bedurfte es aber eines Umdenkens bei den Parlamentariern, die eine zunehmende gesellschaftliche Aufwertung des Sports in der Bundesrepublik nachvollziehen und seine Bedeutung für die nationale Repräsentation der Bundesrepublik anerkennen mussten. Dass dieser Prozess gerade durch die Aussicht auf die Olympischen Spiele in München forciert wurde, schlug sich schließlich in der Namensgebung des Ausschusses nieder.[52] Die einzelnen Beratungspunkte des Ausschusses zeigen zudem, wie vielen Sportbereichen der Bundestag gesellschaftliche und politische Bedeutung beimaß. Dazu gehörten nicht nur die sportlichen Großveranstaltungen der Jahre 1972 und 1974, sondern auch der Hochschulsport, Sport und Entwicklungshilfe, die Planung der Ständigen Sportkonferenz, die Sportwissenschaften und die Förderung des Breiten- und Leistungssports.[53] Die Vielzahl der Themen zeigt einmal mehr, dass die Bundesrepublik tatsächlich auf dem Weg zu einem umfassenden Bundessportplan war.

Damit wurde die Einsetzung der ›Deutschen Sportkonferenz‹ dringender, kam aber im Laufe des Jahres 1969 nur schleppend voran. Bereits am 21. Mai 1969 beriet der Geschäftsführende Vorstand des Deutschen Sportbundes in Essen darüber, wie eine bessere Koordinierung zwischen Staat und Sport aussehen könne. Dort sprachen sich Willi Weyer, Willi Daume, Walter Wülfing, Heinz Lindner und Willi Hübner explizit gegen die bisher durch die SPD und das Bundesministerium des Innern gemachten Vorschläge aus. Orientierungspunkt blieb der von Daume im Sporthearing des Innenausschusses beim Deutschen Bundestag vorgeschlagene ›runde Tisch‹.[54] Der Geschäftsführer des DSB, Karlheinz Gieseler, ergänzte diese Vorstellung in einer schriftlichen Ausarbeitung um weitere Aspekte. Er definierte die Ständige Sportkonferenz als eine lose, nicht ständig tagende Informationsstelle, die von Staat und Sport paritätisch besetzt würde, aber auch Vertretern aus Wissenschaft, Bildung, Jugend und Gesundheit offen stände. Ihre Teilnehmerzahl sollte auf maximal 35 Personen beschränkt werden. Gieseler erklärte es zum Ziel der Konferenz, das gegenseitige Verständnis der Teilnehmer zu fördern.[55]

---

[52] 3. Sitzung des 1. Sonderausschusses für Sport und Olympische Spiele, 4.12.1969, Bericht des Bundesministers des Innern, S. 2-3. BArch Koblenz B136/5568.

[53] Kurzprotokoll der 2. Sitzung des 1. Sonderausschusses für Sport und Olympische Spiele, 27.11.1969, S. 1. BArch Koblenz B136/5568.

[54] Ergebnisprotokoll von der Sitzung des Geschäftsführenden Vorstandes des Deutschen Sportbundes am 21.5.1969, 11.6.1969, S. 4. BArch Koblenz B322/47.

[55] Die einzelnen gescheiterten Ansätze zählt auf: Karlheinz Gieseler, Koordinierung zwischen Sport und Staat. Vorlage zur Sitzung des Geschäftsführenden Vorstandes am 21.5.1969, S. 10. BArch Koblenz B322/47.

Im Juni 1969 fanden erste Gespräche zwischen dem Deutschen Sportbund und den drei großen Parteien statt, wobei die Schaffung einer ›Ständigen Sportkonferenz‹ ins Auge gefasst wurde. Als die Gespräche im August fortgesetzt wurden, machte allein der Teilnehmerkreis die gestiegene politische Bedeutung des Sports deutlich. Für die CDU erschienen Generalsekretär Bruno Heck, Innenminister Ernst Benda und ihr Sportbeauftragter Manfred Wörner; die SPD schickte Herbert Wehner in seiner Eigenschaft als Bundesminister für innerdeutsche Beziehungen, den Bundesgeschäftsführer Hans-Jürgen Wischnewski und den Sportexperten Adolf Müller-Emmert. Für die CSU nahm der ehemalige Bundesminister des Innern, Richard Stücklen, teil, und auch die FDP bot mit ihrem Fraktionsvorsitzenden Wolfgang Mischnick, dem Kieler Minister Otto Eisenmann und ihrem sportpolitischen Sprecher Werner Kubitza prominente Persönlichkeiten auf.[56] Der illustre Kreis beschloss, eine Arbeitskommission einzurichten, die nach der Bundestagswahl auf die Gründung der Deutschen Sportkonferenz hinarbeiten sollte. Das gemeinsame Gesprächskommunique suchte dem notorischen Misstrauen des DSB vorzubeugen, indem es auf die Vorläufigkeit der Gespräche hinwies und die eigentlichen Entscheidungen ausdrücklich den Leitungsorganen des Verbandes vorbehielt.

Die Bundestagswahl 1969 war in weiten Kreisen des Sports mit großen Hoffnungen verknüpft. Zwischen Innenminister Benda und dem DSB herrschte Ende der Legislaturperiode Eiszeit. Dazu hatten viele unerfüllte Versprechungen beigetragen, besonders aber Bendas Idee seinem Ressort gegen den ausdrücklichen Willen des DSB einen Sportbeirat anzugliedern.[57] Nicht nur deshalb teilte der deutsche Sport die allgemeine Euphorie, die den Amtsantritt Willy Brandts begleitete. Nun schien die Zeit reif, um nicht nur neue Gremien zu schaffen, sondern auch progressive Vorstellungen über das Miteinander von Staat und Sport zu entwickeln.[58]

Aus diesem Grund bemühten sich die Beteiligten der vorbereitenden Sitzungen für die Ständige Sportkonferenz, einen neuen Umgangston zwischen Staat und Sport zu etablieren. Besonders Bendas Nachfolger Hans-Dietrich Genscher trug seinen Teil dazu bei. Auf der ersten gemeinsamen Besprechung mit Vertretern des DSB am 16. November 1969 in Bad Mergentheim, betonte er nicht nur das »partnerschaftliche Verhältnis zwischen Sport und Staat«, sondern ließ sogleich Taten folgen: Mit dem Hinweis, dass er »kein Gremium wünscht, das zwischen DSB und BMI steht«, versprach er die Auflösung des umstrittenen Sportbeirats beim Bundesministerium des Innern.[59] Aber auch die bundesdeutsche Sportbewegung schlug versöhnlichere Töne an und bat um »Vertrauen und Hilfe« von Seiten des

---

[56] Das Kommunique mit Teilnehmerliste ist abgedruckt in: Karlheinz Gieseler, Information über die Vorbesprechung des DSB mit den Bundestagsparteien zur Schaffung eines Koordinierungsgremiums für Sport am 26.8.1969, S. 5-6. BArch Koblenz B322/216.

[57] Eine bitterböse Zusammenfassung von Bendas sportpolitischem Scheitern verfasste der SPD-Pressedienst – natürlich auch aus wahlkampftaktischen Gründen – bereits im Juni 1969. SPD-Pressedienst, Eine Badehose macht noch keinen Sportminister, 6.6.1969. BArch Koblenz B322/431.

[58] Dieser Hoffnung verlieh auch der Chefredakteur des sid Ausdruck: Gertz an Weyer, 25.10.1969. BArch Koblenz B322/694.

[59] DSB, Vermerk über eine Besprechung am 16.11.1969 in Bad Mergentheim, 25.11.1969, S. 1. BArch Koblenz B322/694.

Staates. Gleichzeitig vollzog sie gedanklich die staatliche Planungseuphorie nach und bot an, zusammen mit Bund, Ländern und Gemeinden die Grundlagen für eine langfristige, sinnvolle und gesundheitsfördernde Freizeitgestaltung zu schaffen.[60] Diesen Gedanken konkretisierte die Bundesregierung wiederum in ihrem ersten Sportbericht.[61]

Der Wille zu Neuanfang und Kooperation schlug sich schließlich in der Struktur der Deutschen Sportkonferenz nieder, wie sie von Vertretern der Länder, der kommunalen Spitzenverbände, der Fachverbände, der Parteien, der Bundesregierung und des DSB gemeinsam konzipiert wurde. Das neue Gremium konstituierte sich am 22. Oktober 1970 in Bonn, nachdem der Hauptausschuss des Deutschen Sportbundes der Geschäftsordnung und dem Arbeitsprogramm der Deutschen Sportkonferenz Ende September 1970 zugestimmt hatte. Die Länder entsandten meist ihre Kultusminister, hinzukamen Vertreter der vier Bundestagsfraktionen sowie je ein Repräsentant der kommunalen Spitzenverbände. Die 32 Abgesandten aus den Reihen des Sports komplettierten die paritätische Besetzung.[62] Damit war es erstmalig gelungen, die unterschiedlichen föderalen Ebenen der Sportförderung in einem Gremium zusammenzufassen. Entsprechend hoch war der Anspruch der Konferenz an sich selbst. Neben ihrer Koordinierungsfunktion im Bereich der Sportförderung wollte sie »Aktionen zu einer umfassenden gesellschafts-politischen Integration des Sports« anregen. Daher erarbeitete sie Empfehlungen zu Breitensport und Spitzensport, ebenso wie zu Schulsport und Sportwissenschaften, zu Organisation und Verwaltung des Sports und der staatlichen Gesetzgebung bezüglich des Sports.[63] Die Arbeit zu den einzelnen Themenfeldern fand in Ausschüssen statt, während die gesamte Konferenz nur zweimal jährlich zusammentrat.

Die Deutsche Sportkonferenz wurde euphorisch begrüßt. Innenminister Genscher betonte zur Eröffnung der konstituierenden Sitzung, dass nun historisch gesehen eine neue Phase der Zusammenarbeit zwischen Staat und Sport beginne, nämlich die der Kooperation.[64] Nachdem der Sport nun durch den Sonderausschuss für Sport und Olympische Spiele und die Deutsche Sportkonferenz fest im politischen Gefüge der Bundesrepublik verankert war, erschien die Umsetzung eines umfassenden bundesweiten Sportförderplans möglich. Daraus resultierte nun auch ein neues Selbstbewusstsein gegenüber dem ostdeutschen Konkurrenten, das der CDU-Generalsekretär Konrad Kraske sogleich demonstrierte:

---

[60] Karlheinz Gieseler, Thesen zur gesellschaftlichen Stellung des Sports in der BRD, S. 1. BArch Koblenz B322/635.
[61] Deutscher Bundestag, 6. Wahlperiode, der Bundesminister des Innern an den Deutschen Bundestag, betr.: Sportförderung, 28.8.1970, Drucksache VI/1122.
[62] Deutsche Sportkonferenz, Ergebnis-Protokoll von der konstituierenden Versammlung der Deutschen Sportkonferenz am 22.10.1970, S. 1-3. BArch Koblenz B136/5561.
[63] Arbeitsprogramm der Deutschen Sportkonferenz, abgedruckt als Anlage 1 zu: Deutscher Bundestag, 6. Wahlperiode, Genscher an den Deutschen Bundestag, betr.: Sportförderung, 28.8.1970, Drucksache VI/1122, S. 23-24.
[64] Vgl. Ansprachen auf der konstituierenden Sitzung der Deutschen Sportkonferenz am 22.10.1970 in Bonn, in: Bundesministerium des Innern (Hrsg.), betrifft: Sportbericht der Bundesregierung, Bonn 1970, S. 57.

»Für Sport und Politik aber sollte dieses neue gemeinsame Gremium nicht zuletzt eine Herausforderung sein zu zeigen, dass die freiheitliche Demokratie im Vergleich mit dem totalitären Staat nicht nur die bessere, die humanere und die gerechtere, sondern auf längere Sicht auch die erfolgreichere und effektivere Staatsform ist – auch im Bereich des Sports.«[65]

Tatsächlich scheiterte die Konferenz jedoch gerade an der viel beschworenen Kooperation von Staat und Sport. Diese hintertrieb insbesondere der DSB, der seine Konferenzmitglieder immer wieder auf ein geschlossenes Auftreten einschwor. Er bemühte sich so, die Konturen zwischen Sport und Staat zu erhalten und riet ihnen, keine Zuständigkeiten zu vermischen. Die Sportführung fürchtete, dass andernfalls die Position des Sports langfristig geschwächt würde.[66] Dadurch sabotierte der Verband praktisch die von ihm selbst immer wieder betonte Partnerschaft mit dem Staat in den eigenen Reihen. Es bleibt unklar, ob die Verantwortlichen dies aus tatsächlicher Angst vor staatlichem Dirigismus oder lediglich aus Sorge um die eigene Machtbasis taten. Fest steht jedoch, dass ein Koordinations- und Integrationsgremium wie die Deutsche Sportkonferenz an einer solchen Grundhaltung scheitern musste.

Daher trat mit der ersten Zweijahresbilanz zur Arbeit der Deutschen Sportkonferenz, die Hans-Dietrich Genscher und der neue Präsident des DSB, Wilhelm Kregel, am 23. Juni 1972 auf der vierten Vollversammlung in Kiel zogen, Ernüchterung ein. Die Regelung, dass die Deutsche Sportkonferenz nur Empfehlungen aussprechen, aber keine Weisungen erteilen konnte, hatte sich als ineffektiv erwiesen. Die Umsetzung der Empfehlungen zum Schulsport oder zur Trainerfrage versandete weiterhin. Die Schwäche der Konferenz resultierte auch daraus, dass die Länder zwar ihre Kultus- bzw. Familienminister schickten, jedoch keine Finanzminister oder Repräsentanten aus den Haushaltausschüssen der Landtage und des Bundestages beteiligt waren. Gerade deren Veto verhinderte die Umsetzung der Empfehlungen der Konferenz jedoch oftmals.[67] Der DSB-Präsident kritisierte zudem die Arbeitsweise der Konferenz. Sie zeichne nur ab, was die Fachausschüsse ihr vorlegten, deren Mitglieder hauptsächlich als Wächter ihrer Kompetenzbereiche aufträten.[68]

Durch die Ineffizienz ihrer Arbeitsweise verschob sich auch die Entwicklung eines langfristigen Sportförderkonzepts. Obwohl sich der Deutsche Bundestag nun häufiger mit sportlichen Themen befasste, rückte der ›Bundessportplan‹ in immer weitere Ferne. Das lag zum einen daran, dass die staatliche Planungseuphorie langsam nachließ. Zum anderen war das sportpolitische Diskussionsklima im Jahr 1972 von spontaner Olympiaeuphorie und weniger planerischer Nachdenklichkeit geprägt. Daher wurden die Überlegungen zu einem bundesweiten

---

[65] Ebd. S. 71.
[66] DSB, Beschlussprotokoll der 81. Präsidiumssitzung am 8.11.1970, S. 3. BArch Koblenz B322/538.
[67] Deutsche Sportkonferenz, Protokoll von der IV. Vollversammlung der Deutschen Sportkonferenz am 23.6.1972, Anlage 1) Bericht des Vorsitzenden der DSK, Minister Hans-Dietrich Genscher, S. 2. BArch Koblenz B136/5561.
[68] Deutsche Sportkonferenz, Protokoll von der IV. Vollversammlung der Deutschen Sportkonferenz am 23.6.1972, Anlage 2) Stellungnahme des Präsidenten des DSB, Dr. Wilhelm Kregel, S.1. BArch Koblenz B136/5561.

Sportförderplan zunächst auf die Zeit nach den Münchner Spielen und anschließend auf einen unbestimmten Zeitpunkt nach der nächsten Bundestagswahl verschoben.

In keinem Punkt manifestierten sich die Grundsätze der bundesdeutschen Planungseuphorie im Sport so deutlich wie in der Gründung des Bundesinstituts für Sportwissenschaft. Das Institut wurde der *Thinktank*, der zukünftig die wissenschaftliche Expertise für die Entwicklung staatlicher Sportplanung zur Verfügung stellte. Die Planungsgespräche zwischen dem Bundesministerium des Innern und dem DSB über eine Koordinierungsstelle für die sportwissenschaftliche Forschung in der Bundesrepublik resultierten unmittelbar aus den gescheiterten Verhandlungen über die Bundeszentrale für Sport. Die Gespräche, die bereits im Jahr 1968 aufgenommen worden waren, führten im März 1969 zu einer ersten Einigung. Bei ihrem dritten Treffen beschloss die gemeinsame Kommission aus Vertretern des Sports und des Ministeriums eine öffentlich-rechtliche, bundeszentrale Einrichtung mit den Aufgabenbereichen Sportdokumentation, Sportstättenbau und Sportwissenschaften zu schaffen. Die volle Finanzierung des Instituts oblag der Bundesregierung. Es sollte seinen Sitz in Köln haben und die Arbeit noch im selben Jahr aufnehmen.[69]

Das Bundesinstitut für Sportwissenschaft, dessen Errichtung der Bundesminister des Innern, Genscher, und der Präsident des DSB, Weyer, am 15. Dezember 1969 gemeinsam in Köln bekannt gaben, wertete die Sportwissenschaften bundesweit auf und erfüllte somit ein Anliegen des DSB, das dieser bereits in den 1950er Jahren formuliert hatte. Umgekehrt verschob das neue Institut die Verantwortlichkeiten im Bereich der Sportwissenschaften jedoch deutlich zu Gunsten des Staates. Mit dem ›Zentralkomitee für die Forschung auf dem Gebiet des Sports‹ und dem ›Institut für Sportstättenbau‹ gingen zwei alt gediente DSB-Einrichtungen in dem neuen Institut auf. Von beiden trennte sich der Verband laut Willi Daume »nur schweren Herzens«.[70] Gerade deshalb kämpfte das Präsidium des DSB umso erbitterter um seine Rechte an dem Institut: bei der Frage nach dem Rechtsstatus und der personellen Besetzung der Einrichtung.

Das Bundesinstitut für Sportwissenschaft war in seiner endgültigen Form eine öffentlich-rechtliche Anstalt. Zunächst wurde es jedoch als unselbständige Anstalt im Geschäftsbereich des Bundesministeriums des Innern gegründet, da der zukünftige Status einer Gesetzesänderung bedurfte, welche die Gründung des Instituts noch weiter verzögert hätte. Diesem Argument hatten sich auch die Vertreter des DSB zunächst gebeugt. Als Hans-Dietrich Genscher jedoch am 29. April 1970 vor dem 1. Sonderausschuss für Sport und Olympische Spiele davon sprach, diesen Status einer unselbständigen Anstalt auch während der Aufbauzeit des Instituts beibehalten zu wollen, entstand im Präsidium des DSB Unruhe.[71] Prompt fühlten sich nicht nur Willi Daume, sondern auch die Präsidiumsmit-

---

[69] Von Hovora, Ergebnisprotokoll eines Gesprächs der gemeinsamen Kommission des BMI und des DSB über zentrale Maßnahmen zur Förderung des Leistungssports am 19.3.1969, S. 2. BArch Koblenz B322/694.
[70] Daume an Dorn, 31.3.1970, S. 2. BArch Koblenz B322/530.
[71] Der relevante Teil der Genscher-Rede ist enthalten in: Von Hovora an den DSB, betr.: Errichtung eines Bundesinstituts für Sportwissenschaft, 19.5.1970. BArch Koblenz B322/530.

glieder Prälat Bokler und Franz Lotz bemüßigt, beim Bundesministerium des Innern ihrer Sorge über die wissenschaftliche Unabhängigkeit des Instituts Ausdruck zu verleihen. Von Hovora wies diese Bedenken postwendend zurück, und auch der Innenminister selbst nahm im Jahr darauf vor dem Deutschen Bundestag noch einmal deutlich zu dieser Frage Stellung. Dort wies er scharf darauf hin, dass auch bei einer Einrichtung des öffentlichen Rechts keine völlige Freistellung von staatlicher Aufsicht möglich sei. Er verwahrte sich zugleich dagegen, diese Aufsicht mit einer staatlichen Lenkung der wissenschaftlichen Arbeit des Instituts gleichzusetzen, was schon Artikel 5 Abs. 3 des Grundgesetzes verbiete.[72]

Tatsächlich war der Einfluss des DSB auf das Institut begrenzt. Der Deutsche Sportbund konnte nur ein Mitglied des fünfköpfigen Direktoriums benennen. Er wurde aber bei der Auswahl der Mitglieder der drei Arbeitsbereiche konsultiert, deren Vorsitzende dem Direktorium angehörten. Dem Präsidium des DSB war die Bedeutung dieser Personalfragen für die wissenschaftliche Ausrichtung des Instituts bewusst. Daher versuchte DSB-Präsident Willi Daume noch kurz vor seinem Ausscheiden, im Bundesministerium des Innern seinen Kandidaten für den Leiterposten, den Tübinger Professor für die Theorie der Leibesübungen, Ommo Grupe, durchzudrücken, musste aber letztlich zurückstecken und die Berufung Hermann Rieders hinnehmen.[73]

Das Institut, das die Zweckforschung für den Leistungssport auf den Gebieten Medizin, Pädagogik, Psychologie und Trainingslehre koordinierte, die Grundplanungen im Sportstättenbau erarbeitete und eine Dokumentationsabteilung als Bindeglied zwischen Wissenschaft und Praxis unterhielt, war deutlich ein Kind der bundesdeutschen Planungseuphorie.[74] Bei seiner Entstehung spielte aber auch die Konkurrenzsituation gegenüber der DDR eine entscheidende Rolle. Denn seine Gründung fiel in eine Zeit, in der die wissenschaftliche Auseinandersetzung mit dem DDR-Sportsystem zunehmend an Bedeutung gewann. Dieser Forschungsprozess hatte die Gründung des Bundesinstituts für Sportwissenschaft als zentrales Koordinierungsgremium nötig gemacht. Das Institut wurde nun sein Träger.

Nachdem sich die Verantwortlichen im deutschen Sport ebenso wie die der Politik mit den groben Förderstrukturen des DDR-Sportsystems vertraut gemacht hatten, leuchtete die bundesdeutsche Sportwissenschaft nach und nach auch die Feinbereiche der sozialistischen Trainingsmethodik und Nachwuchsförderung aus. Die DDR-Institutionen verzeichneten daher beunruhigt eine steigende Zahl von Anfragen durch bundesdeutsche Studenten, die an Diplom- oder Doktorarbeiten über den DDR-Sport arbeiteten und um Informationsmaterial oder Interviews baten. Im April 1970 befasste sich das Sekretariat des DTSB mit diesem Problem. Im Anschluss an die Sitzung untersagte der Präsident des DTSB

---

[72] Deutscher Bundestag, 6. Wahlperiode, der Bundesminister des Innern an den Deutschen Bundestag, betr.: Bundesinstitut für Sportwissenschaft (BISp), 13.10.1971, Drucksache VI/2728, S. 2. Die Drucksache stellt außerdem umfassend die Organisationsstruktur und die Tätigkeitsfelder des Bundesinstituts dar. Den Erlass über die Einrichtung des Bundesinstituts für Sportwissenschaft (BISp) vom 10.10.1970 druckt in der Fassung vom 18.4.1971 ab: Gieseler, Sport, S. 161-164.
[73] Daume an Dorn, 31.3.1970, S. 1. BArch Koblenz B322/530.
[74] Hans-Dietrich Genscher, Konzentration und Koordinierung der Sportwissenschaft, in: Bulletin des Presse- und Informationsamtes der Bundesregierung, 18.12.1969, S. 1318.

allen Bezirksvorständen, Sportverbänden, Sportschulen und Sportclubs schriftlich, jegliche Informationen über das System des DDR-Sports an die Bundesrepublik weiterzugeben.[75]

Das Standardwerk der bundesdeutschen ›Sportspionage‹ wurde die Studie ‚Die Probleme des Hochleistungssports in der Bundesrepublik Deutschland unter dem Aspekt München 1972‹, die der ehemalige Generalsekretär des polnischen Nationalen Olympischen Komitees, Tomasz Lempart, verfasste.[76] Lempart war viele Jahre für die Leitung des polnischen Leistungssports verantwortlich gewesen, bevor die polnische Regierung ihm angesichts des zunehmenden Leistungsrückgangs im polnischen Sport die Emigration nach Israel gestattet hatte. Der ehemalige Generalsekretär ging jedoch lieber nach Frankfurt am Main, wo er und sein Wissen höchst willkommen waren. Der bundesdeutsche Sport nahm Lempart so begeistert auf wie zuvor Josef Nöcker und viele andere Trainer, die eine Ausbildung auf der anderen Seite des Eisernen Vorhangs genossen hatten.[77] Manfred Ewald hingegen, der DDR-Sportchef, schäumte vor Wut über diesen Wechsel. Denn Lempart war noch im Sommer 1968 anlässlich der II. Kinder- und Jugendspartakiade in der DDR zu Gast gewesen. Dort hatte der polnische Funktionär Einblicke in den Nachwuchsleistungssport gewonnen, die nun nicht dem polnischen Sport, sondern dem bundesdeutschen zugute kamen. Ewald ging sogar soweit, die Abteilung Sport beim ZK der SED aufzufordern, die Zusammenarbeit mit Polen im Bereich des Sports zu beschränken.[78]

In der Bundesrepublik wurde die Lempart-Studie zur Grundlage der Zusammenarbeit zwischen dem Bundesausschuss für Leistungssport und den Fachverbänden.[79] Auf ihrer Basis sollten die einzelnen Trainer darin geschult werden, moderne, wissenschaftlich erarbeitete Trainingsmethoden anzunehmen und umzusetzen. Dies war weder dem ersten wissenschaftlich-methodischen Ausschuss des NOK gelungen noch dem 1965 umgeformten Bundesausschuss für Leistungssport. Dass es dieses Mal gelang, beweist der wachsende Unmut an der sportlichen Basis. Dort wurden erste Klagen darüber laut, »dass das Trainingssystem des Ostblocks aufgrund des Einflusses von Herrn Lempart (…) zumindest einigen Verbänden völlig ›unorganisch‹ aufgedrängt würde.«[80] Dabei hatten die Funktionäre weder auf die besonderen Gegebenheiten jedes einzelnen Verbandes noch auf eine zumutbare Trainingsbelastung Rücksicht genommen.

Die Trainingsmethoden des Ostblocks basierten auf hoch qualifizierten wissenschaftlichen Auswertungen, die eine umfassende Dokumentation der Ergeb-

---

[75] Abteilung Sportverkehr, Sekretariats-Vorlage Nr. 14/6/70, betr.: Verstärkte Versuche westdeutscher Stellen und Institutionen, über den Leistungssport der DDR – und dabei insbesondere über den Kinder- und Jugendsport, die KJS usw. – Informationen zu erhalten, 8.4.1970, fol. 451-456. SAPMO DY12/555.
[76] Das Manuskript ist abgelegt in: BArch Koblenz B322/446. Es erschien unter dem gleichen Titel im Jahr 1969 in Frankfurt. Es folgte vier Jahre später: Tomasz Lempart, Die XX. Olympischen Spiele München 1972 – Probleme des Hochleistungssports, Berlin/München/Frankfurt a. Main 1973.
[77] Zur Person Lemparts und seiner Studie: Krüger, Sport, S. 145-149.
[78] Ewald an Hellmann, 3.11.1969, fol. 198-199. SAPMO DY12/3331.
[79] Kramer (DSB-Geschäftsführer), Aktenvermerk, 23.7.1969. BArch Koblenz B322/271.
[80] Groß an das Bundesministerium des Innern, betr.: Olympische Spiele 1972 in München, 15.9.1972, S. 5. BArch Koblenz B106/103353.

nisse wie zum Beispiel an der Deutschen Hochschule für Körperkultur und Sport in Leipzig einschloss. Diese Aufgabe übernahm nun das Bundesinstitut für Sportwissenschaft jenseits der Mauer. Das Institut war auf der einen Seite Produkt des sportwissenschaftlichen Transferprozesses zwischen beiden deutschen Staaten. Auf der anderen Seite forcierte es diesen Prozess seit seiner Gründung. So entstand Ende 1971 eine Dokumentation im Auftrag des Bundesministeriums des Innern über Sport und Sportorganisationen in der DDR. Als zweiter Band der wissenschaftlichen Reihe, die das Institut herausgab, wurde im Jahr 1975 eine Studie unter dem Titel ›Leistungssport und Gesellschaftssystem‹ herausgegeben, die auch detaillierte Trainingsvergleiche zwischen bundesdeutschen und DDR-Sportlern enthielt.[81]

An der Schnittstelle zwischen Planungseuphorie und Konkurrenz hatte der bundesdeutsche Sport erneut seinen Charakter verändert. Nun hatte sich auch bei den Verantwortlichen im Bundesministerium des Innern die Überzeugung durchgesetzt, dass es sich bei der Weiterentwicklung des Spitzensports um einen wissenschaftlichen Prozess handele. Darin spiegelte sich die für die Zeit typische Wissenschafts-, Organisations- und Modernisierungsgläubigkeit, die Mitte der 1960er Jahre auch die sportliche Perspektivplanung der DDR geprägt hatte. Umgekehrt hatte der Staat seinen Einfluss auf den Sport weiter ausgedehnt. An der Gründung des Bundesinstituts für Sportwissenschaft trat der Konflikt zwischen dem Autonomiebedürfnis des bundesdeutschen Sports und dem Steuerungsanspruch des Staates zwar noch einmal offen zu Tage. Tatsächlich war deren Verhältnis jedoch im Zuge der Planungseuphorie längst enger geworden als jemals seit dem Ende des Krieges. Auch im Bereich der Leistungssportförderung dehnte der Staat im Namen der politischen Planung seinen Zugriff auf unterschiedliche gesellschaftliche Bereiche deutlich aus.

DER VIERTE KOMPARATIV DES OLYMPISCHEN SPORTS

Der Staat monopolisierte die Sportförderung in der Bundesrepublik jedoch zu keinem Zeitpunkt. Das wurde besonders an der Frage nach einem umfassenden Talentsichtungsprogramm im Schulsport deutlich, die gegen Ende der 1960er Jahre in den sportpolitischen Diskurs zurückkehrte. Auf diesem Gebiet wurde vielmehr erneut ein gesellschaftlicher Akteur aktiv, der in der Bundesrepublik ein Pendant zu der sozialistischen Kinder- und Jugendspartakiade schuf und dadurch die Talentsuche von Schule und Verein ergänzte.

Obwohl bereits im Jahr 1968 erste Sportzüge an bundesdeutschen Schulen und mit den Sportinternaten Malente in Schleswig-Holstein und der Max-Ritter-Schule des Deutschen Schwimmverbandes in Saarbrücken zwei Prototypen bundesdeutscher Kinder- und Jugendsportschulen ins Leben gerufen worden waren, rutschten nach wie vor zu viele Talente durch das Sichtungsnetz der Bundesju-

---

[81] Bachmann an das Bundesinstitut für Sportwissenschaft, betr.: Dokumentation über Sport und Sportorganisationen in der DDR, 7.9.1971. BArch Koblenz B106/103353. Frank F. Pfetsch et al., Leistungssport und Gesellschaftssystem. Sozio-politische Faktoren im Leistungssport. Die Bundesrepublik im internationalen Vergleich, Schorndorf 1975.

gendspiele hindurch. Dieser Faktor gewann zunehmend an Relevanz, da der Bundesvorstand des DTSB bereits im März 1964 auf den »vierten Komparativ des olympischen Sports: immer jünger« reagiert hatte. Auf seiner 12. Tagung legte er die Durchführung von Bezirksspartakiaden zur Sichtung junger Nachwuchssportler fest.[82] Die Kinder- und Jugendspartakiaden lehnten sich dem Namen nach zwar an das sowjetische Vorbild an, verwirklichten aber auch ein amerikanisches Modell. Denn die amerikanische Nachwuchsleistungssportförderung operierte ebenfalls mit einem möglichst niedrigen Wettkampfalter der Kinder und Jugendlichen. Der regelmäßige Wettkampfbetrieb und die hohe individuelle Trainingsbelastung junger Nachwuchssportler, die bereits Anfang der 1960er Jahre jenseits des Atlantiks praktiziert wurden, flossen Mitte der 1960er Jahre nachweislich in das Spartakiadeprogramm der DDR ein.[83] Für das Jahr 1966 plante der Vorstand des DTSB die erste DDR-weite Deutsche Kinder- und Jugendspartakiade, welche die Lücke zwischen Leistungssport und allgemeinem Kinder- und Jugendsport schließen sollte. Das Projekt entwickelte sich rapide: Ende Juli 1970 kamen bereits 11.000 Jungen und Mädchen zu den Endkämpfen der III. Deutschen Kinder- und Jugendspartakiade in 19 Sportarten nach Ost-Berlin. Dort bekamen sie durch die Partei- und Sportführung ihre eigenen kleinen Olympischen Spiele geboten: Fackelläufer entzündeten das ›Buchenwald-Feuer‹ über den Wettkampfstätten, und in Anlehnung an den Olympischen Eid wurde der Spartakiade-Eid abgelegt. Eine Eröffnungs- und eine Schlussfeier komplettierten die Kopie des olympischen Zeremoniells und schufen Raum für die typischen Merkmale sozialistischer Großsportveranstaltungen wie Aufmärsche, Massenübungen und politische Ansprachen.[84]

Seit der ersten zentralen Kinder- und Jugendspartakiade im Jahr 1966 verfolgte der westdeutsche Sport deren Entwicklung mit Argusaugen und stellte dem sozialistischen Modell exzellente Noten aus. Walter Umminger von der Deutschen Olympischen Gesellschaft nannte die Spartakiade ein Modell vorbildlicher sportlicher Breitenarbeit, bei der es nicht um die einseitige Förderung bzw. ›Züchtung‹ von Hochleistungssportlern ginge. Der RIAS-Journalist Willi Knecht lobte sie in einer öffentlichen Sitzung des 1. Sonderausschusses für Sport und Olympische Spiele und des Ausschusses für Jugend, Familie und Gesundheit Ende des Jahres 1970 als einmalig auf der Welt und mutmaßte, dass sie in ihrer momentanen Form nicht mehr zu überbieten sei. Mit den Worten: »Die Kinder- und Jugendspartakiade ist unabhängig von den gesellschaftspolitischen Aspekten in erster Linie eine sportspezifische Aktion«, regte er außerdem ihre Übertragbarkeit in das demo-

---

[82] Zur Spartakiadebewegung: Willi Langheinrich, Die Spartakiadebewegung als Synthese von Leistungssport und Kinder- und Jugendsport, in: Wissenschaftliche Zeitschrift der Deutschen Hochschule für Körperkultur Leipzig 9, 1967, Heft 4, S. 115-118. Zum Phänomen des ständigen Altersrückgangs im Hochleistungssport siehe: Josef Göhler, Der vierte Komparativ des olympischen Sports: immer jünger, in: Olympisches Feuer 20, 1970, Heft 7, S. 30-32.

[83] Horst Röder/Hans Schuster, Zusammenfassende Einschätzung der Ergebnisse und Schlussfolgerungen zu den XVIII. Olympischen Sommerspielen in Tokio, in: Theorie und Praxis des Leistungssports 2, 1965, Heft 10, S. 3-44, S. 27.

[84] Walter Umminger, Die ›Mini-Olympiade‹ in Ost-Berlin, in: Olympisches Feuer 20, 1970, Heft 9, S. 30.

kratische System der Bundesrepublik an.[85] Tatsächlich etablierten die Spartakiaden ein ständiges Wettkampfsystem im Nachwuchssport, das auf das klare Ziel einer Reise nach Berlin hin ausgerichtet war. Diese Motivation überlagerte die Verpflichtung zur Teilnahme. Außerdem umfassten die Spartakiaden ein breiteres Wettkampfprogramm als beispielsweise die Bundesjugendspiele.

Der Nachwuchssorgen im bundesdeutschen Sport nahm sich im Jahr 1969 die Illustrierte *Stern* an. In Anlehnung an ihr Projekt ›Jugend forscht‹ rief sie einen bundesweiten Schulsportwettkampf unter dem verlockenden Titel ›Jugend trainiert für Olympia‹ ins Leben. Ebenso wie das östliche Pendant konnte der Wettbewerb mit einer Finalveranstaltung in Berlin aufwarten, die unter der Schirmherrschaft des Regierenden Bürgermeisters stand. Im gleichen Jahr fanden erstmalig Wettbewerbe im Schwimmen und in der Leichtathletik statt, deren Vorausscheidungen die Schulbehörden der einzelnen Länder organisierten.[86] In der westdeutschen Schulsportlandschaft ging die Idee der Spartakiade jedoch weder unverändert noch ohne Widerspruch auf. Denn während die Kinder- und Jugendspartakiade die adäquate Spitze eines konsequent auf Leistung und Wettbewerb basierenden Schul- und Nachwuchssports in der DDR darstellte, importierte ›Jugend trainiert für Olympia‹ umgekehrt erst eine stärkere Ausrichtung auf Leistung und Wettkampf in den westdeutschen Schulsport. Diese Prinzipien hatten sich nämlich trotz der Auseinandersetzung um die Sportgymnasien seit Mitte der 1950er Jahre längst noch nicht durchgesetzt.

Obwohl gegen Ende der 1960er Jahre auch in den Parteien heftig um den Schulsport gestritten wurde, hatte der *Stern* seine Aktion im Stillen vorbereitet. Nach Einzelgesprächen mit Fachverbänden, Kultusministerien und der Deutschen Sportjugend hatte die Illustrierte das allgemeine Bedürfnis nach weiterführenden Schulwettkämpfen aufgegriffen und es ohne Rücksicht auf die einzelnen Länderinteressen in privater Initiative durchgesetzt. Damit hatten die Initiatoren des *Stern* die Bremskraft des Föderalismus bei der Weiterentwicklung des Schulsports unterlaufen. Entsprechend negativ – wenn auch neidvoll – beurteilten der Deutsche Sportbund und die Schulsportreferenten der Kultusministerien der Länder das Projekt.[87]

Im wissenschaftlichen Beratungsgremium des DSB, dem Deutschen Sportbeirat, löste der moderne Charakter der Veranstaltung ernste Bedenken aus. Denn ›Jugend trainiert für Olympia‹ verlagerte nicht nur den Leistungssport, sondern

---

[85] Stenographisches Protokoll der gemeinsamen öffentlichen Sitzung des 1. Sonderausschusses für Sport und Olympische Spiele und des Ausschusses für Jugend, Familie, Gesundheit, 3.12.1970, S. 27. BArch Koblenz B106/121667. Willi Knecht hat die Entwicklung des DDR-Sports in einer Vielzahl journalistischer Publikationen verfolgt und auch aus seiner pragmatischen Haltung gegenüber den Vorteilen des DDR-Sportsystems nie einen Hehl gemacht. Beispielhaft für seine Arbeit seien an dieser Stelle genannt: Willi Knecht, Laufen Sozialisten schneller?, in: Deutschland Archiv 2, 1969, S. 1-9; ders., Ist der DDR-Sport noch einzuholen?, in: Deutschland Archiv 3, 1970, S. 1319-1320; ders., Die ungleichen Brüder. Fakten, Thesen und Kommentare zu den Beziehungen zwischen den beiden deutschen Sportorganisationen DSB und DTSB, Frankfurt a. Main 1971.

[86] Information für das Präsidium, ›Jugend trainiert für Olympia‹ – Aktion der Illustrierten STERN. BArch Koblenz B322/285.

[87] Protokoll der Sitzung des Deutschen Sportbundes mit den Schulsportreferenten der Kultusministerien der Länder am 3.7.1969, S. 3. BArch Koblenz B322/126.

auch dessen Auswüchse in die Schule und damit ins frühe Jugendalter. Der Beirat stellte grundsätzlich infrage, ob Wirtschaftsunternehmen wie der *Stern* überhaupt am Schulsport beteiligt werden sollten. Schließlich nutzten sie auf diese Art den Schulsport zu Werbezwecken. Damit waren nicht nur die frechen Windjacken gemeint, die der *Stern* für jeden Teilnehmer zur Verfügung stellte und auf deren Rücken das Logo der Illustrierten prangte, sondern auch die abschließende Siegesfeier im Berliner Sportpalast, die als ›unpädagogisch‹ empfunden wurde.[88]

Trotz dieser Bedenken sprachen sich die Schulsportreferenten der Länder nach dem ersten Finale in Berlin für eine Weiterführung des Programms aus. Sie forderten aber gleichzeitig, es auf weitere Sportarten auszudehnen, und schlossen sich der Bitte des Deutschen Sportbeirates an, aus pädagogischen Gründen von Einzelkämpfen zu Mannschaftskämpfen überzugehen. Unter diesen positiven Vorzeichen kamen Ende November 1969 die Schulsportreferenten mit Vertretern des Deutschen Sportbundes, der Landessportbünde, der Fachverbände und zwei Mitarbeitern des *Stern* zu einer weiteren Beratung über den Platz der Veranstaltung im Nachwuchssportfördersystem der Bundesrepublik zusammen. Bezeichnender Weise nahm an dem Tisch auch Detlef Flotho als Vertreter des Bundesministeriums des Innern Platz. Ein Staat, der sich ansonsten im Schulsport zurückhielt, zeigte Präsenz.

Die Diskussion wurde mit der positiven Feststellung eröffnet, dass die Aktion ›Jugend trainiert für Olympia‹ eine Motivation für den gesamten Schulsport bedeute. Dieses Statement unterstrichen viele Diskutanten aus den Reihen des Sports, die wie Ommo Grupe darauf hinwiesen, dass in der Schule ein soziales Klima geschaffen werden müsse, in dem sich Talente entwickeln könnten. Der Vertreter des Deutschen Fußballbundes, Alfred Finkbeiner, sprach ganz offen davon, dass ein neues Leistungsbewusstsein im Schulsport entwickelt werden müsse.[89] Obwohl auch Stimmen laut wurden, die zu bedenken gaben, dass der Aufruf zu mehr Leistung und Wettkampf im Schulsport die sportlich weniger Begabten entmutige, war der Trend zu zunehmender Leistungsfixierung doch unverkennbar. Das zeigte sich auch daran, dass die Aktion des *Stern* als Konkurrenz zu den Bundesjugendspielen zwar erkannt, aber dennoch zugelassen wurde. Die Anwesenden wollten auch künftig nicht auf den umfassendsten bundesdeutschen Schülerwettbewerb verzichten, doch sie hatten sich längst von der Idee verabschiedet, mit seiner Hilfe Talente sieben zu können.

Diese Diskussion wurde parallel, aber schärfer, in der Fachpresse geführt. Hier sahen Sportlehrer wie auch Sportfunktionäre gleichermaßen, dass das Programm ›Jugend trainiert für Olympia‹ längerfristig tief in das Verhältnis zwischen Verein und Schule bei der Talentförderung eingreifen würde. Dazu trugen auch Äußerungen bei, die darauf abzielten, die Schule zur alleinigen Talentschmiede zu erklären. Dies konnten die bundesdeutschen Schulen jedoch

---

[88] Protokoll der Vollversammlung des Deutschen Sportbeirates am 24./25.10.1969, S. 7. BArch Koblenz B322/121.
[89] Protokoll des Gesprächs zwischen dem Deutschen Sportbund und den Schulsportreferenten der Kultusministerien der Länder am 27.11.1969, S. 3. BArch Koblenz B322/285.

nicht leisten. Denn die leistungsorientierte Förderung von Talenten entsprach nicht ihrem pädagogischen Auftrag und außerdem garantierte die Trennung von Schule und Verein auch die Freiheit des Sports. Denn wenn die Schule im Auftrag des Staates Talente ausbildete, dann wäre dies ein klarer Schritt in Richtung Staatssport.[90]

Während die Fachverbände verbissen ihre Nachwuchsarbeit verteidigten, kämpften die Sportlehrer und -lehrerinnen um den Fortbestand eines Sportunterrichts, in dem das spielerische Moment weiter dominierte. Ihre Aufgabe war es, auch dem Schwächsten Spaß an der Bewegung zu vermitteln.[91] Daher galt der Schulsport aus Sicht der Vereinstrainer auch als ›Antitraining‹, weshalb Olympiateilnehmer vor den Spielen bis zu einem Jahr vom Schulsport befreit werden konnten. Ein Sportunterricht, der sich an den Leistungen der Schwächeren orientierte, mochte an der Basis noch durchzusetzen sein. Im sportpolitischen Diskurs hatte er jedoch mit dem Satz des DSB-Präsidenten Willi Daume im Januar 1969 vor dem Deutschen Bundestag »Die Jugend will die Leistung, nicht Ringel-Ringel-Reihe« jede Bedeutung verloren.

Doch obwohl die Teilnehmerzahl des Wettkampfs im zweiten Jahr bereits von 15.000 auf 70.000 Jungen und Mädchen stieg, wurde das Programm ›Jugend trainiert für Olympia‹ nie mehr als eine am freiwilligen Wettkampf orientierte Ergänzung des Schulsports und gelangte nie zu solchem Ruhm wie sein sozialistisches Vorbild. Der Grund dafür blieb die bestehende Lücke zwischen Schule und Verein. Diese wurde in der Bundesrepublik von beiden gleichermaßen gewahrt. Daher war es nicht verwunderlich, dass bereits beim zweiten Endkampf in Berlin zwar Schulmannschaften gegeneinander antraten, deren Mitglieder jedoch mehrheitlich Vereinsmitglieder waren.[92] Dort waren sie über Jahre hinweg ausgebildet worden, teils mit fünfmaligem Training in der Woche. Das konnte eine bundesdeutsche Schule nicht leisten, die bisher nicht einmal eine tägliche Sportstunde gewährleisten konnte. Dies beweist wie wenig der äußere Konkurrenzdruck die Nachwuchsförderung in der Bundesrepublik tatsächlich strukturell veränderte. Auch wenn die Schulen Neigungsgruppen schufen, blieb die gezielte Talentförderung doch Aufgabe der Vereine und somit dem Zugriff des Staates weitgehend entzogen. Diesen Freiraum ließ eine Diktatur nicht zu, in der Verein und Schule gleichgeschaltet und im Auftrag des Staates Hand in Hand agierten. An diesem Punkt fand der Transfer seine Grenze.

---

[90] Klaus Altpeter, Bundesjugendspiele – noch lange kein ›alter Hut‹!, in: Olympische Jugend 16, 1971, S. 7.
[91] Ebd. S. 7 und auch Marlis Rieper, Jugend trainiert für Olympia, in: Die Leibeserziehung 20, 1971, S. 57-58, S. 57.
[92] Hans Dassel, Jugend trainiert für Olympia, in: Die Leibeserziehung 19, 1970, S. 349; Siegfried Schmitt/Ralf Fischer, Jugend trainiert für Olympia ... ›fünfmal in der Woche und einmal Ballett‹, in: Olympische Jugend 17, 1972, S. 8-9.

4.2 Unerwartete Reibungspunkte

Die Sportkritik der Neuen Linken

Im Zuge der Planungseuphorie hatte der bundesdeutsche Sport erneut sein Gesicht verändert, und das Leistungsprinzip hatte sich zumindest diskursiv gegenüber dem Spielprinzip durchgesetzt. Der Spitzensport erfreute sich eines zunehmenden gesellschaftlichen Ansehens, und die starken Argumente der bundesdeutschen Sportführung für eine ständig steigende Förderung des Leistungssports ließen kaum Widerspruch in der Bevölkerung erwarten. Dies galt umso mehr, da die politischen Kreise diese Argumentationsmuster ungefiltert übernahmen. Zwar waren in der Schulsportdebatte der späten 1960er Jahre noch Spuren der Auseinandersetzung der 1950er Jahre um das Pro und Contra sportlicher Leistung vorhanden, doch grundsätzlich hatten sich die intellektuellen Vorbehalte gegenüber dem Leistungssport abgeschwächt.

Dennoch erlebte die Kritik am Leistungssport gegen Ende der 1960er Jahre noch einmal einen unerwarteten Höhepunkt, als ihn die Neue Linke als Ansatzpunkt für ihre umfassende Kultur- und Gesellschaftskritik entdeckte.[93] Sie konnte dabei an Vorüberlegungen von Theodor Adorno und Jürgen Habermas aus den 1950er Jahren anknüpfen. Die gesellschaftliche und wissenschaftliche Aufwertung des Sports hatte ihn inzwischen im Gegensatz zu damals zum anerkannten Feld intellektueller Kritik gemacht. Daher wurde die neue linke Sportkritik wesentlich breiter rezipiert als die wenigen kritischen Stimmen der 1950er Jahre. Sie sollte jedoch die letzte dezidierte und umfassende Kritik am Leistungssport bleiben.

Die Frankfurter Schule, die am Rande immer wieder über den Sport reflektiert hatte, gab der Neuen Linken nicht nur einige wenige theoretische Schlaglichter mit auf den Weg, sondern lieferte vor allem den Deutungskontext. So sah die Neue Linke im Sport ein Element jener autoritären Charakterschulung, in der Adorno eine Wurzel des Nationalsozialismus vermutete und die auch in der Bundesrepublik fortzubestehen schien. Sie betrachtete den Sportbereich als Teil der von Adorno und Max Horkheimer skizzierten Kulturindustrie, die der Ablenkung des Individuums von seinen tatsächlichen Lebensumständen diente. Aber auch Herbert Marcuses Lehre von der herrschaftsstabilisierenden Wirkung unterdrückter Sexualität fand Eingang in die neue linke Sportkritik, die im Sport eines der Mittel erkannte, den menschlichen Sexualtrieb unnatürlich abzuleiten.[94]

---

[93] Dies zeigt allein die umfangreiche Themenpalette der Veröffentlichungen. Im Folgenden werden besonders berücksichtigt: Bero Rigauer, Sport und Arbeit. Soziologische Zusammenhänge und ideologische Implikationen, Frankfurt a. Main 1969; Gerhard Vinnai, Fußballsport als Ideologie, Frankfurt a. Main 1970; Jac-Olaf Böhme et al., Sport im Spätkapitalismus, 2. Aufl., Frankfurt a. Main 1974; Ulrike Prokop, Soziologie der Olympischen Spiele. Sport und Kapitalismus, Frankfurt a. Main 1971. Siehe dazu auch den Forschungsbericht: Wilhelm Bruns, Sport und Politik. Zur Instrumentalisierung des Sports, in: Neue Politische Literatur 17, 1972, S. 231-238. Zur Neuen Linken allgemein: Michael Schmidtke, Der Aufbruch der jungen Intelligenz. Die 68er Jahre in der Bundesrepublik und den USA, Frankfurt a. Main 2003.

[94] Theodor W. Adorno/Max Horkheimer, Die Dialektik der Aufklärung, Amsterdam 1947; Herbert Marcuse, Triebstruktur und Gesellschaft, Frankfurt a. Main 1968.

Jürgen Habermas setzte sich schon Ende der 1950er Jahre explizit mit dem Sport auseinander. In seinen Überlegungen zum Verhältnis von Arbeit und Freizeit wies er unter anderem strukturelle Gemeinsamkeiten zwischen Arbeit und Sport nach. Er sprach dem Sport jeglichen Spielcharakter ab und erblickte in ihm vielmehr eine Verdoppelung der Arbeitswelt. Die Sphäre des Freizeitsports sei von Leistung und Konkurrenz durchdrungen, und das sportliche Hochleistungstraining stelle einen »Sektor der Arbeitsrationalisierung« dar. Damit griff er eine Kritik auf, die aus den Reihen des Sports selbst stammte. Denn Sportler und Trainer hatten bereits bei der Einführung des Zirkeltrainings Ende der 1950er Jahre vor einer fortschreitenden Automatisierung und Mechanisierung des sportlichen Trainings gewarnt. Diesen Bogen spannte Habermas nun argumentativ weiter:

> »Der Trainingsprozeß des Hochleistungssportlers, wie er sich selber nennt, beginnt wie ein Produktionsprozeß im Forschungslabor. Die Olympiasiege werden von Ärzten entschieden wie der Produktionsplan von Ingenieuren.«[95]

In diesem Prozess – so die kritische Theorie – näherten sich Körper und Maschine einander immer weiter an.[96] Dieses Bild der sichtbaren ›Entmenschlichung‹ des Hochleistungssports konterkarierte das von Sport- und Staatsführung weich gezeichnete Bild heiterer Olympischer Spiele, zu deren Gelingen neuerdings auch frühkindliches Training, eine stärkere Leistungsorientierung des Schulsports und eine umfassende Talentsichtung beitragen sollten.

Die linke Sportkritik nahm insbesondere diesen Nachwuchsbereich in den Blick und hinterfragte die sportlichen Erziehungsziele genauer. Ihrer Interpretation nach handelte es sich bei dem sportlichen Training um ein autoritäres Erziehungsmodell, durch das Kinder zu Selbstkasteiung, Disziplin und Anpassungsfähigkeit und so zu ›autoritären Charakteren‹ erzogen würden. Das an Leistung und Konkurrenz orientierte Training übe lediglich Funktionsweisen der ›spätkapitalistischen‹ Gesellschaft ein und vernachlässige dabei alternative Fähigkeiten wie Kreativität und Spieltrieb. Die Kritik zielte außerdem darauf ab, scheinbar neutrale Aufgaben des Sports – wie die allgemein akzeptierte Gesunderhaltung – als herrschaftsstabilisierend und somit immanent politisch zu entlarven.[97] So hatte die Deutsche Olympische Gesellschaft den Goldenen Plan zwar immer als Kampf gegen Zivilisationsschäden propagiert, jedoch zu keinem Zeitpunkt in Erwägung gezogen, die Ursachen dieser Schäden wie steigende Arbeitsbelastung und mechanisierte Produktionsabläufe zu kritisieren.

In diesem linken Interpretationskontext kam den Leistungssportlern eine doppelte Funktion zu. Sie ermöglichten als Rädchen im Getriebe der sportlichen Unterhaltungsindustrie jene Großveranstaltungen, die Aggression und Unmut

---

[95] Jürgen Habermas, Soziologische Notizen zum Verhältnis von Arbeit und Freizeit, in: Gerhard Funke (Hrsg.), Konkrete Vernunft. Festschrift für Erich Rothacker, Bonn 1958, S. 219-231, S. 227-228.
[96] Adorno, Veblens, S. 80.
[97] Die einzelnen Kritikpunkte stammen aus: Böhme, Sport, S. 31-128. Das erstmals im Jahr 1971 erschienene Buch fasste die Diskussionen einer studentischen Initiativgruppe zusammen, die sich im Jahr 1968 am Institut für Leibeserziehung der Freien Universität Berlin gründete. Ihr gehörten unter anderen die Studenten Jac-Olaf Böhme, Jürgen Gadow, Sven Güldenpfennig, Jörn Jensen und Renate Pfister an.

kanalisierten und damit Herrschaft sicherten. In einer markanten Formulierung Gerhard Vinnais: »Die Tore auf dem Fußballfeld sind die Eigentore der Beherrschten.«[98] Außerdem degradierten Vereine und Manager die Leistungssportler zu Produzenten der Ware ›sportliche Leistung‹. Im Zuge dessen wurden sie steigender Verletzungsgefahr ausgeliefert und zum Medikamentenmissbrauch verführt. Auch diese Einsicht wollte nicht recht mit dem harmlosen Bild korrespondieren, das Josef Neckermann von seinen Schützlingen zeichnete, deren Steaks die deutsche Industrie bezahlte, damit sie unschuldige Siege für ein geteiltes Deutschland erkämpften.[99]

Die Reaktion auf die Sportkritik der Neuen Linken reichte von pauschaler Ablehnung über heftige theoretische Auseinandersetzungen bis hin zu ernsthaftem Nachdenken über ihre praktische Umsetzbarkeit. Wie unterschiedlich die Kritik auch innerhalb bestimmter Interessengruppen aufgenommen wurde, zeigt sich an den Diskussionsverläufen in den Zeitschriften *Die Leibeserziehung* und *Olympische Jugend*.[100] Dort setzte im Jahr 1970 eine allmähliche Auseinandersetzung zunächst mit der Arbeit des Soziologen Bero Rigauer zum Verhältnis von Sport und Arbeit ein. Neben pauschalen Abwehrreaktionen, die einen autoritären Sportunterricht mit der Vermeidung von Verletzungsgefahr begründeten und immer noch einer Zweck- und Wertfreiheit sportlichen Tuns das Wort redeten,[101] wurden auch kritische Töne gegenüber dem modernen Leistungssport laut. So wies ein Sportlehrer aus dem Rheinland zwei Jahre vor dem Fest der Jugend in München, auf die Unvereinbarkeit von Menschenwürde und Leistungssport hin.[102] Dieses Argument war zuvor oft in Abhandlungen über den DDR-Sport, jedoch selten in Zusammenhang mit dem bundesdeutschen Sport geäußert worden. Die *Olympische Jugend* ging sogar so weit, einen Beitrag Rigauers abzudrucken, in dem dieser seine These von den autoritären und hierarchischen Strukturen im bundesdeutschen Sportsystem konkret auf die Deutsche Sportjugend anwandte. Diese Entscheidung und die durchaus positiven Leserreaktionen darauf zeigten, dass auch in der Sportjugend durchaus rebellische Tendenzen bestanden.[103]

Gegen Ende des Jahres 1970 legte ein österreichischer Sportwissenschaftler die versierteste Kritik an Rigauers Arbeit vor. In diesem Text finden sich alle Argu-

---

[98] Vinnai, Fußballsport, S. 7.
[99] Zur linken Kritik an den Funktionsmechanismen der Deutschen Sporthilfe siehe auch: Hanjo Kersting, Opfer für Olympia. Neckermanns Sporthilfe, in: Jörg Richter (Hrsg.), Die vertrimmte Nation oder Sport in rechter Gesellschaft, Reinbek bei Hamburg 1972, S. 100-113.
[100] *Die Leibeserziehung*, herausgegeben vom Bund Deutscher Leibeserzieher, wurde ausgewählt, da die Neue Linke die Sportlehrer und ihre autoritären Erziehungsmethoden explizit angegriffen hatte. Die *Olympische Jugend*, herausgegeben von der Deutschen Sportjugend, erschien wichtig, da die 1968er-Bewegung zwar als Jugendbewegung, die Sportjugend aber gemeinhin als ihre konservative Ausnahme galt.
[101] Friedrich Fetz, Zu Bero Rigauers Schrift ›Sport und Arbeit‹, in: Die Leibeserziehung 18, 1970, S. 21-22. Erika Dienstel, Die ›Neue Linke‹ gibt nicht auf, in: Olympische Jugend 15, 1970, Heft 8, S. 3.
[102] Norbert Berz, Letztes Aufgebot – oder Neubesinnung des Leistungssports?, in: Die Leibeserziehung 18, 1970, S. 164-165.
[103] Magret Beck, Die neue Linke kommt, in: Olympische Jugend 15, 1970, Heft 11, S. 45. Zu Bero Rigauer: Anmerkungen zu einer klassenspezifischen Sport-Jugendarbeit, in: Olympische Jugend 15, 1970, Heft 10, S. 14-15.

mente, welche die fortdauernde Auseinandersetzug prägen. Raimund Sobotka hielt dem Verfasser zum einen seine methodische und ideologische Einseitigkeit vor. Zum anderen wies er auf die aus seiner Sicht deutlichen Unterschiede zwischen Arbeit und Leistungssport hin. Dazu gehöre unter anderem das Moment der Freiwilligkeit bei der leistungssportlichen Betätigung. Außerdem ende der Dienstplan des Arbeiters mit dem Verlassen des Firmengeländes, der Spitzensportler übe sich aber auch nach Trainingsschluss noch in Askese. Daran schloss er die Frage an, ob es zulässig sei, »aufgrund von Formaleigenschaften, von Äußerlichkeiten auf die Wesensverwandtschaft zu schließen.«[104] An Sobotkas Argumenten wird das Hauptproblem des Dialogs zwischen der Neuen Linken und ihren Kritikern deutlich. Es bestand in der grundsätzlich verschiedenen Sicht auf die Strukturen der westdeutschen Gesellschaft und einem daraus resultierenden gegenseitigen Nichtverstehen. Denn nach marxistischer Überzeugung bestimmte der Dienstplan des Arbeiters dessen Leben durchaus über die tatsächliche Arbeitszeit hinaus. Umgekehrt sah ein linker Sportkritiker die sportliche Freiwilligkeit eben an dem Punkt enden, an dem Prämienzahlungen lockten, Stipendien der Stiftung Deutsche Sporthilfe Abhängigkeiten schufen und das Leistungsprinzip die Erziehung der Sportler von Kindesbeinen an prägte.

Der durch das gegenseitige Unverständnis geprägte Schlagabtausch gipfelte in einer polemischen Kritik, die der ordentliche Professor für Philosophie, Soziologie und Sportwissenschaft an der Universität Karlsruhe und ehemalige Olympiasieger, Hans Lenk, Anfang des Jahres 1971 in *Die Leibeserziehung* veröffentlichte.[105] Darin kritisierte er die linke Sportkritik als Teil »einer Diffamierungskampagne gegen die Leistungsbereitschaft«. Der Text war weniger dem Sport, als dem Leistungsprinzip an sich gewidmet. Diesem schrieb Lenk nicht nur eine stabilisierende, sondern auch eine sozial verändernde Rolle zu, wie dies bereits für die Renaissance und die Industrialisierung durch den amerikanischen Psychologen McClelland nachgewiesen worden sei. Mit einem Seitenhieb auf Marcuse bezeichnete Lenk eine nach dem Spieltrieb und Lustprinzip organisierte Gesellschaft als Utopie und warnte vor einer Ausweitung der Welthungerkatastrophe als Folge einer grundsätzlichen Negierung des Leistungsprinzips: Ohne Leistung könne keine ausreichende Versorgungsindustrie für die ständig wachsende Weltbevölkerung entwickelt werden.[106] Aus Hans Lenks Sicht war Leistungsbereitschaft etwas essentiell Menschliches.

Lenks Feldzug für ein alternativloses Leistungsprinzip half der Neuen Linken mehr als dass er ihr schadete. Denn er forderte nun auch Personen, die sich weder der Neuen Linken noch den Leistungsfetischisten zuordneten, zu einer Stellungnahme heraus. Damit intensivierte sich das gesellschaftliche Nachdenken über den

---

[104] Raimund Sobotka, Ist Leistungssport Arbeit?, in: Die Leibeserziehung 18, 1970, S. 403-407, S. 406.
[105] Hans Lenk, Notizen zur Rolle des Sports und der Leistungsmotivation in einer künftigen Gesellschaft, in: Die Leibeserziehung 19, 1971, S. 82-87.
[106] Ebd. S. 83. Die banale Verknüpfung von Leistungsprinzip und Welthunger rief bei vielen Zeitgenossen Empörung hervor. Nichtsdestotrotz wurde dieses moralisch fragwürdige Argument durch den Generalsekretär der CDU, Konrad Kraske, aufgegriffen. Konrad Kraske, Die schönste Nebensache der Welt …. Was der Sport mit dem Staat zu tun hat, in: Die politische Meinung 17, 1972, Heft 143, S. 28-35, S. 33.

Sport, was einer Forderung der linken Sportkritik entsprach. Lenks Kritiker griffen zunächst die Phrasenhaftigkeit seiner Argumentation an; die *Olympische Jugend* übertitelte einen Beitrag zutreffend mit »Polemik wider Polemik«.[107] Viel bedeutsamer war jedoch der Konsens der Lenk-Kritiker, dass sein von McClelland übernommener »psychologisch-reduktionistisch, a-sozialer Ansatz«, der das Individuum losgelöst aus seinen politischen und sozio-ökonomischen Rahmenbedingungen behandelte, ebenso wenig hilfreich sei wie die rein soziologische Makrosicht der Neuen Linken.[108] Diese Feststellung der wechselseitigen Abhängigkeit beider Ansätze legte nahe, die historische Entwicklung des Sports zukünftig unter Berücksichtigung individueller Triebkräfte und Bedürfnisse und gleichzeitig unter makro-soziologischen Prämissen zu behandeln.[109]

Im Jahr 1972 verlagerte sich die Diskussion stärker von der Theorie in die Praxis. Nun fragte ein Lehramtsanwärter in der Zeitschrift *Die Leibeserziehung*, wie eine mögliche Umsetzung der linken Sportkritik im Schulsport aussehen könnte. Dabei knüpfte er an den bereits beschriebenen Leistungsdiskurs in den 1950er Jahren an, der später durch die Auseinandersetzung um Sportgymnasien, Nachwuchsförderung und Talentsuche überlagert worden war. Der Verfasser plädierte dafür, neue Spielformen im Unterricht zu schaffen, in denen der Widerspruch zwischen Konkurrenz und sozialem Verhalten aufgehoben sei. Außerdem forderte er die Abschaffung von den im Schulsport gültigen Leistungsnormen, die sich an den formalen Leistungsskalen des Spitzensports statt an den individuellen Bemühungen und Begabungen des Schülers orientierten.[110] In diesem Zusammenhang kritisierte er explizit die Bundesjugendspiele. Die Forderung, die Kinder zunächst einmal spielen zu lassen, stand jedoch im Gegensatz dazu, wie seine älteren Kollegen über die Leistung im Schulsport dachten.[111] Sie diskutierten lediglich die Art der Benotung, nicht die Bewertung an sich. In ihren Reihen wurde zwar eine Reform der Bundesjugendspiele erwogen, ihre Abschaffung stand jedoch niemals ernsthaft zur Debatte. Darin offenbart sich eine generationelle Kluft. Die sportsoziologischen Diskussionen fanden großenteils innerhalb einer Generation statt, während die praktische Umsetzung Älteren überlassen und damit stecken blieb. Dies führte dazu, dass die Bedeutung der linken Sportkritik weniger in ihrer praktischen Umsetzung als im Aufbau eines Gegendiskurses lag.

---

[107] Jürgen Funke, Leistung, Sport und Leistungssport, in: Olympische Jugend 16, 1971, Heft 3, S. 8-9; Peter Weinberg, Polemik wider Polemik – oder das Gespenst der neuen Linken, in: Olympische Jugend 16, 1971, Heft 6, S. 15; Horst Tiwald, Anmerkungen zu Lenks ›Notizen zur Rolle des Sports und der Leistungsmotivation in einer künftigen Gesellschaft‹, in: Die Leibeserziehung 19, 1971, S. 204.

[108] Diskussionsforum, Leistungsgesellschaft, Leistungsmotivation und Sport, in: Die Leibeserziehung 19, 1971, S. 344-348.

[109] Dies gelang vortrefflich: Christian Graf von Krockow, Sport und Industriegesellschaft, München 1972.

[110] Karl Hagdorn, Eine Chance der linken Sporttheorie! Oder: Perspektiven für einen neuen Schulsport, in: Die Leibeserziehung 20, 1972, S. 356-359.

[111] Hans Dassel, Mixtum Compositum – Zur Frage der Benotung im Schulsport, in: Die Leibeserziehung 19, 1971, S. 87-89; Wolfgang Söll, Thesen zur Leistungsbeurteilung im Fach Leibesübungen, in: Die Leibeserziehung 19, 1971, S. 204-205; Erich Baier, Bundesjugendspiele und Leistungsbeurteilung im Fach Leibesübungen, in: Die Leibeserziehung 19, 1971, S. 348-349.

Wenn der Einfluss der Neuen Linken auf die sportliche Praxis auch gering blieb, so gelang es ihr doch, eine breite gesellschaftliche Auseinandersetzung mit dem Sport anzustoßen und zu begleiten. An der Evangelischen Akademie in Loccum fand vom 3. bis 5. Juli 1970 eine Tagung unter dem Titel ›Sport und Staat, Sportförderung als politische Aufgabe‹ in Anwesenheit von Vertretern der Neuen Linken statt. Dieses Tagungsthema griff die Evangelische Akademie in Tutzing drei Jahre später auf. Selbst konservative politische Zeitschriften wie *Die politische Meinung* und *Der Bürger im Staat* gaben nun Themenhefte zu dem schwierigen Verhältnis zwischen Sport und Politik heraus.[112] Durchweg wurde dabei ein enges Verhältnis beider Bereiche konstatiert. Die Vorstellung von der Zweckfreiheit des Sports, mit deren Begründung sich schon die Teilnehmer der ersten beiden großen Sportkongresse nach dem Zweiten Weltkrieg schwer getan hatten, verblasste zusehends. Dazu hatte die Sportkritik der Neuen Linken unbestritten ihren Teil beigetragen.

Ihre gesellschaftliche Resonanz verdankte die Sportkritik der Neuen Linken einer tiefen Verunsicherung, die den bundesdeutschen Sport Ende der 1960er Jahre ergriffen hatte. Er war im Zuge der leistungssportlichen Aufrüstung in eine ideelle und strukturelle Krise geraten, die auch personelle Konsequenzen nach sich zog. Willi Daume und Georg von Opel schieden im Zuge eines innersportlichen Streits um die Gewichtung des Leistungssports und die Einführung von Managementmethoden in der Verbandsführung aus der Führungsriege des bundesdeutschen Sports aus. Ihre Rücktritte zeigen, dass die grundsätzlichen Probleme, welche die Neue Linke artikuliert hatte, punktuell auch im konservativen Führungszirkel des deutschen Sports artikuliert wurden.

Mit dem Rücktritt Georg von Opels im März 1969 nach 18 Jahren an der Spitze der Deutschen Olympischen Gesellschaft verlor der bundesdeutsche Sport einen wichtigen Anwalt des Breitensports, ähnlich wie der DDR-Sport durch die Entlassung Alfred B. Neumanns ein Jahr zuvor. Der Präsident der DOG, selbst ein ehemaliger Leistungssportler, hatte aus seiner Sorge um die rasante Entwicklung des Leistungssports und der daraus resultierenden Konzentration und Zentralisierung im bundesdeutschen Sport nie einen Hehl gemacht. Diese Haltung hatte ihn jedoch in zwei Konflikte geführt, in denen er unterlag und die zu seinem Rücktritt führten. Zunächst hatte von Opel den Präsidenten des DSB, Willi Daume, auf dem Bundestag im Mai 1968 heftig angegriffen, indem er ihm einen diktatorischen Führungsstil, Ämterhäufung und die Verantwortung für das undurchschaubare Finanzgebaren des DSB vorwarf.[113] Daume erhielt daraufhin jedoch nicht nur Rückendeckung von seinem Präsidium, sondern auch von Josef Neckermann, der sich zugleich als Vermittler anbot.[114] Dies tat der Vorsitzende der Deutschen Sporthilfe aus taktischen Gründen, denn er selbst unterhielt einen offenen Konflikt mit dem DOG-Präsidenten. Oberflächlich ging es dabei um die Konkurrenz der beiden Organisationen auf dem Spendenmarkt, aber der grundsätz-

---

[112] Loccumer Protokolle 6, 1970, Heft 9; Tutzinger Studien 6, 1974, Heft 1; Der Bürger im Staat 25, 1975, Heft 3; Die politische Meinung 17, 1972, Heft 143.
[113] Von Opel: Auf dem Weg in die Sportdiktatur, in: Frankfurter Allgemeine Zeitung, 25.5.1968, S. 9.
[114] Neckermann an Daume, 10.6.1968. BArch Koblenz B322/414.

liche Disput zwischen Neckermann und von Opel lag tiefer und wurde in der Presse einmal unumwunden artikuliert: »Man hat bei der Deutschen Olympischen Gesellschaft nie die Funktion des Leistungssports als Stimulans und Beispiel für den Breitensport begriffen.«[115] Tatsächlich war Georg von Opels Sportverständnis durch die Coubertinschen Ideale vom Amateur, dem Talent in der Masse und der breitensportlichen Förderung aller geprägt und kollidierte insofern mit den Ansichten des Managers Neckermann, der vor allem auf den Leistungssport fixiert war und damit – wenn auch ungewollt – dessen Loslösung vom Breitensport betrieb.[116]

Der Streit zwischen Neckermann und von Opel war somit auch eine Auseinandersetzung um die Inhalte und die Bedeutung des Sports, wie sie parallel von der Neuen Linken geführt wurde. Dies kam in einer Rede zum Ausdruck, die der Präsident des Evangelischen Kirchentages und Abgeordnete der CDU-Bundestagsfraktion, Richard von Weizsäcker, auf der X. Bundestagung der Deutschen Olympischen Gesellschaft Ende des Jahres 1969 hielt. In seiner Rolle als Festredner griff von Weizsäcker die Kritik Bero Rigauers auf, wies auf die bestehende strukturelle Ähnlichkeit von Sport und Arbeit hin und warnte davor, sportliche Höchstleistungen als Waren zum Verkauf anzubieten.[117] Damit nannte er die Auswüchse des Leistungssports deutlich beim Namen. Seine Rede war jedoch kein Affront gegenüber dem konservativen Publikum, sondern eine verspätete Ehrerbietung an den im gleichen Jahr zurückgetretenen Präsidenten der Deutschen Olympischen Gesellschaft, Georg von Opel. Indem von Weizsäcker die Kritik der Neuen Linken an der sich verstärkenden Zweckorientierung und Rationalisierung des Leistungssports aufgriff, interpretierte er das Ausscheiden des Präsidenten der Deutschen Olympischen Gesellschaft als eine Kapitulation vor einem Leistungssport, der unter dem Druck des Kalten Krieges seine vorgeblich ursprünglich zweckfreien Elemente verloren habe.

Auch Willi Daumes Position geriet in dem sich immer schneller drehenden Karussell ›Spitzensport‹ ins Wanken. Dabei zeigte sich zu spät, dass Georg von Opel auf dem 1968er Bundestag unbewusst einen Mitstreiter geschwächt hatte. Das DSB-Präsidium hatte sich nach dem Angriff von Opels hinter Daume gestellt und die Vorwürfe damit zurückgewiesen, dass er nicht nur in alle seine Ämter gewählt worden, sondern vom Präsidium zudem selbst aufgefordert worden sei, die Leitung des Organisationskomitees der Münchner Spiele zu übernehmen, um gegenüber den öffentlichen Stellen mit der Autorität seines Amtes auftreten zu

---

[115] Rückführung, in: Westfälische Nachrichten, 15.11.1969. Nachgewiesen in: BArch Koblenz B322/13.

[116] Walter Umminger, Rückblick auf eine Bundestagung, in: Olympisches Feuer 19, 1969, Heft 11/12, S. 1-3, S. 2. Kurz vor dem Rücktritt von Opels hatte am 25.2.1969 ein erneutes Klärungsgespräch zwischen dem DSB, dem NOK, der DOG und der Deutschen Sporthilfe stattgefunden. Darin hatte Neckermann erneut unterstrichen, dass seine Stiftung über die Formen ihrer Fördermethoden unabhängig von anderen Organisationen entscheiden würde. Dies war einer der Höhepunkte der Auseinandersetzung zwischen ihm und von Opel. Siehe: Protokoll der 8. Sitzung des Vorstandes der Deutschen Sporthilfe am 19.6.1969, S. 1. BArch Koblenz B322/558.

[117] Richard von Weizsäcker, Der Sport in der Leistungsgesellschaft. Festansprache zur X. Bundestagung der Deutschen Olympischen Gesellschaft am 14.11.1969. Sonderdruck der Zeitschrift Olympisches Feuer 19, 1969, Beilage zu Heft 11/12, S. 6-7.

können.[118] Zwar übergab Daume die Amtsführung schließlich doch an seinen Vizepräsidenten Willi Weyer, aber es stellte sich bald heraus, dass die Probleme nicht so sehr in der umstrittenen Person Willi Daumes, sondern vielmehr in einer ernst zu nehmenden Strukturkrise begründet lagen.[119]

Vor dem Hintergrund der wachsenden Herausforderungen, die für den DSB aus den Münchner Spielen, den steigenden staatlichen Fördergeldern und einem permanenten Mitgliederzuwachs resultierten, spaltete sich das DSB-Präsidium in so genannte Reformisten und Traditionalisten.[120] Willi Weyer als Vertreter der Ersteren unterstrich in seiner Ansprache auf der 7. DSB-Hauptausschuss-Sitzung im Oktober 1969 in Duisburg-Wedau seine Vorstellung eines den Verhältnissen angepassten starken Dachverbandes. Dazu strebte er die Einführung moderner Management- und Führungsstrukturen an und plante den Einsatz hauptamtlicher Kräfte auch in den einzelnen Fachverbänden. Weyer warnte davor, dass strukturelle Schwächen sich auch negativ auf die sportlichen Leistungen auswirken und der Staat dann das Management über den Sport ausüben könnte.[121] Diese Sorge hatte bereits den leistungssportlichen Konzentrationsprozess der 1960er Jahre begleitet. Weyer unterstrich seine Warnung dadurch, dass er von seinem Posten als Geschäftsführender Präsident des DSB zurücktrat.

Der Traditionalist Willi Daume stand in der Hauptausschuss-Sitzung in Duisburg-Wedau vor dem Scheideweg. Denn nach seiner Auffassung hatte Weyer nicht nur die Frage nach Strukturen, sondern auch die nach der Identität der bundesdeutschen Sportbewegung gestellt. In seiner letzten Ansprache als Präsident des DSB auf dessen Bundestag am 25. April 1970 in Mainz kam Daume deshalb noch einmal auf die damalige Sitzung zurück. Dabei sprach er sich vehement gegen die Auffassung aus, ein Dachverband könne nicht mehr ehrenamtlich geführt werden.[122] Auf die Rede Richard von Weizsäckers rekurrierend, griff nun auch Willi Daume die Sportkritik der Neuen Linken auf: Der Spitzensport verlange nur deshalb ein modernes Management, Zentralismus und Konzentration, da er sich

---

[118] Deutscher Sportbund, Beschlussprotokoll von der 60. Sitzung des Deutschen Sportbundes am 6. 8. 1966 in Hannover, 21.9.1966, S. 1. BArch Koblenz B322/54.

[119] Das Präsidium hatte Daumes Rücktrittsankündigung im Vorfeld einstimmig angenommen. Dazu: Deutscher Sportbund, Beschlussprotokoll von der 71. Präsidialsitzung des Deutschen Sportbundes am 28.2.1969, 14.3.1969, S. 1. BArch Koblenz B322/187. Bereits im Jahr 1967 hatte Willi Daume in den maßgebenden Kreisen der Sportverbände erheblich an Ansehen verloren. Die Kritik machte sich nicht nur an seiner Amtsführung, sondern auch an seiner ›persönlichen Integrität‹ fest. Hinter diesem Euphemismus verbargen sich Vermutungen über eine Homosexualität Daumes, für die staatsanwaltschaftliche Ermittlungen im Zusammenhang mit einem Verstoß gegen § 175 StGB allerdings keinen Beweis erbrachten. Grundschöttel an Kiesinger, betr.: Beirat des Organisationskomitees für die Spiele der XX. Olympiade in München 1972 e.V., 10.11.1967, S. 2. BArch Koblenz B136/5567.

[120] Schröder, Sportbund, S. 53-58. In Anlehnung an: Joachim Winkler/Ralf-Rainer Karhausen, Verbände im Sport, Schorndorf 1985.

[121] Beschlussprotokoll der 7. Hauptausschuß-Sitzung des Deutschen Sportbundes am 11.10.1969, 20.10.1969. Anlage 1) Ansprache des Geschäftsführenden Präsidenten Willi Weyer. BArch Koblenz B322/47.

[122] Willi Daume, Sport und Gesellschaft. Rede vor dem Bundestag des Deutschen Sportbundes am 25.4.1970, abgedruckt in: Leibesübungen 21, 1970, Heft 7, S. 3-13, S. 8.

als Schnittstelle zwischen Sport und Arbeit komplett den Bedingungen der industriellen Gesellschaft angepasst habe.[123]

Daume bedauerte diese Entwicklung und stellte fest, dass sie von außen in den Sport hineingetragen worden und ihm eigentlich ›wesensfremd‹ sei. Gemeint waren damit all jene Stimmen, die den Wettkampf der Systeme auf den Sport übertragen hatten. In diesem Punkt übersah Willi Daume jedoch, dass gerade Stimmen aus den Reihen des Sports, namentlich Josef Neckermann, Karl Adam und Daume selbst, den Sport zum Nachweis gesellschaftlicher Leistungsfähigkeit erklärt und ihn so von seinem ursprünglichen Spielcharakter entfremdet hatten. Dennoch stellte Daume seinen Rücktritt als Reaktion auf einen Sport dar, der sich unter den gesellschaftlichen Bedingungen so stark verändert hatte, dass er keinen Platz mehr für ehrenamtliche Idealisten wie ihn ließ. Damit war der Düsseldorfer Unternehmer im Chor der linken Sportkritiker angekommen.

Arroganz und Bruderliebe

Willi Daume und Georg von Opel schieden nahezu zeitgleich mit Alfred B. Neumann aus der Führungsspitze des Sports aus. Der Konflikt hinter Neumanns Entlassung in der DDR war jedoch anders gelagert als die bundesdeutsche Auseinandersetzung um die Aufwertung des Leistungssports. Neumann hatte mit Ewald lediglich um strukturelle Fragen innerhalb des Leistungssportsystems gerungen. Eine grundsätzliche Kritik am Leistungssport, wie sie die Neue Linke in der Bundesrepublik formuliert hatte, gab es in der DDR zu keinem Zeitpunkt. Das bedeutet aber nicht, dass der Ausbau des Leistungssportsystems gegen Ende der 1960er Jahre reibungslos verlaufen wäre. Manfred Ewald behielt vielmehr auch nach Neumanns Ausscheiden seine Gegenspieler im Ministerium für Volksbildung und im Ministerium für Finanzen.

Während die Kinder- und Jugendsportschulen schon zu Beginn der 1960er Jahre immer eine Reibungsfläche zwischen dem DTSB und dem Ministerium für Volksbildung dargestellt hatten, brachen Mitte der 1960er Jahre weitere grundsätzliche Konflikte auf. Denn im DDR-Leistungssport setzte sich zeitgleich der Trend durch, die Basis des Nachwuchsleistungssports ständig zu verbreiten. Daher wagte sich Ewald dezidiert in den Zuständigkeitsbereich des Ministeriums vor. Dies war zum Beispiel im Frühjahr 1969 der Fall, als der DTSB versuchte, hinter dem Rücken der Ministerin Sportklassen für verschiedene Sportarten in den einzelnen Bezirken einzurichten. Margot Honecker reichte postwendend eine offizielle Beschwerde beim ZK der SED ein, zu Händen ihres Mannes.[124]

Das Ministerium für Volksbildung spielte jedoch umgekehrt auch nicht immer mit offenen Karten, was sich etwa bei der Auseinandersetzung um die Spartakiadeplanung zeigt. Ende Februar 1969 hatte der Vertreter des Ministeriums Werner Lorenz noch eine Vereinbarung zwischen dem Ministerium, dem DTSB und der FDJ unterzeichnet, welche den Termin für die Zentrale Winterspartakiade auf den

---

[123] Ebd. S. 11.
[124] Zu diesem Sachverhalt: Ritter, Wandlungen, S. 159-162.

18. bis 22. Februar 1970 festlegte. Danach reifte jedoch im Ministerium die Überzeugung, dass es pädagogisch sinnvoller sei, die Kreisspartakiade, die Bezirksausscheide und die Zentrale Spartakiade geballt in den Winterferien durchzuführen. Darüber informierte es die Schulen direkt, denen nun zwei offizielle Termine vorlagen.[125] Damit griff das Ministerium unerwartet tief in die Konzepte des DTSB ein, denn ein Zusammenziehen aller Spartakiadewettbewerbe in einem solch engen zeitlichen Rahmen widersprach dem Grundaufbau des landesweiten Wettbewerbs. Dieser sah vor, den Bezirkssiegern die Zeit zu geben, in eigenen Trainingslagern auf die Zentrale Spartakiade hinzuarbeiten. Außerdem klagte Ewald gegenüber dem Ministerium, dass aufgrund der Ferienzeit nicht gewährleistet sei, dass die Schulen geschlossen mit dem DTSB und der FDJ das Publikum der Wettkämpfe auf Kreis- und Bezirksebene stellten. Davon lebe aber der Geist der Spartakiade. Der Bundesvorstand des DTSB befasste sich daher im September 1969 mit diesen und ähnlichen Problemen im Wettkampfsystem.[126]

Die Beweggründe Margot Honeckers dafür, den Konflikt mit dem DTSB zu suchen, waren schon in ihrer Auseinandersetzung mit dem DTSB-Präsidenten um die Grundlinie 1980 angelegt. Dieser Beschluss sah zur Verbesserung des Nachwuchsleistungssports vor, Trainingszentren als Vorstufe zu den Kinder- und Jugendsportschulen einzurichten. Das warf die Frage auf, wie hoch der Trainingsumfang an diesen Zentren sein dürfe, damit er sich nicht negativ auf die gesamte Ausbildung des Kindes auswirkte. Dazu erklärte die Ministerin gegenüber Manfred Ewald im Dezember 1968 in einem Brief, dass eine zu starke Fixierung auf das sportliche Training dem sozialistischen Bildungsauftrag widerspreche. Vielmehr gehe die Tendenz seit den auf der 6. Tagung des Zentralkomitees und der 9. Volkskammersitzung beschlossenen Aufgaben der Schule bei der Verwirklichung des Gesetzes über das einheitliche sozialistische Bildungswesen dahin, dass Schüler und Schülerinnen auch am fakultativen Sprachunterricht und an wissenschaftlich-technischen Arbeitsgemeinschaften teilnehmen sollten. Daher sei Ewalds Forderung nach einem zehnstündigen wöchentlichen Training an den neu einzurichtenden Trainingszentren utopisch. Unmissverständlich drängte die Ministerin den DTSB-Präsidenten, seine Ansprüche auf realistische sechs Stunden zu reduzieren.[127]

Ewald blieb zunächst jedoch unerbittlich. Schließlich waren die von ihm geforderten zehn Stunden schon ein Kompromiss gegenüber der Ministerin gewesen. Ursprünglich hatte er zwölf Stunden wöchentliches Training angestrebt.[128] An diesem Punkt schaltete sich nun zusätzlich die Abteilung Volksbildung beim ZK der SED ein, die sich zwar für das Trainingszentrensystem aussprach, aber deutlich gegen ein sechs- bis zwölfstündiges Trainingspensum pro Woche votierte. Das würde erwartungsgemäß die allseitige Entwicklung des Kindes und seine

---

[125] Ewald an Honecker, 14.5.1969. SAPMO DY30/IV A2/18/7.
[126] Protokoll der VII. Tagung des Bundesvorstandes des DTSB am 13.9.1968, fol. 36. SAPMO DY12/927.
[127] Margot Honecker an Ewald, betr.: Grundlinie der Entwicklung des Leistungssports in der DDR bis 1980, 13.12.1968, S. 1. SAPMO DY30/IV A2/18/8.
[128] Ewald an Margot Honecker, betr.: Grundlinie der Entwicklung des Leistungssports in der DDR bis 1980, 20.12.1968. SAPMO DY30/IV A2/18/8.

schulischen Leistungen beeinträchtigen.[129] Da keine Einigung zu erzielen war, schlug das Ministerium für Volksbildung schließlich für die Grundlinie die Formulierung »trainieren wöchentlich mehrmals« vor, der sich auch die Abteilung Volksbildung anschloss. Der DTSB-Präsident ergänzte diesen Satz um die Feststellung, dass hinsichtlich des Trainings talentierter Schüler Vereinbarungen zwischen dem DTSB und dem Ministerium zu treffen seien.[130] Dadurch erreichte er, dass Margot Honecker die Stundenzahl nicht selbständig weiter nach unten regulieren konnte, und schrieb die Mitverantwortung des Sports bei dieser Frage fest.

Die Auseinandersetzung zwischen der Ministerin und dem Sportfunktionär zeigt deutlich die bestehenden Reibungspunkte zwischen einzelnen Kompetenzbereichen in der Diktatur. Sie zwangen die Sportfunktionäre trotz der besonderen Stellung des Sports in der DDR zu ständigen Aushandlungsprozessen und Kompromissen. Das galt natürlich auch für die finanzielle Ausstattung. Der Stellvertretende Minister der Finanzen, Rudolf Sandig, hatte Ewald schon im Vorfeld der Perspektivplanung für die Jahre 1965-1972 aufgefordert, ökonomischer zu wirtschaften und sauberer zu rechnen. Er trat im Jahr 1969 erneut auf den Plan. In einer Aussprache mit Manfred Ewald, Richard Gunne als Vertreter des Staatlichen Komitees und Günter Hein aus dem Ministerium der Finanzen blieben Sandigs Vorwürfe gegenüber dem DTSB-Präsidenten im Wortlaut nahezu die gleichen wie fünf Jahre zuvor. Die in der Grundlinie enthaltenen Orientierungsziffern wurden durch das Ministerium nur als ›Maximalgrößen‹ akzeptiert, welche die Sportführung durch einen effektiveren Einsatz der finanziellen Mittel möglichst drücken sollte. Sandig forderte ausdrücklich, eine Klausel in die Grundlinie aufzunehmen, welche die Sportführung auf diese Vorgabe verpflichtete. Seiner Meinung nach entsprach das dem Grundtenor des Staatsratsbeschlusses über die Weiterentwicklung von Sport und Körperkultur.[131] Auch die Staatliche Plankommission meldete Bedenken gegenüber den Kosten für die Erweiterung der Trainingszentren in den Kreisen und den Leistungszentren in den Bezirken an, da diese den bisherigen finanziellen Rahmen zu sprengen drohten.[132]

Letztlich segnete das Politbüro die Mehraufwendungen jedoch in genau der Höhe ab, die der Sport gefordert hatte. Außerdem bewilligte das Ministerium der Finanzen bereits Ende des Jahres 1969 eine zusätzliche Ausschüttung, der auch Rudolf Sandig zugestimmt hatte. Die Gründe, die Hellmann für die Mittelerhöhung angab, waren mehr als banal. Er führte aus, dass das IOC anlässlich seiner

---

[129] Oppermann an Hellmann, betr.: Grundlinie der Entwicklung des Leistungssports in der DDR bis 1980, 9.1.1969. SAPMO DY30/IV A2/18/7.

[130] Lorenz an Hellmann, 4.3.1969, Anlage, S. 1. SAPMO DY30/IV A2/18/7 und Hellmann an Honekker, 19.3.1969, Anlage, S. 1. SAPMO DY30/IV A2/18/7.

[131] Sandig an Hellmann, 3.3.1969, S. 3. BArch Berlin DR5/1378.

[132] Montag, Stellungnahme zur Vorlage für das Sekretariat des ZK der SED ›Grundlinie der Entwicklung des Leistungssports in der DDR bis 1980‹, 26.2.1969. SAPMO DY30/IV A2/18/7. Ritter nennt einige Zahlen, um die diese Auseinandersetzung geführt wurde. Beispielsweise gab Hellmann gegenüber Honecker Mehraufwendungen in Höhe von 1,3 Milliarden Mark und 33 Millionen Valutamark an. Siehe: Hellmann an Honecker, 28.1.1969. SAPMO DY30/IV A2/18/7. Zitiert nach: Ritter, Wandlungen, S. 189. Allerdings ist die Richtigkeit der Angaben zu bezweifeln. Auf eine genaue Aufzählung wird daher verzichtet.

Tagung im Juni 1969 in Warschau beschlossen habe, die Sportarten Handball der Frauen und Kanu-Slalom der Männer in das Sportartenprogramm der XX. Olympischen Sommerspiele in München aufzunehmen. Da die DDR in beiden Sportarten zur Weltspitze gehöre, sei zu erwarten, dass im Handball eine, im Kanu-Slalom sogar mehrere olympische Medaillen und somit eine größere Anzahl Platzpunkte zu erringen seien.[133] Das Paradigma einer höheren Platzierung in der Nationenwertung hatte also trotz der rasanten Leistungszuwächse der DDR nicht an Wirksamkeit verloren.

Dies trat auch in der Zwischeneinschätzung des 1969er-Leistungssportbeschlusses – eine Art Nachbesserungs- und Kontrolldokument –, welche das Politbüro im November 1970 bestätigte, deutlich zu Tage. Das Dokument, das erneut die verzögerte Fertigstellung von Trainingsmöglichkeiten, mangelhafte Umsetzung moderner Trainingsmethodik, aber auch »rückständige Auffassungen über den Belastungsaufbau junger Nachwuchssportler« kritisierte, forderte zugleich eine erneute Erhöhung der Mittel für den Leistungssport. Das wurde wiederum mit der besonderen Konkurrenzsituation gegenüber der Bundesrepublik begründet:

> »In den Jahren 1971/72, der zweiten entscheidenden Etappe der Vorbereitung auf die Olympischen Spiele 1972 wird die Mehrzahl der Länder und besonders Westdeutschland die Anstrengungen auf dem Gebiet des Leistungssports wesentlich erhöhen. Das erfordert objektiv eine weitere Beschleunigung des Entwicklungstempos im Leistungssport der DDR.«[134]

Diese Argumentation blieb solange wichtig, wie der Sport seine Interessen eben nicht uneingeschränkt gegenüber dem Ministerium für Finanzen oder dem Ministerium für Volksbildung durchsetzen konnte. Argumente erhalten ihren Wert in Aushandlungsprozessen, denen auch der Sport in der DDR unterlag. Die DDR-Sportführung agierte unter der schützenden Hand Walter Ulbrichts und die Erfolge ihrer Sportler und Sportlerinnen stärkten ihr den Rücken. Dennoch musste Manfred Ewald beispielsweise gegenüber dem Ministerium für Volksbildung Kompromisse eingehen. Allein die Tatsache, dass das Politbüro die Beschlüsse des DTSB unverändert passieren ließ, darf daher nicht zu der pauschalen Annahme führen, der Sport habe sich seine Gesetze, förmlich im politischen Vakuum, selbst geschrieben.[135]

Das leistungssportliche Wettrüsten, in das sich die Bundesrepublik und die DDR gegenseitig katapultierten, führte seit Mitte der 1960er Jahre nicht nur zu systemimmanenten Konflikten in der DDR, sondern veränderte auch ihr Verhältnis zur Sowjetunion. Bis zu diesem Zeitpunkt war die Brudermacht im Sport Vorbild und Kooperationspartner zugleich gewesen. Zwar hatte sich die DDR schon in den 1950er Jahren von sowjetischen Strukturvorgaben gelöst und deren Modelle wie die Kinder- und Jugendsportschulen auf ihre eigene Art weiterentwickelt, doch die sportwissenschaftliche Zusammenarbeit blieb weiterhin eng. Dies lag unter anderem daran, dass die DDR-Sportwissenschaftler durch

---

[133] Hellmann an Honecker, Anlage Ergänzungen bzw. Veränderungen des Beschlusses des Politbüros des ZK der SED vom 8.4.1969 über ›Die weitere Entwicklung des Leistungssportbeschlusses bis zu den Olympischen Spielen 1972‹, 9.12.1969, S. 2. SAPMO DY30/IV A2/18/8.

[134] Weitere Entwicklung des Leistungssports bis zu den Olympischen Spielen 1972, 18.11.1970. SAPMO DY30/JIV 2/2/1691. Abgedruckt in: Teichler, Sportbeschlüsse, S. 588-603, S. 599.

[135] In diese Richtung argumentiert: Ritter, Rolle.

Reisebeschränkungen und Sprachprobleme kaum Zugang zur westlichen scientific community fanden.[136]

So sah der Plan für die wissenschaftliche Zusammenarbeit im Jahr 1965 beispielsweise vier gemeinsame Konferenzen in der DDR und sechs Delegationsreisen in die Sowjetunion vor. Ein reger Sportverkehr zwischen beiden Staaten flankierte diese Treffen. Im Jahr 1963 wurden allein 48 Sportdelegationen ausgetauscht.[137] In dieser Linie stand auch der am 8. Mai 1966 auf Anregung Manfred Ewalds abgeschlossene ›Freundschaftsvertrag über die Festigung und Vertiefung der brüderlichen allseitigen Zusammenarbeit zwischen den Sportorganisationen der Deutschen Demokratischen Republik und dem Bund der Sportgesellschaften und -organisationen der Union der sozialistischen Sowjetrepubliken‹. Der Vertrag rief eine Ständige Gemeinsame Kommission ins Leben, welche die sportliche Zusammenarbeit beider Staaten koordinieren sollte und die das erste Mal Anfang Februar 1967 zusammentrat.[138]

Dennoch war das Verhältnis bereits zu diesem Zeitpunkt nicht ganz spannungsfrei, denn die DDR stellte hohe Forderungen an die sportliche Supermacht, denen diese mit Rücksicht auf die anderen Paktstaaten nicht nachkommen konnte. Obwohl das erste Zusammentreffen der Ständigen Kommission in Moskau in sehr herzlicher Atmosphäre verlief, kam Manfred Ewald mit der schlechten Nachricht nach Ostberlin zurück, dass im Jahr 1967 nur ein Teil des geplanten Programms an gemeinsamen Trainingslagern und wissenschaftlichem Austausch durchgeführt werden könne. Die sowjetische Delegationsführung gab an, dass ihr Personal erschöpft sei. Sie habe bereits in den letzten Jahren auf ausdrücklichen Wunsch der DDR den Austausch immer weiter intensiviert, dies sei jedoch auf Kosten ihrer sportlichen Beziehungen zu anderen Ländern, insbesondere der Blockstaaten, geschehen. Die DDR hatte ihre besondere Beziehung zur Sowjetunion also auch im Bereich des Sports ausgebaut. Die sowjetische Delegation zog sich nun aber aus Sorge um das Image der DDR im Block zurück, da die anderen sozialistischen Staaten sehr wohl bemerkt hatten, wem gegenüber sie benachteiligt wurden.[139]

Dieses Problem löste sich jedoch nahezu von selbst, nachdem sich das Verhältnis zwischen den beiden Bruderstaaten durch die zunehmende Leistungssteigerung der DDR im Vorfeld der Olympischen Spiele in Mexiko City im Jahr 1968 merklich verschlechterte. Zu diesem Zeitpunkt hatte die DDR gerade im Nachwuchsbereich wichtigen Boden gut gemacht. Bei den Turnieren der sozialistischen Länder des Jahres 1968 im Kanurennsport, in der Leichtathletik, im Wasserspringen und im Schwimmen sowie im Rudern erreichten die Nach-

---

[136] Arndt Krüger/Paul Kunath, Die Entwicklung der Sportwissenschaft in der SBZ und DDR, in: Buss, Sport, S. 351-365, S. 361.
[137] Plan der wissenschaftlichen Zusammenarbeit mit der UdSSR für das Jahr 1965, o. Datum. BArch Berlin DR5/1111. Abteilung Internationale Verbindungen, Präsidiums-Vorlage 5/5/1964, betr.: Einschätzung über die internationalen Sportbeziehungen des DTSB mit den Sportorganisationen der sozialistischen Länder im Jahr 1963, 12.3.1964, fol. 418-432, fol. 420. SAPMO DY12/775.
[138] Zur Entstehung des Vertrages: Günter Heinze, Bericht über die Aussprache zwischen Sportleitungen der DDR und der UdSSR vom 18.-22.3.1966 in Moskau, 30.3.1966, S. 3. SAPMO DY30/IV A2/18/17.
[139] Ewald an Honecker, 27.2.1967, fol. 403-405. SAPMO DY12/3322.

wuchssportler der DDR den ersten Rang, während die Sowjetunion meist sogar auf den dritten oder vierten Platz zurückfiel. Nur im Ringen, Wasserball, Geräteturnen und Gewichtheben konnte sie ihre führende Position behaupten. Der DTSB führte über diese Vergleiche hinter dem Rücken des großen Bruders akribisch Buch.[140] Diese Umkehrung der Verhältnisse wirkte sich auch auf das Selbstbewusstsein beider Sportorganisationen aus. Während die Sowjetunion bei den Olympischen Spielen in Mexiko hinter die USA zurückfiel und die DDR-Sportführung nun zunehmend um sportwissenschaftliche Unterstützung bat, mauerte diese umgekehrt.

Dass sich der geduldige Schüler zum Herausforderer gemausert hatte, war bereits im Jahr 1966 deutlich geworden. Im Vorfeld der Unterzeichnung des Freundschaftsvertrages hatte der Leiter einer sowjetischen Sportdelegation erklärt, die UdSSR würde das Kinder- und Jugendsportschulmodell der DDR nun reimportieren und 100 der DDR-typischen Internate eröffnen.[141] Nach den Olympischen Spielen in Mexiko City wurde die DDR-Sportführung jedoch immer weniger freigiebig. Sie begann nun die Sportbeziehungen zur Sowjetunion allein zu ihrem Vorteil zu nutzen. Immer häufiger wichen ostdeutsche Sportler den Treffen mit sowjetischen Mannschaften aus. Während die DDR-Sportführung gegenüber der Sowjetunion beharrlich auf allen Zusagen bestand, kam sie selbst ihren Pflichten nicht mehr nach. Welche Bedeutung die sowjetische Seite dieser Entwicklung beimaß, zeigte sich daran, dass der Vorsitzende des Komitees für Körperkultur und Sport beim Ministerrat der UdSSR, Sergej Pawlow, auch den sowjetischen Botschafter in Ostberlin darüber informierte.[142]

Die Stimmung verschärfte sich im Umfeld der fünften Tagung der Ständigen Kommission der Sportleitungen der DDR und der UdSSR, die im Herbst 1970 in Moskau stattfand. Dort gelobten die anwesenden Delegierten zwar erneut, die Effektivität der gemeinsamen Arbeit zu steigern, doch hinter den Kulissen verlief die Kooperation längst weniger offen. Dies trat bei einer anschließenden Reise leitender Sportwissenschaftler der DDR in die Sowjetunion zutage. Schon in der gemeinsamen Besprechung hatte Pawlow angekündigt, dass sich »die sowjetische Sportleitung mit den Erfahrungen der DDR bewaffnen werde.«[143] Im Anschluss an das Gespräch wandte sich daher der Leiter der Verwaltung Wissenschaft und Lehranstalten der Komitees, Arkadi Worobjow, im Vorzimmer an den mitgereisten Günter Erbach. Er bat diesen, im Dezember des gleichen Jahres zwei Wissenschaftler der UdSSR zu empfangen, um mit ihnen über Probleme der Anwendung

---

[140] Abteilung Kinder- und Jugendsport, Präsidiums-Vorlage-Nr. 10/5/68, betr.: Einschätzung der internationalen Ergebnisse im Nachwuchsleistungssport, 28.10.1968, fol. 291-298. SAPMO DY12/788.

[141] Günter Heinze, Bericht über die Aussprache zwischen Sportleitungen der DDR und der UdSSR vom 18.-22.3.1966 in Moskau, 30.3.1966, S. 4. SAPMO DY30/IV A2/18/17.

[142] Übersetzte Abschrift eines Briefes des Vorsitzenden des Komitees für Körperkultur und Sport beim Ministerrat der UdSSR, S. Pawlow, an den Botschafter der UdSSR in der DDR, P.A. Abrassimow, 28.7.1969, fol. 37-44. SAPMO DY30/3753.

[143] Hiller, Aktennotiz über das Abschlussgespräch der Delegation leitender Sportwissenschaftler der DDR beim Vorsitzenden des Komitees für Körperkultur und Sport beim Ministerrat der UdSSR, S.P. Pawlow, 12.10.1970, S. 3. SAPMO DY30/IV A2/18/17.

anaboler Substanzen im Leistungssport zu diskutieren. Erbach parierte diesen Vorstoß mit der klaren Lüge, dass die DDR auf diesem Gebiet nicht forsche.[144] Die Sowjetunion reduzierte ihren Wissenschaftsaustausch nach diesem Vorfall merklich. Das trübte die Bilanz der Zusammenarbeit beider Staaten im Jahr 1970 zusätzlich. Auch die bereits stattgefundenen Trainingslager waren trotz der gemeinsamen Teilnahme doch eher nebeneinander abgelaufen. Außerdem wehrte die DDR wiederholt Anfragen sowjetischer Experten, welche die Forschungsstelle für Körperkultur und Sport oder die Kinder- und Jugendsportschulen besichtigen wollten, mit der Begründung ab, dies entspreche nicht den gültigen Absprachen.[145] Die Geheimniskrämerei der DDR zeigt sich auch deutlich daran, wie sie gemeinsame Trainingslager für das Jahr 1971 plante. So vermerkte die Konzeption genau, in welchen Sportarten nur dann Zusagen gemacht werden sollten, wenn die Sowjetunion diese dezidiert ansprechen würde. Dazu gehörten die DDR-Vorzeigesportarten Eisschnelllauf, Schlittensport und Rudern.[146]

Das neue Selbstbewusstsein der DDR führte auf einer Tagung der Arbeitsgruppe Leistungssport und Leistungssportforschung der Ständigen Gemeinsamen Kommission Anfang Februar 1971 in Moskau zum offenen Eklat. Erneut bat die sowjetische Seite zwei bis drei Spezialisten in das DDR-Forschungslabor zur Anwendung anaboler Substanzen im Leistungssport senden zu dürfen. Anscheinend waren die Gerüchte um das Forschungszentrum des Sportmedizinischen Dienstes im ehemaligen Rehabilitationszentrum in Kreischa auch in Moskau angekommen. Der DDR-Sportmediziner Manfred Höppner antworteten darauf, ebenso wie Günter Erbach im Jahr zuvor, dass die DDR keinerlei Forschung auf diesem Gebiet betreibe und demnach auch über kein spezielles Labor verfüge. Das Wenige, das man wisse, stamme aus der medizinischen Literatur verschiedener Länder. Das sowjetische Komitee-Mitglied Worobjow stellte daraufhin lapidar fest, »dass die DDR offensichtlich bestimmte ›Geheimnisse‹ oder interne Informationen nicht der sowjetischen Seite übermitteln wolle und dass er notfalls das ZK der KPdSU darüber informieren müsse.«[147]

Die Haltung der DDR-Vertreter resultierte jedoch nicht nur aus Arroganz gegenüber dem ehemaligen Gönner, sondern war auch durch die Befürchtung motiviert, dass wissenschaftliche Ergebnisse über den Moskauer Umweg in den Westen gelangen könnten. Daher hatte das Präsidium des DTSB schon im Jahr 1965 empfindlich auf eine Kontaktaufnahme zwischen dem bundesdeutschen NOK-Präsi-

---

[144] Ebd. S. 5. Tatsächlich blühte zu diesem Zeitpunkt in der DDR ein reger, wenn auch geheimer Forschungsbetrieb zu anabolen Steroiden. Bereits bei den Olympischen Spielen 1968 war die DDR nachweislich dank des durch den VEB Jenapharm hergestellten Oral-Turinabol zu Olympischem Gold im Kugelstoßen gekommen. Diese Forschung erhielt im Jahr 1969 durch die Übergabe des sportmedizinischen Rehabilitationszentrums in Kreischa an den Sportmedizinischen Dienst und der Gründung des Forschungsinstituts für Körperkultur und Sport an der DHfK durch den Zusammenschluss der alten Forschungsstelle mit dem Sportmedizinischen Institut neue Impulse. Einblicke in die geheime Dopingforschung der DDR gibt: Spitzer, Doping sowie Berendonk, Doping.
[145] Abteilung Internationale Verbindungen, Sekretariats-Vorlage Nr. 39/7/71, betr.: Konzeption für die 6. Tagung der Ständigen Gemeinsamen Kommission der Sportleitungen der DDR und der UdSSR in der Zeit vom 10.–13.2.1971 in der DDR, fol. 424-433, fol. 427. SAPMO DY12/562.
[146] Ebd. fol. 429.
[147] Röder, Bericht über die Tagung der AG 1/2 in Moskau vom 1.-5.2.1971, o. Datum, S. 3. SAPMO DY30/IV A2/18/37.

denten Willi Daume und dem Präsidenten des NOK der UdSSR, Konstantin Andrianow, reagiert. Obwohl der Brief ein rein sportdiplomatischer Akt war, um den Boden für eine Kandidatur Münchens als Olympiastadt zu bereiten, informierte Rudi Reichert die Abteilung Sport darüber, dass er in diesem Zusammenhang an die Sowjetunion appellieren wolle, Westdeutschland keine Unterstützung bei der Entwicklung der sportlichen Leistung zu geben.[148] Auch der innerste Beratungszirkel des Sports um Walter Ulbricht erörterte schon Ende des Jahres 1967 das Problem, dass sowjetische Sportwissenschaftler ihr Wissen gerne mit rumänischen und tschechischen Trainern teilten. Diese nahmen ihre Kenntnisse im Falle einer Flucht jedoch auf die andere Seite des Eisernen Vorhangs mit. Von daher hielt das Protokoll zwar fest, dass gegenüber der Sowjetunion alles zu tun sei, was möglich und notwendig war, aber das Prahlen mit großen Erfolgen solle unterbleiben. Damit waren auch die Einrichtungen gemeint, für die an gleicher Stelle entschieden wurde, dass kein Türschild auf sie hinweisen dürfe.[149]

Die Trübung des sportlichen Verhältnisses zur Sowjetunion war ein Kollateralschaden des leistungssportlichen Aufrüstens in der DDR, der jedoch keine ernsthaften Konsequenzen nach sich zog. Dies lag sicherlich auch daran, dass die DDR – sei es aus einem sozialistischen Pietätgefühl oder aus sportlichen Gründen – in einer olympischen Nationenwertung nie vor der Sowjetunion rangierte.[150]

Es war eine Ironie des Kalten Krieges, dass ausgerechnet die Bundesrepublik in die Lücke internationaler sportwissenschaftlicher Zusammenarbeit trat, welche die DDR freigab. Bereits im März 1971 kündigte das Mitgliederrundschreiben des DSB eine Intensivierung des Sportverkehrs mit der Sowjetunion an. Im Mai wurde mündlich eine Vereinbarung über den Austausch von Trainern und Sportwissenschaftlern getroffen.[151] Die gute Zusammenarbeit zwischen der Bundesrepublik und der Sowjetunion im Bereich des Sports gipfelte darin, dass Willy Brandt Sergej Pawlow am 15. August 1971 in seinem Urlaubsdomizil auf Sylt empfing.

4.3 Die letzten Kämpfe auf olympischer Ebene

In der Offensive: DDR-Propaganda mit Kurs auf München

Die sportlichen Vorbereitungen auf das Kräftemessen in München waren in der DDR ebenso wie in der Bundesrepublik mit dem Übergang in das neue Jahrzehnt

---

[148] Reichert an Hellmann, Stellungnahme zum Brief des westdeutschen NOK-Präsidenten Daume an den Präsidenten des NOK der UdSSR, Andrianow, 2.7.1965, fol. 125-126. SAPMO DY12/3322.
[149] Zusammenfassung eines Gesprächs, zu dem Walter Ulbricht am 27.12.1967 in Oberhof eingeladen hatte, 3.1.1968, S. 3. SAPMO DY30/IV A2/18/1.
[150] Die DDR verdrängte jedoch bereits im Jahr 1976 in Montreal die Vereinigten Staaten von Amerika von Platz zwei der Nationenwertung.
[151] Siehe dazu: Mitgliederrundschreiben des Deutschen Sportbundes, 1.3.1971, S. 1. BArch Koblenz B322/285 sowie Genscher an Focke, 10.8.1971, S. 4. BArch Koblenz B136/5569.

weitgehend abgeschlossen. Die ideologische Vorbereitung auf München gewann daher zunehmend an Bedeutung. Bereits im Januar 1969 verabschiedete das ZK der SED einen ersten Beschluss darüber, welche politischen Maßnahmen im Vorfeld der Olympischen Spiele zu ergreifen seien. Darin schrieb die Parteiführung eine Propagandalinie fest, die den politischen Missbrauch der Spiele durch die Bonner Regierung vor der Welt und der eigenen Bevölkerung aufdecken sollte. Die Angriffe variierten thematisch: Die Spiele sollten entweder als integraler Bestandteil der neuen Ostpolitik, als Ausdruck des ›bundesdeutschen Nationalismus‹ oder als Fortsetzung der Spiele von 1936 gegeißelt werden.[152] An der aggressiven DDR-Propaganda gegen die Münchner Spiele lässt sich deutlich das veränderte deutschlandpolitische Klima seit dem Übergang zur Großen Koalition ablesen. Die SED-Führung verschärfte aus der Angst heraus, die neue Bundesregierung könne innerhalb des Ostblocks weiter auf ein Entspannungskonzept unter Ausschluss der DDR setzen, ihre Abgrenzungspolitik gegenüber der Bundesrepublik und suchte die Kooperation mit ihren Bruderländern.[153]

Ein detaillierter Maßnahmenplan zur Propaganda gegen die Münchner Spiele entstand in einer eingehenden Beratung, an der am 21. Februar 1969 der Stellvertretende Minister für Auswärtige Angelegenheiten, Ernst Scholz, Vertreter der Abteilung Sport und des DTSB sowie Gerhard Oehmigen von der Deutschen Hochschule für Körperkultur und Sport teilnahmen. Der Plan legte die beiden Grundrichtungen des weiteren Vorgehens vor: die Konsultation mit den Bruderländern und die wissenschaftliche Unterfütterung der ideologischen Ausfälle. Dazu war unter anderem ein internationales Kolloquium im Mai 1969 an der Deutschen Hochschule für Körperkultur und Sport in Leipzig zu dem Thema ›Die olympische Idee und das Wirken für Frieden und Völkerverständigung – der Missbrauch der olympischen Idee durch den deutschen Imperialismus‹ geplant.[154]

Bei der Beratung brach gleichzeitig ein latenter Konflikt über die Führung der DDR-Propaganda gegen München offen auf. Denn ein zusätzliches Protokoll legte noch einmal ausdrücklich fest, dass der ZK-Beschluss in vier wichtigen Punkten die Federführung dem Ministerium für Auswärtige Angelegenheiten statt dem Sport übertrug.[155] Je näher die Münchner Spiele kamen, desto stärker fühlten sich die Außenpolitiker in der Bundesrepublik und der DDR für den Sport verantwortlich. In der DDR manifestierte sich dieser Trend Mitte der 1960er

---

[152] Zu den Inhalten der Propagandakampagne siehe: Volker Klemm, Die sportpolitische Kampagne der DDR gegen die Olympischen Spiele von München, in: Die Leibeserziehung 21, 1972, S. 268-274; Willi Knecht, München 1972 – Schicksalsspiele?, in: Deutschland Archiv 3, 1970, S. 540-545.

[153] Zu dem deutschlandpolitischen Klima seit Bildung der Großen Koalition in der DDR siehe: Jochen Staadt, Die geheime Westpolitik der SED 1960-1970. Von der gesamtdeutschen Orientierung zur sozialistischen Nation, Berlin 1993, S. 225-245; sowie Paul Erker, »Arbeit nach Westdeutschland«. Innenansichten des deutschlandpolitischen Apparates der SED 1959-1969, in: Roger Engelmann/Paul Erker (Hrsg.), Annäherung und Abgrenzung. Aspekte deutsch-deutscher Beziehungen, München 1993, S. 133-196, bes. S. 177.

[154] Maßnahmenplan zur Realisierung des Beschlusses des Sekretariats des ZK ›Erste Maßnahmen für die Olympischen Spiele 1972 in München‹ vom 7.1.1969, 28.2.1969, S. 4. SAPMO DY30/IV A2/18/43. Anfang Juli 1970 wurde beschlossen, die wissenschaftliche Arbeit im Dienste der Propaganda weiter zu verstärken. Siehe dazu: Jaeschke an Erbach, 15.7.1970. BArch Berlin DR5/2135.

[155] Schrabback, Zusatz zum Protokoll über die auf der Beratung am 21.2.1969 im SKKS getroffenen Festlegungen, 28.2.1969. SAPMO DY30/IV A2/18/43.

Jahre in der Gründung der ›AG 72‹ im Ministerium für Auswärtige Angelegenheiten. Der steigende Einfluss des Ministeriums auf die Vorbereitung der Olympischen Spiele wuchs im Laufe des Jahres stetig und führte zu einer Beschwerde Hellmanns bei Honecker. Darin bezeichnete der Leiter der Abteilung Sport einen im Ministerium entwickelten Plan zur Vorbereitung auf die Olympischen Spiele als politisch fehlerhaft und bat Honecker, diesen nicht im Sekretariat des ZK behandeln zu lassen. Besonders eiferte sich Hellmann über eine Passage der Vorlage, die den Kampf um die Verteidigung des gültigen olympischen Zeremoniells als das gegenwärtige Hauptfeld der Auseinandersetzung mit der Bundesrepublik auf dem Feld des Sports bezeichnete. Dem setzte er entgegen:

> »Das Hauptfeld der politischen Auseinandersetzung mit dem westdeutschen Imperialismus auf dem Gebiet des Sports jedoch ist und bleibt unser ständiger beharrlicher Kampf um neue sportliche Höchstleistungen.«[156]

Die Sportfunktionäre kämpften nämlich längst um die grundsätzliche Deutungshoheit über den Klassenkampf auf der Aschenbahn. Denn nur aus diesem Monopol resultierte auch der freie Fluss finanzieller Mittel, während laut Vorlage manche Mittel dem Sport nur nach einer Abstimmung mit dem Ministerium für Auswärtige Angelegenheiten zur Verfügung gestellt werden durften.[157] Dies galt auch für Konferenzen und Tagungen der Sportleitungen der sozialistischen Länder, des Internationalen Olympischen Komitees und der internationalen Sportförderationen, die immer ein genuines Handlungsfeld der Abteilung für Internationale Beziehungen des DTSB gewesen waren.

Nach Hellmanns Auffassung konnten manche Fragen der internationalen Sportpolitik der DDR jedoch nicht allein unter außenpolitischen Aspekten bewertet werden, sondern die Funktionäre mussten auch die sportinterne Leistungssteigerung mitdenken. Daher behielt er sich solche Entscheidungen auch in Zukunft in alleiniger Absprache mit der Parteiführung vor. Er bat darum, dass Honecker ihn für November mit der Einberufung einer Arbeitsbesprechung zum weiteren politischen Vorgehen gegen München beauftragen solle. Auf dieser Sitzung, die am 11. November 1969 stattfand, wurde die Gründung einer hochrangig besetzten Parteikommission beschlossen, welche die politische Führung der ideologischen Vorbereitung der Olympischen Spiele in München übernahm und somit weitere Konflikte zwischen den Vertretern des Sports und des Ministeriums für Auswärtige Angelegenheiten kontrollieren konnte. Unter der Leitung von Albert Norden nahmen in der Kommission Vertreter der ZK-Abteilungen Sicherheit, Kultur, Jugend und Verkehrs- und Verbindungswesen sowie die Stellvertretenden Minister für Auswärtige Angelegenheiten und Kultur Platz.[158]

Laut dem ersten Beschluss des ZK der SED zur politischen Vorbereitung der Olympischen Spiele in München war der Warschauer Pakt einer der wichtigsten

---

[156] Hellmann an Honecker, 17.10.1969, S. 2. SAPMO DY30/IV A2/18/43.
[157] Abschrift, Langfristige Konzeption für die außenpolitische Vorbereitung auf die XX. Olympischen Sommerspiele 1972 in München und Maßnahmenplan für den Zeitraum II. Halbjahr 1969 und 1970, 5.9.1969, Maßnahmenplan, S. 10. SAPMO DY30/IV A2/18/43.
[158] Hellmann an Honecker, 28.11.1969, S. 4. SAPMO DY30/IV A2/18/43. Die Kommission wurde in der Zusammensetzung dieser ersten Vorlage am 18.12.1969 durch das Sekretariat bestätigt.

Aktionsräume. Hier galt es Loyalitäten zu sichern, um auf internationalen Konferenzen gemeinsam aufzutreten und in den jeweiligen Presseorganen argumentativ einheitlich gegen die Münchner Spiele vorzugehen. Dass sich die DDR hier selbst zum Zugpferd machte, schürte Unstimmigkeiten, die sich schließlich bei der Auseinandersetzung um die Streckenführung des Olympischen Fackellaufs Bahn brachen.

Ein erstes Treffen der Stellvertretenden Außenminister des Warschauer Vertrages zu diesem Thema fand auf Anregung des Ministeriums für Auswärtige Angelegenheiten Anfang Mai 1969 in Berlin statt.[159] Von da an stimmten sich die ›Bruderländer‹ jährlich über Fragen des Olympischen Fackellaufs, der Propaganda und der Teilnahme an Wissenschaftskongressen, Jugendlagern und Kulturprogrammen im Umfeld der eigentlichen Spiele ab. Im September 1971 entschied die Konferenz der Sportleitungen sozialistischer Länder in Bukarest die ›Arbeitsgruppe der sozialistischen Länder – Olympische Spiele 1972‹ zu gründen, die sich erstmalig im Dezember 1971 in Moskau traf.[160] Die DDR bemühte sich außerdem, ihre Meinung im Block durch bilaterale Konsultationen durchzusetzen. Diese führte sie im Jahr 1969 mit der UdSSR und Polen, im Jahr darauf mit Bulgarien, Ungarn, der CSSR, Rumänien und der Mongolei. Die Dominanz und Präsenz der DDR ließ in einzelnen Staaten das Gefühl entstehen, dass die politisch-ideologische Vorbereitung der Olympischen Spiele Aufgabe der DDR sei, der sie lediglich ihre Unterstützung zu Teil werden ließen.[161]

Die DDR-Ideologen steigerten sich nicht nur zunehmend in ihre propagandistische Führungsrolle hinein, sondern produzierten auch immer neue rhetorische Ausfälle gegen das Gastgeberland der Olympischen Spiele 1972. Ihre eigenen Bürgerinnen und Bürger reagierten jedoch irritiert auf die Verleumdung eines Staates, in dem viele von ihnen noch Freunde und Verwandte hatten und von dem fast alle Bilder aus dem Westfernsehen kannten. Manchmal reichte aber auch einfacher Scharfsinn aus, um hinter die Propagandainhalte zu blicken. Dies geht deutlich aus einer Erhebung häufig gestellter Fragen in der Bevölkerung im Hinblick auf die Olympischen Spiele 1972 hervor. Zu dem Themenkomplex »Die imperialistische BRD ordnet die Ausrichtung der Olympischen Spiele 1972 in München der nationalistischen Großmannssucht des deutschen Imperialismus unter. München ist ein Zentrum des Nationalismus, Revanchismus und Antikommunismus in der BRD« lautete die am häufigsten gestellte Frage aus der

---

[159] Weißig, Grundsätze für die Vorbereitung und Durchführung einer Beratung auf der Ebene von stellvertretenden Außenministern der Staaten des Warschauer Vertrages, 15.4.1969. SAPMO DY30/IV A 2/18/43. Siehe dazu auch: Vertrauliche Verschlußsache, 41/69, betr.: Maßnahmen in Auswertung der Beratung Stellvertretender Außenminister der Staaten des Warschauer Vertrages zu Fragen der europäischen Sicherheit und der Politik in Vorbereitung und Durchführung der Olympiade 1972, 11.6.1969. BArch Berlin DR5/1377.

[160] Konzeption für die Teilnahme an der ersten Tagung der Arbeitsgruppe der sozialistischen Länder – Olympische Spiele 1972 – vom 27. bis 29.12.1971 in Moskau, fol. 377-384, fol. 377. SAPMO DY12/850. Die Protokolle der Treffen der Sportleitungen der sozialistischen Länder im Jahr 1972 sind gesammelt in: SAPMO DY30/IV B 2/18/37.

[161] Vermerk über ein Gespräch zwischen dem Leiter der AG 72, Gen. Keusch, und dem II. Sekretär der Botschaft der UVR in der DDR und Beauftragten für die Fragen der Vorbereitung der Olympischen Spiele 1972, Gen. Virag, am 31.3.1971, 2.4.1971, S. 2. SAPMO DY30/IV A2/18/44.

Bevölkerung: »Warum nehmen wir überhaupt an solchen Spielen in München teil?«[162]

OLYMPISCHER BURGFRIEDE

Dem propagandistischen Vorgehen der Paktstaaten gegenüber der Olympiastadt München fehlte zunächst die klare Linie. Nach einem Treffen der Vertreter der Zentralkomitees der Parteien in Moskau, das erneut auf Initiative der SED Ende des Jahres 1970 stattfand, erhielt es jedoch einen ersten Zielpunkt: das Programm der amerikanischen Sender Radio Liberty und Radio Free Europe, die von München aus sendeten.[163] Geschlossen forderten die Paktstaaten die Einstellung der Sendetätigkeit dieser Relikte der amerikanischen Rollback-Strategie für die Dauer der Münchner Spiele. Die CSSR sah sogar den Zeitpunkt gekommen, die Existenz der Sender grundsätzlich in Frage zu stellen.[164] Damit brachten sie das bundesdeutsche Organisationskomitee in eine prekäre Situation. Zwar sah Willi Daume es als seine Verantwortung an, für die Dauer der Spiele den Olympischen Frieden zu gewährleisten, doch fehlte ihm jegliche Einflussmöglichkeit auf die beiden Sender. Sie unterstanden nämlich nicht der Bundesregierung, sondern waren zumindest offiziell private Einrichtungen.

Daher nahm Daume Anfang 1971 mit der Rückendeckung Avery Brundages Kontakt zu den beiden Direktoren der Sender auf. Diese beriefen sich zwar auf die Pressefreiheit und wiesen den Vorwurf, sie seien ›Agitationsstationen‹, kategorisch zurück, ließen sich aber schließlich doch von der Idee eines olympischen Burgfriedens überzeugen. Demnach galt München für die Dauer der Spiele nicht als deutscher Boden, sondern als exterritoriale Zone »bis zu einem gewissen Grade als zugehörig zur Domäne des Olympus«.[165] Diese Idee des ›Olympischen Friedens‹ ging noch auf die Antike zurück, wo traditionsgemäß während der Spiele eine Waffenruhe herrschte. Ihr Neubegründer Pierre de Coubertin baute diese Tradition dahingehend aus, dass er für die Zeit der Spiele einen Stillstand der Streitereien und Missverständnisse auf der Welt forderte.[166] Über diese idealisti-

---

[162] Zusammenstellung von Fragen, die gegenwärtig vorwiegend unter der sportinteressierten Bevölkerung der DDR im Hinblick auf die Olympischen Spiele 1972 in München auftreten, 30. 11. 1971. SAPMO DY30/IV A2/18/16.
[163] Bericht über ein Treffen von Vertretern der Zentralkomitees der Bruderparteien sozialistischer Länder am 15.12.1970 in Moskau über politische Probleme der Vorbereitung auf die Olympischen Spiele in München 1972, 18.12.1970, fol. 90-128, fol. 98. SAPMO DY12/3326.
[164] Jaeschke, Bericht über Konsultationen zwischen Delegationen der Ministerien für Auswärtige Angelegenheiten der DDR und der CSSR am 3. und 4.3.1971 zu außenpolitischen Fragen der Olympischen Sommerspiele 1972, 12.3.1971, S. 6-7. SAPMO DY30/IV A2/18/44.
[165] IOC, Protokoll der Sitzung des Exekutivausschusses, 13.-14.3.1971, o. Datum, S. 38. SAPMO DY30/IV A2/18/28.
[166] Dazu: Andreas Höfer, Der Olympische Friede: Anspruch und Wirklichkeit einer Idee, Sankt Augustin 1994 sowie Hans Lenk, Werte, Ziele, Wirklichkeit der modernen Olympischen Spiele, Schorndorf 1964, S. 109-110. Eine strittige, aber analytisch scharfsinnige Interpretation der Bedeutung des Olympischen Friedens in der modernen Welt legte der Soziologe Helmut Schelsky vor: Helmut Schelsky, Friede auf Zeit, Osnabrück 1973. In diesen Kontext fällt auch das vom Deutschen Bundestag im Jahr 1972 verabschiedete Gesetz zum Schutz des Olympischen Friedens. Das Gesetz

sche Sicht einer heilen olympischen Welt wollten die Leitungen der beiden Sender vor Ort jedoch zunächst ihre amerikanischen Vorstände informieren. Denen standen jedoch keine olympischen Traumtänzer, sondern vielmehr der ehemalige Präsident der Vereinigten Staaten, Harry S. Truman, und der ehemalige US-Militärgouverneur in Deutschland, General Lucius D. Clay, vor.

Zu diesem Zeitpunkt eilte Daume jedoch der Exekutivausschuss des Internationalen Olympischen Komitees zu Hilfe, der auf seiner Sitzung im März 1971 in Lausanne beschloss, selbst einen Brief an beide Vorstände zu verfassen.[167] Das besänftigte auch die sowjetische Propaganda. Sie forderte nun lediglich noch, die antisozialistischen und antisowjetischen Tendenzen der Sendungen dieser Rundfunkstationen einzuschränken.[168] Umgekehrt versicherten beide Sender, deren Personal sich hauptsächlich aus Emigranten zusammensetzte, während der Spiele keine Besucher oder Sportler aus Osteuropa anzusprechen und zu interviewen.

Das Organisationskomitee befand sich mit dieser defensiven Haltung auf einer Linie mit der neuen Ostpolitik der Regierung Brandt. Der Bundeskanzler selbst unterstützte das Komitee bei der Aushandlung des Burgfriedens, indem er die amerikanische Regierung bat, »während der Olympischen Spiele die Entspannungsbemühungen der Bundesregierung nicht zu stören.«[169] Dass gegenüber dieser Einstellung im Deutschen Bundestag jedoch noch Vorbehalte bestanden, wurde deutlich, als sich der erste Sonderausschuss für Sport und Olympische Spiele im Oktober 1971 von Daume über das Problem mit den beiden amerikanischen Sendern auf Münchner Boden berichten ließ. Dort musste sich der Präsident des Organisationskomitees von dem Abgeordneten Clemens Riedel (CDU/CSU) verächtlich fragen lassen, was denn genau das »unolympische« Verhalten dieser Sender ausmache, und ob er die zukünftige Olympiastadt Moskau genauso vor dem IOC attackieren würde, wie dies nun umgekehrt geschehe.[170]

Die gleiche latente Spaltung in Entspannungsbefürworter auf der einen, Skeptiker und Rückwärtsgewandte auf der anderen Seite zeigte sich auch, als es um die Treffen der Vertriebenenverbände in München ging. Diese Treffen würden dem Bemühen der DDR, der heiteren Olympiastadt München das Bild der ›Stadt der Bewegung und des Revanchismus‹ entgegenzusetzen, hilfreiches Material liefern.[171] Daher regte das Auswärtige Amt an, das Schlesiertreffen, das im Juli 1971

---

wurde jedoch stärker unter den pragmatischen Gesichtspunkten einer Massenveranstaltung diskutiert, die nicht durch politische Aufzüge und Demonstrationen gestört werden sollte, als aus olympischem Idealismus heraus. Siehe dazu: Deutscher Bundestag, VI. Wahlperiode, 178. Sitzung, 16.3.1972, S. 10336-10338.

[167] Minutes of the Meeting of the I.O.C. Executive Board, Lausanne, 13th and 14th March 1971. IOC Historical Archives, Samaranch Olympic Studies Centre, Olympic Museum, Lausanne, Switzerland.

[168] Ministerium f. Auswärtige Angelegenheiten, Information Nr. 153/XII über Auffassungen in den sozialistischen Bruderländern zu einigen Fragen im Zusammenhang mit den Olympischen Spielen 1972 in München, 24.12.1971, S. 3. SAPMO DY30/IV A2/18/44.

[169] Stenographisches Protokoll der 27. Sitzung des 1. Sonderausschusses für Sport und Olympische Spiele, 14.10.1971, S. 27/35. BArch Koblenz B106/121667.

[170] Ebd. S. 27/37.

[171] Siehe dazu beispielsweise: Gesellschaft zur Förderung des olympischen Gedankens in der Deutschen Demokratischen Republik (Hrsg.), München 1972 – Schicksalsspiele? Dokumentation über den Missbrauch der olympischen Bewegung und ihrer Spiele durch den deutschen Imperialismus,

in München unter der Schirmherrschaft des bayerischen Ministerpräsidenten stattfinden sollte, in eine andere deutsche Großstadt zu verlegen, um der östlichen Propaganda entgegenzuwirken. Das Bundesministerium des Innern lehnte diesen Vorschlag mit der Begründung ab, keine Auseinandersetzung mit den Vertriebenenverbänden riskieren zu wollen, empfahl aber, dem Treffen einen angemessenen Ablauf zu geben.[172] Diese Forderung unterstützten öffentlich zwölf Bundestagsabgeordnete, 15 bayerische Landtagsabgeordnete sowie die Schriftsteller Heinrich Böll, Erich Kästner, Hans-Hellmut Kirst, Bert Engelmann, Günter Walraff und Martin Walser, die den Münchner Oberbürgermeister aufforderten, das Treffen weder finanziell noch durch ein Grußwort zu unterstützen.[173] Erst im Olympiajahr gelang es, solche Treffen aus der Stadt München zu verbannen, und so den viel beschworenen Burgfrieden herzustellen.

Das ständige Nachgeben des Organisationskomitees gegenüber der Propaganda des Warschauer Paktes hatte deren Angriffsfläche stetig reduziert. Dem Komitee gelang es auf diese Weise außerdem, die Sympathie der osteuropäischen IOC-Mitglieder zu gewinnen. So reagierten die Mitglieder aus Polen, der Tschechoslowakei, Ungarn und Bulgarien »in auffallend freundlicher Weise« auf eine Präsentation des Münchner Organisationskomitees über den Fortgang der Vorbereitungen in München vor dem IOC-Kongress in Luxemburg im September 1971.[174] Sogar der Vertreter der DDR im IOC, Heinz Schöbel, zeigte sich kontaktfreudig. Der Münchner Oberbürgermeister Hans-Jochen Vogel verwies in seinem Bericht an Bundeskanzler Willy Brandt auch auf die in dem Gremium lediglich beiläufig vorgebrachte Kritik an Radio Liberty und einzelnen Flaggenzwischenfällen. Entschieden interpretierte er diesen Stimmungswechsel als Ausdruck der Verbesserung der politischen Großwetterlage, die nun auch im IOC ihren Niederschlag gefunden habe.

Der zurückhaltende Gastgeber

Nach außen hin reagierten das Münchner Organisationskomitee und die zuständigen politischen Stellen zurückhaltend auf die Ausfälle aus Ostberlin, um diesen nicht durch eine mögliche Gegenreaktion zu noch größerer Publizität zu verhelfen. Intern nahm jedoch insbesondere das Auswärtige Amt das Problem ernst. So entstand beim Bundesministerium des Innern, in dessen Ressortbereich die Olympischen Spiele fielen, auf Anregung des Amtes eine eigene Stelle, die sich mit den propagandistischen Angriffen auseinandersetzte.

Berlin (Ost) 1969 und Zweimal 36 = 72, in: Theorie und Praxis der Körperkultur 18, 1969, S. 290-291.

[172] Groß an den Parlamentarischen Staatssekretär, betr.: Schlesier-Treffen, 4.9.1970. BArch Koblenz B106/36169.
[173] Münchner Merkur, 11.5.1971. Nachgewiesen in: BArch Koblenz B106/36169.
[174] Vogel an Brandt, 18.9.1971. BArch Koblenz B136/5569. Den Stimmungswandel zeigt auch deutlich das Protokoll des Treffens: Minutes of the 71st Session of the International Olympic Committee, Luxemburg, 15th -17th September 1971. IOC Historical Archives, Samaranch Olympic Studies Centre, Olympic Museum, Lausanne, Switzerland.

Die DDR hatte nach ihrer vollen olympischen Anerkennung im Dezember 1968 in der Tageszeitung *Neues Deutschland* ihre eigentliche Kampagne gegen die Spiele mit einer Artikelserie zu dem Thema ›Ist zweimal 36 vielleicht 72?‹ eröffnet. Seitdem ließ sich auch das Auswärtige Amt durch seine Berliner Dienststelle über die Zielrichtung und Entwicklung dieser Kampagne informieren. Im Januar 1969 standen noch Ausfälle gegen die Olympiastadt München selbst im Vordergrund, darauf folgten in den nächsten Monaten Hinweise auf das leistungssportliche Hochrüsten der Bundesrepublik, bis schließlich im August 1969 gegen den Versuch des Organisationskomitees, das Flaggen- und Hymnenzeremoniell bei den Olympischen Spielen zu ändern, polemisiert wurde.[175]

Ende des Jahres 1970 befasste sich das Bundesministerium des Innern mit dem Versuch der DDR, den für die Bundesrepublik als Veranstalter zu erwartenden Prestigegewinn zu torpedieren. Diese Sorge veranlasste das Auswärtige Amt im Sommer des darauf folgenden Jahres, die Einsetzung eines interministeriellen Olympiaausschusses anzuregen. Darin sollten Vertreter des Bundeskanzleramtes, der Bundesministerien des Innern und für innerdeutsche Beziehungen, des Presse- und Informationsamtes, des Organisationskomitees und des Auswärtigen Amtes für einen intensiven Informationsaustausch darüber sorgen, wie die DDR den Ablauf der Spiele zu stören oder sogar zu gefährden vermöge.[176] Ein solcher Ausschuss war bereits im Jahr 1969 im Bundesministerium des Innern diskutiert, letztlich jedoch als nicht notwendig befunden worden. Nun wurde die DDR-Propaganda offenbar doch als ernsthafte Bedrohung angesehen.

Die Einsetzung des Ausschusses verzögerte sich jedoch erneut, da noch weitere Zuständigkeitsfragen zu klären waren. Er trat schließlich erst im April 1972 als ›Arbeitsgruppe für innerdeutsche und außenpolitische Fragen‹ zu seiner konstituierenden Sitzung zusammen. Auf dieser Sitzung zeigte sich deutlich ein schwelender Konflikt zwischen dem Auswärtigen Amt und dem Bundesministerium des Innern, der mit zu der Ausschussgründung beigetragen haben dürfte. Denn während das Bundesministerium des Innern erneut seiner Überzeugung Ausdruck verlieh, dass die Olympischen Spiele eine völlig unpolitische Veranstaltung seien und das Propagandaproblem eigentlich im Organisationskomitee zu behandeln sei, konterte das Auswärtige Amt, es bezweifele, »dass dort der Gesichtspunkt der politischen Wirkung auf die Bundesrepublik Deutschland angemessen berücksichtigt wird.«[177] Tatsächlich fürchtete das Amt nämlich nicht nur die Propaganda im Vorfeld der Spiele, sondern ebenso die Agitation während der Veranstaltung. Diese Auffassung teilten auch die Vertreter des Bundesministeriums für innerdeutsche Beziehungen und versprachen, der DDR-Propaganda aufklärend entgegenzuwirken. Eine besondere Schulung sollte das Kurzzeitpersonal der Spiele erhalten. Weitere Befürchtungen galten den verschiedenen olympischen

---

[175] Siehe beispielsweise: Stoecker an das Auswärtige Amt, betr.: Ostberliner Propagandakampagne gegen die Olympischen Spiele in München, 20.8.1969. BArch Koblenz B106/36169.
[176] Auswärtiges Amt an das Bundeskanzleramt et al., betr.: Spiele der XX. Olympiade in München 1972, hier: Einsetzung eines ständigen Olympiaausschusses, 29.7.1971. BArch Koblenz B106/30621.
[177] Ergebnisniederschrift über die konstituierende Sitzung der Arbeitsgruppe am 12. April im Bundesministerium des Innern, 25.4.1972, S. 2. BArch Koblenz B106/30621.

Jugendlagern.[178] Zu beiden Problempunkten setzte die Arbeitsgruppe im Mai und im Juni eigene Sitzungen an.

Die Bundesregierung und das Organisationskomitee der Spiele bemühten sich, die Angriffe der DDR zurückhaltend zu parieren und somit dem Gesamtmotto der ›heiteren Spiele‹ Rechnung zu tragen. Damit scheiterten sie jedoch in zwei Bereichen: bei der Prägung der Olympiamünze und der Planung des Olympischen Fackellaufs. Der Streit um die Olympiamünze wurde durch eine peinliche Unachtsamkeit der Bundesregierung ausgelöst. Diese ließ anlässlich der Spiele eine eigene 10-Mark-Münze prägen. Angedacht waren vier unterschiedliche Motive, wobei die Bildseite der Münze den Text ›Spiele der 20. Olympiade 1972 in Deutschland‹ tragen sollte. Obwohl Willi Daume bereits in seiner Funktion als Mitglied der Jury, die über den ersten Entwurf entschied, darauf aufmerksam gemacht hatte, dass der Text der Münze nicht den olympischen Vorgaben entsprach, billigte das Bundeskabinett das Motiv am 4. Juli 1969 im Umlaufverfahren.[179] Da Olympische Spiele jedoch nach Regel 4 des IOC-Reglements an eine Stadt und nicht an ein Land vergeben werden, ließ der internationale Protest nicht lange auf sich warten.

Als erstes griff die DDR-Propaganda Anfang Februar 1970 die fehlerhafte Umschrift der Münze auf. Aus Sicht der ostdeutschen Meinungsmacher war der Text als Ausdruck des Bestrebens der Bundesregierung zu lesen, das gesamte Territorium des Deutschen Reichs in den Grenzen von 1937 zu vertreten. Darin erkannte die DDR-Propaganda erneut einen Missbrauch der Spiele durch den bundesdeutschen Nationalismus.[180] Dieser Vorwurf löste erwartungsgemäß in der polnischen Presse den stärksten Widerhall aus. Der Protest beschränkte sich jedoch nicht nur auf die Presse. Das Nationale Olympische Komitee der DDR beklagte sich außerdem bei Avery Brundage über diesen Regelverstoß. Der IOC-Präsident sandte daraufhin ein Protestschreiben an das Münchner Organisationskomitee. Zeitgleich äußerten westliche Kollegen gegenüber Willi Daume ebenfalls ihr Unverständnis über die Münzumschrift.[181] Nun meldeten sich auch im Bundesministerium für Finanzen Stimmen zu Wort, die es nach dem Signal, das der Bundeskanzler in seiner Regierungserklärung vom 28. Oktober 1969 in Richtung Osten gesandt hatte, weder für politisch vertretbar noch für sinnvoll hielten an der strittigen Formulierung ›in Deutschland‹ festzuhalten. Das Kabinett einigte sich daher im April 1970 auf den Kompromissvorschlag des Präsidenten des Organisationskomitees. So wurde zwar die erste Serie nicht zurückgezogen, sondern weiter ausgegeben. Die weiteren geplanten Münzen erhielten jedoch die den Regeln entsprechende Aufschrift ›Olympische Spiele 1972 in München‹.[182]

Ähnliche Konflikte löste der von den Münchner Veranstaltern vorgeschlagene Olympische Fackellauf aus, der die Staaten des Warschauer Vertrages vor ein

---

[178] Füßlein, Vermerk, betr.: Olympische Spiele; hier: Arbeitsgruppe für innerdeutsche und außenpolitische Fragen, 12.5.1972, S. 4. BArch Koblenz B136/5565.
[179] Daume an Brandt, 17.2.1970. BArch Koblenz B136/5565.
[180] Erklärung des Nationalen Olympischen Komitees der Deutschen Demokratischen Republik, o. Datum, S. 2. SAPMO DY30/IV A 2/18/43.
[181] Daume an Brandt, 17.2.1970. BArch Koblenz B136/5565.
[182] Pagel, Vermerk für die Kabinettsitzung, betr.: Olympia-Münze, 7.4.1970. BArch Koblenz B136/5565.

heikles Loyalitätsproblem stellte. Der Weg des Olympischen Feuers von Athen nach München, von tausenden von Läufern von Hand zu Hand gereicht, war von Beginn an ein doppelbödiges Prestigeprojekt. Erstens war der Fackellauf eine Erfindung Carl Diems für die Olympischen Spiele 1936 und stellte somit genau einen solchen Traditionsbezug her, wie die DDR-Propaganda ihn nicht besser hätte suggerieren können. Der zweite Clou, den sich die bundesdeutschen Olympier ausgedacht hatten, war die Streckenführung des Feuers durch den kommunistischen Block.

Erste Überlegungen für den Fackellauf, basierend auf der Streckenführung von 1936, entwickelte das Organisationskomitee bereits im Juli 1969.[183] Im April des darauf folgenden Jahres lagen schließlich den Ländern, die auf der Strecke zwischen Athen und München lagen, Einladungen vor. Die ersten Reaktionen aus den Paktstaaten fielen unterschiedlich aus und entsprangen divergierenden außen- und sportpolitischen Erwägungen. Die DDR-Sportführung, der Willi Daume drei unterschiedliche Streckenpläne zur Verhandlung angeboten hatte, saß diese schweigend aus.[184] Gleichzeitig versuchte sie, innerhalb des Blocks umso lauter auf ein Scheitern des Projekts hinzuarbeiten. Dazu luden die Funktionäre zunächst im November 1969 die sowjetische Sportleitung nach Halle ein, um dort ihren Gegenentwurf vorzubringen, das Feuer auf dem schnellsten Weg per Flugzeug und ohne viel Aufsehen von Athen nach München zu schaffen. Dabei mussten sie jedoch ihren ersten herben Rückschlag einstecken, denn die sowjetische Delegation erklärte zwar, dass sie prinzipiell gegen eine Streckenführung durch ihren politischen Einflussbereich sei, sich jedoch mit Blick auf die laufende Olympiabewerbung Moskaus für die Spiele des Jahres 1976 eine Hinhaltetaktik vorbehalte.[185]

Durch die Zurückhaltung der kommunistischen Vormacht ermutigt, sagte im April 1970 Bulgarien dem Münchner Organisationskomitee zu, sein Territorium für die Streckenplanung zur Verfügung zu stellen. Außerdem erfolgten Zusagen aus Rumänien und Ungarn; selbst Polen entschied sich nicht sofort gegen das Projekt. Damit fielen die sozialistischen Bruderstaaten der DDR in den Rücken und bestätigten somit eine Vermutung, die der Sprecher des Organisationskomitees der Münchner Spiele, Hans Klein, wenig später öffentlich äußern sollte: Die anmaßend scharfe Führungsrolle, welche die DDR im Propagandafeldzug gegen die Münchner Spiele für sich in Anspruch nahm, provozierte in den übrigen Ländern des Blocks eine gegenteilige Wirkung: »Nirgends außerhalb Ost-Berlins gebe es neben dem pflichtgemäßen Beifall wirkliche Zustimmung zu der ständigen Verunglimpfung Münchens.«[186]

---

[183] Siehe zu Planung, Ablauf und Streckenführung auch: Organisationskomitee für die Spiele der XX. Olympiade München 1972 (Hrsg.), Die Spiele, Band 1: Die Organisation, München 1972, S. 72-74.
[184] Niederschrift über die 2. Sitzung des Ausschusses für den Olympischen Fackellauf am 15.6.1970. BArch Koblenz B106/30673. In der Akte sind die Planungsphase des Laufs und die dazugehörige Presseberichterstattung dokumentiert.
[185] Aktennotiz Ewald, betr.: Weg der olympischen Flamme 1972, 15.12.1969. SAPMO DY30/IV A2/18/43.
[186] Zitiert nach: Knecht, München, S. 542.

Nachdem die sowjetische Führung mit ihrer Olympiabewerbung unerwartet gescheitert war, rief sie im Dezember 1970 die Vertreter der Zentralkomitees Polens, Ungarns, Bulgariens, Rumäniens, der ČSSR und der Mongolischen Volksrepublik in Moskau zusammen, um diese nun doch gegen den Fackellauf auf Linie zu bringen. Nun zeigte sich deutlich, wer lediglich ausgeschert war, um der DDR zu trotzen, und wem es im Gegensatz dazu um handfeste Eigeninteressen ging: Einzig die rumänische Delegation ließ sich nicht umstimmen. Ihrer Meinung nach diente das Projekt dem Frieden und der Völkerverständigung.[187] Neben dem Engagement für die friedensstiftende olympische Idee, dürfte für Rumänien aber auch nicht ganz unwichtig gewesen sein, dass es seit Mitte der 1960er Jahre wirtschaftliche Beziehungen zur Bundesrepublik unterhielt und den westlichen Gönner nun nicht ausgerechnet auf olympischem Feld verprellen wollte.

In Folge des Moskauer Treffens zog Bulgarien im Januar 1971 seine Teilnahme am Fackellauf zurück. Auch Polen und die UdSSR schieden nun endgültig aus den Planungen aus. Auf die tschechische Führung musste zunächst noch eine Delegation des Ministeriums für Auswärtige Angelegenheiten der DDR einwirken, um die Absage zu erreichen.[188] Eine derartige Brüskierung eines lokalen Organisationskomitees rief nun jedoch den IOC-Präsidenten Avery Brundage auf den Plan. Er wirkte persönlich auf das bulgarische Olympische Komitee ein, zu der gegebenen Zusage auch zu stehen. Die bulgarische Parteiführung kehrte daraufhin zu der ursprünglichen Zusage zurück, wenn sie auch Anfang Mai eine Delegation in die DDR schickte, um »die damit verbundenen Überlegungen vorzutragen und die Zustimmung der Parteiführung der SED einzuholen.«[189] Die Bulgaren konnten bei diesem Treffen darauf hinweisen, sich in einer sportpolitischen Notlage zu befinden. Denn sie wollten auf keinen Fall das IOC verärgern, das ihnen gerade erst die Ausrichtung des Olympischen Kongresses für das Jahr 1973 zugesprochen hatte. Ostberlin verweigerte den Gästen jedoch die gewünschte Absolution und vermittelte im Gegenteil das Gefühl, ihnen den eigenen Standpunkt aufzwingen zu wollen.[190] Trotz oder gerade wegen der hartnäckigen Interessenpolitik der SED sagte Bulgarien im Juli 1971 seine Teilnahme am Fackellauf erneut zu. Damit hatte es ebenso wie Rumänien und Ungarn olympischen Freiraum erstritten.

Die Auseinandersetzungen um die Olympiamünze und den Fackellauf waren nur einzelne Höhepunkte im Bemühen der DDR, die Planungen des Münchner Organisationskomitees zu torpedieren und den bundesdeutschen Prestigegewinn aus den Spielen zu vermindern. Das Organisationskomitee reagierte zurückhal-

---

[187] Bericht über ein Treffen von Vertretern der Zentralkomitees der Bruderparteien sozialistischer Länder am 15.12.1970 in Moskau über politische Probleme der Vorbereitung auf die Olympischen Spiele in München 1972, 18.12.1970, fol. 90-128, fol. 94. SAPMO DY 12/3326.
[188] Bericht über eine Konsultation zwischen Delegationen der Ministerien für Auswärtige Angelegenheiten der DDR und der ČSSR am 3. und 4.3.1971 zu außenpolitischen Fragen der Olympischen Sommerspiele 1972, 12.3.1971. SAPMO DY30/IV A2/18/44.
[189] Information über ein Vorgespräch, das die Genossen Rudi Hellmann, Manfred Ewald und Ullmann am 3.5.1971 mit der bulgarischen Parteidelegation im Gästehaus des ZK der SED führten, S. 1. SAPMO DY30/IV A2/18/44.
[190] Wenning, Notiz, betr: Besuch der Gen. Genow und Martinski in Berlin am 4. und 5.5.1971, 11.5.1971, S. 1. SAPMO DY30/IV A2/18/44.

tend auf die propagandistischen Angriffe und setzte dadurch die Entspannungspolitik der Bundesregierung im Bereich des Sports fort. Aus diesem Grund liefen viele der DDR-Appelle ins Leere. Lediglich als es der DDR gelang, protokollarische und inszenatorische Eigeninteressen des Gastgebers zu berühren, konnte sie die Veranstalter aus der Reserve locken. Das war jedoch nur einer der Gründe dafür, dass die Eröffnungsfeier der Münchner Spiele zum Politikum avancierte.

FÜNFTES KAPITEL

DIE SPIELE DER XX. OLYMPIADE 1972 IN MÜNCHEN – KONFLIKTE UNTER DEM BRENNGLAS

5.1 Der zeremonielle Rahmen

Das Konzept der ›heiteren Spiele‹

Die Olympischen Spiele in München waren seit der Wahl Münchens zur Olympiastadt im Jahr 1966 ein Politikum gewesen. Die Bundesregierung unter Kurt Georg Kiesinger sah in ihnen zunächst eine deutschlandpolitische Herausforderung. Erst die Regierung Brandt, durch den Kabinettsbeschluss vom 22. Juli 1969 von den Protokollstreitigkeiten mit der DDR befreit, erkannte das gesamte Potential der Olympischen Spiele im eigenen Land für die Selbstdarstellung der Bundesrepublik. Sie erbte von der Großen Koalition einen modernen nationalen Repräsentationsraum, der viele Möglichkeiten der symbolischen und insbesondere medialen Inszenierung bot, und sich somit genau in die Medienpolitik der Regierung Brandt einpasste.[1] So bekannte auch Hans-Dietrich Genscher bereits im Dezember 1969 vor dem ersten Sonderausschuss für Sport und Olympische Spiele:

> »Ich mache keinen Hehl daraus, dass nach Meinung dieser Bundesregierung die politischen Aspekte des Sports auch als Form der Selbstdarstellung eines Volkes gerade auch mit Blick auf die Olympischen Spiele, die auf deutschem Boden stattfinden, nicht unterschätzt werden dürfen.«[2]

---

[1] Dazu überblicksartig: Daniela Münkel, Die Medienpolitik von Konrad Adenauer und Willy Brandt, in: Archiv für Sozialgeschichte 41, 2001, S. 297-316. Jüngst dies., Willy Brandt und die »Vierte Gewalt«. Politik und Massenmedien in den 50er und 60er Jahren, Frankfurt a. Main 2005. Darin leitet sie unter anderem aus der zunehmenden Verbreitung des Mediums Fernsehen den Übergang zu einer stärkeren Visualisierung von Politik ab. Diese neue Politik der Bilder, die meistens an Willy Brandts Kniefall im Warschauer Ghetto festgemacht wird, stellt auch den Interpretationskontext für die Planungen des Münchner Organisationskomitees dar. Gerade in jüngster Zeit zeichnet sich in der zeithistorischen Forschung die Tendenz ab, solche Inszenierungen als festen Bestandteil politischer Strategien zu untersuchen. Siehe beispielsweise: Andreas Daum, Kennedy in Berlin. Politik, Kultur und Emotionen im Kalten Krieg, Paderborn/München/Wien/Zürich 2003. Aus theoretisch konzeptioneller Sicht grundlegend: Johannes Paulmann, Deutschland in der Welt: Auswärtige Repräsentationen und reflexive Selbstwahrnehmung nach dem Zweiten Weltkrieg – eine Skizze, in: Hans Günter Hockerts (Hrsg.), Koordinaten deutscher Geschichte in der Epoche des Ost-West-Konflikts, München 2004, S. 63-78; ders., Auswärtige Repräsentationen nach 1945: Zur Geschichte der deutschen Selbstdarstellung im Ausland, in: ders (Hrsg.), Auswärtige Repräsentationen. Deutsche Kulturdiplomatie nach 1945, Köln 2005, S. 1-32 sowie Thomas Mergel, Überlegungen zu einer Kulturgeschichte der Politik, in: Geschichte und Gesellschaft 28, 2002, S. 574-606.

[2] 3. Sitzung des 1. Sonderausschusses für Sport und Olympische Spiele, 4.12.1969, Bericht des Bundesministers des Innern, S. 2-3. BArch Koblenz B136/5568.

Damit waren die Appelle des Deutschen Sportbundes, die repräsentative Wirkung sportlicher Großveranstaltungen nicht zu unterschätzen, auf der höchsten Regierungsebene angekommen. Dadurch wuchs jedoch umgekehrt der Druck auf seine Funktionäre, zumal Willy Brandt die Spiele bereits in seiner Regierungserklärung öffentlich zur Chance erklärt hatte, »der Weltöffentlichkeit das moderne Deutschland vorzustellen«.[3] Mit diesem Satz hatten die Veranstalter einen Inszenierungsauftrag erhalten, den sie jedoch aus eigener Kraft heraus füllen mussten. Dies wurde den Vertretern des Sports dadurch erleichtert, dass sie eine wesentliche Grundüberzeugung der Bundesregierung teilten: Das moderne Deutschland war nicht das Deutschland von 1936.

Die Erinnerung an die Berliner Spiele lastete schwer auf den bundesdeutschen Olympiern. Obwohl der Präsident des Nationalen Olympischen Komitees, Willi Daume, immer wieder den sportlichen Wert der 1936er Spiele unabhängig von ihrer Instrumentalisierung betonte, wusste er doch, dass diese scharfe Trennung in der Öffentlichkeit selten nachvollzogen wurde.[4] Daher war das Organisationskomitee der Münchner Spiele, dem Willi Daume nach dessen Gründung im Jahr 1966 vorstand, daran interessiert, einen Vergleich zu den 1936er Spielen erst gar nicht aufkommen zu lassen. Deshalb bemühte er sich, den Spielen – im Gegensatz zu der pathetischen Inszenierung des Jahres 1936 – einen heiteren und unbeschwerten Anstrich zu verleihen. Diesen Anspruch verfestigte der Präsident in dem Terminus der ›heiteren Spiele‹, den er sinngemäß erstmals im März 1967 vor der Hauptversammlung des Verbandes Deutscher Sportpresse in Nürnberg gebrauchte.[5] Das Ziel der Arbeit des Organisationskomitees war es, diesem Begriff sowohl durch den zeremoniellen Ablauf des Festes, insbesondere während der Eröffnungs- und Schlussfeier, als auch durch die visuelle Gestaltung des Festraumes zur konzeptionellen Umsetzung zu verhelfen.

Im April 1968 hielt Guido von Mengden, der bereits die 1936er Spiele als Generalreferent des Reichssportführers begleitet hatte, ein viel beachtetes Referat

---

[3] Deutscher Bundestag, VI. Wahlperiode, 5. Sitzung, 28.10.1969, S. 30. Die darin anklingende, enorme politische Bedeutung dieser Spiele steht in keinem Verhältnis zu ihrer sträflichen Vernachlässigung in der Literatur. Dort wurden sie immer nur am Rande behandelt. Siehe beispielsweise: Hans-Dieter Krebs, Die »doppelten Deutschen« (1965 bis 1988), in: Nationales Olympisches Komitee für Deutschland (Hrsg.), Deutschland in der Olympischen Bewegung. Eine Zwischenbilanz, Frankfurt a. Main 1999, S. 267-299, besonders S. 273-286. Aus marxistischer Sicht mit durchaus anregenden Gedanken: Ulrike Prokop, Soziologie der Olympischen Spiele. Sport und Kapitalismus, München 1971, S. 104-112. Hinweise enthält auch die hervorragende Studie von Christian Tagsold, Die Inszenierung der kulturellen Identität in Japan: das Beispiel der Olympischen Spiele Tokio 1964, München 2002.

[4] Eine Milliarde für die Olympischen Spiele? Stellungnahme des Präsidenten zur Bewerbung Münchens um die Olympischen Spiele 1972, in: DSB, Daume, S. 218-225, S. 224-225. An der Konstruktion des einseitigen Bildes der ›Nazi-Olympiade‹ hatten neben den DDR-Sporthistorikern auch deren bundesdeutsche Kollegen mitgeteilt. Siehe dazu den kurzen Forschungsüberblick: Hajo Bernett, Das Bild der Olympischen Spiele von 1936 im Spiegel neuerer Publikationen, in: Die Leibeserziehung 21, 1972, S. 275-283. Erst im Jahr 1999 legte Christiane Eisenberg einen Gegenentwurf vor, in dem sie das Zeremoniell der Olympischen Spiele 1936 einer kulturhistorischen Analyse unterzog. Dadurch gelang es ihr, nachträgliche Zuschreibungen von ursprünglichen Intentionen zu trennen und die Arbeit des damaligen Organisationskomitees wiederum in neutralerem Licht erscheinen zu lassen. Siehe: Eisenberg, Sports, S. 409-429.

[5] Walter Umminger, Olympische Zwischenbilanz, in: Olympisches Feuer 17, 1967, Heft 4, S. 1-3, S. 1.

vor dem Kunstausschuss des Organisationskomitees, in dem er die ersten Überlegungen des Arbeitskreises ›Sport und Kultur‹ im Beirat des Deutschen Sportbundes zu dieser Frage zusammenfasste. Darin wies er zunächst auf das Hauptproblem hin, dass nämlich der konzeptionelle Spielraum des Organisationskomitees erschreckend gering war. Denn Pierre de Coubertin, durch den die modernen Olympischen Spiele im Jahr 1896 ins Leben gerufen worden waren, hatte den zeremoniellen Rahmen der Spiele bis ins Detail in den Olympischen Regeln Paragraphen 57 und 59 festgeschrieben. Dabei hatte er ihnen nicht nur das Pathos seiner Idee einer ›religio athletica‹ eingehaucht, sondern sie mit Ritualen ausgeschmückt, die der Festkultur des späten 19. Jahrhunderts entstammten: Fanfaren, Flaggenzeremonielle, Salutschüsse und Aufmärsche zu Marschmusik. Daraus resultierte eine für die Olympischen Spiele charakteristische Diskrepanz zwischen internationalem Anspruch und nationaler Symbolik.[6]

Guido von Mengden sah nun den Zeitpunkt gekommen, diese innere Spannung zu lösen. Er regte an, auf den Kanonensalut zu verzichten, Marschmusik durch populäre Rhythmen zu ersetzen und die Olympiaflagge nicht mehr durch Angehörige des Militärs hissen zu lassen, sodass die Zeremonie deutlich entmilitarisiert würde. Sein Vorschlag, auf das zweifache Abspielen der Hymne des gastgebenden Landes zu verzichten, nahm das nationale Moment deutlich zurück und schließlich wünschte er sich für die Eröffnungsfeier eine freiere Aufstellung der einzelnen Mannschaften, die bis dahin zur Ehrentribüne hin ausgerichtet war.[7]

Während von Mengden zur Begründung seines Neuentwurfs lediglich auf die antiquierte Form der Inszenierung hingewiesen hatte, ging Kai Braak, der Oberspielleiter am Staatstheater Kassel, den das Organisationskomitee ebenfalls als Experten gewonnen hatte, in seinem Entwurf weit darüber hinaus. Er nannte die Abgrenzung von den 1936er Spielen eine »ungeheure politische Verantwortung« der Bundesrepublik und der Stadt München und forderte: »Die Olympischen Spiele müssen betont antinationalistisch (bis antinational) sein.« Ihm sei durchaus bewusst, dass eine solche Haltung bei den Zuschauern nicht zu erzwingen sei. Er halte es jedoch für möglich, durch die optische Ausgestaltung der Spiele, zum Beispiel durch die Art der Beflaggung, darauf Einfluss zu nehmen. Er empfahl, gleichzeitig mit dem Hissen der Olympiaflagge, die seit dem Jahr 1920 ein fester Bestandteil des Olympischen Zeremoniells war, die übrigen Nationalflaggen einzuholen. Außerdem griff er von Mengdens Vorschlag auf und regte an, die Olympische Fahne durch Friedensnobelpreisträger ins Münchner Olympiastadion tragen zu lassen.[8]

---

[6] Guido von Mengden, Die Eröffnungs- und Schlussfeier der Olympischen Spiele muss erneuert werden, in: Olympisches Feuer 19, 1969, Heft 2, S. 22-23, S. 22. Einen guten Einblick in Coubertins Gedankenwelt gibt: Pierre de Coubertin, Der Olympische Gedanke. Reden und Aufsätze, Bochum 1968. Siehe auch: John J. MacAloon, This Great Symbol. Pierre de Coubertin and the Origins of the Modern Olympic Games, Chicago 1981. Richard D. Mandell hat Coubertins Überzeugung, dass Patriotismus und Wettstreit gemeinsam den Weltfrieden fördern, das »Olympische Paradoxon« genannt. Siehe: Richard D. Mandell, Die ersten Olympischen Spiele der Neuzeit, Kastellaun 1976, S. 80.
[7] Von Mengden, Eröffnungs- und Schlussfeier, S. 23.
[8] Kai Braak, Einige Gedanken über Eröffnungs- und Schlussfeier bei den Olympischen Spielen 1972 in München, 23.2.1968, S. 1-3. BArch Koblenz B322/132.

Durch die teils sehr kritische öffentliche Diskussion dieser Vorschläge irritiert, forderte die Landeshauptstadt München das Organisationskomitee im November 1968 auf, sich mit der Frage der zeremoniellen Ausgestaltung der Spiele zu befassen.[9] Damit hatte erstmalig neben dem Sport und der Kunst auch die Politik Interesse an der Art der Inszenierung der Spiele angemeldet. Dennoch blieb die Ideenfindung zunächst den ersten beiden Gruppen überlassen. Sie kamen in einer dem Organisationskomitee zugeordneten Arbeitsgruppe für die Eröffnungs- und Schlussfeier 1972 zusammen, die Ende September 1969 ihre Arbeit aufnahm. Ihr gehörten neben dem Künstler Otl Aicher, der mit der visuellen Gestaltung der Spiele beauftragt war, zeitweise auch Richard Roth von der Akademie der Bildenden Künste München, der Ballettmeister Franz Baur-Pantoulier, der Komponist Wilhelm Killmayer und die Schriftsteller Günter Grass und Reinhard Raffalt an. Der Sport war durch Guido von Mengden, Walter Umminger, den Leiter der Abteilung Wissenschaft und Bildung beim Deutschen Sportbund, Norbert Wolf, und den Vorsitzenden Willi Daume vertreten.[10]

Die Arbeitsgruppe griff die Grundgedanken, die Kai Braak und Guido von Mengden zu einer Entnationalisierung und Entmilitarisierung der Spiele entwickelt hatten, auf. Bereits während ihrer ersten Sitzung einigte sich die Arbeitsgruppe auf eine spiralförmige Mannschaftsaufstellung, die nicht zur Ehrentribüne hin ausgerichtet war.[11] Außerdem nahm sie dem Einmarsch der Nationen weiteres Pathos, indem sie es den Teilnehmern freistellte, wie sie das Publikum und das anwesende Staatsoberhaupt des Gastlandes grüßen wollten. Beides setzte jedoch eine Änderung des Olympischen Zeremoniells voraus, das den Ablauf des Einmarschs detailliert festschrieb.[12] Doch die Gruppe unter der Leitung Willi Daumes war Ende des Jahres 1969 noch fest davon überzeugt, das Internationale Olympische Komitee von einer zeitgemäßen Anpassung seiner Regeln überzeugen zu können. Schließlich hatte sich das Kräftemessen zwischen den Vertretern der westlichen Nationalen Olympischen Komitees und ihrer Kollegen aus dem sozialistischen Lager durch die laufende Olympiabewerbung der Stadt Moskau merklich entspannt.[13]

---

[9] Vorlage zu Tagesordnungspunkt 4 der 13. Vorstandssitzung des Organisationskomitees am 16.1.1969. Überlegungen hinsichtlich der zeremoniellen Gestaltung der Olympischen Spiele. BArch Koblenz B106/30673.

[10] Vorlage zu Tagesordnungspunkt 7 der 21. Vorstandssitzung am 8./9.1.1971. Eröffnungs- und Schlussfeier der Olympischen Spiele 1972 in München, S. 1. BArch Koblenz B106/30673.

[11] Niederschrift über die 1. Sitzung der vorläufigen Arbeitsgruppe für die Eröffnungs- und Schlussfeier 1972, am 30.9.1969, S. 2. BArch Koblenz B322/533.

[12] »Dann folgt der Vorbeimarsch der Teilnehmer (…). Die Wettkämpfer salutieren vor dem Staatsoberhaupt des Landes, indem sie ihren Kopf in Richtung auf die Tribüne drehen. (…) Eine jede Landesvertretung hat sich nach Beendigung des Vorbeimarsches (rund um das Mittelfeld) auf diesem aufzustellen, und zwar dergestalt, dass sie hinter ihrem Schild und ihrer Fahne einen Block mit Front zur Ehrentribüne bildet.« Zitiert aus: Gestaltung des Olympischen Zeremoniells. Vorlage zu Tagesordnungspunkt 4 der 13. Vorstandssitzung des Organisationskomitees am 16.1.1969. Überlegungen hinsichtlich der zeremoniellen Gestaltung der Olympischen Spiele, S. 6. BArch Koblenz B103/30673.

[13] Niederschrift über die 2. Sitzung der vorläufigen ›Arbeitskommission für die Eröffnungs- und Schlussfeier 1972‹ am 19.12.1969, S. 1. BArch Koblenz B322/533.

Neben der Frage nach der Mannschaftsaufstellung und dem Grundton der Eröffnungsfeier beschäftigte die Arbeitsgruppe im Jahr 1970 vor allem das Problem der Beflaggung des Olympiastadions. Die Beteiligten einigten sich schon im April darauf, das Ritual des Aufziehens der Nationalflagge bei dem Eintritt der jeweiligen Mannschaft in das Stadion aufzugeben. Ob die Flaggen von Beginn der Zeremonie an auf dem Rand des Olympiastadions wehen oder erst nach dem vollständigen Aufmarsch sichtbar gemacht werden sollten, blieb jedoch umstritten.[14] Lange Zeit war außerdem die Idee im Gespräch, die Flaggen aus Platzgründen in einen eigenen Flaggenhain außerhalb der eigentlichen Wettkampfstätte zu verlagern. Die dahinter stehende Überlegung, von der optischen Fixierung auf die Nationalflaggen Abstand nehmen zu wollen, korrespondierte mit der Ausrichtung der gesamten visuellen Gestaltung des Olympischen Festraumes. Auch bei der Beflaggung des Stadtgebietes setzte der Gestaltungskünstler Otl Aicher zwar Fahnen ein, jedoch ersetzte er die Nationalflaggen durch bunte Fahnenpulks in den Farben lichtes Blau, helles Grün und strahlendes Weiß. Damit nutzte er den per se festlichen Charakter der wehenden Fahnen ohne den dazugehörigen repräsentativen und hoheitlichen Nimbus.[15]

Anfang Januar 1971 lag eine fertige Konzeption vor, die durch das Organisationskomitee grundsätzlich gebilligt wurde. Sie schrieb den Verzicht auf die militärischen Symbole fest und lockerte den Einmarsch der Nationen durch die spiralförmige Aufstellung und das freiwillige Winken der Athleten auf. Außerdem entfiel die Hymne der Bundesrepublik nach dem Sprechen des Olympischen Eides, während sie zu Beginn der Zeremonie für das Staatsoberhaupt gespielt wurde. Statt der von Kai Braak vorgeschlagenen Friedensnobelpreisträger als Fahnenträger fiel die Wahl auf ehemalige Olympiasieger.[16] Dennoch blieben Zweifel bestehen, ob eine spiralförmige Aufstellung der Nationenblöcke, die kaum Sicht auf die mitgeführten Nationalflaggen zuließ, die Billigung des Internationalen Olympischen Komitees finden würde. Den bundesdeutschen Olympiern um Willi Daume blieb nun Zeit bis zum September 1971, wenn das Internationale Olympische Komitee das Konzept für die Eröffnungsfeier endgültig bestätigen musste, um die olympische Familie von einem Entwurf zu überzeugen, der weder von der Bundesregierung noch von der bundesdeutschen Öffentlichkeit auf Anhieb akzeptiert wurde.

Ernste Diskussionen

Die betont nicht-nationale Inszenierung des olympischen Festes zielte auf einen doppelten Effekt. Erstens garantierte sie eine deutliche Abgrenzung von den Spielen, die im Dritten Reich stattgefunden hatten; zweitens war sie darauf angelegt, den Repräsentationsraum der DDR einzuschränken. Damit setzte die west-

---

[14] Niederschrift über die 4. Sitzung der vorläufigen ›Arbeitsgruppe für die Eröffnungs- und Schlussfeier 1972‹ am 18.6.1970, 29.4.1970, S. 3. BArch Koblenz B322/533.
[15] Organisationskomitee, Organisation, S. 80.
[16] Vorlage zu Tagesordnungspunkt 7 der 21. Vorstandssitzung am 8./9.1.1971. Eröffnungs- und Schlussfeier der Olympischen Spiele 1972 in München. BArch Koblenz B106/30673.

deutsche Sportbewegung ihre Strategie der Entnationalisierung des internationalen Sports fort, zu der das Auswärtige Amt sie seit den 1950er Jahren angehalten hatte. Dabei übersah das Organisationskomitee jedoch, dass zum einen die Haltung der sozial-liberalen Bundesregierung gegenüber der DDR im Wandel begriffen war, und dass die Regierung zum anderen die Münchner Spiele als eigenen Repräsentationsraum nutzen wollte, in dem nationale Symbole nicht fehlen durften.[17]

Dies zeigt sich besonders daran, welcher Wert dem Erklingen der bundesdeutschen Nationalhymne in einzelnen Ministerien beigemessen wurde. Bereits Ende August 1969 informierte Ministerialrat Schmitz vom Innenministerium das Auswärtige Amt und das Bundesministerium für Gesamtdeutsche Fragen über seine Absicht, einem einseitigen und vollständigen Verzicht auf die bundesdeutsche Nationalhymne bei den Spielen entgegenzuwirken, sofern nicht auf alle Hymnen verzichtet werde, was jedoch nicht zu erwarten sei.[18] Zwar erhielt er aus beiden Ressorts Zuspruch, doch in seinem eigenen Ministerium fragten die Referenten Eckstein und Fischler, ob es nicht doch sinnvoll sei, das Spielen der Hymne zumindest nach dem Olympischen Eid wegfallen zu lassen, um den bundesdeutschen Appell zur Entpolitisierung der Spiele erneut zu unterstreichen.[19] Auch Ministerialrat Kroppenstedt erinnerte die Kritiker daran, dass sich die Bundesregierung mit ihrem Kabinettsbeschluss vom 22. Juli 1969 grundsätzlich gegen das Abspielen von Nationalhymnen bei Sportveranstaltungen ausgesprochen habe.[20] Da dieser Beschluss allein aus deutschlandpolitischen Erwägungen heraus zustande gekommen war, deutete Kroppenstedt damit auf ein grundsätzliches Dilemma der Bundesregierung Ende der 1960er Jahre hin: Eine Einschränkung des Repräsentationsraums der DDR war nur noch um den Preis der eigenen Zurückhaltung möglich. Von solchen Erwägungen wollte man im Auswärtigen Amt zu diesem Zeitpunkt jedoch nichts wissen. Dort stellte man lakonisch fest: »Selbst wenn wir unsere Nationalhymne einmal weniger spielen als wir sie vortragen könnten, wird dies mit Sicherheit die DDR nicht dazu veranlassen, die Präsentation ihrer Symbole einzuschränken.«[21]

Tatsächlich war in dieser Frage jedoch leicht ein Kompromiss zu finden. Da das Zeremoniell das zweimalige Abspielen der Hymne des gastgebenden Lands vorsah, konnte die Bundesregierung zu Gunsten einer entnationalisierten Inszenierung einmal auf den Vorgang verzichten. Das Abspielen der Hymne nach dem Sprechen des Olympischen Eides galt zudem als unzeitgemäß, seitdem nicht mehr auf die Ehre des Landes, sondern auf die Ehre der Mannschaft geschworen

---

[17] Eine ›Haltung der Zurückhaltung‹, wie sie die Kabinette Adenauer noch gepflegt hatten, war Ende der 1960er Jahre in Regierungskreisen kaum noch zu verzeichnen. Zur Haltung der Zurückhaltung: Paulmann, Deutschland.

[18] Schmitz an das Auswärtige Amt und das Bundesministerium f. gesamtdeutsche Fragen, betr.: Zeremoniell der Olympischen Spiele 1972, 27.8.1969. BArch Koblenz B106/30673.

[19] Eckstein an Schmitz, betr.: Zeremoniell der Olympischen Spiele 1972, 9.9.1969. BArch Koblenz B106/30673.

[20] Kroppenstedt an Schmitz, betr: Zeremoniell der Olympischen Spiele 1972, 11.9.1969. BArch Koblenz B106/30673.

[21] Lücking an das Referat IV 5, betr.: Zeremoniell der Olympischen Spiele 1972, 15.9.1969. PAAA B38-II A1/329.

wurde. Indem das Bundesministerium des Innern letztlich daran festhielt, die Hymne für das Staatsoberhaupt erklingen zu lassen, konnte ihm weder vorgeworfen werden, den geplanten Grundtenor zu stören, noch die Entnationalisierung der Spiele »einseitig und ausschließlich zu Lasten der Bundesrepublik« voranzutreiben.[22]

Eine radikale Lösung der Protokollfrage durch einen kompletten Verzicht auf die Hymne der Bundesrepublik, wie sie Kai Braak in seinem Entwurf angeregt hatte, wäre auch in der bundesdeutschen Bevölkerung auf Ablehnung gestoßen. Dies wurde deutlich, als die ersten Leserbriefe und Pressestimmen zu Braaks Konzept erschienen. Einen Diskussionsraum stellte das *Olympische Feuer*, das Publikationsorgan der Deutschen Olympischen Gesellschaft, zur Verfügung, das den Entwurf Kai Braaks zu Beginn des Jahres 1969 abgedruckt und ausdrücklich zu einer Diskussion darüber aufgerufen hatte. Die dort erschienenen Beiträge verteilten sich deutlich auf drei Gruppen. Die erste nutzte die Diskussion, um das grundsätzlich mangelnde Nationalgefühl der Deutschen zu bedauern.[23] Eine zweite Gruppe begrüßte das Innovative des Konzepts, zögerte jedoch, sich von dem Spielen der Nationalhymne als vertrautem Ausdruck nationaler Zusammengehörigkeit zu trennen. Zu ihnen gesellte sich auch die Wochenzeitung *Die Zeit*, die das Organisationskomitee darauf aufmerksam machte, »daß schließlich das Oberhaupt der veranstaltenden Nation ein ungeschriebenes Anrecht auf das Spielen der Nationalhymne besitzt.«[24] Die dritte Gruppe argumentierte streng pazifistisch und bezog sich in ihrer Argumentation am stärksten auf die Reaktionen des Auslandes.

Dies verdeutlichte besonders ihre sensible Reaktion auf den – aus heutiger Sicht absurd anmutenden – Gedanken, den Kai Braak zu dem Weg der Olympischen Flamme formuliert hatte. Der Oberspielleiter hatte erwogen, das Olympische Feuer nicht, wie seit 1936 üblich, durch einen Fackellauf von Olympia nach München zu bringen, sondern es als Verbeugung vor den modernen Zeiten von einer Raumkapsel einmal um die Erde tragen zu lassen:

> »Es wäre gut, wenn vor der ersten Atombombe die Flamme des Friedens im Weltall herumflöge. Das wäre eine Gemeinschaftsaufgabe für die Atommächte, die nützlich und in ihrer psychologischen Wirkung vielleicht nicht zu unterschätzen ist.«[25]

Er musste sich jedoch vorwerfen lassen, dass auch eine Raumkapsel potentiell ein militärisches Objekt und deshalb abzulehnen sei. Außerdem warnte ein anderer

---

[22] Schmitz, Vermerk, betr.: Empfang des Herrn Bundespräsidenten für den Vorstand des Organisationskomitees für die Spiele der XX. Olympiade in München 1972 am 20.11.1969, 17.11.1969. BArch Koblenz B106/30673.
[23] Josef Bendels, Das Alte beibehalten, in: Olympisches Feuer 19, 1969, Heft 2, S. 24; Josefine Leinen, Haben wir kein Vaterland, in: Olympisches Feuer 19, 1969, Heft 5, S. 28-29.
[24] Weg mit den alten Zöpfen, in: Die Zeit. Nachgewiesen in BArch Koblenz B106/30673. Sowie Willi Weiß, Macht den Weg nach München frei, in: Olympisches Feuer 19, 1969, Heft 3, S. 26-27, S. 26; Gerhard Henning, Gedanken über die Eröffnungs- und Schlussfeier, in: Olympisches Feuer 19, 1969, Heft 3, S. 27-28, S. 28.
[25] Kai Braak, Einige Gedanken über Eröffnungs- und Schlussfeier bei den Olympischen Spielen 1972 in München, 23.2.1968, S. 2. BArch Koblenz B322/132.

Leser davor, unbedacht eine Pressehetze unter dem Motto ›Deutschland – die Atommacht‹ auszulösen.[26]

Abgesehen von den argumentativen Unterschieden zwischen den letzten beiden Diskursgruppen, herrschte in zwei Punkten Konsens: Der Verzicht auf die Marschmusik wurde einhellig abgelehnt und diese somit als unbelasteter deutscher Traditionsbestand gewertet.[27] Außerdem betonten alle Beiträge noch einmal die hohe Bedeutung der konsequenten Entmilitarisierung des Olympischen Raums. Doch statt der Friedensnobelpreisträger wurden ehemalige Olympiasieger als Fahnenträger gewünscht. Nur im Bundesministerium des Innern hielt sich das Misstrauen gegenüber diesem Vorschlag. Dort fürchtete man, dass es der Integration der Bundeswehr in die bundesdeutsche Gesellschaft nicht gut täte, wenn das Militär bei den ersten Spielen auf Bundesgebiet auf seine traditionelle Teilnahme verzichten müsste.[28]

Verglichen mit den Auseinandersetzungen westlich der Mauer, fielen die Reaktionen in der DDR ungleich schärfer aus. Die DDR-Sportführung hatte im olympischen Raum erstmalig das Recht erstritten, mit ihrer eigenen Flagge und Hymne an den Olympischen Spielen teilzunehmen. Außerdem hatte sie systematisch die Athleten und Athletinnen aufgebaut, die Olympisches Gold erkämpfen und somit das Erklingen der Becher-Hymne garantieren sollten. Das Ziel der DDR-Sportpolitik kleidete der ostdeutsche Journalist Karl Eduard von Schnitzler im Vorfeld der Spiele in den oft zitierten Satz: »Der Kapellmeister soll in München gut unsere Hymne einstudieren, er wird sie oft spielen müssen.«[29] Nun fürchtete die DDR-Sportführung, dass es dem bundesdeutschen Organisationskomitee primär darum ging, ihren neu gewonnenen Repräsentationsraum einzuschränken.[30] Den ostdeutschen Olympiern verblieb jedoch ein berechtigter Hoffnungsschimmer, denn das Internationale Olympische Komitee musste den Anträgen des Münchner Organisationskomitees zunächst zustimmen. Da die Olympische Bewegung aber Veränderungen gegenüber als nahezu resistent galt, und die DDR auf den Protest vieler junger Nationalstaaten bauen konnte, für welche die Olympischen Spiele eines der wichtigsten Felder nationaler Repräsentation waren, blieb die Entscheidung für eine fortschreitende Entnationalisierung der Spiele weiterhin offen.

Auch der Präsident des Münchner Organisationskomitees war sich dieses Problems bewusst. Willi Daume wartete zunächst ab, bis ein in sich geschlossenes Konzept vorlag, bevor er im Januar 1971 seine Vorschläge zur Änderung des Zeremoniells öffentlich präsentierte. Der Anlass war eine Zusammenkunft der

---

[26] Joachim Fischer, Gedanken über die Eröffnungs- und Schlussfeier 1972, in: Olympisches Feuer 19, 1969, Heft 3, S. 25-26, S. 25; Michael Popp, Antinationalistisch und friedlich!, in: Olympisches Feuer 19, 1969, Heft 5, S. 29.

[27] Dieser Meinung schloss sich auch *Der Spiegel* an, siehe: Sing cucu nu, in: Der Spiegel, Nr. 35, 1972, S. 45-46, S. 45.

[28] Eckstein an Schmitz, betr.: Zeremoniell der Olympischen Spiele 1972, 9.9.1969. BArch Koblenz B106/30673.

[29] Zitiert in: Politik bis unters Zeltdach, in: Der Spiegel, Nr. 35, 1972, S. 38.

[30] Diese Befürchtung kommt zum Ausdruck in: Generalsekretariat des Nationalen Olympischen Komitees der DDR, Aktuelle Probleme der internationalen olympischen Bewegung, 29.7.1971, S. 2. SAPMO DY12/3324.

Generalsekretäre einiger europäischer Nationaler Olympischer Komitees. Wie es die DDR erwartet hatte, reagierten die anwesenden NOK-Vertreter aus Rumänien, Jugoslawien, Ungarn, Österreich, der Schweiz, Italien und England mehrheitlich irritiert und ablehnend auf den in München entwickelten spiralförmigen Aufstellungsplan der Nationalmannschaften während der Eröffnungsfeier. Mehr Verständnis brachten sie jedoch dem Änderungsantrag entgegen, dass die Flaggen aus Platzgründen – so die offizielle Begründung – nicht auf dem Rand des Olympiastadions, sondern in einem separaten Flaggenhain gehisst werden sollten.[31] Ungeachtet dieser Kritik hielt Willi Daume weiter an der Idee einer ›Demokratisierung‹ der Nationenaufstellung fest. Doch auch der Exekutivausschuss des IOC ließ im März 1971 sein zusätzliches Argument, die Höhe der Teilnehmerzahl lasse keine andere Aufstellung zu, nicht gelten.[32]

Die DDR-Sportführung wollte sich jedoch nicht allein auf die Gunst des Internationalen Olympischen Komitees verlassen und wurde deshalb selbst aktiv. NOK-Präsident Heinz Schöbel und DTSB-Präsident Manfred Ewald nutzten eine Reise zum Münchner Organisationskomitee im April 1971, um vor Ort gegen eine Änderung des olympischen Protokolls zu protestieren. Bei dem üblichen Höflichkeitsbesuch, der auch der Überprüfung der Wettkampfstätten und Trainingsmöglichkeiten galt, drängte die DDR-Delegation auf eine minutiöse Einhaltung der Olympischen Regeln. Dazu gehörte auch das Beharren auf dem Flaggenritual im Olympischen Dorf, bei dem zum Empfang der Gäste üblicherweise auch die Nationalhymne des jeweiligen Landes gespielt wurde.[33]

Außerdem begann das Ministerium für Auswärtige Angelegenheiten in Zusammenarbeit mit den Botschaften im Juli und August des gleichen Jahres auf ausländische Sportvertretungen einzuwirken. Neben den ›Bruderländern‹ stellten sich insbesondere asiatische und afrikanische Staaten, die ihre nationalen Interessen durch die Vorschläge des Münchner Organisationskomitees gefährdet sahen, auf die Seite der DDR. Sie hatten bereits die Ankündigung der Stadt München, ihre Straßen und Plätze nicht mit den Flaggen der teilnehmenden Staaten, sondern neutralen Flaggenpulks zu schmücken, »mit größtem Befremden aufgenommen« und als Brüskierung empfunden.[34] Die Überzeugungsarbeit der DDR gipfelte in einem fulminanten Diskussionsbeitrag ihres NOK-Präsidenten Schöbel auf der entscheidenden 71. Plenartagung des Internationalen Olympischen Komitees, die im September 1971 in Luxemburg stattfand. Dort verteidigte der Funktionär das olympische Zeremoniell bis ins kleinste Detail. Selbst das unverbindliche Winken der Sportler beim Einmarsch galt aus seiner Sicht als indiskutabel. Auch in der Frage eines externen Flaggenhains und hinsichtlich des Vorschlags, das Spielen

---

[31] NOK der DDR, Bericht über eine Zusammenkunft von Generalsekretären einiger europäischer Nationaler Olympischer Komitees mit der Leitung des Organisationskomitees für die Spiele der XX. Olympiade in München am 14. und 15.1.1971, 28.1.1971, S. 6-8. SAPMO DY30/IV A2/18/28.

[32] IOC, Protokoll der Sitzung des Exekutivausschusses, 13.-14.3.1971, o. Datum, S. 40. SAPMO DY30/IV A2/18/28.

[33] NOK-Generalsekretariat, Sekretariatsvorlage Nr. 49/5/71, betr.: Konzeption zum offiziellen Besuch einer NOK-Delegation beim Organisationskomitee für die Spiele der XX. Olympiade in München, 5.4.1971, S. 2. SAPMO DY30/IV A2/18/44.

[34] Jaeschke an Wildberger et al., 23.8.1971, S. 1. SAPMO DY30/IV A2/18/44.

der Nationalhymne bei der Siegerehrung auf 15 bis 25 Sekunden zu verkürzen, blieb Schöbel eisern.[35]

Schließlich entschied das Internationale Olympische Komitee in nahezu allen Punkten zu Gunsten der traditionellen Regeln. Die Paradeaufstellung wurde ebenso beibehalten wie die Länge der Hymne bei der Siegerehrung. Lediglich der Wegfall der Hymne des gastgebenden Landes nach dem Olympischen Eid setzte sich auf Probe durch. Trotzdem behielt das Organisationskomitee der Münchner Spiele das Recht, kleinere Änderungen am Ablauf der Feier vorzunehmen, die nicht ausdrücklich auf internationaler Ebene beschlossen werden mussten. Dazu gehörte zum einen der Verzicht auf die militärische Symbolik wie den Kanonensalut. Zum anderen sah das Internationale Olympische Komitee auch in dem freien Winken beim Einmarsch der Athleten, das die DDR-Seite immer wieder abgelehnt hatte, keinen tatsächlichen Regelverstoß.[36]

Da die Frage des Zeremoniells sowohl für die DDR als auch für die Bundesrepublik ein Politikum ersten Ranges darstellte, fiel diese Entscheidung jedoch nicht erst vor dem Internationalen Olympischen Komitee, sondern war auf höchster politischer Ebene vorbereitet worden. Im August 1971 weilte bereits der Vorsitzende des Komitees für Körperkultur und Sport beim Ministerrat der UdSSR, Sergej Pawlow, als Gast des Organisationskomitees in der Bundesrepublik. Dabei traf er mit Hans-Dietrich Genscher zusammen, mit dem er über das olympische Zeremoniell sprach. Außerdem besuchte Pawlow Bundeskanzler Brandt in dessen Urlaubsdomizil auf Sylt.[37] Brandt hatte die Spiele von Beginn an als Teil seiner internationalen Entspannungsbemühungen gesehen und sich wohl auch deshalb zu dem Treffen bereit erklärt. Auch hier ging es um Fragen des Zeremoniells. Dabei erzielte Pawlow eine Einigung im Sinne der DDR, an die sich das Organisationskomitee im Folgenden gebunden fühlte.[38]

ARCHITEKTUR UND FEST

Nicht nur die Inszenierung des olympischen Festes, auch die architektonische Ausgestaltung des Festraumes war Teil der bundesdeutschen Repräsentationsstrategie. Die Grundlage dafür bildete der Entwurf des Stuttgarter Architekturbüros Behnisch und Partner, der im Oktober 1967 siegreich aus dem städtebaulichen Ideenwettbewerb der Stadt München hervorgegangen war. Der Ausschreibungstext des Wettbewerbs hatte die Teilnehmer zunächst nur dazu angehalten, die Idee von Olympischen Spielen im Grünen und einem Olympia der kurzen Wege ar-

---

[35] Diskussionsbeitrag Dr. Schöbel auf dem IOC-Kongress in Luxemburg zum Bericht des Präsidenten des Organisationskomitees der Spiele der XX. Olympiade, München 1972, S. 1-3. SAPMO DY30/IV A2/18/28.
[36] Organisationskomitee, Organisation, S. 80.
[37] Zu dem Treffen, das von der bundesdeutschen Presse weitgehend unbemerkt blieb: Blasius, Bewegung, S. 308-309.
[38] Ministerium f. Auswärtige Angelegenheiten, Information Nr. 153/XII über Auffassungen in den sozialistischen Bruderländern zu einigen Fragen im Zusammenhang mit den Olympischen Spielen 1972 in München, 24.12.1971, S. 2. SAPMO DY30/IV A2/18/44.

chitektonisch umzusetzen.[39] Behnisch und Partner hatten darüber hinaus jedoch ein Gegenstück zum Berliner ›Reichssportfeld‹ geschaffen. Ihr Entwurf verbannte jeden Monumentalgedanken, legte Wege statt Aufmarschstraßen an und schuf um die Erdstadien viel Grünfläche, die den Besuchern zur freien Nutzung zur Verfügung stand. Damit hatte das Motto der heiteren Spiele seine architektonische Umsetzung gefunden. Die nachträgliche Zuschreibung im Standardwerk der Deutschen Olympischen Gesellschaft traf dies auf den Punkt:

> »Der olympische Sportpark lässt nationalistische Verbissenheit womöglich gar nicht aufkommen, weil schon in der Architektur alles auf Offenheit, auf Gastfreundschaft, auf die versöhnliche Geste hin angelegt ist.«[40]

Trotz der zurückhaltenden, spielerischen Grundstruktur des Olympiageländes setzte das Modell der Stuttgarter Architekten auch selbstbewusste Akzente. Dies galt insbesondere für die Bauten des Olympiaparks, deren erschlagende Modernität in dem 74.000 Quadratmeter großen Olympia-Dach gipfelte. Das Dach widersprach der betonten Absage des Organisationskomitees an die Gigantomanie olympischer Bauten deutlich. Daher enthielt sich das Preisgericht unter dem Vorsitz des Architekturprofessors Egon Eiermann im Oktober 1967 einer finalen Stellungnahme zu der Konstruktion. Erst am 15. Juni 1968 sprach sich der Vorstand des Organisationskomitees für die Hängedachkonstruktion aus. Der ästhetische und kulturelle Wert der geplanten Konstruktion hatte auch die letzten Zweifel hinsichtlich entstehender Mehrkosten aus dem Weg geräumt.[41] Damit hatte sich das Organisationskomitee auch für eine Demonstration bundesdeutscher technischer und architektonischer Leistungsfähigkeit ausgesprochen.

Die Dimensionen des Olympia-Daches setzten weltweit neue Maßstäbe: 123 Fundamente mussten betoniert werde. Es wurden Randseile entwickelt, die einer Belastung von 4000 t standhielten. Computer errechneten die genaue Länge der Seilnetzabschnitte. Über ein Dutzend namhafter Professoren trat als Gutachter auf. Da verschiedene Fernsehanstalten lautstark die Lichtdurchlässigkeit des Daches gefordert hatten, begann parallel die Suche nach einem adäquaten Eindeckmaterial. Erst nach monatelangen Tests fiel die Entscheidung schließlich auf Acrylglas.[42] Die Münchner Organisatoren waren stolz auf das wohl bekannteste Dach der Welt und auch im Nachhinein waren sich die Olympiachronisten in der positiven Beurteilung der repräsentativen Wirkung der Konstruktion einig. Gerade sie habe es dem Land des Dessauer Bauhauses ermöglicht, den Fleiß und das

---

[39] Siehe den Ausschreibungstext in: Organisationskomitee für die Spiele der XX. Olympiade München 1972 (Hrsg.), Die Spiele, Band 2: Die Bauten, München 1972, S. 6. Zur Intention des Siegerentwurfs siehe: Günter Behnisch, Gesamtwerk Oberwiesenfeld, in: Olympia-Baugesellschaft (Hrsg.), Olympische Bauten München 1972, 2. Sonderband der Zeitschrift Architekturwettbewerbe, 1970, S. IX-XI.

[40] Peter M. Bode, Das menschliche an der olympischen Architektur, in: Deutsche Olympische Gesellschaft (Hrsg.), Die Spiele der XX. Olympiade München-Kiel 1972 und die XI. Olympischen Winterspiele Sapporo 1972. Das offizielle Standardwerk des Nationalen Olympischen Komitees für Deutschland, Freiburg/Basel/Wien 1972, S. 138-141, S. 140.

[41] Organisationskomitee, Bauten, S. 11.

[42] Reinhold & Mahla, Dach ohne Schatten, in: Carl Heinz Harbeke (Hrsg.), Bauten für Olympia 1972. München, Kiel/Augsburg/München 1972, S. 134-135.

Können deutscher Architekten, Bauunternehmer und Handwerker vorzuführen.[43]

Die Veranstalter setzten auch auf einer weiteren Gestaltungsebene verstärkt auf Effektivität und Perfektion: bei der Verkehrsplanung. Zweierlei stellte die Verkehrsplaner vor hohe Anforderungen: zum einen die Vorgabe der ›Olympischen Spiele im Grünen‹ und zum anderen die Grundlinie des prämierten Entwurfs, die eine Verbindung von Natürlichkeit und Urbanität vorgab. Daher war der Münchner Straßenbau seit der Vergabe der Olympischen Spiele in einem gewaltigen Aufschwung. Zwar wurden fast nur Projekte realisiert, die bereits in einer längerfristigen Verkehrsplanung vorgesehen waren, doch die Vergabe der Olympischen Spiele forcierte deren Umsetzung beträchtlich. Im Zeitraum von 1967 bis 1972 erhielt die Stadt München 38 Kilometer neue Straßen und 53 Brücken. Augenfälligstes Produkt dieses Baubooms war die 1,2 km lange, teils zehnspurige Donnersberger Brücke.[44]

Eine reine Olympiabaumaßnahme war hingegen die U-Bahn Olympialinie, deren Fertigstellung insgesamt fünf Jahre dauerte. Nach den Planungen sollte sie Besucher innerhalb von elf Minuten vom Marienplatz hinaus zum Oberwiesenfeld bringen. Ihr Endhaltebahnhof Olympiazentrum wurde harmonisch in die Olympialandschaft eingepasst und krönte einen Schienenschnellverkehr, der nicht nur den Anforderungen der Olympischen Spiele Rechnung trug, sondern München außerdem ein weltstädtisches Flair geben sollte.[45] Stolz verbreitete *Olympia Press*, dass auf dem Schienennetz die modernsten U- und S-Bahnzüge Deutschlands verkehren würden. Auch diese Maßnahmen gehörten zu der Ausgestaltung des Repräsentationsraumes. Das wurde besonders deutlich, als Willy Brandt im Jahr 1970 nach der Besichtigung der ›Großbaustelle Europas‹ zufrieden feststellte: »Damit können wir uns in der Welt sehen lassen.«[46]

Die Bedeutung, die das Organisationskomitee den Bauten zuschrieb, steht in der Kontinuität der Entwicklung moderner Olympischer Spiele nach dem Zweiten Weltkrieg. Sie trat erstmals bei den Olympischen Spielen in Tokio 1964 deutlich zu Tage, wo der architektonischen Ausgestaltung des Festraumes bereits ein ungewöhnlich hoher Stellenwert zukam. Die marxistische Sportkritik führt diese Entwicklung darauf zurück, dass die Perfektion der Bauten und der Organisation zunehmend an die Stelle der kultischen Elemente der Spiele trete.[47] Dies bleibt zwar weiterhin zu prüfen, weist für eine Interpretation der Münchner Spiele jedoch durchaus in eine richtige Richtung. Denn hier übernehmen die Bauten eindeutig die Funktion der selbstbewussten nationalen Repräsentation und ersetzten dadurch die vertrauten nationalen Rituale wie das Spielen der Hymne, das Hissen

---

[43] Heinz Maegerlein/Thilo Koch/Martin Morlock, Olympia 1972, München, Stuttgart 1972, S. 18.
[44] Rudolf Falter, Straßen für die Olympischen Spiele, in: Harbeke, Bauten, S. 13-15.
[45] Klaus Zimniok, Die U-Bahn Olympialinie, in: Harbeke, Bauten, S. 16-17.
[46] DPA-Meldung vom 24.3.1970: Zur Sitzung des Olympia-Beirats, nachgewiesen in: SAPMO DY30/IV A2/18/45.
[47] Zu dem Ort der Münchner Spiele in dieser Entwicklung und der Bedeutung des Olympiabaubooms siehe: Prokop, Soziologie, S. 104-112.

der Flagge und die Präsenz des Militärs, auf welche die Veranstalter bewusst verzichtet hatten.

In den Festraum bettete das Organisationskomitee am Nachmittag des 28. August 1972 eine Eröffnungsfeier ein, die das moderne Deutschland als friedliebend, demokratisch und europäisch inszenierte. Dies garantierte auf visueller Ebene das Farbenmeer, mit dem Otl Aicher das Münchner Olympiastadion überzogen hatte. Die Pastelltöne des Regenbogens schlugen sich auf den modernen Schalensitzen des Stadions nieder, auf den Fahnenpulks des Oberwiesenfeldes und auf der Kleidung der Ordner und Kartenabreißer. Aicher arbeitete bewusst mit Farben, die nach der psychologischen Farbenlehre als nicht-aggressiv galten, das spielerische Gefühl ansprachen und sich absetzten von gängigen Herrschaftsfarben wie etwa Rot, das neben Schwarz und Weiß im Wesentlichen das Bild der Olympischen Spiele 1936 bestimmt hatte.[48]

Die musikalische Umsetzung dieser graphischen Gestaltung bot das Orchester Kurt Edelhagen, das den Einzug der Mannschaften nicht mit Nationalhymnen und bekannten Märschen, sondern mit einem Potpourri aus Folklore und Evergreens begleitete. Das bunte Medley, das die bundesdeutsche Mannschaft mit ›Hoch auf dem Gelben Wagen‹ empfing und das Team aus den Vereinigten Staaten zu ›When the Saints go marchin in‹ einziehen ließ, unterstrich eher die kosmopolitische Wirkung des Einmarschs als das nationale Element der einzelnen Mannschaften. Außerdem brach es deutlich mit dem Wagner-Pathos, der schwer auf den Berliner Spielen des Jahres 1936 gelastet hatte.[49]

Nachdem die Athleten und Athletinnen in der Paradeaufstellung mit Blick zur Ehrentribüne angelangt waren, brach das Organisationskomitee dieses Bild, gegen das es vor dem Internationalen Olympischen Komitee lange gefochten hatte, durch das Darbieten eines ›Grußes der Jugend‹. Dazu liefen 2800 in hellblau und sattgelb gekleidete Schulkinder der Stadt München in das Olympiastadion ein. Mit Blumensträußen, Kränzen, Zierbögen und Girlanden in den Händen bewegten sie sich in langen Reihen aufeinander zu. Sie zogen aneinander vorbei und gruppierten sich schließlich flink zu karussellartigen Formationen um. Die Darbietung ließen sie mit einem Rundtanz enden. Damit hatte das Münchner Organisationskomitee seine Vorstellung spiralförmiger Bewegungen während des Einzugs doch noch durchgesetzt und die Paradeaufstellung der Athleten gleichsam konterkariert.

Der ›Gruß der Jugend‹ wurde ebenso dem Traditionalismus der Olympischen Bewegung gerecht wie auch ihrer modernen Anpassungsfähigkeit. Denn seine Gestaltung erinnerte stark an das erste Bild des Schauspiels ›Olympische Jugend‹,

---

[48] Maegerlein, Olympia, S. 20. Richard D. Mandell zitiert dazu Willi Daume: »Red is the color of dictatorship and of totalitarianism, which we all abhor. We are using the color of a May morning in Bavaria.« In: Richard D. Mandell, The Olympics of 1972. A Munich Diary, Chapel Hill/London 1991, S. 3.

[49] Die hohe Bedeutung der musikalischen Gestaltung geht aus einem Spiegel-Artikel hervor, dem unter anderem ein Interview mit Kurt Edelhagen zugrunde lag. Darin erklärte der Kölner Kapellmeister, dass die Begleitmusik für die DDR und die ehemaligen Kolonialstaaten neu komponiert wurde. Aus ihrem Liedgut wollte man nicht zufällig ein Stück herausgreifen, das vielleicht nicht wertfrei und politisch korrekt war. Dazu: Sing cucu nu, in: Der Spiegel, Nr. 35, 1972, S. 45-46, S. 46.

das Carl Diem für die Olympischen Spiele 1936 verfasst hatte.[50] Dort liefen im ersten Bild unter dem Titel ›Kindliches Spiel‹ ebenfalls 2500 Jungen und Mädchen ins Berliner Olympiastadion ein und »vollführten kindliche Reigen«.[51] Die Begleitmusik stammte damals von Carl Orff und Werner Egk. Im Jahr 1972 war es nun wiederum Carl Orff, der die musikalische Begleitung des ›Grußes der Jugend‹ nach dem altenglischen Kanon ›Rota‹ arrangierte. Neu war jedoch in München das Motiv der Blumenkinder, das eine Modeerscheinung der frühen 1970er Jahre war, wodurch ein zeitgenössisches Element in die Eröffnungszeremonie integriert wurde.[52]

Es folgten internationale und lokale künstlerische Darbietungen. So wirbelten neben den bayerischen Trachtenkapellen, Goaßlschnalzern und Schuhplattlern auch die Tänzer und Tänzerinnen des ›Ballett Folklorico Mexicano‹, als Hommage an das letzte Gastgeberland, über die Münchner Laufbahn. Auch bei diesem Programmpunkt ließ das Organisationskomitee die nationale Ebene unberücksichtigt. Statt des üblichen militärischen Salutschusses kündigten lediglich Böllerschützen aus dem Berchtesgardener Land den Einzug der Olympischen Fahne an. Damit war nicht nur auf das militärische Element verzichtet worden, sondern es wurde gleichsam persifliert.[53] Ehemalige Olympiasieger trugen anschließend das Tuch mit den fünf Ringen in das Stadion ein. Die Entscheidung des Organisationskomitees war auf die Ruderer des Deutschen Goldachters der letzten Olympischen Spiele in Mexiko gefallen.

Die Rückkehr eines neuen, friedlichen Deutschland in die olympische Welt wurde jedoch an keiner Stelle so auffällig inszeniert wie in dem Moment, in dem der Schlussläufer des Olympischen Fackellaufs, Günter Zahn, in das Münchner Olympiastadion einbog. Der 18-jährige Leichtathlet, der bei den Deutschen Leichtathletik-Jugendmeisterschaften des Jahres 1972 den 1500 Meter-Lauf für sich entschieden hatte, verkörperte die junge deutsche Generation, auf deren Schultern nicht nur die sportliche Zukunft des Landes ruhte. Auf der Laufbahn des Olympiastadions begleiteten ihn vier weitere Läufer aus den übrigen Erdteilen Amerika, Afrika, Asien und Australien. Zahn selbst lief in einem komplett weißen Trikot ohne nationales Abzeichen ein. Dadurch verkörperte der junge Mann bei dem Entzünden des Olympischen Feuers das Aufgehen eines modernen Deutschland in einem friedlichen Europa.[54] Das stählerne Podest, auf dem Zahn in diesem Augenblick stand, griff gleichzeitig die moderne Ausgestaltung des Festraumes durch die Olympiabauten auf. Dadurch demonstrierte das Gastgeberland in diesem emotional bedeutsamen Moment der Feier das neue Selbstbewusstsein der

---

[50] Diese Vermutung liegt nahe, da Daume sich in einer seiner ersten Reden zum Olympiakonzept bereits als großer Fan eines solchen Schauspiels bekannt hatte. Siehe: Daume, Milliarde, S. 223.
[51] Eine detaillierte Beschreibung des Schauspiels ›Olympische Jugend‹ enthält: Henning Eichberg et al., Massenspiele. NS-Thingspiel, Arbeiterweihspiel und olympisches Zeremoniell, Stuttgart – Bad Cannstatt 1977, S. 143-146, S. 144 sowie Eisenberg, Sports, S. 424-429.
[52] Siehe die Beschreibung des ›Grußes des Jugend‹ durch Hans Egon Holthusen, Die Ouvertüre, in: Deutsche Olympische Gesellschaft, Spiele, S. 14-16, S. 15.
[53] Ebd. S. 16.
[54] So die Interpretation von Tagsold, Inszenierung, S. 12.

Bundesrepublik, das auf Modernität und technischer Leistungsfähigkeit beruhte.

Dass die Inszenierung des ›modernen Deutschland‹ gelang, zeigte die positive Resonanz des Publikums und der in- und ausländischen Presse. In allen Berichten herrschte Einigkeit darüber, dass sich die inszenierte Feier während ihres Ablaufs tatsächlich in ein heiteres Fest verwandelt habe. Einen bedeutsamen Moment stellte dabei der Einmarsch der Mannschaft der DDR dar. Getragen von der Emotionalität des Publikums, das die Mannschaft jubelnd begrüßte, winkten die ostdeutschen Athletinnen begeistert zurück. Während ihre männlichen Kollegen sich noch mühsam im verkrampften ›turning their heads‹ übten, übernahmen selbst die vorangehenden Funktionäre die spontane herzliche Geste. Damit lösten sie jedoch das Bild einer sozialistischen Mannschaft, die mit feierlich zur Seite gewendetem Kopf hinter ihrer Fahne an dem Staatsoberhaupt der Bundesrepublik vorbeimarschierte, auf.[55] Diesen Eindruck bestätigte auch der Olympia-Chronist Heinz Maegerlein, der festhielt, dass gerade die musikalische Gestaltung der Eröffnungsfeier es unmöglich gemacht habe »im Stechschritt oder auch nur allzu exakt an der Haupttribüne und der Ehrenloge vorbeizudefilieren.«[56]

Auch die ausländische Presse würdigte den Ablauf der Eröffnungsfeier. Viele Kommentare griffen dabei genau die Punkte auf, von denen das Organisationskomitee in seinen Beratungen ausgegangen war. Das *Svenska Dagbladet* nannte das Programm »wohltuend frei von Perfektion und politischer Propaganda«, der *Herald Tribune* lobte die Inszenierung als »frei von politischen, rassischen und sozialen Untertönen«. Die internationale Presse feierte jedoch nicht nur den Sieg des olympischen Geistes, sondern erkannte auch den Bruch der Deutschen mit ihrer Vergangenheit an. Der italienische *Corriere Della Sera* sprach dies am deutlichsten aus: »Hätte es noch eines Beweises bedurft, dass die Deutschen sich gewandelt haben, das Stadion in München hat ihn geliefert.«[57]

5.2 Eine Nation im Startblock?

TOURISTENDELEGATIONEN

Die Olympischen Spiele in München waren nicht nur ein bundesdeutscher Repräsentationsraum, sondern auch Bühne für die Funktionäre, Anhänger und

---

[55] Das Bild dazu ist abgedruckt in: Deutsche Olympische Gesellschaft, Spiele, S. 23.
[56] Maegerlein, Olympia, S. 26.
[57] Die Pressestimmen sind gesammelt in: Harry Valérien, Olympia 1972. München – Kiel – Sapporo, München o. Datum, S. 30. Ein beeindruckendes Dokument zur Wirkung der Eröffnungsfeier ist auch der Augenzeugenbericht, den der amerikanische Professor für europäische Kulturgeschichte Richard D. Mandell verfasste. Mandells Erleben der Eröffnungsfeier, deren pazifistische Grundstimmung ihn sogar zu Tränen rührte, ist zum einen durch seine jüdische Identität, zum anderen durch seine wissenschaftliche Auseinandersetzung mit den Spielen des Jahres 1936 geprägt. Mandell nahm als Pressevertreter an den Spielen teil. Siehe: Mandell, Olympics, S. 46-58.

Athleten der selbst ernannten sozialistischen deutschen Nation. Jeder einzelne von ihnen war sorgfältig ausgewählt und mit dem Auftrag versehen worden, das Ansehen der DDR im Ausland zu mehren. Das galt ebenso für die Wissenschaftler, die an den Kongressen im Umfeld der Spiele teilnahmen, wie für die Künstlergruppen, die sich am Kulturprogramm der Spiele beteiligten. Auch von den Sportlern erwartete die Staatsführung nicht nur herausragende sportliche Leistungen, sondern auch die Bereitschaft, vor den internationalen Fernsehkameras die Fürsorge und Modernität des sozialistischen Staates zu loben.

Eher befremdet zeigten sich die Münchner Gastgeber von dem Auftreten der DDR-Touristendelegationen, die durch eine strenge politische Schulung minutiös auf ihre Reise in die Bundesrepublik vorbereitet worden waren. Sie fielen bereits bei der Eröffnungsfeier durch unsportliches Verhalten auf, als sie bei dem Einmarsch der bundesdeutschen Mannschaft nicht applaudierten. Aus Sicht des Politbüros bestätigte dieses geschlossene Auftreten die gute Wahl, welche die Funktionäre im Vorfeld getroffen hatten. Tatsächlich kehrten die Delegationen auch geschlossen in die DDR zurück.

Die Auswahl der Touristen war seit der Vergabe der Olympischen Spiele an die Stadt München in der DDR als ein Politikum höchsten Ranges behandelt worden. Je näher die Spiele rückten, desto drängender wurde für die Führung der DDR die Entscheidung, welche und wie viele Personen als Touristen nach München reisen sollten. Im April 1970 stimmte das Sekretariat des ZK einer Vorlage zu, die vorsah, zwei mal 5000 DDR-Bürger zu den Spielen in die Bundesrepublik zu entsenden. Eine endgültige Entscheidung behielt sich die Parteiführung jedoch weiterhin vor. Diese würde »entsprechend der politischen Situation Anfang des Jahres 1972« fallen.[58] Folglich sollte das Reisebüro der DDR mit den zuständigen Münchner Stellen nur Verträge abschließen, die ohne größeren finanziellen Schaden auch kurzfristig annullierbar waren. Die Touristen durften nicht jünger als 20 Jahre sein und sollten aus den Reihen der Partei und der Massenorganisationen stammen. Der Fokus war auf sportbegeisterte, verdiente Männer und Frauen gerichtet, die als politisch solide galten und auch in kritischen Gesprächen standhaft bleiben würden. Sie sollten genau ausgewählt, gründlich geschult und langfristig vorbereitet werden.[59]

Um den Kontakt zu anderen Besuchern und der Münchner Bevölkerung gering zu halten, lautete die Vorgabe an das Reisebüro der DDR, für die ostdeutschen Touristendelegationen Quartiere in der Umgebung der Stadt zu buchen, in denen sie nach Möglichkeit nicht mit Sportfans aus westlichen Staaten gemeinsam untergebracht sein sollten. Die Unterbringung in Privatquartieren schied von Beginn an aus. Auch in den Stadien und Wettkampfstätten sollten die Touristen der DDR in geschlossene Blocks gebucht werden.[60] Diese Abgrenzungspolitik entsprang

---

[58] Anlage Nr. 6 zum Protokoll Nr. 36: Vorschläge zur Teilnahme, Zusammensetzung und politischen Vorbereitung von Touristengruppen an den Olympischen Spielen 1972 in München, 29.4.1970, fol. 44-53, fol. 44. SAPMO DY30/J IV 2/3/1627.
[59] Ebd. fol. 50.
[60] Direktive zur Vorbereitung und Führung von Vertragsverhandlungen zwischen der Generaldirektion des Reisebüros der DDR und der Direktion des Deutschen Reisebüros der westdeutschen Bundesrepublik über die Teilnahme von DDR-Touristen an den Olympischen Sommerspielen 1972 in München, 26.8.1970, fol. 47-58. SAPMO DY30/J IV 2/3/1664.

zum einen dem Misstrauen der SED-Führung gegenüber ihren eigenen Landsleuten, zum anderen korrelierte sie mit dem Bedürfnis der DDR durch das Münchner Organisationskomitee wie jeder andere ›ausländische Staat‹ behandelt zu werden. Diesem Ziel hätte eine private Unterbringung bei den westdeutschen ›Brüdern und Schwestern‹ ebenso widersprochen wie die Inanspruchnahme eines höheren Kartenkontingents. Willi Daume hatte der DDR nämlich nicht nur entsprechend dem IOC-Schlüssel 100.000 Karten in Aussicht gestellt, sondern wäre wegen der besonderen deutschlandpolitischen Situation auch bereit gewesen, über diese Anzahl hinauszugehen.[61]

Tatsächlich schlug die SED-Führung den umgekehrten Weg ein. Ende des Jahres 1970, das im März vor den Fenstern des Erfurter Hofs die Begeisterungsfähigkeit vieler DDR-Bürger für Willy Brandt und seinen deutschlandpolitischen Kurs offenbart hatte, nahm das Sekretariat des ZK Abstand von der Vorstellung, 10.000 eigene Schlachtenbummler nach München reisen zu lassen. Zunächst sollte keine genaue Zahl mehr genannt werden.[62] Am 17. November 1971 schließlich wurde die Touristenzahl offiziell auf 2000 nach unten korrigiert. Nun lagen auch die präzisen Auswahlkriterien für die Zusammenstellung der Delegationen vor. In den Bezirksleitungen wurden eigene Kaderkommissionen gebildet, um die Schlachtenbummler zu bestimmen, welche die DDR würdig vertreten und die Mannschaft der DDR in München »politisch und moralisch« unterstützen sollten. Die Mitarbeiter dieser Kommissionen prüften die Lebensläufe der Bewerber auf Prinzipien- und Charakterfestigkeit in Beruf und Privatleben. Übersiedler oder Rückkehrer schieden von vornherein aus. Westverwandtschaft ersten Grades und enge persönliche Bindungen an Verwandte zweiten Grades in der Bundesrepublik ließen eine Fahrkarte zu den Spielen ebenfalls in unerreichbare Ferne rücken. Ebenso führte der Kontakt zu republikflüchtigen Personen oder laufende Partei-, Disziplinar- oder Ermittlungsverfahren zu einer negativen Beurteilung. Zeitgleich legte die Parteiführung ein höheres Mindestalter der Touristen fest. Dies lag nun bei 25 Jahren, lediglich Angehörige der FDJ kamen auch in einem Alter ab 20 Jahren in die engere Wahl.[63]

Die politische Schulung und organisatorische Vorbereitung der Reisegruppe übernahm seit dem 11. April 1972 die Hauptreiseleitung. Die Teilnehmer der Touristendelegationen nahmen im Vorfeld der Spiele an mindestens zwei ganztägigen Informationsveranstaltungen teil, auf denen ihnen ihr Auftritt in der Bundesrepublik noch einmal explizit als »wichtige politische Aufgabe« beschrieben wurde.[64] Das galt dem Ziel, ein einheitliches Auftreten aller sozialistischen Tou-

---

[61] Siehe dazu: Hans-Joachim Winkler, Sport und politische Bildung. Modellfall Olympia, Opladen 1972, S. 77-79. Winkler trägt noch weitere anschauliche Beispiele für die Abgrenzungspolitik der DDR auch aus den Bereichen Sportler und Medien zusammen. Ebd. S. 74-81.

[62] Diese Entscheidung fiel auf einer Sekretariatssitzung Anfang September des gleichen Jahres. Siehe dazu: Protokoll Nr. 76 der Sitzung des Sekretariats des ZK vom 2.9.1970, fol. 1-8, fol. 2. SAPMO DY30/J IV 2/3/1667.

[63] Direktive für die Auswahl und die politische Vorbereitung von Touristen für die Teilnahme an den Olympischen Spielen 1972 in München, fol. 47-54. SAPMO DY30/J IV 2/3/1809.

[64] Hauptreiseleitung der DDR-Besucher zu den Olympischen Spielen, Information für das Sekretariat des Zentralkomitees, betr.: Vorbereitung der Reisegruppe der DDR zu den Olympischen Spielen 1972 in München, 21.8.1972, S. 2. SAPMO DY30/J IV 2/3J/1491.

ristendelegationen zu erreichen. Die DDR-Touristen waren neben den Sportlern und Sportlerinnen ein fester Bestandteil der Repräsentationsstrategie des sozialistischen Staates. Dementsprechend sollten sie bescheiden, aber nicht unterwürfig auftreten und sich engagiert und optimistisch geben. Von lautstarker Agitation riet ihnen die Hauptreiseleitung ab. Um politische Diskussionen bewusst zu vermeiden, war den Touristen auch der Aufenthalt in Gaststätten und öffentlichen Verkehrsmitteln untersagt.

Entsprechend der Parteilinie sollten sich die DDR-Touristen über die Triumphe ihrer eigenen Sportler, der Sportler der Sowjetunion und der anderer sozialistischer Länder freuen. Ihrer Freude sollten sie durch den bekannten DDR-Zuruf ›7 – 8 – 9 -10 – Klasse‹ Ausdruck verleihen. Dabei war jede Übertreibung zu vermeiden.[65] Ein Verbot, für Sportler aus dem ›kapitalistischen Ausland‹, insbesondere der Bundesrepublik, Sympathie zu zeigen, hat es – zumindest schriftlich fixiert – offenbar nicht gegeben. Da die Parteiführung aber lediglich treuen Kadern die Ausreise nach München gestattete, konnte sie eine solche Zurückhaltung durchaus unterstellen. Die fehlende Freude der DDR-Fans über bundesdeutsche Erfolge entsprang jedoch nicht nur ideologischer Pflichterfüllung, sondern auch schlichtem Desinteresse. Diese Haltung wiederum teilte das Münchner Publikum, dessen Begeisterung über die zahlreichen Siege der DDR-Athleten sich ebenfalls in Grenzen hielt.

Konkurrenz versus Einheit

In kaum einer bundesdeutschen Dokumentation zu den Olympischen Spielen in München fehlt das Foto, auf dem die DDR-Fünfkämpferin Christine Bodner nach dem 200-Meter-Lauf lachend den Arm um ihre westdeutsche Bezwingerin Heide Rosendahl legt.[66] Als Sinnbild deutsch-deutscher Eintracht ist diese Aufnahme freilich ebenso ubiquitär wie irreführend. Denn bereits vor den Olympischen Spielen hatte die rhetorische Mobilisierung, die das leistungssportliche Aufrüsten in der Bundesrepublik begleitet hatte, deutliche Spuren der Missgunst zu Tage treten lassen. So hieß es im August 1971 in einer Reportage, die der Sender Freies Berlin ausstrahlte: »Wenn wir heute ehrlich sind, mussten wir uns schon vor Jahren zwingen, einen Sieg in der gemeinsamen Olympiamannschaft genauso zu feiern, wenn ihn ein sogenannter Mitteldeutscher davontrug.«[67] Dies war längst keine Einzelmeinung mehr. Bereits bei den Olympischen Spielen von Tokio im September 1964 hatten bei einer Umfrage des Allensbacher Instituts für Demoskopie 32 % der befragten Olympiainteressierten angegeben, glücklicher über einen west- als einen ostdeutschen Erfolg zu sein. Im November 1968, nach den

---

[65] Die Prinzipien des Auftretens der DDR-Touristen während der Olympischen Sommerspiele; Informationen über die Stadt München, o. Datum, besonders S. 26-30. SAPMO DY30/IV B 2/18/38.
[66] Z.B. in: Valérien, Olympia, S. 99. Dort mit der Bildunterschrift: Im Sport vereint: Heide Rosendahl und Christine Bodner.
[67] SFB, Programmbeitrag: Deutsche Fragen, 19.15 Uhr, 21.8.1971, S. 1. Nachgewiesen in SAPMO DY30/IV A2/18/45.

5.2 Eine Nation im Startblock?

Spielen in Mexiko, hatten 47 % der Befragten der Aussage zugestimmt, dass nun alles nur Mögliche zu tun sei, um bei den nächsten Olympischen Spielen besser zu sein als die DDR.[68]

Während aus Sicht des Sports – in Kenntnis der eigenen Grenzen – davor gewarnt wurde, sich ernsthaft mit der DDR messen zu wollen, hatte die Politik diese Herausforderung längst angenommen. So warnte der Geschäftsführer des DSB, Karlheinz Gieseler, zwar davor »vor dem nationalistischen Wind in 36er Arroganz« zu segeln, da dies dem Konzept der heiteren Spiele zuwiderliefe.[69] Doch Manfred Wörner schwor bereits 1969 den Deutschen Bundestag darauf ein, dass Erfolge in München mit zu einer vernünftigen nationalen Repräsentation gehörten.[70] Diese Aussage hatte den pikanten Beigeschmack, dass es in München weniger um eine nationale als um eine bundesdeutsche Repräsentation ging. Dennoch kamen solche Argumente bei der Bevölkerung an und wurden von ihr reproduziert, wie auch eine Emnid-Umfrage aus dem Jahre 1971 deutlich zeigte. Darin gaben die Befragten an, es sei eine Ehre für die Bundesrepublik, Gastland der Spiele zu sein. Dadurch erhöhe sich ihr staatliches Ansehen und sie hätte nun die Möglichkeit, der Welt ein neues Deutschland zu zeigen.[71]

An der Reaktion des Münchner Publikums auf die Sportler und Sportlerinnen der DDR zeigte sich deutlich, dass deren Erfolge nicht der bundesdeutschen Repräsentation zugerechnet wurden. Die Zuschauer empfingen sie zwar freundlich und teilweise herzlich, doch die ostdeutschen Athleten kamen über einen Gaststatus nicht hinaus.[72] Dies zeigte sich nicht nur, wenn bundesdeutsche und DDR-Sportler direkt aufeinander trafen wie im Eiskanal von Augsburg, beim Fußball oder beim spektakulären Endlauf der 4 x 100-Meter-Staffel der Leichtathletinnen. Auch bei Entscheidungen, in welche die bundesdeutschen Sportler und Sportlerinnen nicht eingreifen konnten, genossen die DDR-Athleten selten einen Heimvorteil. So pfiff das Münchner Publikum bei den Turnwettkämpfen die beiden DDR-Turnerinnen Karin Janz und Erika Zuchold gnadenlos aus, da sie durch das Wettkampfgericht unverdient höher bewertet wurden als der russische

---

[68] Zahlen aus: Gebhard Schweigler, Nationalbewußtsein in der BRD und der DDR, Düsseldorf 1973, S. 150-153. Siehe auch: ders., Sport und Staatsbewußtsein im geteilten Deutschland, in: Politische Studien 23, 1972, S. 462-477. Schweiglers großes Verdienst ist es, dass er den Sport als Austragungsfeld nationaler Emotionen erkannt hat. Dennoch erscheint seine Schlussfolgerung, dass sich in der Freude über bundesdeutsche Erfolge gleichzeitig ein wachsendes Staatsbewußtsein der Bundesbürger niederschlage, übereilt.

[69] Karlheinz Gieseler, Thesen zur gesellschaftlichen Stellung des Sports in der BRD, 5.3.1970, S. 3. BArch Koblenz B322/635.

[70] Deutscher Bundestag, 5. Wahlperiode, 212. Sitzung, 5.2.1969, S. 11513.

[71] Hartmut Becker, Die Einstellung der Bevölkerung der Bundesrepublik zu den Olympischen Spielen in München, in: Die Leibeserziehung 21, 1972, S. 283-286, S. 284.

[72] Olympia wird nicht sterben, in: Die Zeit, 15.9.1972, S. 18. Diese Reaktion des Publikums belegt die in der Literatur häufig formulierte These, dass seit der Mitte der 1960er Jahre das Bewusstsein der Teilung in zwei Staaten an die Stelle der Vorstellung einer deutschen Nation trat. Dazu: Manuela Glaab, Deutschlandpolitik in der Öffentlichen Meinung, Opladen 1999, S. 109; Lutz Niethammer, Schwierigkeiten beim Schreiben einer deutschen Nationalgeschichte nach dem Zweiten Weltkrieg, in: ders., Deutschland danach: postfaschistische Gesellschaft und nationales Gedächtnis, Bonn 1999, S. 434-449, S. 444-446; siehe auch den kritischen Forschungsüberblick von Heinrich August Winkler, Nationalismus, Nationalstaat und nationale Frage in Deutschland seit 1945, in: ders./Hartmut Kaelble, Nationalismus – Nationalitäten – Supranationalitäten, Stuttgart 1993, S. 12-33.

Publikumsliebling Olga Korbut.⁷³ Umgekehrt klatschte es die junge Russin in zwei Einzelwertungen zu Olympischem Gold. Auch bei dem DDR-Gruppenspiel im Fußball gegen Ghana gehörten die Sympathien des bundesdeutschen Publikums dem afrikanischen Außenseiter.

Wenn das Publikum dennoch den Goldmedaillensiegern aus dem anderen Teil Deutschlands applaudierte, dann resultierte dies stärker aus der enormen emotionalen Wirkung sportlicher Konkurrenz als aus einem tiefer gehenden nationalen Zusammengehörigkeitsgefühl. Dafür spricht auch die Diskrepanz zwischen den Reaktionen des unmittelbar anwesenden Publikums und den Zuschauern, welche die Kämpfe vor dem Fernsehgerät miterlebten. Von ihnen gaben bei einer Umfrage des Allensbacher Instituts für Demoskopie nur 54 % der Befragten an, sich über die Erfolge der DDR gefreut zu haben, 12 % ärgerten sich und 34 % waren die Goldmedaillen des zweiten deutschen Staates gleichgültig.⁷⁴

Das abgekühlte Verhältnis zur DDR schlug sich deutlich in der Stimmung bei dem Aufeinandertreffen der beiden deutschen Fußballmannschaften nieder. Obwohl die bundesdeutsche Elf der DDR-Mannschaft unterlag und gerade Fußballspiele für ihr hohes Maß an Spannung und Aggression bekannt sind, blieben heftige Reaktionen von Seiten des Publikums aus. Das stellte eine deutliche Entwicklung gegenüber den teilweise aggressiven Zuschauerreaktionen bei den olympischen Ausscheidungswettkämpfen kurz nach dem Mauerbau dar. Diese Gleichgültigkeit spiegelte sich letztlich auch in der Berichterstattung der *Frankfurter Allgemeinen Zeitung*, der *Süddeutschen Zeitung* und der *Frankfurter Rundschau*. Wahlweise wurden Vergleiche wie ›Sportler aus dem anderen deutschen Verein‹ oder ›der Reserveelf‹ bemüht, aber gesamtdeutsche Medaillen wurden im Jahr des Grundlagenvertrages nicht mehr erkämpft.⁷⁵

Die DDR-Sportführung übertraf in München – bei der per definitionem härtesten Bewährungsprobe des DDR-Leistungssports – ihre eigenen Erwartungen. Zwanzig Mal errangen ihre Sportler und Sportlerinnen Olympisches Gold, jeweils 23 Silber- und Bronzemedaillen unterstrichen ihren Triumph. Entsprechend positiv fiel die Bilanz aus, die Manfred Ewald in München zog. Er dankte den Athleten und Athletinnen dafür, dass sie ihre Heimat würdig vertreten hatten.⁷⁶ Den jungen Männern und Frauen sei es nicht nur gelungen, in den Konkurrenzen erfolgreich zu bestehen, sondern auch dem Sozialismus in der Olympiastadt – trotz rigider Sprechverbote und Abschottungsversuche von Seiten der Funktionäre – ein menschliches Antlitz zu verleihen. Zumindest kam das Allensbacher Institut nach den Spielen zu dem verblüffenden Ergebnis, dass nun bei 8 % der

---

⁷³ Olga und Karin – das sind zwei Welten, in: Frankfurter Allgemeine Zeitung, 30.8.1972, S. 11. Das Münchner Publikum hatte in seiner Einschätzung, welche nicht die Leistung von Janz und Zuchold, sondern die des Wettkampfgerichts betraf, nicht falsch gelegen. Nach dem Wettkampf wurde eine DDR-Kampfrichterin wegen Parteilichkeit ausgeschlossen.
⁷⁴ Dazu: Eine Brise Enthusiasmus für die DDR-Sportler, in: Frankfurter Allgemeine Zeitung, 4.9.1972, S. 16; Zahlen aus: Bundesbürger respektieren DDR-Erfolge, in: Süddeutsche Zeitung, 13.9.1972, S. 10.
⁷⁵ Die sportliche Rüstung der DDR, in: Frankfurter Allgemeine Zeitung, 25.8.1972, S. 10.
⁷⁶ Zur ausführlichen Bilanzierung der Spiele gegenüber dem Politbüro siehe: Vorläufige Einschätzung der XX. Olympischen Spiele 1972, 13.9.1972. SAPMO DY30/J IV 2/2J/4300. Abgedruckt in: Teichler, Sportbeschlüsse, S. 623-633.

Befragten eine positivere Haltung gegenüber der DDR bestand.[77] Tatsächlich war das nun auch international gewachsene Ansehen der DDR die eigentliche Ironie des sportlichen Bruderkampfes, da »die Spiele von München, die ja schließlich auch aller Welt ein ›neues Deutschland‹ – nämlich das bundesrepublikanische – präsentieren sollten, letztlich zu einer überwältigenden Demonstration des ›neuen Deutschland‹ der DDR, zumindest im sportlichen Bereich, wurden.«[78]

In der Bundesrepublik hatte es der Unterlegene schwerer, Bilanz zu ziehen. Entsprechend hoch schlugen die Wogen bei einer Pressekonferenz, die der Bundesausschuss für Leistungssport am 11. September im unmittelbaren Anschluss an die Spiele abhielt. Dort trat deutlich die tiefe Wirkung der erklärten Systemkonkurrenz im Sport zu Tage. Denn dadurch, dass der bundesdeutsche Sport die Herausforderung durch die DDR nicht nur angenommen, sondern sich ihr auch strukturell angepasst hatte, war es nun nicht mehr möglich, die unterschiedlichen Gesellschaftssysteme als Ausrede zu benutzen. In diese Wunde legte ein Journalist den Finger, indem er auf der Pressekonferenz anmerkte, dass man sich nicht erst auf die Herausforderung der DDR einlassen könne, um dann am Ende festzustellen, dass deren Sportführer als Kommunisten auch andere Möglichkeiten hätten. Das hatten die Verantwortlichen in der Bundesrepublik aber vorher gewusst und waren dennoch »in den Topf mit den Sozialisten gesprungen.«[79] Jetzt mussten sie sich darin schmoren lassen. Während in den führenden Kreisen des bundesdeutschen Sports nun wieder das eigene Fördersystem zur Disposition stand und erneut verstohlen über die Mauer geblickt wurde, war die eigentliche Bilanz der XX. Olympischen Sommerspiele in München jedoch viel nahe liegender: Die DDR war im Sport für die Bundesrepublik nicht mehr einzuholen.

5.3 Olympischer Scheinfriede

Der Anschlag vom 5. September 1972

Olympische Spiele sind Repräsentationsräume. Für viele Staaten sind sie meist die einzige Möglichkeit vor der Weltöffentlichkeit sichtbar zu werden – wie im Falle der DDR oder kleinerer ehemaliger Kolonialstaaten. Sie bieten aber neben Staaten

---

[77] Bundesbürger respektieren DDR-Erfolge, in: Süddeutsche Zeitung, 13.9.1972, S. 10. Dies erstaunt besonders, da es in der bundesdeutschen Presse teilweise nicht an Artikeln fehlte, welche die jungen Sportler und Sportlerinnen der DDR als emotionslosen Teil eines sozialistischen Leistungskollektivs darstellten. Z.B. Keiner ist so scheu wie ein Sportler aus der DDR, in: Die Welt, 4.9.1972, S. 2.
[78] Schweigler, Nationalbewußtsein, S. 150.
[79] Aus der Frankfurter Allgemeinen Zeitung vom 12.9.1972. Abgedruckt in: Information Nr. I/26/1972: Einige Aspekte zur Auswertung der Spiele der XX. Olympiade in den Massenmedien der BRD und Westberlins. Zusammenfassung der bisherigen Auswertungen und Einschätzungen des Ablaufs der Olympischen Sommerspiele in München durch Führungskreise des Sports der BRD an Hand vorliegender Publikationsorgane, S. 4. BArch Berlin DR5/2154. Dazu auch: Jetzt wird wieder einmal über den Sport nachgedacht, in: Frankfurter Rundschau, 12.9.1972, S. 8.

auch sozialen Bewegungen wie ›Black Power‹ ein Forum, um auf ihre Probleme aufmerksam zu machen. Diese Indienstnahme der wenigen Sekunden des sportlichen Ruhmes führte jedoch zu einer schleichenden Politisierung der Olympischen Bewegung. In dieser Hinsicht waren die Münchner Spiele ein trauriger Höhepunkt, den die DDR-Propaganda weidlich ausschlachtete.[80]

In der Woche vor dem offiziellen Beginn der Spiele fand traditionsgemäß der Kongress des Internationalen Olympischen Komitees statt. Die Münchner Tagung war mit Spannung erwartet worden, da dort die Nachfolge Avery Brundages geklärt werden sollte, der sein Amt als IOC-Präsident nach den Spielen des Jahres 1972 aufgeben wollte. Er fand zwar in Lord Killanin seinen erwartungsgemäßen Nachfolger, doch dafür sah sich die Versammlung unerwartet mit einem anderen Problem konfrontiert: Um erneut den Blick der Welt auf Rassismus und Apartheid zu lenken, forderten 21 afrikanische Staaten den Ausschluss der rhodesischen Mannschaft von den Olympischen Spielen und drohten dem Internationalen Olympischen Komitee, andernfalls selbst den Spielen fernzubleiben. Das Problem war bereits auf der Tagung des Internationalen Olympischen Komitees in Luxemburg im Jahr 1971 zur Sprache gekommen. Obwohl sich die Führungsriege der Olympischen Bewegung für gewöhnlich politischer Kommentare enthielt, nahm sie daran Anstoß, dass das rhodesische Apartheidregime eine Mannschaft ohne schwarzen Sportler an den Start schicken wollte. Das widersprach dem Gleichheitsgrundsatz der Bewegung. Daher einigten sich die höchsten Olympier inklusive der afrikanischen Vertreter in Luxemburg auf einen Kompromiss: Rhodesien wurde zwar die Teilnahme an den Spielen untersagt, doch einzelne rhodesische Sportler sollten die Möglichkeit erhalten, in München mit britischen Pässen an den Start zu gehen. An diesem Sachverhalt hatte sich seit dem Luxemburger Kongress nichts geändert. Doch die afrikanischen Staaten hatten nicht ernsthaft damit gerechnet, dass sich die olympische Vertretung Rhodesiens dieser Forderung beugen würde. Nachdem jedoch genau dies geschehen war, drohten sie nun mit dem stärksten aller olympischen Druckmittel: dem Boykott.[81]

Nach hitzigen Diskussionen gab das Internationale Olympische Komitee schließlich dem Willen der afrikanischen Vertreter nach und ordnete den Auszug der rhodesischen Sportler aus dem Olympischen Dorf an. Diese nun eindeutig

---

[80] Zur Politisierung der Olympischen Bewegung: Winkler, Sport, besonders S. 27-51.
[81] Diese Zusammenhänge schildert kurz: Maegerlein, Olympia, S. 9. Siehe auch: Minutes of the 73rd Session of the International Olympic Committee, Munich, 21st-24th August, S. 8-18. IOC Historical Archives, Samaranch Olympic Studies Centre, Olympic Museum, Lausanne, Switzerland. Der Boykott der Spiele sowie der Ausschluss von der Teilnahme aus politischen Gründen sind fester Bestandteil der Olympischen Spiele, zu dem jedoch leider bisher eine historische Darstellung fehlt. Beispielsweise blieb Deutschland von den Spielen des Jahres 1948 ausgeschlossen, da das IOC die Wunden seiner Kriegsgegner noch nicht als ausreichend verheilt ansah. Im Jahr 1956 blieben einige Staaten den Spielen aus Protest gegen das Vorgehen der Sowjetunion in Ungarn fern. Südafrika wurde im Jahr 1964 die Teilnahme untersagt, da sich sein Nationales Olympisches Komitee nicht öffentlich von der Apartheid distanzieren wollte. Mehrere Beispiele zu dem Thema Rassismus und Ausschluss gibt: Lenk, Werte, S. 60-62 und S. 71. Diese kleinen Boykotte und Ausschlüsse erscheinen für die historische Erforschung der Olympischen Bewegung viel aufschlussreicher als die im Gegensatz dazu zur Genüge behandelten großen Boykotte von Moskau im Jahr 1980 und vier Jahre später in Los Angeles. Aus soziologischer Perspektive erhellend zur Boykottproblematik: John Hoberman, The Olympic crisis: sport, politics and the moral order, New Rochelle 1986.

politische Entscheidung des Internationalen Olympischen Komitees, das praktisch einem Erpressungsversuch nachgegeben hatte, führte zu unterschiedlich heftigen, öffentlichen Reaktionen. Der scheidende Präsident Brundage machte keinen Hehl aus seinem Ärger gegenüber der Entscheidung, die sein Komitee gefällt hatte. Die afrikanischen Olympier dagegen feierten ihren Machtzuwachs innerhalb der Olympischen Bewegung.[82]

Ähnlich diametral standen sich die Pressereaktionen in beiden deutschen Staaten gegenüber. Das SED-Zentralorgan *Neues Deutschland* stellte sich bedingungslos auf die Seite der jungen Nationalstaaten. Dies lag zum einen an dem ähnlich steinigen Weg, den die DDR zu ihrer olympischen Anerkennung hatte zurücklegen müssen. Zum anderen hatte diese Solidarität ideologische Gründe und entsprang der antiimperialistischen und antikolonialen Parteilinie. Daher lobte die Zeitung das IOC mit den Worten, es habe »die humanistischen Grundsätze durchgesetzt für die auch die sozialistische Staatengemeinschaft eintritt.«[83]

In der Bundesrepublik reagierte der Blätterwald eher verhalten auf den Erfolg der afrikanischen Staaten. Viele Journalisten beurteilten das Umfallen des Komitees als Offenbarungseid der Bewegung gegenüber der Politik. Außerdem lehnten sie die Art und Weise ab, wie die Afrikaner diese Entscheidung erpresst hatten. Nicht zuletzt reagierten die bundesdeutschen Medien höchst ärgerlich auf die zeitweilige Eintrübung der heiteren Konzeption der Spiele. Daher sprachen sich viele Journalisten eher für eine Abreise der Unruhestifter aus.[84] Das war eine Steilvorlage für die Propagandastrategen der DDR, die sich nun in ihren Warnungen vor der revanchistischen und faschistischen Olympiastadt München bestätigt sahen. Flugs bezichtigten sie die Kommentatoren der bundesdeutschen Presse des Rassismus und erklärten, dass man 1972 die Afrikaner ebenso ausschließen wolle, wie dies auch im Jahr 1936 überlegt worden sei.[85]

Bereits zu diesem frühen Zeitpunkt wurde deutlich, dass die DDR und die Bundesrepublik auch während der Spiele nicht nur sportlich konkurrierten. Vielmehr setzten sie ihre journalistische Auseinandersetzung um das Image der Olympiastadt parallel zu den Wettkämpfen fort. Dies taten sie auch am bisher schwärzesten Tagen der Olympischen Geschichte.

Die Ereignisse am 5. September 1972 ließen den Rhodesien-Konflikt gänzlich verblassen. In der Nacht vom 4. auf den 5. September drangen palästinensische Terroristen der Untergrundorganisation ›Schwarzer September‹ in das Quartier der israelischen Mannschaft ein. Zwei israelische Trainer töteten sie bereits bei der Besetzung des Gebäudes in der Conollystraße 31 des Olympischen Dorfes, einen Teil der israelischen Athleten nahmen die Terroristen als Geiseln. Dadurch ver-

---

[82] Dazu detailliert: Alfred E. Senn, Power, Politics, and the Olympic Games, Champaign 1999, S. 148-149.
[83] Unolympisches Echo, in: Neues Deutschland, 24.8.1972, S. 5.
[84] Siehe beispielsweise den Kommentar: Umgefallen, in: Frankfurter Allgemeine Zeitung, 23.8.1972, S. 1.
[85] Unolympisches Echo, in: Neues Deutschland, 24.8.1972, S. 5. Die 1936er Spiele hatte in ungeschickter Weise der zitierte Kommentar der Frankfurter Allgemeinen Zeitung ins Spiel gebracht. Dort hatte der Kommentator ausgerechnet, dass auch bei Abreise der 21 afrikanischen Mannschaften, immer noch mehr Mannschaften insgesamt übrig geblieben wären, als an den Spielen des Jahres 1936 teilgenommen hatten.

suchten sie die Freilassung 200 gefangener Palästinenser aus israelischen Gefängnissen zu erpressen. Beim Versuch der Geiselnehmer, ihre Gefangenen außer Landes zu bringen, sah die Polizei auf dem Flughafen Fürstenfeldbruck ihre letzte Chance zum Eingreifen. Dabei starben alle neun israelischen Geiseln, ein Polizist und vier Palästinenser.[86]

Das Blutbad in Fürstenfeldbruck setzte einen deutlichen Kontrapunkt zu dem Konzept der heiteren Spiele und wurde von der DDR-Propaganda weidlich ausgeschlachtet. Deren Berichterstattung über den Terroranschlag hatte bereits mit einem peinlichen Lapsus begonnen. Schon am Mittag des 5. September hatte der München-Kommentator des DDR-Fernsehens, Heinz Grote, trotz der weltweiten Empörung über die Geiselnahme, über die Motive der Gruppe gemutmaßt:

> »Vielleicht wollten sie mit ihrer abenteuerlichen Aktion die Aufmerksamkeit der Weltöffentlichkeit darauf lenken, daß seit über fünf Jahren arabisches Territorium widerrechtlich durch israelische Besatzer okkupiert wird, daß seit fünf Jahren arabische Patrioten in israelischen Konzentrationslagern unter menschenunwürdigen Bedingungen festgehalten werden.«[87]

Mit dieser israel-kritischen Aussage scherte die DDR aus der olympischen Familie aus, die im Schatten des Verbrechens zueinander gefunden hatte. Denn Russen, Amerikaner, arabische und westliche Staaten stimmten in der uneingeschränkten Verurteilung des Geschehens überein.

Das realisierte auch das Politbüro und gab zwei Tage später, nun auch angesichts des gewachsenen Ausmaßes der Katastrophe, eine Propagandalinie vor, die auf jeden Ausfall gegen den Staat Israel verzichtete.[88] Der Terroranschlag wurde nun offiziell verurteilt. Um sich dem Vorwurf zu entziehen, aus dem Verbrechen eigenes politisches Kapital schlagen zu wollen, gab die Parteiführung die Anweisung, kritische internationale Pressestimmen zusammenzutragen und diese unkommentiert abzudrucken. So konnte man das Vorgehen der Bundesregierung kritisieren, ohne selbst in Erscheinung zu treten. Auf diesem Wege gelangte auch ein Auszug aus einem Bericht der israelischen Zeitung *Jedioth Acharonoth* in das sozialistische Presseorgan *Neues Deutschland*, in dem das Versagen der Veranstalter und der Polizei beklagt wurde.[89]

Das propagandistische Konglomerat, welches das SED-Zentralblatt in den beiden Tagen nach dem blutigen Ende der Geiselnahme veröffentlichte, basierte weitestgehend auf drei Vorwürfen. Zum einen wurde das Vorgehen der bundesdeutschen Polizei als aggressiv, unkontrolliert und militärisch gebrandmarkt. Dadurch sollten alte Wehrmacht-Ressentiments geschürt werden. Zum anderen attackierte die Zeitung erneut das Motto der ›heiteren Spiele‹. Das Konzept einer

---

[86] Eine knappe Darstellung der Vorgänge gibt: Organisationskomitee, Organisation, S. 32-35. Sehr detailreich, aber stark populärwissenschaftlich: Simon Reeve, One day in September: the story of the 1972 Munich Olympics massacre, a government cover-up and a covert revenge mission, London 2001.

[87] Zitiert aus: Sicherheitsmaßnahmen unzureichend, in: Frankfurter Allgemeine Zeitung, 6.9.1972, S. 2.

[88] Reaktion des Politbüros auf den Terroranschlag der palästinensischen Gruppe ›Schwarzer September‹ während der Olympischen Spiele in München, 7.9.1972. SAPMO DY30/J IV 2/2/1411. Abgedruckt in: Teichler, Sportbeschlüsse, S. 620-622.

[89] Schatten über München, in: Neues Deutschland, 7.9.1972, S. 1.

geringen Polizeipräsenz habe die Geiselnahme begünstigt. Drittens wurde die Nachrichtensperre während der Vorgänge in Fürstenfeldbruck als Vertuschungsversuch der Bundesregierung gegenüber ihren Bürgern interpretiert.[90] Die bundesdeutsche Presse betonte demgegenüber die Aussichtslosigkeit der Situation, die den Einsatz von Gewalt zum Schutz des Friedens erst nötig gemacht habe. Damit stellten die Journalisten unbewusst dem Wehrmachtsvorwurf den Verteidigungsauftrag der Bundeswehr gegenüber.

Viel schwerer wog der Vorwurf, den auch die israelische Ministerpräsidentin Golda Meir vor dem Parlament in Tel Aviv äußerte, das Organisationskomitee habe nicht genug getan, um die Sicherheit der israelischen Mannschaft zu gewährleisten. Dazu nahm das Organisationskomitee erst nach dem Ende der Spiele in seinem offiziellen Bericht an das Internationale Olympische Komitee Stellung. Dabei verteidigte es das Konzept der ›heiteren Spiele‹, dem auch das Sicherheitskonzept angepasst worden war:

> »Stacheldraht und Maschinenpistolen wären nicht geeignet gewesen, eine friedliche Atmosphäre internationaler Begegnung zu olympischen Wettkämpfen zu schaffen, noch könnten sie der Weltöffentlichkeit ein wahres Bild von der Bundesrepublik Deutschland vermitteln.«[91]

Dies war auf der einen Seite ein nachträgliches Schuldeingeständnis, zum anderen barg diese Aussage einen Seitenhieb gegen die DDR. Denn Stacheldraht und Maschinenpistolen waren feste Bestandteile des Images des zweiten deutschen Staates.

Einen der größten Imageverluste hatte während der Olympischen Spiele 1972 in München die Olympische Bewegung selbst erlitten. Dazu trugen auch die Worte des scheidenden IOC-Präsidenten Avery Brundage bei, der auf der Trauerfeier für die Opfer des Massakers befand: »The Games must go on«.[92] Damit setzte er seine Idee fort, den olympischen Raum außerhalb der Realpolitik zu stellen, wie er dies bereits im Falle der gesamtdeutschen Olympiamannschaft versucht hatte. Es bestanden aber auch deutliche Vorbehalte gegenüber der Entscheidung, die Spiele trotz des Anschlages fortzusetzen. Viele internationale Presseorgane empfanden diese Entscheidung als pietätlos gegenüber den Opfern und deren Angehörigen.[93] Das Münchner Organisationskomitee sah jedoch darin die einzige Möglichkeit, doch noch heitere Spiele im Bewusstsein der Weltöffentlichkeit zu hinterlassen. Denn durch den Fortgang der Spiele konnte das Ereignis zwar nicht ungeschehen gemacht werden, aber es wurde aus dem Ablauf der Spiele ausgegrenzt. In dieser Frage herrschte von Beginn an eine außergewöhnliche Einigkeit zwischen dem Organisationskomitee und der Mannschaftsführung der DDR in München. Denn auch der engste Kreis um Ewald entschied sich gegen die Abreise der DDR-Mannschaft. Diese Entscheidung fällte die Münchner Delegation entgegen bestehender Skepsis im Politbüro, das am 7. September lediglich

---

[90] Ebd.
[91] Organisationskomitee, Organisation, S. 32.
[92] Eine ethisch abwägende Analyse dieser Entscheidung gibt: Schelsky, Friede, S. 71-79.
[93] Zusammenstellung in: Valérien, Olympia, S. 31.

beschloss, die Mannschaft »vorerst« in München bleiben zu lassen.[94] Während die Parteiführung um die Sicherheit ihrer Sportler und Sportlerinnen bangte, schien Manfred Ewald den Rückfall der DDR in der Nationenwertung zu fürchten.

Obwohl die Spiele weitergingen, war die Idee der heiteren Spiele am 5. September gescheitert. Angst und Terror ließen sich nicht mehr aus dem Olympischen Dorf vertreiben. Die Presse berichtete zwar weiterhin von Rekorden und Medaillen, aber auch immer wieder von Gerüchten über neue Anschläge, Drohungen und Ängste. Die israelische Mannschaft reiste nach der Trauerfeier ab, die Spielstraße – das alternative kulturelle Zentrum des Olympiageländes – stellte ihre Darbietungen ein und das Organisationskomitee bemühte sich, aus dem Programm für die Schlussfeier alle heiteren Elemente zu entfernen. In dieser angespannten Stimmung kam es zu einem letzten Einbruch der Politik in die vorgeblich heile olympische Welt. Nachdem die Amerikaner Vince Matthews und Wayne Collett den 400-Meter Lauf für sich entschieden hatten, weigerten sie sich, das Zeremoniell der Siegerehrung würdig zu begehen. Während das ›star-spangled banner‹ am Mast emporstieg, zog Matthews seinen zweitplazierten Landsmann Collett zu sich auf das Siegerpodest, und beide ignorierten die Hymne ihres Heimatlandes in lässiger Pose, Grimassen schneidend und miteinander plaudernd.[95] Damit setzten sie den Protest ihrer Landsleute Tommie Smith und John Carlos fort, die im Jahr 1968 während der Siegerehrung nach dem 200-Meter-Lauf die Faust zum Black-Power-Gruß gehoben hatten. Daran wurde ein letztes Mal deutlich, dass parallel zu der rapide anwachsenden medialen Öffentlichkeit, welche die Spiele verfolgte, auch deren Politisierungsgrad zugenommen hatte.

Die Schlussfeier

Als die Arbeitsgruppe für die Eröffnungs- und Schlussfeier die langfristigen Planungen für das festliche Ende der Spiele begonnen hatte, war ein Ereignis wie der 5. September 1972 nicht vorstellbar gewesen. Daher waren beide Feiern inhaltlich ganz auf das Motto der ›heiteren Spiele‹ ausgerichtet worden. Lediglich die emotionale Diskrepanz zwischen einem aufgeregten Beginn und dem getragenen Abschied hatte von Beginn an zu Unterschieden in der Konzeption der Feiern geführt. So wurde die Schlussfeier im Gegensatz zur Eröffnung in die abendliche Dunkelheit eingebettet, die der Abschiedsstimmung der Athleten und Athletinnen angemessener erschien. Außerdem hatte das Organisationskomitee früh die Entscheidung getroffen, die Athleten nicht in Nationenblöcken einmarschieren zu lassen, um das international verbindende Motiv über die nationale Symbolik zu stellen. Nun sollte die Dunkelheit helfen, den daraus resultierenden Anblick eines »ungeordneten Haufens« zu kaschieren.[96] In konsequenter Fortsetzung der Entnationalisierungsstrategie verzichtete das Organisationskomitee bei der

---

[94] Reaktion des Politbüros auf den Terroranschlag der palästinensischen Gruppe ›Schwarzer September‹ während der Olympischen Spiele in München, 7.9.1972. SAPMO DY30/J IV 2/2/1411. Abgedruckt in: Teichler, Sportbeschlüsse, S. 620-622, S. 620.
[95] So die Beschreibung in: Valérien, Olympia 1972, S. 115.
[96] So bereits bei: von Mengden, Eröffnungs- und Schlussfeier, S. 23.

Schlussfeier auf Nationenschilder und ließ auch die einzelnen Fahnenträger nicht wie üblich einzeln hintereinander, sondern im Pulk in das Stadion einmarschieren.

Für die aufheiternden Programmpunkte waren 25 Schäffler der Stadt München mit einem mittelalterlichen Freudentanz eingeplant, Tanz- und Trachtengruppen sollten eine Sternenpolka darbieten und Mädchen im Dirndl die Nationalflaggen mit Erinnerungsplaketten und Myrtesträußchen verzieren. Auch das Einholen und Austragen der Olympiafahne war nicht als feierlicher getragener Akt konzipiert, sondern optimistisch und fröhlich. Daher sollte die Fahne nicht schreitend, sondern mit federnden Schritten aus dem Stadion gebracht werden.[97]

Bei aller inszenatorischen Zurückhaltung war den Veranstaltern dennoch bewusst, dass die Schlussfeier üblicherweise mit einem glanzvollen Abschluss endete, der Aktiven und Zuschauern gleichermaßen unvergesslich bleiben sollte. Ihre Überlegungen knüpften in diesem Punkt deutlich an die Olympischen Spiele des Jahres 1936 an, die als künstlerischer Höhepunkt der Entwicklung des olympischen Zeremoniells galten. Dabei orientierten sich einzelne Vorschläge deutlich an dem ›Lichtdom‹, mit dem Carl Diems Schauspiel ›Olympische Jugend‹ bei der Eröffnungsfeier geendet hatte. Starke Scheinwerfer strahlten dazu in den Himmel und bildeten an einem Punkt zusammengeführt eine Art Lichtkuppel.[98] Schon Guido von Mengden – der Diems Lichtdom aus eigener Anschauung kannte – hatte in seinem ersten Entwurf für die Eröffnungs- und Schlussfeier der Spiele auf die Möglichkeiten einer geschickten Lichtregie hingewiesen.

Das Organisationskomitee beauftragte daher den Münchner Lichtkinetiker und -techniker Otto Piene damit, ein Lichtballett zum Abschluss der Eröffnungsfeier zu entwerfen. Letztlich erwies sich das Projekt jedoch als zu teuer und technisch schwer durchführbar. Außerdem nannte das Organisationskomitee in seinem offiziellen Abschlussbericht den Effekt eines solchen Lichtballettes in einem Freiluftstadion »begrenzt«. Tatsächlich schwangen intern außerdem starke Zweifel mit, ob eine solche deutliche Anlehnung an die 1936er Spiele nicht doch negative Assoziationen wecken würde. Aus ähnlichen Erwägungen hatte das Organisationskomitee auch auf ein Abschlussfeuerwerk verzichtet, das Erinnerungen an die Kriegszeit wecken könnte.[99]

Am 11. Oktober 1971 verabschiedete sich der Vorstand des Organisationskomitees daher endgültig von der Planung eines Lichtballetts. Stattdessen entwarf Otto Piene eine fast 400 Meter lange Luftplastik in Form eines Regenbogens. Diese aus fünf heliumgefüllten Stratofilmschläuchen bestehende Plastik in den olympischen Farben, die sich in 130 Meter Höhe vom kleinen Olympiaberg über den künstlichen See zum Theatron spannte, symbolisierte die Grundidee des Olympischen Friedens und griff die heiteren Farben der Gesamtinszenierung auf. Vor dem Hintergrund des Terroranschlages verkam das Kunstwerk jedoch letztlich zur Farce.

---

[97] Organisationskomitee, Organisation, S. 87.
[98] Beschrieben in: Eisenberg, Sports, S. 427, siehe dort auch Abb. 30.
[99] Daume an Schmitz, betr.: Umlaufbahn für die Gestaltung der Schlussfeier, 24.4.1972, besonders S. 2 und 4. BArch Koblenz B106/30673.

Der leuchtende Regenbogen über dem Olympiagelände blieb nicht der einzige innere Widerspruch der Münchner Schlussfeier. Vielmehr führte die Gratwanderung der Veranstalter zwischen Pietät gegenüber den Opfern und Achtung der olympischen Entscheidung, die Spiele weitergehen zu lassen, zu »einer organisatorischen Synthese aus Totensonntags- und Rosenmontags-Elementen«.[100] So traten die Schäfflerbuben und Trachtenpaare auf der einen Seite in ihren farbenprächtigen Kostümen auf, andererseits durften sie jedoch nicht tanzen und flanierten stattdessen die Laufbahnen entlang. Mit den Worten »Die Spiele, die heiter begonnen haben, enden ernst« erklärte Stadionsprecher Joachim Fuchsberger dem Publikum, warum viele Motive der Lebensfreude aus dem ursprünglichen Programm entfernt worden waren.[101] Dadurch konnte er die Sportler und Sportlerinnen jedoch nicht davon abhalten, im Anschluss an die steife Zeremonie ein spontanes Fest im Stadioninnern zu feiern und so dem Motto der Lebensfreude doch noch gerecht zu werden.

Die Planung für die Schlussfeier war von Beginn an nur Makulatur. Der Terroranschlag hatte das Motto der Spiele und ihren inszenatorischen Rahmen bereits zerstört. Daher kehrten die Veranstalter mit der Gestaltung der Feier unbewusst zu dem von Coubertin vorgegebenen steifen Zeremoniell zurück. Dies unterstrich noch einmal das Scheitern des Münchner Konzepts und verdeutlichte gleichzeitig die Beharrungskraft der Olympischen Bewegung. Denn auch die zeremoniellen Konstanten halfen der olympischen Welt am Abend des 11. September nach vorne, nämlich nach Montreal zu blicken, statt auf die Spiele der XX. Olympiade, die bereits am 5. September 1972 ihren Geist ausgehaucht hatten.

Im Umfeld der Münchner Spiele brachen die Konflikte auf, die in dem vorausgegangenen Jahrzehnt in die Olympische Bewegung hineingetragen worden waren. Die protokollarischen Streitigkeiten, die bereits seit Ende der 1950er Jahre die sportpolitische Auseinandersetzung zwischen der Bundesrepublik und der DDR geprägt hatten, flackerten noch einmal in der Planung des zeremoniellen Ablaufs des Festes auf. In der Sportberichterstattung und den Zuschauerreaktionen zeigte sich zudem, dass sich die Verknüpfung von Sport und nationaler Repräsentation in beiden Gesellschaften durchgesetzt hatte. Während sich die DDR über die sportlichen Leistungen ihrer Athleten und Athletinnen in Szene setzte, bemühte sich die Bundesrepublik, in der Rolle der Gastgeberin zu brillieren. In beiden Fällen handelte es sich um politische Inszenierungen. Das verdeutlichte abschließend noch einmal den rapiden Politisierungsprozess, den die Olympischen Spiele seit dem Ende des Zweiten Weltkrieges durchlaufen hatten.

---

[100] Maegerlein, Olympia, S. 204.
[101] Hans Egon Holthusen, Schluß-Feier, in: Deutsche Olympische Gesellschaft, Spiele, S. 224-225, S. 224.

SPORT UND GESELLSCHAFT IM GETEILTEN DEUTSCHLAND: EIN FAZIT

Als Willi Daume am 23. Januar 1969 vor dem Innenausschuss des Deutschen Bundestages erschien, erwartete ihn eine unangenehme Frage: Warum hatte sich der bundesdeutsche Sport bei der Umstrukturierung der Leistungssportförderung nicht an Frankreich orientiert oder an den Vereinigten Staaten von Amerika? Positiv gewendet: Warum hatte sich der Deutsche Sportbund ausgerechnet auf das Sportfördersystem der DDR fixiert? Während Daume der Frage auswich, hat die vorliegende Dissertation versucht, sie zu beantworten und gleichzeitig einen methodischen und inhaltlichen Mosaikstein zu einer deutsch-deutschen Beziehungsgeschichte beizutragen. Sie ist zu folgenden Ergebnissen gekommen: Der Transfer von DDR-Sportförderstrukturen in die Bundesrepublik gelang auf der Basis gemeinsamer sportlicher Traditionen in beiden Staaten und resultierte aus ähnlichen Herausforderungen im Bereich des internationalen Spitzensports. Seine besondere Dynamik gewann dieser Vorgang aus der eigentümlichen deutsch-deutschen Konkurrenzsituation. Der sportpolitische Strukturwandel, den die Bundesrepublik und die DDR in den 1960er Jahren durchliefen, war jedoch nicht nur ein gesamtdeutscher Prozess, sondern wies durchaus auch genuin bundes- bzw. ostdeutsche Entwicklungen auf. Dazu gehörten die Anlehnung an das sozialistische Neue Ökonomische System der Planung und Leitung oder an die westliche Planungseuphorie.

Die deutsche Sportbewegung fiel unmittelbar nach Kriegsende auseinander. Doch bereits im Moment der Spaltung standen die neu gegründeten Sportführungen sowohl westlich als auch östlich der zonalen Demarkationslinie vor einer gemeinsamen Aufgabe: der Verwaltung der gemeinsamen deutschen Sporttradition. Der Umgang mit diesen Kontinuitäten erfolgte auf den ersten Blick gegensätzlich. Die DDR-Sportführung knüpfte im Schulterschluss mit der Partei fast nahtlos an die deutsche Sportentwicklung vor dem Jahr 1945 an. Gemäß der These, dass der Sport per se politisch sei, blieb er dies auch in der DDR, nun jedoch unter einer sozialistischen Führung. Rhetorisch zog die DDR-Sportführung jedoch eine klare Linie: Während der Sport im Dritten Reich politisch pervertiert worden sei, diene seine Politisierung durch den sozialistischen Staat seinem Schutz vor nationalistischen Einflüssen. Die Sportführung der DDR setzte somit die enge Verknüpfung von Sport und Politik als einen festen Bestandteil der deutschen Sporttradition fort. Außerdem übernahm sie die starke Fixierung auf das sportliche Leistungsprinzip aus dieser gemeinsamen deutschen Tradition. Dahinter standen weniger ideologische Gründe als der Versuch der SED-Führung, über spitzensportliche Leistungen einen staatlichen Repräsentationsraum zu erschließen.

In der DDR setzte sich neben der ideellen staatlichen Vereinnahmung des Sports auch die institutionelle Verknüpfung von Staat und Sport fort. Die Strukturen dieser Verstaatlichung, wie das Staatliche Komitee für Körperkultur und Sport und die Kinder- und Jugendsportschulen, folgten zwar dem sowjetischen Vorbild, knüpften aber auch an traditionell deutsche Vorstellungen an, die auf Johann Christoph GutsMuths oder Carl Diem zurückgingen. Selbst der breitensportliche Impetus des national-deutschen Turnvater Jahn ging im DDR-Sport auf. Demnach war der DDR-Sport zumindest in den 1950er Jahren kein sozialistischer Sonderweg des deutschen Sports, sondern trotz der Zerschlagung der traditionellen Vereine und einer relativ konsequenten Entnazifizierung im Hinblick auf den Traditionsbezug der ›deutschere Sport‹. Denn der bundesdeutsche Sport hatte sich zeitgleich auf einen Sonderweg der deutschen Sportgeschichte begeben.

Die bundesdeutsche Sportführung knüpfte zwar personell an die Vorkriegszeit an, ideell verpflichtete sie sich aber einem Novum: dem unpolitischen Sport. Diese Idee eines absolut zweckfreien und politisch unabhängigen Sports manifestierte sich Anfang der 1950er Jahre im Umfeld der ersten großen Sportkongresse in Stuttgart und Köln. Tatsächlich gelang es den dort anwesenden Sportwissenschaftlern und –funktionären aber nicht, die sprachliche Hülse mit Inhalt zu füllen. Vielmehr blieb der ›unpolitische Sport‹ eine Phrase, die lediglich der rhetorischen Abgrenzung von der nationalsozialistischen Vergangenheit und zunehmend auch von der DDR diente. In ihrem Schatten setzten sich daher auch in der Bundesrepublik Elemente der deutschen Sporttradition, insbesondere die Verflechtung von Staat und Sport, fort. Zum einen offenbarte die Auseinandersetzung zwischen Robert Lehr und Peco Bauwens um den Amateurstatus der westdeutschen Fußballer die Kontinuität des staatlichen Paternalismus auch noch gegenüber der per definitionem unabhängigen bundesdeutschen Sportbewegung. Zum anderen versuchte der erste Kanzler der Bundesrepublik, die gesamtdeutsche Olympiamannschaft aus eindeutig politischen Motiven zu verhindern, da er den DDR-Sportlern und -Sportlerinnen keinen Repräsentationsraum zugestehen wollte. Auch der Abschied vom sportlichen Leistungsprinzip wurde in der Bundesrepublik zwar immer wieder heftig diskutiert, jedoch nicht vollzogen. Somit führten beiden deutsche Sportbewegungen unter ihren sozialistischen bzw. unpolitischen Etiketten ähnliche Traditionsbestände mit sich. Diese Basis war für den Transfer von DDR-Sportstrukturen in die Bundesrepublik unerlässlich.

Die beiden deutschen Sportsysteme waren nicht nur durch gemeinsame Kontinuitäten verbunden, sondern darüber hinaus mit ähnlichen Herausforderungen durch die internationale Sportwelt konfrontiert. Auch wenn der Sport immer wieder nationale Eigenheiten hervorzubringen pflegte, so war er doch stets stärker durch internationale Entwicklungen gekennzeichnet. Dazu gehörte beispielsweise der rasante Anstieg des Leistungsniveaus im internationalen Spitzensport, der auf wissenschaftlichem Fortschritt im technischen, medizinischen und trainingsmethodischen Bereich basierte und das erste Mal bei den Olympischen Spielen 1964 in Tokio offen zu Tage trat. Durch diesen Modernisierungsschub im internationalen Sport wurde in den führenden Sportnationen die enge Verbindung zwischen Leistungs- und Breitensport gekappt, und der Leistungssport verformte sich zum geschlossenen Fördersystem. Die neue Art der Förderung verschlang auf beiden Seiten des Eisernen Vorhangs zunehmend höhere materielle und finanzielle Ressourcen und warf auch in den beiden deutschen Gesellschaften die Frage nach der Prioritätensetzung zwischen Leistungs- und Breitensport auf. In diese Diskussion spielte mit hinein, dass in beiden deutschen Staaten internationale sportliche Großveranstaltungen zu Zwecken nationalstaatlicher Repräsentation instrumentalisiert wurden.

In den 1950er Jahren äußerten sich in der DDR noch Gegner einer spitzensportlichen Aufrüstung auf Kosten des Massensports. Auch im praktischen Handeln ließ sich nachweisen, dass Trainer und Funktionäre Anordnungen zur Delegierung von Talenten in die zuständigen Leistungsschwerpunkte unterliefen. Der Widerspruch brach sich auf der großen Karl-Marx-Städter Sportkonferenz im Jahr 1955 noch offen Bahn. Das Thema verschwand aber mit dem Übergang in die 1960er Jahre nahezu ganz. Einer der Gründe dafür lag in der Entwicklung des DDR-Leistungssportsystems, das sich durch interne Konzentrationsprozesse um die Gründung der ersten Leistungssportkommission schrittweise aus dem breitensportlichen Umfeld herausschälte. Viele Entscheidungen drangen seitdem nicht mehr in die Öffentlichkeit, und auf den großen Zusammenkünften des Deutschen Turn- und Sportbundes wurde über Spitzensport nur noch von dem zuständigen Funktionär für den Leistungssport doziert, aber kaum noch diskutiert. Zwei weitere Gründe scheinen jedoch für die nachlassende eigensinnige Antihaltung an der sportlichen Basis mitverantwortlich zu sein. Zum einen hatte der Mauerbau die Diktatur vorübergehend stabilisieren können und so allgemein zu mehr gesellschaftlicher Ruhe geführt, zum anderen fiel der erste Leistungsboom des DDR-Sports in diese Übergangsphase. Es lässt sich zwar nicht ohne weiteres nachweisen, dass die sportlichen Erfolge tatsächlich zu der Ausprägung eines ostdeutschen Staatsbewusstseins beigetragen haben, sicherlich haben sie aber zunächst zu einer erhöhten Akzeptanz des Leistungssportsystems geführt. Diese sollte erst in den 1980er Jahren wieder nachlassen.

Der Konflikt um die Ressourcenverteilung zwischen Breiten- und Spitzensport wurde in den 1960er Jahren durch die Auseinandersetzung zwischen dem Staatlichen Komitee für Körperkultur und Sport und dem DTSB um Kompetenzen in der Leistungssportförderung überlagert und schließlich verdrängt. Dabei standen sich seit Beginn der 1960er Jahre der amtierende DTSB-Präsident Manfred Ewald und der Vorsitzende des Staatlichen Komitees, Alfred B. Neumann, als Gegenspieler gegenüber. Ihre Fehde eskalierte auf dem Leipziger Sportkongress des Jahres 1967 und führte im Anschluss daran zu der Absetzung Neumanns. Solche Konflikte widerlegen das oftmals in der Forschung gezeichnete Bild eines monolithischen und konfliktfreien DDR-Leistungssportsystems. Im Sportsystem der zweiten deutschen Diktatur ließen sich vielmehr langwierige Aushandlungsprozesse nachzeichnen, in deren Zentrum die Verwaltung der deutschen Sporttradition, die Verteilung der Ressourcen und die Rolle der Sportwissenschaften standen. Auch einzelne Ministerien, beispielsweise das Ministerium für Volksbildung unter der Leitung Margot Honeckers, verteidigten ihren Zuständigkeitsbereich verbissen gegen den immer stärker werdenden DDR-Sport.

Auch der Aufbau des bundesdeutschen Leistungssportsystems wurde von Auseinandersetzungen um die Schwerpunktsetzung auf den Breiten- beziehungsweise Leistungssport begleitet. Hier personalisierte sich der Konflikt in der Auseinandersetzung zwischen dem Vorsitzenden der Deutschen Sporthilfe, Josef Neckermann, und dem Präsidenten der Deutschen Olympischen Gesellschaft,

Georg von Opel. Josef Neckermann hatte sich ganz der Förderung des Leistungssports verschrieben. Durch seine Fokussierung auf die effiziente Förderung der leistungssportlichen Elite, verlor er die Bedürfnisse des Breitensports zunehmend aus den Augen. Georg von Opel hatte hingegen immer ein Sportverständnis postuliert, in dem die breitensportliche Förderung aller als das Fundament einer ›gesunden‹ leistungssportlichen Entwicklung galt. Daher tat er es schließlich Alfred B. Neumann gleich und zog sich aus dem Sport zurück.

Doch in der Bundesrepublik wurde die Sportentwicklung von einer grundsätzlichen gesellschaftlichen Kritik am Leistungssport begleitet. Bereits in den 1950er Jahren hatten insbesondere intellektuelle Kreise den Sport in ihre Kulturkritik aufgenommen und seine Vermassung und erneute Nationalisierung beklagt. Ihre Argumente setzten sich gegen Ende der 1960er Jahre in der Sportkritik der Neuen Linken fort. Die gesellschaftliche Kritik wirkte wiederum auf den Sport zurück. Das eindringlichste Beispiel dafür ist, dass sich schließlich auch der DSB-Gründungspräsident Willi Daume vor dem Übergang in die 1970er Jahre gegen eine stärkere Ökonomisierung des Leistungssports aussprach. Seiner Überzeugung, dass sportliche Leistung nicht auf einen Warenwert reduzierbar sei und dass ein Sportverband von Engagement statt Management lebe, verlieh Daume vor den Olympischen Spielen in München durch seinen Rücktritt Ausdruck. Eine solche grundsätzliche Auseinandersetzung mit dem Leistungssport fand in der DDR nicht statt. Das lag jedoch nicht nur an den unterschiedlichen Diskussionskulturen in beiden deutschen Staaten, sondern auch daran, dass sich der Leistungssport in der DDR seit den 1950er Jahren nicht mit der Kulturkritik, sondern mit dem unantastbaren sozialistischen Fortschrittsglauben verbunden hatte.

Vor diesem Hintergrund vollzog sich der Transfer wichtiger Teile des leistungssportlichen Fördersystems der DDR in die Bundesrepublik auf der ideellen und strukturellen Ebene. Die ideelle Anpassung an das DDR-Sportsystem erfolgte durch die Übernahme von DDR-Argumentationsmustern seitens der bundesdeutschen Sportführung. Indem sie die These von der ›Systemkonkurrenz im Sport‹ akzeptierte, gelang es ihr, die Bundesregierung von immer höheren Fördersummen und effizienteren Förderstrukturen zu überzeugen. Der Impuls, den ständigen Vergleich mit der DDR zu suchen, ging eindeutig aus den Reihen des Sports hervor. Die argumentative Indienstnahme des Sports unter den Vorzeichen der Systemkonkurrenz diente den Sportfunktionären gleichzeitig dazu, den niedrigen gesellschaftlichen Stellenwert des Leistungssports in der Bundesrepublik in den 1950er Jahren zu verbessern. Denn während sich in der DDR-Gesellschaft die Tradition der starken Körperfixierung des Dritten Reichs ungebrochen fortsetzte, werteten die bundesdeutschen Intellektuellen und die von Daume so genannten ›kulturtragenden Schichten‹ den Sport gegenüber Leistungen in Kunst, Kultur und Wissenschaft ab. Um den Sport mit diesen gesellschaftlichen Bereichen zumindest wieder auf eine Augenhöhe zu bringen, machten sich die Funktionäre des bundesdeutschen Sports das Argumentationsmuster ihrer sozialistischen Kollegen zu Eigen.

Doch nicht nur die Sportfunktionäre entdeckten die Konkurrenz zur DDR. Hinter ihnen stand auch eine Öffentlichkeit, die sportliche Erfolge forderte. Das zeigt allein die große Resonanz auf die Spendenaufrufe durch Manfred Germar und die Stiftung Deutsche Sporthilfe. Aus den Umfrageergebnissen des Allensbacher Instituts für Demoskopie geht deutlich hervor, dass dabei der innerdeutschen Konkurrenz ein besonderes Interesse galt. Auch die heftigen Pressereaktionen darauf, dass es der DDR vor den Olympischen Spielen des Jahres 1964 erstmalig gelang, die Mehrzahl der Athleten der gesamtdeutschen Olympiamannschaft zu stellen, weisen in diese Richtung. Wenn sich darin auch ein nachlassendes Zusammengehörigkeitsgefühl der Deutschen anzudeuten schien, so ging dies nicht in erster Linie auf die Impulse ›von unten‹ zurück. Vielmehr dürfte darin ein Resultat der problematischen deutschlandpolitischen Instrumentalisierung des Sports ›von oben‹ durch die ersten Bundesregierungen zu sehen sein.

Jedenfalls erhielt die zunehmende Rivalität ihren ersten sinnfälligen Ausdruck in dem Versuch Bonns, den bundesdeutschen Alleinvertretungsanspruch auch innerhalb der gesamtdeutschen Olympiamannschaft zu demonstrieren. Dadurch wurde nicht nur das olympische Protokoll, nämlich die Entscheidung über die Flagge und die Hymne der gesamtdeutschen Olympiamannschaft, sondern auch die Besetzung des Postens des Chef de Mission zum Politikum. Denn die Festlegung durch das IOC sah vor, dass der zahlenmäßig stärkere Mannschaftsteil die Führung der Mannschaft übernehmen dürfe. In der olympischen Welt, die sich von politischen Eingriffen frei zu halten suchte, konnte sich der bundesdeutsche Sport diesen prestigeträchtigen Posten nur über Leistung erkaufen. Dadurch erhielten neben den sportdiplomatischen Verhandlungen der beiden Staaten mit dem IOC auch die Ausscheidungswettkämpfe politische Relevanz. Die sportliche Konkurrenz zwischen beiden Staaten wirkte sich schließlich seit den Spielen des Jahres 1964 spürbar auf das Auseinanderdriften der beiden deutschen Staaten aus. In diesem Zusammenhang sollten Historiker und Historikerinnen die unterschiedlichen nationalen Reaktionen auf Sportveranstaltungen durch Zuschauer und Sportberichterstattung nicht länger ignorieren.

Der argumentativen Indienstnahme der Systemkonkurrenz durch die bundesdeutsche Sportführung schloss sich schließlich auch die Politik an. Das gelang durch eine kleinteilige Überzeugungsarbeit, die der Kreis um Willi Daume, Karlheinz Gieseler und Josef Nöcker in Treffen mit ihren Ansprechpartnern im Bundesministerium des Innern leisteten. Die Bemühungen des ›Kreises der Freunde des Sports im Deutschen Bundestag‹, dem losen Zusammenschluss einzelner sportinteressierter Parlamentarier, der seit Beginn der 1950er Jahre aktiv die Interessen des bundesdeutschen Sports im Parlament vertreten hatte, traten demgegenüber in den 1960er Jahren in den Hintergrund. Die stetige Angleichung der Argumente führte jedoch nicht gleichzeitig zu einer Entspannung des schwierigen Verhältnisses zwischen Sport und Politik. Vielmehr wuchs auf staatlicher Seite das Bedürfnis, mit steigenden Zahlungen auch einen höheren Einfluss auf die Verteilung der Mittel zu gewinnen. Dieses Bemühen gipfelte in dem Versuch von Innenminister Ernst Benda, eine Bundeszentrale für Sport einzurichten. Der Deutsche Sportbund beharrte demgegenüber auf seiner politischen Unabhängigkeit. Daher blieb das Verhältnis zwischen Sport und Politik in der Bundesrepublik ambivalent und ständigen Aushandlungsprozessen unterworfen.

Aus diesem Grund erfolgte die strukturelle Anpassung an das DDR-Sportsystem weniger auf staatlichen Druck, sondern ging stärker auf sportinterne, privatwirtschaftliche oder regionale Initiativen zurück. Auch die strukturelle Konzentration der Sportförderung erfolgte zunächst durch den Sport selbst. So entstanden ein wissenschaftlich-methodischer Ausschuss beim Nationalen Olympischen Komitee und schließlich der Bundesausschuss für Leistungssport, das Pendant zu den Leistungssportkommissionen des DDR-Sports. Die Diskussion über die Einführung von Sportgymnasien an Stelle der Kinder- und Jugendsportschulen wurde ebenso durch Vertreter des Sports angestoßen. Das galt auch für die Gründung der Deutschen Sporthilfe. Obwohl die Stiftung ihre Spenden fast ausschließlich aus der Wirtschaft bezog, blieb sie ein Kind der Deutschen Olympischen Gesellschaft. Die Aktion ›Jugend trainiert für Olympia‹, welche die Illustrierte *Stern* als Gegenstück zu den sozialistischen Kinder- und Jugendspartakiaden ins Leben rief, war ein reines Wirtschaftsprojekt. Die Kultusministerien einzelner Länder wurden ergänzend bei der Talentauswahl und der Einrichtung von Förderzentren und Sportgymnasien aktiv. Der Bund engagierte sich lediglich bei der Einrichtung des Bundesinstituts für Sportwissenschaft und der Einberufung der Deutschen Sportkonferenz. Die Leitung des Instituts lag jedoch in den Händen des Sports, und die zentrale Konferenz war ein eher ineffektives Diskussionsforum. Somit blieb die Bundesrepublik von einem Staatssport weit entfernt und passte die DDR-Förderstrukturen ihrem föderalen und pluralistischen System an. Das wurde besonders bei der Gründung der Stiftung Deutsche Sporthilfe deutlich. Ihre Protagonisten argumentierten zwar ähnlich wie die DDR-Sportführung mit einer Verantwortung der Gesellschaft für ihre Leistungssportler. Doch während in der DDR der Staat dieser Verantwortung durch die hohe finanzielle Unterstützung des Sports Ausdruck verlieh, waren es in der Bundesrepublik tatsächlich gesellschaftliche Vertreter, die eine Verantwortung für die soziale Sicherheit der Spitzensportler übernahmen.

Der skizzierte Transfer basierte auf der Verflechtung und der engen Interdependenz der beiden deutschen Staaten. Seine Dynamik bezog er jedoch aus einer spezifischen Art des Verbundenseins, nämlich der ausgeprägten innerdeutschen Konkurrenz. Die Bundesrepublik und die DDR konkurrierten von Beginn ihres Bestehens an miteinander. Zunächst war diese Auseinandersetzung primär auf der außenpolitischen Ebene angesiedelt, wo das DDR-Anerkennungsbestreben mit dem bundesdeutschen Alleinvertretungsanspruch kollidierte. Parallel zu dem Tauziehen um diplomatische Beziehungen zu Drittstaaten bemühten sich die einzelnen sportlichen Fachverbände und -sektionen, in die Internationalen Föderationen bzw. die Olympische Bewegung aufgenommen zu werden. Den Vorsprung, über den die Bundesrepublik dabei durch alte Kontakte im sportdiplomatischen Bereich verfügte, versuchte die DDR dadurch auszugleichen, dass sie sich durch sportliche Spitzenleistungen gegenüber den internationalen Fachverbänden und dem Internationalen Olympischen Komitee profilierte.

Die bundesdeutsche Sportführung verfolgte die leistungssportliche Entwicklung der DDR trotz der offiziellen rhetorischen Abgrenzung vom sozialistischen Staatssport seit Ende der 1950er Jahre mit Argusaugen. Dabei ging es ihr jedoch nicht nur darum, im sportlichen Wettkampf zu bestehen. Sie sah sich auch in der Pflicht, die Überlegenheit des bundesdeutschen Teilstaates gegenüber der DDR im Bereich des Sports zu verteidigen. Dieses Bedürfnis gründete unter anderem darauf, dass die bundesdeutsche Sportführung ebenso wie die Presse die Wirkung der DDR-Sporterfolge auf die bundesdeutsche Gesellschaft fürchtete. Das entsprang sowohl der borniertem Vorstellung, die Bevölkerung könne nicht zwischen sportlichen und wirtschaftlichen Erfolgen unterscheiden, als auch der ernsthaften Befürchtung, der sportliche Niedergang könnte zu einem Leistungsrückgang in anderen gesellschaftlichen Bereichen führen. Aus diesem Grund nahm die westdeutsche Sportführung die Systemkonkurrenz im Sport an und überzeugte nach und nach auch die politischen Kreise von deren Relevanz.

Die Angst davor, der DDR im Bereich des Sports zu unterliegen, wurde von zwei Grundstimmungen beeinflusst. Zum einen wussten die Bundesregierung und der Deutsche Sportbund um die stark emotional aufgeladene, repräsentative Wirkung sportlicher Erfolge. Zum anderen galt der Kampf zwischen den beiden Systemen Anfang der 1960er Jahre gerade in Sport, Wissenschaft und Kultur noch nicht als entschieden. Die Sowjetunion hatte noch im Oktober 1957 ihre technische Leistungsfähigkeit unter Beweis gestellt, als sie den Satelliten ›Sputnik‹ in die Erdumlaufbahn schickte. Diese schlaglichtartige Demonstration sowjetischer Leistungsfähigkeit im Bereich der Raumfahrttechnik darf in ihrer Langzeitwirkung auf die Verfasstheit der westlichen Gesellschaften keinesfalls unterschätzt werden. Der Kalte Krieg wurde auch um das Prestige geführt, das man bei den Menschen genoss und das keineswegs allein von ideologischen Vorgaben und politischen Verhältnissen abhing. Wenn die DDR in diesem Bereich durch Stacheldraht, Mauer und Einschränkung persönlicher Freiheiten auch weit zurücklag, so galt sie aus Sicht der Bundesregierung offenbar noch keineswegs als völlig abgeschlagen.

Auf Seiten der DDR war das Konkurrieren um sportliche Erfolge mit der Bundesrepublik per Politbürobeschluss verordneter Bestandteil ihres Ringens um staatliche Anerkennung. Die DDR-Sportführung übernahm dieses Argumentationsmuster, um sich ständig steigende Fördersummen zu sichern. Da das DDR-Leistungssportsystem nur an seinen sportlichen Erfolgen gemessen wurde, blickten auch seine Funktionäre auf die sportpolitischen Weichenstellungen im Westen, um Rückschlägen vorzubeugen. Ein Import bundesdeutscher Förderstrukturen erfolgte zwar nicht, doch im Vorfeld der entscheidenden Entwicklungsschübe im DDR-Leistungssport, z.B. des Leistungssportbeschlusses des Jahres 1969, kam der Konkurrenz mit dem bundesdeutschen Sport eine bedeutende Rolle zu. Die verordnete und verinnerlichte Konkurrenz zwischen beiden Sportsystemen wurde somit diesseits und jenseits der Mauer zur dynamischen Kraft. Sie wirkte in beiden Sportsystemen gleichermaßen als Schrittmacher der Entwicklung und glich diese dadurch stetig an. Demnach war die Systemkonkurrenz des Kalten Krieges nicht nur ein propagandistisches Postulat, sondern fand durchaus ihren Widerhall in der gesellschaftlichen Entwicklung beider Staaten.

Der Transferprozess hatte in den Olympischen Spielen in München im Jahr 1972 einen klaren Ziel- und Endpunkt. Bis zu diesem Zeitpunkt waren in beiden deutschen Staaten die entscheidenden sportpolitischen Weichen gestellt worden; die eingeschlagenen Wege wurden im Anschluss an die Münchner Spiele lediglich modifiziert und perfektioniert. Im Mikrokosmos der Spiele trat das Konkurrenzverhältnis zwischen den beiden deutschen Staaten noch einmal konzentriert zu

Tage. So versuchten die bundesdeutschen Veranstalter bereits im Vorfeld der Spiele, den symbolischen Repräsentationsraum für die DDR durch einen allgemeinen Verzicht auf Flaggen und Hymnen einzuschränken. Der DDR-Propaganda lag umgekehrt daran, den vermeintlich schönen Schein der ›heiteren Spiele‹ zu zerstören, wobei sie am 5. September unverhoffte Unterstützung durch die Terrororganisation ›Schwarzer September‹ bekam. Beide Staaten konkurrierten außerdem während der Wettkämpfe sowie auf den wissenschaftlichen Kongressen und künstlerischen Veranstaltungen am Rande der Spiele aufs Schärfste miteinander. Die Spiele waren der Höhepunkt und das Ende des sportlichen Kräftemessens zwischen der Bundesrepublik und der DDR. Seither galt die DDR im Sport als uneinholbar.

Eine Sportgeschichte darf nie um sich selbst kreisen, sondern muss es wagen, übergeordnete gesellschaftsgeschichtliche Fragestellungen in den Blick zu nehmen. Der Sport hat sich in beiden deutschen Systemen immer als Teil der Gesellschaft entwickelt und kann somit als Indikator für Modernisierungs- und Aushandlungsprozesse dienen. In der DDR ließ sich beispielsweise im Sport die Umsetzung des Neuen Ökonomischen Systems in einem gesellschaftlichen Teilbereich nachzeichnen. Die DDR-Sportführung übernahm die staatlichen Vorgaben bis ins sprachliche Detail, indem sie den ›Wissenschaftlich-Methodischen Fortschritt‹ in den Trainingswissenschaften beschwor und begann, einzelne Sportler mit ›kapitalistischen Anreizen‹ zu locken. Doch die komplette Anpassung an den diktierten gesellschaftlichen Trend erfolgte nicht eindimensional auf Anweisung von oben. Zum einen hatte das DDR-Sportsystem einige Grundzüge des Neuen Ökonomischen Systems wie beispielsweise die Verwissenschaftlichung bereits aus sich heraus entwickelt, zum anderen bemühten sich einzelne Funktionäre wie Hans Schuster, den Anpassungsgrad des DDR-Sportsystems an den Reformprozess mitzubestimmen. Auf diesem Weg flossen in den Anpassungsprozess auch Eigeninteressen des Sports ein, wie zum Beispiel die erstmalige Festschreibung von Prämienzahlungen, die lange Zeit als umstritten galten. Dennoch stellte keiner der beteiligten Akteure die gesamtgesellschaftliche Vorgabe infrage, da sie den Herrschaftsanspruch der Partei verinnerlicht hatten. Demnach war das DDR-Sportsystem weder komplett ›stillgelegt‹ noch ein autonomes Teilsystem.

Einer Geschichtsschreibung des Sports in der DDR, die den Sport als gesellschaftlichen Teilbereich und nicht einfach als Bestandteil des SED-Herrschaftsapparates aufarbeiten will, sei besonders diese Ebene der Sportfunktionäre in ihrem persönlichen Konflikt zwischen Eigeninteressen und Anpassung empfohlen. Dabei ist es wichtig, die unterschiedlichen Machtpositionen der einzelnen Akteure mit in den Blick zu nehmen und nicht jeglichen Protest eindimensional unter den Begriff ›Eigensinn‹ zu subsumieren. Die Sportfunktionäre der Leistungssportkommission, die in einem fortlaufenden Konzentrationsprozess immer mehr Zuständigkeiten vereinnahmte, verfolgten zum Beispiel eigene Machtinteressen innerhalb des Systems. Sie brauchten solange nicht mit Sanktionen durch das Politbüro zu rechnen, wie die vorgegebene Leistungsbilanz erfüllt blieb. Das heißt zwar, dass sie – wie im Falle Manfred Ewalds – über einen nahezu unbeschränkten Aktionsraum verfügten, sich dafür jedoch niemals außerhalb des ›Systems Leistungssport‹ und die politischen Kernvorgaben stellten. Wie rasch ›eigensinniges‹ Verhalten jedoch auch im engsten Führungszirkel zum Ausschluss führen konnte, zeigt der Fall Alfred Neumanns. Indem der Leiter des Staatlichen Komitees den DTSB als sportliche Führungsmacht attackierte, verletzte er die systemimmanenten Spielregeln, zumal er seinen Protest auf dem Leipziger Sportkongress des Jahres 1967 öffentlich machte.

Neumanns Kritik auf dem Sportkongress erfolgte subtil. Dennoch wurde zwischen den Zeilen deutlich, wie der DTSB und das Staatliche Komitee um den Königsweg zum sportlichen Erfolg stritten. Während der DTSB diesen im organisierten Übungs-, Trainings- und Wettkampfbetrieb sah, argumentierte das Komitee mit Bezug auf die Autorität der sportwissenschaftlichen Forschung. Aus diesem Grund schlossen sich auch einige Vertreter der Deutschen Hochschule für Körperkultur und Sport Neumanns Kritik an. Sie erhofften sich von der Aufwertung der Sportwissenschaften wohl nicht nur höhere Fördersummen, sondern auch wissenschaftlichen Freiraum gegenüber dem DTSB. Dieser Hypothese müsste jedoch eine eigene historische Untersuchung der DDR-Sportwissenschaften nachgehen. Grundsätzlich stellen wissenschaftliche Konferenzen mit ihren eigenen kommunikativen Spielregeln und Protestformen ein interessantes Untersuchungsfeld für übergeordnete gesellschaftsgeschichtliche Fragestellungen dar.

Auch der bundesdeutsche Sport entwickelte sich als fester Bestandteil der Gesellschaft der Bundesrepublik. Daher sollte ihn die zukünftige historische Forschung stärker als Indikator für gesellschaftliche und intellektuelle Wandlungsprozesse heranziehen. So ließen sich hier im Bereich des Sports die Grundzüge der bundesdeutschen Planungseuphorie nachzeichnen. Ebenso wie die DDR-Funktionäre im Neuen Ökonomischen System vollzog auch die bundesdeutsche Sportführung Ende der 1960er Jahre den Übergang zu langfristigen Planungskonzepten mit, weil sie Erwartungen an eine Effizienzsteigerung hegte. Doch sie tat dies nicht passiv. Vielmehr nutzte sie den Reformprozess aktiv, um beispielsweise die Gründung des Bundesinstituts für Sportwissenschaft durchzusetzen. Dabei wurde deutlich, wie sich zunehmend auch im Westen die Überzeugung durchsetzte, dass sportliche Leistung wissenschaftlich planbar sei.

Außerdem konnten anhand des Sports Anhaltspunkte dafür gewonnen werden, wie sich das Verhältnis der bundesdeutschen Gesellschaft zur DDR wandelte. Ehemalige Landsleute wurden in den 1960er Jahren zunehmend als die ›von drüben‹ wahrgenommen. Gleichzeitig begleitete ein zunehmend abgeklärter Umgang mit DDR-Modellen die sich anbahnende politische Entspannung. Zeitgleich stellte sich die bundesdeutsche Sportführung bewusst ihren ›verinnerlichten Herausforderungen durch den Osten‹. Die DDR-Sportförderstrukturen wurden daher in der Bundesrepublik zunächst diskutierbar und im nächsten Schritt adaptierbar. Ob dies auch in anderen gesellschaftlichen Bereichen wie in der Bildungs- oder Familienpolitik der Fall war, bleibt zu prüfen.

Ein beziehungsgeschichtlicher Ansatz will die politischen Unterschiede zwischen der Bundesrepublik und der DDR nicht verwischen. Er kann im Gegenteil gerade den Blick dafür öffnen, dass die Stabilität der Bundesrepublik zu großen Teilen auf ihrer Lern- und Integrationsfähigkeit beruhte, welche der DDR umgekehrt fast gänzlich fehlte. Dieser Erklärungsansatz ist immer wieder im Zusammenhang mit der Lösung interner Krisenphänomene der Bonner Republik wie beispielsweise dem 1968er Protest angeführt worden. Er greift aber auch, um die Übernahme von DDR-Strukturen zu erklären. Im Bereich des Sports sind die ›dynamischen Zeiten‹ jedenfalls ohne die DDR undenkbar.

Der Sport verdient außerdem seinen Platz in einer Geschichte der intellektuellen Kritik in der Bundesrepublik. Hier konnte nur am Rande gezeigt werden, wie der Sport immer wieder in breiteren Diskursen über Leistung, Konsum und Nation auftauchte. In Zukunft sollte dezidierter nach den Trägergruppen der Sportkritik in der Bundesrepublik und ihren Inhalten gefragt werden. Dabei wäre es insbesondere für die 1950er Jahre wichtig, die Traditionslinien dieser Kritik nachzuzeichnen, die oftmals nicht nur eine unmittelbare Reaktion auf den Nationalsozialismus war, sondern teilweise weit in die Weimarer Republik zurückreichte. Zudem erscheint der Sport als gutes Untersuchungsfeld für eine kulturhistorische Studie zu dem häufig konstatierten Übergang eines stärker normativ begründeten Kulturverständnisses in der ersten Hälfte des 20. Jahrhunderts hin zu einem offeneren, die Massen- und Konsumgesellschaft beschreibenden Kulturverständnis in der zweiten Hälfte des vergangenen Jahrhunderts. Sowohl die Zeitgeschichte als auch die Sportgeschichte sollten sich in Zukunft solchen Fragen stellen. Denn nur so nutzen beide die Chance, über den Sport etwas über die Gesellschaft zu lernen.

DANKSAGUNG

»Never change a winning team«, heißt eine alte Fußballweisheit. Ohne mein Team wäre meine Promotionszeit viel weniger anregend und unterhaltsam gewesen. Jeder meiner Mitspieler und jede meiner Mitspielerinnen hat seine oder ihre Handschrift in diesem Buch hinterlassen. Dafür möchte ich ihnen danken:

Dieses Buch ist gleichzeitig die leicht überarbeitete Fassung meiner Dissertation, die im Frühjahr 2005 von der Philosophischen Fakultät der Universität Potsdam angenommen wurde. Die Betreuung der Arbeit hatte Prof. Dr. Christoph Kleßmann übernommen. Als mein Doktorvater hat er ihre Entstehung kritisch, mahnend, aber immer humorvoll und unterstützend begleitet. Prof. Dr. Christiane Eisenberg hat sich nicht nur bereit erklärt, die Zweitkorrektur zu übernehmen, sondern sie hat meine Begeisterung für den Untersuchungsgegenstand geweckt und sie in vielen inspirierenden Gesprächen immer wieder angefacht. Auch PD Dr. Karl Ditt vom Westfälischen Institut für Regionalgeschichte hat in langen Gesprächen viel mehr zur Entstehung dieses Buches beigetragen als er ahnt.

Die Stiftung zur Aufarbeitung der SED-Diktatur hat die Entstehung dieses Buches durch ein Stipendium unterstützt und zudem die Drucklegung finanziert. Mehr als das ist die Stiftung aber auch ein intellektuelles Zuhause gewesen, in dem die Thesen dieser Studie immer wieder diskutiert werden konnten. Ich danke den Mitgliedern des Vorstandes der Stiftung, meinen Mitstipendiaten und –stipendiatinnen und namentlich Dr. Ulrich Mählert, dass sie mir ein solch kreatives Arbeitsumfeld geboten haben.

Gleichzeitig habe ich von der herzlichen und kompetenten Unterstützung vieler Archivmitarbeiter in Berlin, Koblenz und Lausanne profitiert. Auch diese Arbeitsatmosphäre ist der Studie direkt zu Gute gekommen.

Meine Freunde sind während meiner Promotionszeit hervorragende Lektoren, kritische Gesprächspartner und geduldige Zuhörer gewesen. Ich möchte besonders Monica Heitz danken, deren Unterstützung für mich wie in so vielen anderen Lebensdingen unverzichtbar war. Jens Niederhut hat die Entstehung dieser Arbeit während zahlreicher Diskussionen in der ›Roten Harfe‹ mit Biss und Scharfsinn begleitet. Auch der intellektuelle Austausch mit Peter Ulrich Weiß hat mich immer wieder angespornt und herausgefordert. Stefan Holkötter ist es ein um das andere Mal gelungen, mich an die wirklich wichtigen Dinge zu erinnern.

Den größten Anteil an dem Projekt hat meine Familie genommen. Ihre bedingungslose Unterstützung und ihr fester Glaube an mich haben mir über alle Hürden hinweggeholfen. Mein besonderer Dank gilt dabei meinen Eltern, die mich vom Anpfiff an als enge Freunde begleitet haben. Der Optimismus und das Einfühlungsvermögen meiner Schwester Barbara waren jeden Tag aufs Neue ein Geschenk. Nicht zuletzt hat meine Patin Ursula Ott die Entstehung dieses Buches mit rührender Begeisterung begleitet. Zu meiner Familie gehört längst auch Wilfried Mausbach. Er ist mein schärfster Kritiker, mein engster Vertrauter und der perfekte Libero. Meiner Familie widme ich dieses Buch.

Hamburg, im Frühjahr 2006 *Uta Andrea Balbier*

ABKÜRZUNGSVERZEICHNIS

AA	Auswärtiges Amt
AG	Arbeitsgemeinschaft
BArch	Bundesarchiv
BISp	Bundesinstitut für Sportwissenschaft
BMI	Bundesministerium des Innern
BRD	Bundesrepublik Deutschland
BSG	Betriebssportgemeinschaft
CDU	Christlich Demokratische Union
CSU	Christlich Soziale Union
DDR	Deutsche Demokratische Republik
DFB	Deutscher Fußballbund
DHfK	Deutsche Hochschule für Körperkultur und Sport
DM	Deutsche Mark
DOG	Deutsche Olympische Gesellschaft
DSA	Deutscher Sportausschuss
DSB	Deutscher Sportbund
DSH	Deutsche Sporthilfe
DTSB	Deutscher Turn- und Sportbund
FDGB	Freier Deutscher Gewerkschaftsbund
FDJ	Freie Deutsche Jugend
FDP	Freie Demokratische Partei
FKS	Forschungsstelle für Körperkultur und Sport
GST	Gesellschaft für Sport und Technik
IOC	Internationales Olympisches Komitee
KJS	Kinder- und Jugendsportschule
KPdSU	Kommunistische Partei der Sowjetunion
LSB	Landessportbund
LSK	Leistungssportkommission
NATO	North Atlantic Treaty Organisation
NOK	Nationales Olympisches Komitee
NSDAP	Nationalsozialistische Deutsche Arbeiterpartei
PA AA	Politisches Archiv des Auswärtigen Amtes
SAPMO	Stiftung Archiv der Parteien und Massenorganisationen der DDR im Bundesarchiv Berlin
SBZ	Sowjetische Besatzungszone
SED	Sozialistische Einheitspartei Deutschlands
Sid	Sportinformationsdienst
SPD	Sozialdemokratische Partei Deutschlands
Stako	Staatliches Komitee für Körperkultur und Sport
StGB	Strafgesetzbuch
ZK	Zentralkomitee

QUELLEN- UND LITERATURVERZEICHNIS

A. Ungedruckte Quellen

Bundesarchiv (BArch), Koblenz
Bundeskanzleramt (B 136)
Bundesministerium des Innern (B 106)
Deutscher Sportbund (B 322)

Bundesarchiv (BArch), Berlin
Staatliches Komitee für Körperkultur und Sport (DR 5)

IOC Historical Archives
Samaranch Olympic Studies Centre, Olympic Museum, Lausanne, Switzerland
Minutes of the Meetings of the I.O.C. Executive Board
Minutes of the Sessions of the International Olympic Committee

Politisches Archiv des Auswärtigen Amtes (PA AA), Berlin
Berlin und Deutschland als Ganzes (B38)

Stiftung Archiv der Parteien und Massenorganisationen der DDR (SAPMO) im Bundesarchiv, Berlin
Zentralkomitee, Politbüro (DY 30/J IV 2/2)
Zentralkomitee, Sekretariat (DY 30/J IV 2/3)
Zentralkomitee, Büro Walter Ulbricht (DY 30)
Zentralkomitee, Abteilung Sport (DY 30/IV 2/18; DY 30/IV A2/18; DY 30/IV B2/18)
Deutscher Turn- und Sportbund (DY 12)

B. Zeitungen und Zeitschriften

Der Bürger im Staat
Bulletin des Presse- und Informationsamtes der Bundesregierung
Deutsche Studien
Deutsches Sportecho
Deutschland Archiv
Frankfurter Allgemeine Zeitung
Frankfurter Rundschau
Jahrbuch der Öffentlichen Meinung
Jahrbuch des Sports
Körpererziehung

Die Leibeserziehung
Leibesübungen
Leistungssport
Loccumer Protokolle
Neue Gesellschaft
Olympische Jugend
Olympisches Feuer
Die politische Meinung
Politische Studien
Rheinischer Merkur
Die Sozialistische Sportbewegung
Der Spiegel
Der Sportorganisator
Sportwissenschaft
Süddeutsche Zeitung
Der Tagesspiegel
Theorie und Praxis der Körperkultur
Theorie und Praxis des Leistungssports
Tutzinger Studien
Vorwärts
Die Welt
Wissenschaftliche Zeitschrift der Deutschen Hochschule für Körperkultur und Sport
Die Zeit
Zeitschrift für Staatssoziologie

C. Gedruckte Quellen und Literatur

Adam, Karl, Leistungssport als Denkmodell. Schriften aus dem Nachlaß, hrsg. von Hans Lenk, München 1978.
–, Nichtakademische Betrachtungen zu einer Philosophie der Leistung, in: Hans Lenk/Simon Moser/Erich Beyer (Hrsg.), Philosophie des Sports, Schorndorf 1973, S. 22-33.
Adenauer, Konrad, »... um den Frieden zu gewinnen«: die Protokolle des CDU-Bundesvorstands 1957-1961, bearbeitet von Günter Buchstab, Düsseldorf 1994.
–, Teegespräche 1959-1961, bearbeitet von Hans Jürgen Küsters, Berlin 1988.
Adorno, Theodor W./Horkheimer, Max, Die Dialektik der Aufklärung, Amsterdam 1947.
–, Veblens Angriff auf die Kultur, in: ders., Gesammelte Schriften Band 10/1, Kulturkritik und Gesellschaft I, Prismen, Ohne Leitbild, Frankfurt a. Main 1977, S. 72-96.
Bahlke, Steffen/Bockrath, Franz/Franke, Elk, Der moralische Wiederaufbau des deutschen Sports nach 1945, in: DSB (Hrsg.), Die Gründerjahre des deutschen Sportbundes, Band 1, Frankfurt a. Main 1990, S. 259-269.
Balbier, Uta Andrea, »Spiel ohne Grenzen«. Zu Stand und Perspektiven der deutschen Sportgeschichtsforschung, in: Archiv für Sozialgeschichte 45, 2005, S. 585-598.
Bauerkämper, Arnd/Sabrow, Martin/Stöver, Bernd, Einleitung. Die doppelte Zeitgeschichte, in: dies. (Hrsg.), Doppelte Zeitgeschichte. Deutsch-deutsche Beziehungen 1945-1990, Bonn 1998, S. 9-16.

– /Sabrow, Martin/Stöver, Bernd (Hrsg.), Doppelte Zeitgeschichte. Deutsch-deutsche Beziehungen 1945-1990, Bonn 1998.
Baur, Jürgen et al., Der DDR-Sport als gesellschaftliches Teilsystem, in: Sportwissenschaft 27, 1997, S. 369-390.
Bausch, Achim/Laude, Volker, Der Sport-Führer – die Legende um Carl Diem, Göttingen 2000.
Behnisch, Günter, Gesamtwerk Oberwiesenfeld, in: Olympia-Baugesellschaft (Hrsg.), Olympische Bauten München 1972, 2. Sonderband der Zeitschrift Architekturwettbewerbe, 1970, S. IX-XI.
Bender, Peter, Deutsche Parallelen. Anmerkungen zu einer gemeinsamen Geschichte zweier getrennter Staaten, Berlin 1989.
Berendonk, Brigitte, Doping Dokumente. Von der Forschung zum Betrug, Berlin/Heidelberg/New York 1991.
Bernett, Hajo, Das Bild der Olympischen Spiele von 1936 im Spiegel neuerer Publikationen, in: Die Leibeserziehung 21, 1972, S. 275-283.
–, Der Weg des Sports in die nationalsozialistische Diktatur, Schorndorf 1983.
– (Hrsg.), Körperkultur und Sport in der DDR. Dokumentation eines geschlossenen Systems, Schorndorf 1994.
– (Hrsg.), Der Sport im Kreuzfeuer der Kritik, Schorndorf 1982.
Blasius, Tobias, Olympische Bewegung, Kalter Krieg und Deutschlandpolitik: 1949 – 1972, Frankfurt a. Main/Berlin/Bern/Wien 2001.
Bode, Peter M., Das menschliche an der olympischen Architektur, in: Deutsche Olympische Gesellschaft (Hrsg.), Die Spiele der XX. Olympiade München-Kiel 1972 und die XI. Olympischen Winterspiele Sapporo 1972. Das offizielle Standardwerk des Nationalen Olympischen Komitees für Deutschland, Freiburg/Basel/Wien 1972, S. 138-141.
Böhme, Jac-Olaf et al., Sport im Spätkapitalismus, 2. Aufl., Frankfurt a. Main 1974.
Bracher, Karl Dietrich/Morsey, Rudolf/Schwarz, Hans-Peter (Hrsg.), FDP-Bundesvorstand. Die Liberalen unter dem Vorsitz von Thomas Dehler und Reinhold Maier. Sitzungsprotokolle 1954-1960, Düsseldorf 1991.
Bruns, Wilhelm/Dieckert, Jürgen, Die Stellung der politischen Parteien Deutschlands zu Sport und Leibeserziehung, in: Die Leibeserziehung 18, 1969, S. 397-400.
–, Sport und Politik. Zur Instrumentalisierung des Sports, in: Neue Politische Literatur 17, 1972, S. 231-238.
Buchstab, Günter, Sport und Politik im geteilten Deutschland, in: Historisch-Politische Mitteilungen – Archiv für Christlich-Demokratische Politik 8, 2001, S. 113-130.
Bundesministerium des Innern (Hrsg.), betrifft: Sportbericht der Bundesregierung, Bonn 1970.
Buss, Wolfgang/Becker, Christian (Hrsg.), Der Sport in der SBZ und frühen DDR (1945 – 1965). Genese – Strukturen – Bedingungen, Schorndorf 2001.
– /Güldenpfennig, Sven/Krüger, Arnd, Geschichts-, kultur-, sport(politik)- und wissenschaftstheoretische Grundannahmen sowie daraus resultierende Leitfragen für die Forschung, in: Sozial- und Zeitgeschichte des Sports 13, 1999, S. 65-74.
– /Güldenpfennig, Sven, Sport als kulturelle Erscheinung – maßgeblicher Fokus auch der Forschung der Zeitgeschichte des DDR-Sports, in: Wolfgang Buss/Christian Becker (Hrsg.), Der Sport in der SBZ und frühen DDR (1945 – 1965). Genese – Strukturen – Bedingungen, Schorndorf 2001, S. 61-84.
–, Grundsätze zum Politikverständnis in den Sportorganisationen der Nachkriegszeit, in: Sozial- und Zeitgeschichte des Sports 9, 1995, Heft 1, S. 22-35.
Buytendijk, Frederik J.J., Wesen und Sinn des Spiels. Das Spielen der Menschen und Tiere als Erscheinungsform der Lebenstriebe, Berlin 1934.

Calließ, Jörg (Hrsg.), Die Reformzeit des Erfolgsmodells BRD. Die Nachgeborenen erforschen die Jahre, die ihre Eltern und Lehrer geprägt haben, Rehburg-Loccum 2004.
Carl Diem Institut (Hrsg.), Dokumente zum Wiederaufbau des deutschen Sports: das Wirken von Carl Diem (1882-1962), Sankt Augustin 1984.
Coubertin, Pierre de, Der Olympische Gedanke. Reden und Aufsätze, Bochum 1968.
Daum, Andreas, Kennedy in Berlin. Politik, Kultur und Emotionen im Kalten Krieg, Paderborn/München/Wien/Zürich 2003.
Diem, Carl, Ein Leben für den Sport. Erinnerungen aus dem Nachlaß, Ratingen/Kastellaun/Düsseldorf 1974.
– , Weltgeschichte des Sports und der Leibesübungen, Stuttgart 1960.
Dressler, Hilmar, Die Deutsche Olympische Gesellschaft, in: NOK (Hrsg.), Rückkehr nach Olympia: Vorgeschichte, Gründung, erste Jahre, München 1989, S. 162-168.
Drucksachen des Deutschen Bundestages.
DSB (Hrsg.), Denkschrift über die Gegenwartsprobleme und Aufgaben des deutschen Sports, Frankfurt a. Main 1954.
– (Hrsg.), Die Gründerjahre des Deutschen Sportbundes. Wege aus der Not zur Einheit, Band 1 und 2, Schorndorf 1990.
– (Hrsg.), Sport in der modernen Gesellschaft. Ansprachen aus Anlaß des zehnjährigen Bestehens des Deutschen Sportbundes am 10. Dezember 1960 in Düsseldorf, Frankfurt a. Main 1961.
– (Hrsg.), Willi Daume. Deutscher Sport 1952-1972, München 1973.
Eichberg, Henning, Sozialgeschichtliche Aspekte des Leistungsbegriffs im Sport, in: Bundeszentrale für politische Bildung (Hrsg.), Gesellschaftliche Funktionen des Sports. Beiträge einer Fachtagung, Bonn 1984, S. 85-106.
– et al., Massenspiele. NS-Thingspiel, Arbeiterweihspiel und olympisches Zeremoniell, Stuttgart/Bad Cannstatt 1977.
Eisenberg, Christiane, Der deutsche Sport als Zeitgeschichte, in: Mitteilungen aus der kulturwissenschaftlichen Forschung 17, 1994, Heft 34, S. 179-191.
– , Die Entdeckung des Sports durch die moderne Geschichtswissenschaft, in: Historical Social Research 27, 2002, Nr. 2/3, S. 4-21.
– , English Sports und deutsche Bürger. Eine Gesellschaftsgeschichte 1800-1939, Paderborn/München/Wien/Zürich 1999.
– , Fußball in Deutschland 1890-1914. Ein Gesellschaftsspiel für bürgerliche Mittelschichten, in: Geschichte und Gesellschaft 20, 1994, S. 181-210.
– , Massensport in der Weimarer Republik. Ein statistischer Überblick, in: Archiv für Sozialgeschichte 33, 1993, S. 137-177.
– , Sportgeschichte. Eine Dimension der Kulturgeschichte, in: Geschichte und Gesellschaft 23, 1997, S. 295-310.
Elias, Norbert, Einführung, in: ders./Eric Dunning, Sport und Spannung im Prozess der Zivilisation. Norbert Elias, Gesammelte Schriften, Band 7, Frankfurt a. Main 2003, S. 42-120.
Engelbrecht, Astrid, Avery Brundage: «the all-American boy»; die amerikanische Antwort auf die olympische Frage, Göttingen 1997.
Erbach, Günter et al., Kleine Enzyklopädie Körperkultur und Sport, Leipzig 1965.
– , »Sportwunder DDR« Warum und auf welche Weise die SED und die Staatsorgane den Sport förderten, in: Hans Modrow (Hrsg.), Das große Haus. Insider berichten aus dem ZK der SED, Berlin 1994, S. 232-254.
Erker, Paul, »Arbeit nach Westdeutschland«. Innenansichten des deutschlandpolitischen Apparates der SED 1959-1969, in: Roger Engelmann/Paul Erker (Hrsg.), Annäherung und Abgrenzung. Aspekte deutsch-deutscher Beziehungen, München 1993, S. 133-196.

Eulering, Johannes, Staatliche Sportpolitik – aus der Sicht der Länder, in: Horst Überhorst (Hrsg.), Geschichte der Leibesübungen, Band 3/2, Berlin/Frankfurt a. Main 1981, S. 863-884.
Falter, Rudolf, Straßen für die Olympischen Spiele, in: Carl Heinz Harbeke (Hrsg.), Bauten für Olympia 1972. München, Kiel und Augsburg, München 1972, S. 13-15.
Faulenbach, Bernd, ›Modernisierung‹ in der Bundesrepublik und in der DDR während der 1960er Jahre, in: Zeitgeschichte 25, 1998, S. 282-294.
François, Etienne, »Conflicts et partages«: Die Dialektik der geteilten Vergangenheit als historiographische Herausforderung, in: Hans Günter Hockerts (Hrsg.), Koordinaten deutscher Geschichte in der Epoche des Ost-West-Konflikts, München 2004, S. 325-336.
Frese, Matthias/Paulus, Julia/Teppe, Karl (Hrsg.), Demokratisierung und gesellschaftlicher Aufbruch. Die sechziger Jahre als Wendezeit der Bundesrepublik, Paderborn/München/Wien/Zürich 2003.
Freudenreich, Josef-Otto/Maurer, Michael, Sport, in: Wolfgang Benz (Hrsg.), Die Geschichte der Bundesrepublik, Band 3, Frankfurt a. Main 1989, S. 274-309.
Frost, Wolfhard et al., Studienmaterial zur Sportwissenschaft. Quellenauszüge zur Sportgeschichte Teil II: 1945-1970 (DDR-Sport), Braunschweig/Magdeburg 1991.
Fulbrook, Mary, Divided Nation: A History of Germany 1918-1990, New York 1992.
Gesellschaft zur Förderung des olympischen Gedankens in der Deutschen Demokratischen Republik (Hrsg.), München 1972 – Schicksalsspiele? Dokumentation über den Mißbrauch der olympischen Bewegung und ihrer Spiele durch den deutschen Imperialismus, Berlin (Ost) 1969.
Geyer, Martin H., Der Kampf um nationale Repräsentation. Deutsch-deutsche Sportbeziehungen und die »Hallstein-Doktrin«, in: Vierteljahrshefte für Zeitgeschichte 44, 1996, S. 55-86.
Gieseler, Karlheinz et al. (Hrsg.), Der Sport in der Bundesrepublik Deutschland, Bonn 1972.
– , Das Leitungs- und Leistungs-System der Körperkultur der DDR, in: Sportwissenschaft 13, 1983, S. 113-133.
– , Sport als Mittel der Politik. Die Sportbeziehungen im gespaltenen Deutschland, Frankfurt a. Main 1964.
– , Sport und staatliche Institutionen, in: DSB (Hrsg.), Die Gründerjahre des Deutschen Sportbundes, Band 1, Frankfurt a. Main 1990, S. 329-333.
Glaab, Manuela, Deutschlandpolitik in der Öffentlichen Meinung, Opladen 1999.
Görtemaker, Manfred, Geschichte der Bundesrepublik Deutschland. Von der Gründung bis zur Gegenwart, München 1999.
Grupe, Ommo, Sport als Kultur, Zürich 1987.
Guttmann, Allen, The Games must go on. Avery Brundage and the Olympic Movement, New York 1984.
– , Sport, Politics and the Engaged Historian, in: Journal of Contemporary History 38, 2003, S. 363-375.
Habermas, Jürgen, Soziologische Notizen zum Verhältnis von Arbeit und Freizeit, in: Gerhard Funke (Hrsg.), Konkrete Vernunft. Festschrift für Erich Rothacker, Bonn 1958, S. 219-131.
Hartmann, Grit, Goldkinder. Die DDR im Spiegel ihres Spitzensports, Leipzig 1997.
Haupt, Heinz Gerhard/Requate, Jörg (Hrsg.), Aufbruch in die Zukunft. Die 1960er Jahre zwischen Planungseuphorie und kulturellem Wandel. DDR, CSSR und Bundesrepublik Deutschland im Vergleich, Weilerswist 2004.
Heldmann, Philipp, Herrschaft, Wirtschaft, Anoraks. Konsumpolitik in der DDR der Sechzigerjahre, Göttingen 2004.

Herbst, Andreas, Deutscher Turn- und Sportbund der DDR (DTSB), in: Gerd-Rüdiger Stephan et al. (Hrsg.), Die Parteien und Organisationen der DDR: ein Handbuch, Berlin 2002, S. 637-657.

Hinsching, Jochen (Hrsg.), Alltagssport in den DDR, Aachen 1998.

Hoberman, John, Mortal Engines. The Science of Performance and the Dehumanization of Sport, New York 1992.

–, The Olympic Crisis: Sport, Politics and the Moral Order, New Rochelle 1986.

–, Testosterone Dreams: Rejuvenation, Aphrodisia, Doping, Berkeley 2005.

Hockerts, Hans Günther, Einführung, in: Matthias Frese/Julia Paulus/Karl Teppe (Hrsg.), Demokratisierung und gesellschaftlicher Aufbruch. Die sechziger Jahre als Wendezeit der Bundesrepublik, Paderborn/München/Wien/Zürich 2003, S. 249-257.

Höfer, Andreas, Profile, Pläne, Perspektiven. Die Deutsche Olympische Gesellschaft, in: NOK (Hrsg.), Deutschland in der Olympischen Bewegung. Eine Zwischenbilanz, Frankfurt a. Main 1999, S. 343-368.

–, Der Olympische Friede: Anspruch und Wirklichkeit einer Idee, Sankt Augustin 1994.

–, Querelle d'Allemand. Die gesamtdeutsche Olympiamannschaft (1956-1964), in: NOK (Hrsg.), Deutschland in der Olympischen Bewegung. Eine Zwischenbilanz, Frankfurt a. Main, S. 209-260.

Holthusen, Hans Egon, Die Ouvertüre, in: Deutsche Olympische Gesellschaft (Hrsg.), Die Spiele der XX. Olympiade München-Kiel 1972 und die XI. Olympischen Winterspiele Sapporo 1972. Das offizielle Standardwerk des Nationalen Olympischen Komitees für Deutschland, Freiburg/Basel/Wien 1972, S. 14-16.

–, Schluß-Feier, in: Deutsche Olympische Gesellschaft (Hrsg.), Die Spiele der XX. Olympiade München-Kiel 1972 und die XI. Olympischen Winterspiele Sapporo 1972. Das offizielle Standardwerk des Nationalen Olympischen Komitees für Deutschland, Freiburg/Basel/Wien 1972, S. 224-225.

Holzweißig, Gunter, Sport und Politik in der DDR, Berlin (West) 1988.

–, Diplomatie im Trainingsanzug. Sport als politisches Instrument der DDR, München/Wien/Oldenburg 1981.

Huizinga, Johan, Homo ludens. Vom Ursprung der Kultur im Spiel, 18. Aufl., Hamburg 2001.

Ihmels, Karl, Sport und Spaltung in der Politik der SED, Köln 1965.

Jacobsen, Hans-Adolf, Auswärtige Kulturpolitik, in: ders. et al. (Hrsg.), Drei Jahrzehnte Außenpolitik der DDR. Bestimmungsfaktoren, Instrumente, Aktionsfelder, München/Wien, S. 235-260.

Jarausch, Konrad, Zur Integration der beiden deutschen Nachkriegsgeschichten, in: Zeithistorische Forschungen/Studies in Contemporary History 1, 2004, S. 10-30.

Jesse, Eckard (Hrsg.), Bundesrepublik Deutschland und Deutsche Demokratische Republik. Die beiden deutschen Staaten im Vergleich, 4. Aufl., Berlin 1985.

Jessen, Ralf, Akademische Elite und kommunistische Diktatur. Die ostdeutsche Hochschullehrerschaft in der Ulbricht-Ära, Göttingen 1999.

–, Die Gesellschaft im Staatssozialismus. Probleme einer Sozialgeschichte der DDR, in: Geschichte und Gesellschaft 21, 1995, S. 96-110.

Kaiser, Monika, Machtwechsel von Ulbricht zu Honecker. Funktionsmechanismen der SED-Diktatur in Konfliktsituationen 1962 bis 1972, Berlin 1997.

Kersting, Hanjo, Opfer für Olympia. Neckermanns Sporthilfe, in: Jörg Richter (Hrsg.), Die vertrimmte Nation oder Sport in rechter Gesellschaft, Reinbek bei Hamburg 1972, S. 100-113.

Kielmansegg, Peter Graf, Nach der Katastrophe. Eine Geschichte des geteilten Deutschland, Berlin 2000.

Kiera, Hans Georg, Partei und Staat im Planungssystem der DDR. Die Planung in der Ära Ulbricht, Düsseldorf 1975.

Klaedke, Uta, »Stahl Feuer!!!« – Die Fußballer des Stahl- und Walzwerkes Brandenburg zwischen politischer Anpassung und betrieblichem Eigensinn, in: Hans Joachim Teichler (Hrsg.), Sport in der DDR. Eigensinn, Konflikte, Trends, Köln 2003, S. 237-270.

Kleßmann, Christoph/Misselwitz, Hans/Wichert, Günther (Hrsg.), Deutsche Vergangenheiten – eine gemeinsame Herausforderung, Berlin 1999.

– , Die doppelte Staatsgründung. Deutsche Geschichte 1945-1955, 5. Aufl., Bonn 1991.

– , Konturen einer integrierten Nachkriegsgeschichte, in: Aus Politik und Zeitgeschichte B18-19, 2005, S. 3-11.

– , Verflechtung und Abgrenzung. Aspekte der geteilten und zusammengehörigen deutschen Nachkriegsgeschichte, in: Aus Politik und Zeitgeschichte B29-30, 1993, S. 30-41.

– , Zwei Staaten, eine Nation. Deutsche Geschichte 1955-1970, 2. Aufl., Bonn 1997.

Kluge, Volker, »Wir waren die Besten« – Der Auftrag des DDR-Sports, in: Irene Dieckmann/Hans Joachim Teichler (Hrsg.), Körper, Kultur und Ideologie. Sport und Zeitgeist im 19. und 20. Jahrhundert, Bodenheim 1997, S. 169-216.

Knecht, Willi, Die ungleichen Brüder. Fakten, Thesen und Kommentare zu den Beziehungen zwischen den beiden deutschen Sportorganisationen DSB und DTSB, Frankfurt a. Main 1971.

Kocka, Jürgen, Eine durchherrschte Gesellschaft, in: Hartmut Kaelble et al. (Hrsg.), Sozialgeschichte der DDR, Stuttgart 1994, S. 547-553.

Kortenberg, Walter, Der Sport in der sowjetischen Besatzungszone, Bonn 1954.

Krebs, Hans-Dieter, Die »doppelten Deutschen« (1965 bis 1988), in: Nationales Olympisches Komitee für Deutschland (Hrsg.), Deutschland in der Olympischen Bewegung. Eine Zwischenbilanz, Frankfurt a. Main 1999, S. 267-299.

Kregel, Wilhelm, Organisation und Aufgaben des Sports in der Bundesrepublik Deutschland, in: Friedrich-Christian Schröder/Hans Kauffmann, Sport und Recht, Berlin/New York 1972, S. 117-128.

Krüger, Arnd/Kunath, Paul, Die Entwicklung der Sportwissenschaft in der SBZ und DDR, in: Wolfgang Buss/Christian Becker (Hrsg.), Der Sport in der SBZ und frühen DDR. Genese – Strukturen – Bedingungen, Schorndorf 2001, S. 351-365.

– , Hochleistungssport – Der Hochleistungssport in der frühen DDR, in: Wolfgang Buss/Christian Becker (Hrsg.), Der Sport in der SBZ und frühen DDR. Genese – Strukturen – Bedingungen, Schorndorf 2001, S. 535-555.

– , Sport und Politik. Von Turnvater Jahn zum Staatsamateur, Hannover 1975.

Kühnst, Peter, Der mißbrauchte Sport. Die politische Instrumentalisierung des Sports in der SBZ und DDR 1945-1957, Köln 1982.

Lehmann, Norbert, Internationale Sportbeziehungen und Sportpolitik der DDR. Entwicklung und politische Funktion unter besonderer Berücksichtigung der deutsch-deutschen Sportbeziehungen, 2 Bände, Münster 1986.

Lemke, Michael, Einheit oder Sozialismus? Die Deutschlandpolitik der SED 1949-1961, Köln/Weimar/Wien 2001.

Lempart, Tomasz, Die XX. Olympischen Spiele München 1972 – Probleme des Hochleistungssports, Berlin/München/Frankfurt a. Main 1973.

Lenk, Hans, Werte, Ziele, Wirklichkeit der modernen Olympischen Spiele, Schorndorf 1964.

Lindenberger, Thomas, Die Diktatur der Grenzen. Einleitung, in: Thomas Lindenberger (Hrsg.), Herrschaft und Eigen-Sinn in der Diktatur. Studien zur Gesellschaftsgeschichte der DDR, Köln/Weimar/Wien 1999, S. 13-44.

Luh, Andreas, Chemie und Sport am Rhein. Sport als Bestandteil betrieblicher Sozialpolitik und unternehmerischer Marketingstrategie bei Bayer 1900-1985, Bochum 1992.

–, Betriebssport zwischen Arbeitgeberinteressen und Arbeitnehmerbedürfnissen: eine historische Analyse vom Kaiserreich bis zur Gegenwart, Aachen 1998.

Maas, Ferdinand, Der Sport im Spannungsfeld zwischen Ost und West, in: Deutsche Studien 1,1965, Heft 8, S. 37-56.

Maegerlein, Heinz/Koch, Thilo/Morlock, Martin, Olympia 1972 München, Stuttgart 1972.

Mählert, Ulrich, Kleine Geschichte der DDR, München 1999.

Mandell, Richard D., Die ersten Olympischen Spiele der Neuzeit, Kastellaun 1976.

–, The Olympics of 1972. A Munich Diary, Chapel Hill/London 1991.

Marcuse, Herbert, Triebstruktur und Gesellschaft, Frankfurt a. Main 1968.

Mergel, Thomas, Überlegungen zu einer Kulturgeschichte der Politik, in: Geschichte und Gesellschaft 28, 2002, S. 574-606.

Metzler, Gabriele, Demokratisierung durch Experten? Aspekte der politischen Planung in der Bundesrepublik, in: Heinz Gerhard Haupt/Jörg Requate (Hrsg.), Aufbruch in die Zukunft. Die 1960er Jahre zwischen Planungseuphorie und kulturellem Wandel. DDR, CSSR und Bundesrepublik Deutschland im Vergleich, Weilerswist 2004, S. 267-288.

–, »Geborgenheit im gesicherten Fortschritt«. Das Jahrzehnt von Planbarkeit und Machbarkeit, in: Matthias Frese/Julia Paulus/Karl Teppe (Hrsg.), Demokratisierung und gesellschaftlicher Aufbruch. Die sechziger Jahre als Wendezeit der Bundesrepublik, Paderborn/München/Wien/Zürich 2003, S. 777-797.

–, Konzeptionen politischen Handelns von Adenauer bis Brandt: politische Planung in der pluralistischen Gesellschaft, Paderborn/München/Wien/Zürich 2005.

Meuschel, Sigrid, Legitimation und Parteiherrschaft in der DDR, Frankfurt a. Main 1992.

–, Überlegungen zu einer Herrschafts- und Gesellschaftsgeschichte der DDR, in: Geschichte und Gesellschaft 19, 1993, S. 5-14.

Michaelis, Andreas, Der Leistungssport der DDR im Spannungsfeld der Systemauseinandersetzung in den 50er und 60er Jahren, in: Dieter Vorsteher (Hrsg.), Parteiauftrag: Ein Neues Deutschland. Bilder, Rituale und Symbole der frühen DDR, München/Berlin 1997, S. 424-434.

Morton, Henry W., Medaillen nach Plan. Der Sowjetsport, Köln 1963.

Münkel, Daniela, Die Medienpolitik von Konrad Adenauer und Willy Brandt, in: Archiv für Sozialgeschichte 41, 2001, S. 297-316.

–, Willy Brandt und die »Vierte Gewalt«. Politik und Massenmedien in den 50er und 60er Jahren, Frankfurt a. Main 2005.

Nickel, Helmut et al., Der Spitzensport in fünf Jahrzehnten, in: DSB (Hrsg.), Der Sport – ein Kulturgut unserer Zeit. 50 Jahre Deutscher Sportbund, Frankfurt a. Main 2000, S. 59-71.

Niethammer, Lutz, Methodische Überlegungen zur deutschen Nachkriegsgeschichte. Doppelgeschichte, Nationalgeschichte oder asymmetrisch verflochtene Parallelgeschichte?, in: Christoph Kleßmann/Hans Misselwitz/Günther Wichert (Hrsg.), Deutsche Vergangenheiten – eine gemeinsame Herausforderung, Berlin 1999, S. 307-327.

–, Schwierigkeiten beim Schreiben einer deutschen Nationalgeschichte nach dem Zweiten Weltkrieg, in: ders., Deutschland danach: postfaschistische Gesellschaft und nationales Gedächtnis, Bonn 1999, S. 434-449.

Nitsch, Franz, Die Organisation des Sports in Deutschland 1945-1974, in: Olympische Jugend 19, 1974, Heft 7, S. 12-14.

–, Traditionslinien und Brüche. Stationen der Sportentwicklung nach dem Zweiten Weltkrieg, in: DSB (Hrsg.), Die Gründerjahre des Deutschen Sportbundes, Band 1, Frankfurt a. Main 1990, S. 29-64.

–, Warum entstand nach 1945 keine Arbeitersportbewegung?, in: Sportwissenschaft 6, 1976, S. 172-199.

Nolte, Paul, Die Reformzeit der alten Bundesrepublik in den 60er und 70er Jahren. Liberalisierung, Gesellschaftsplanung und Verstaatlichung, in: Jörg Calließ (Hrsg.), Die Reformzeit des Erfolgsmodells BRD. Die Nachgeborenen erforschen die Jahre, die ihre Eltern und Lehrer geprägt haben, Rehburg-Loccum 2004, S. 15-32.

Nothelfer, Adam (Hrsg.), Internationaler Sportkongress in Stuttgart 1951, Band 2 der Schriftenreihe des Deutschen Sportbundes, Frankfurt a. Main 1952.

Organisationskomitee für die Spiele der XX. Olympiade München 1972 (Hrsg.), Die Spiele, Band 1: Die Organisation, München 1972.

– (Hrsg.), Die Spiele, Band 2: Die Bauten, München 1972.

Oswald, Rudolf, Das »Wunder von Bern« und die deutsche Fußball-Volksgemeinschaft 1954, in: Johannes Paulmann (Hrsg.), Auswärtige Repräsentationen. Deutsche Kulturdiplomatie nach 1945, Köln 2005, S. 87-104.

Pabst, Ulrich, Sport – Medium der Politik? Der Neuaufbau des Sports in Deutschland nach dem 2. Weltkrieg und die innerdeutschen Sportbeziehungen bis 1961, Berlin/München/Frankfurt a. Main 1980.

Paulmann, Johannes, Auswärtige Repräsentationen nach 1945: Zur Geschichte der deutschen Selbstdarstellung im Ausland, in: ders (Hrsg.), Auswärtige Repräsentationen. Deutsche Kulturdiplomatie nach 1945, Köln 2005, S. 1-32.

– , Deutschland in der Welt: Auswärtige Repräsentationen und reflexive Selbstwahrnehmung nach dem Zweiten Weltkrieg – eine Skizze, in: Hans Günter Hockerts (Hrsg.), Koordinaten deutscher Geschichte in der Epoche des Ost-West-Konflikts, München 2004, S. 63-78.

Pedersen, Jürgen, Sportpolitik in der BRD, Lollar 1977.

Peiffer, Lorenz, Neuanfang oder Weitermachen? Die Situation des Schulsports nach dem Kriege, in: DSB (Hrsg.), Die Gründerjahre des Deutschen Sportbundes, Band 1, Frankfurt a. Main 1990, S. 281-291.

Pelshenke, Günter, Deutsche Sporthilfe. Weniger bekannte Bereiche einer bekannten Stiftung, Frankfurt a. Main [u.a.] 1999.

– , Stiftung Deutsche Sporthilfe. Die ersten 25 Jahre. Entwicklungsgeschichte der Stiftung in Zielsetzung, Umsetzung des Stiftungsgedankens (Förderungsmaßnahmen), Finanzierung und Organisationsstrukturen, Frankfurt a. Main [u.a.] 1999.

Pelzig, Siegfried, Sport hinter dem Eisernen Vorhang, Darmstadt 1952.

Pfetsch, Frank F. et al., Leistungssport und Gesellschaftssystem. Sozio-politische Faktoren im Leistungssport. Die Bundesrepublik im internationalen Vergleich, Schorndorf 1975.

Pieck, Wilhelm/Grotewohl, Otto/Ulbricht, Walter, Über Körperkultur und Sport, Berlin (Ost) 1951.

Plessner, Helmuth/Bock, Hans-Erhard, Sport und Leibeserziehung, sozialwissenschaftliche, pädagogische und medizinische Beiträge, München 1967.

Pollack, Detlef, Die konstitutive Widersprüchlichkeit der DDR. Oder: War die DDR-Gesellschaft homogen?, in: Geschichte und Gesellschaft 23, 1997, S. 110-131.

Prokop Ulrike, Soziologie der Olympischen Spiele. Sport und Kapitalismus, München 1971.

Raithel, Thomas, Fußballweltmeisterschaft 1954. Sport – Geschichte – Mythos, München 2004.

Reeve, Simon, One Day in September: the Story of the 1972 Munich Olympics Massacre, a Government Cover-up and a Covert Revenge Mission, London 2001.

Reinartz, Klaus, Die flankierende Rolle des Staates – Das Staatssekretariat für Körperkultur und Sport, in: Hans Joachim Teichler/Klaus Reinartz (Hrsg.), Das Leistungssportsystem der DDR in den 80er Jahren und im Prozeß der Wende, Schorndorf 1999, S. 307-350.

Reinhold & Mahla, Dach ohne Schatten, in: Carl Heinz Harbeke (Hrsg.), Bauten für Olympia 1972. München, Kiel und Augsburg, München 1972, S. 134-135.

Rigauer, Bero, Sport und Arbeit. Soziologische Zusammenhänge und ideologische Implikationen, Frankfurt a. Main 1969.
Ritter, Andreas, Die Rolle der den ›Leistungssport‹ betreffenden Politbürobeschlüsse von 1967 bis 1970 für das ›Leistungssportsystem‹ der DDR, in: Sozial- und Zeitgeschichte des Sports 12, 1998, S. 37-56.
– , Wandlungen in der Steuerung des DDR-Hochleistungssports in den 1960er und 1970er Jahren (Potsdamer Studien zur Geschichte von Sport und Gesundheit 1), Potsdam 2003.
Ruck, Michael, Ein kurzer Sommer der konkreten Utopie – Zur westdeutschen Planungsgeschichte der langen 1960er Jahre, in: Axel Schildt/Detlef Siegfried/Karl Christian Lammers (Hrsg.), Dynamische Zeiten: die 60er Jahre in den beiden deutschen Gesellschaften, Hamburg 2000, S. 362-401.
Sabrow, Martin, Die Diktatur des Paradoxon. Fragen an die Geschichte der DDR, in: Hans Günter Hockerts (Hrsg.), Koordinaten deutscher Geschichte in der Epoche des Ost-West-Konflikts, München 2004, S. 153-174.
Schelsky, Helmut, Friede auf Zeit. Die Zukunft der Olympischen Spiele, Osnabrück 1973.
Schildt, Axel/Siegfried, Detlef/Lammers, Karl Christian, Einleitung, in: dies. (Hrsg.), Dynamische Zeiten. Die 60er Jahre in den beiden deutschen Gesellschaften, Hamburg 2000, S. 11-20.
Schmidtke, Michael, Der Aufbruch der jungen Intelligenz. Die 68er Jahre in der Bundesrepublik und den USA, Frankfurt a. Main 2003.
Schröder, Heinz, Der Deutsche Sportbund im politischen System der Bundesrepublik Deutschland, Münster 1989.
Schulz, Walter, Die Stellung der Kultur- und Sportpolitik im System der Auswärtigen Politik der Deutschen Demokratischen Republik und ihre Bedeutung für das Staatsbewusstsein der DDR-Bevölkerung, Bonn 1978.
Schuster, Hans et al., Der neue Weg des deutschen Sports. 15 Jahre SED – 15 Jahre Förderung des Volkssports, Berlin (Ost) 1961.
Schweigler, Gebhard, Nationalbewußtsein in der BRD und der DDR, Düsseldorf 1973.
– , Sport und Staatsbewußtsein im geteilten Deutschland, in: Politische Studien 23, 1972, S. 462-477.
Senn, Alfred E., Power, Politics, and the Olympic Games, Champaign 1999.
Simmel, Georg, Soziologie der Konkurrenz, in: Neue Deutsche Rundschau 14, 1903, S. 1009-1023.
Söll, Martin (Hrsg.), Geist und Ethos im Sport. Reden und Aufsätze von Prälat Ludwig Wolker im deutschen Sport, Düsseldorf 1958.
Sorg, Heinrich, Von der Stunde Null bis zum deutschen Sportbund, in: Jahrbuch des Sports 1955/56, S. 79-99.
Spitzer, Giselher/Reinartz, Klaus/Teichler, Hans Joachim (Hrsg.), Schlüsseldokumente zum DDR-Sport. Ein sporthistorischer Überblick in Originalquellen, Aachen 1998.
– /Reinartz, Klaus, Verborgener Strukturwandel durch Medaillenfixierung: Vom Versuch der Hegemonie in der gesamtdeutschen Mannschaft zur Hegemonie im Weltsport. Einleitung in die Dokumente, in: Giselher Spitzer/Klaus Reinartz/Hans Joachim Teichler (Hrsg.), Schlüsseldokumente zum DDR-Sport. Ein sporthistorischer Überblick in Originalquellen, Aachen 1998, S. 131-139.
– , Der innerste Zirkel: Von der Leistungssportkommission des Deutschen Turn- und Sportbundes zur LSK der DDR, in: Sportwissenschaft 25, 1995, S. 360-375.
– , Die DDR-Sportwissenschaft und die SED. Hintergründe und Konsequenzen der Hospitation des Instituts für Körperkultur Halle 1958 als Wendepunkt der politischen Kontrolle, in: Helmut Beuer/Roland Naul (Hrsg.), Schwimmsport und Sportgeschichte.

Zwischen Politik und Wissenschaft. Festschrift für Hans-Georg John zum 65. Geburtstag, Sankt Augustin 1994, S. 161-188.
–, Die Gründung des Nationalen Olympischen Komitees, in: NOK (Hrsg.), Rückkehr nach Olympia: Vorgeschichte, Gründung, erste Jahre, München 1989, S. 110-126.
–, Doping in der DDR: ein historischer Überblick zu einer konspirativen Praxis, Genese – Verantwortung – Gefahren, 2. Aufl., Köln 2000.
–, Zwischen 1945 und 1952: Drei NOKs in Deutschland, in: NOK (Hrsg.), Deutschland in der Olympischen Bewegung. Eine Zwischenbilanz, Frankfurt a. Main 1999, S. 177-205.
Staadt, Jochen, Die geheime Westpolitik der SED 1960-1970. Von der gesamtdeutschen Orientierung zur sozialistischen Nation, Berlin 1993.
Staritz, Dietrich, Geschichte der DDR. Erweiterte Neuausgabe, Frankfurt a. Main 1996.
Steiner, André, Die DDR-Wirtschaftsreform der sechziger Jahre: Konflikt zwischen Effizienz – und Machtkalkül, Berlin 1999.
Stenographische Berichte des Deutschen Bundestages.
Strych, Eduard, Der westdeutsche Sport in der Phase der Neugründung 1945-1950, Schorndorf 1975.
Tagsold, Christian, Die Inszenierung der kulturellen Identität in Japan: das Beispiel der Olympischen Spiele Tokio 1964, München 2002.
Teichler, Hans Joachim (Hrsg.), Sport in der DDR. Eigensinn, Konflikte, Trends, Köln 2003.
– /Reinartz, Klaus (Hrsg.), Das Leistungssportsystem der DDR in den 1980er Jahren und im Proze der Wende, Schorndorf 1999.
–, Die führende Rolle der Partei, in: Hans Joachim Teichler/Klaus Reinartz (Hrsg.): Das Leistungssportsystem der DDR in den 80er Jahren und im Proze der Wende, Schorndorf 1999, S. 19-53.
–, Die Kehrseite der Medaillen: Sport und Sportpolitik in der SBZ/DDR, in: Rainer Eppelmann/Bernd Faulenbach/Ulrich Mählert (Hrsg.), Bilanz und Perspektiven der DDR-Forschung, Paderborn/München/Wien/Zürich 2003, S. 286-292.
–, Die Leistungssportbeschlüsse des Politbüros – zur Funktion der zentralen Planung im DDR-Leistungssport, in: Norbert Gissel (Hrsg.), Sportliche Leistung im Wandel, Hamburg 1998, S. 145-166.
– (Hrsg.), Die Sportbeschlüsse des Politbüros. Eine Studie zum Verhältnis von SED und Sport mit einem Gesamtverzeichnis und einer Dokumentation ausgewählter Beschlüsse, Köln 2002.
–, Internationale Sportpolitik im Dritten Reich, Schorndorf 1991.
Theorie und Praxis der Körperkultur 17, 1968, Beiheft: Sportwissenschaftlicher Kongress der Deutschen Demokratischen Republik ›Sozialismus und Körperkultur‹ vom 23. bis 25. November 1967 in Leipzig, Teil I-III.
Tröger, Walther, Die Organisation des deutschen Sports, in: Uwe Schultz (Hrsg.), Das große Spiel. Aspekte des Sports in unserer Zeit. Frankfurt a. Main 1965, S. 44-59.
Überhorst, Horst, Der Deutsche Sportbund – Geschichte und Struktur, in: ders. (Hrsg.), Geschichte der Leibesübungen, Band 3/2, Berlin/München/Frankfurt a. Main 1982, S. 795-804.
Ulbricht, Walter, Zum ökonomischen System des Sozialismus in der DDR, Band 1, Berlin (Ost) 1968.
Valérien, Harry, Olympia 1972. München – Kiel – Sapporo, München o. Datum.
Vinnai, Gerhard (Hrsg.), Sport in der Klassengesellschaft. Frankfurt a. Main 1972.
–, Fußballsport als Ideologie, Frankfurt a. Main 1970.
Voigt, Dieter, Spitzensport in der DDR. Funktionen und Grundlagen, in: Hans Lenk, Handlungsmuster Leistungssport, Schorndorf 1977, S. 112-131.

Von Krockow, Christian Graf, Sport und Industriegesellschaft, München 1972.
– , Sport, Gesellschaft, Politik. Eine Einführung, München 1980.
– , Der Wetteifer in der industriellen Gesellschaft, in: Neue Sammlung 2, 1962, S. 297-308.
Von Mengden, Guido, Tatsachen und Daten zur Geschichte des gesamtdeutschen Sportverkehrs, in: Jahrbuch des Sports 1959/60, S. 23-91.
– , Beiträge zur Geschichte des Deutschen Sportbundes, in: Jahrbuch des Sports 1961/62, S. 11-94.
Weber, Herrmann, Die Geschichte der DDR, 2. aktualisierte und erweiterte Neuausgabe, München 2000.
Weinke, Annette, Die Verfolgung von NS-Tätern im geteilten Deutschland. Vergangenheitsbewältigungen 1949-1969 oder: Eine deutsch-deutsche Beziehungsgeschichte im Kalten Krieg, Paderborn/München/Wien/Zürich 2002.
Weißpfennig, Gerd, Der Neuaufbau des Sports in Westdeutschland bis zur Gründung des Deutschen Sportbundes, in: Horst Überhorst (Hrsg.), Geschichte der Leibesübungen, Band 3/2, Berlin/München/Frankfurt a. Main 1982, S. 759-794.
Wentker, Hermann, Zwischen Abgrenzung und Verflechtung: deutsch-deutsche Geschichte nach 1945, in: Aus Politik und Zeitgeschichte B1-2, 2005, S. 10-17.
Westphal, Helmuth, Sport in der DDR von 1961 bis 1970, in: Günter Wonneberger et al., Geschichte des DDR-Sports, Berlin 2003, S. 203-265.
Wiese, René, Vom Milchtrinker zum Leistungssportler. Die Entwicklung der Kinder- und Jugendsportschulen der DDR in den 50er Jahren, in: Bundesinstitut für Sportwissenschaft (Hrsg.), Wettbewerb zur Förderung von Nachwuchswissenschaftlern, Köln 1999, S. 1-185.
Winkler, Hans-Joachim, Sport und politische Bildung. Modellfall Olympia, Opladen 1972.
– , Sporterfolge als Mittel der Selbstdarstellung des Staates, in: Helmut Quaritsch (Hrsg.), Die Selbstdarstellung des Staates. Vorträge und Diskussionsbeiträge der 44. Staatswissenschaftlichen Fortbildungstagung 1976 der Hochschule für Verwaltungswissenschaften Speyer, Berlin 1977, S. 109-132.
– /Karhausen, Ralf-Rainer, Verbände im Sport, Schorndorf 1985.
Winkler, Heinrich August, Nationalismus, Nationalstaat und nationale Frage in Deutschland seit 1945, in: ders./Hartmut Kaelble (Hrsg.), Nationalismus – Nationalitäten – Supranationalitäten, Stuttgart 1993, S. 12-33.
Winkler, Jürgen, Die Sportpolitik, in: Andreas Herbst/Gerd-Rüdiger Stephan/Jürgen Winkler (Hrsg.), Die SED. Geschichte – Organisation – Politik. Ein Handbuch, Berlin 1997, S. 466-477.
Wonneberger, Günter et al., Geschichte der Körperkultur in Deutschland, Band IV, 1945-1961, Berlin (Ost) 1967.
– et al., Körperkultur und Sport in der DDR. Gesellschaftswissenschaftliches Lehrmaterial, Berlin (Ost) 1982.
– , Studie zur Struktur und Leitung der Sportbewegung in der SBZ/DDR (1945-1961), in: Wolfgang Buss/Christian Becker (Hrsg.), Der Sport in der SBZ und frühen DDR. Genese – Strukturen – Bedingungen, Schorndorf 2001, S. 167-247.
– , Sport in der sowjetischen Besatzungszone von 1945-1949, in: Günter Wonneberger et al. (Hrsg.), Geschichte des DDR-Sports, Berlin 2002, S. 12-73.
– , Sport in der DDR von 1949 bis 1960, in: Günter Wonneberger et al. (Hrsg.), Geschichte des DDR-Sports, Berlin 2002, S. 74-202.
Wonneberger, Ingeburg, Breitensport. Studie zum Breitensport/Massensport in der Sowjetischen Besatzungszone Deutschlands und der Deutschen Demokratischen Republik (1945-1960), in: Wolfgang Buss, Christian Becker (Hrsg.), Der Sport in der

SBZ und frühen DDR. Genese – Strukturen – Bedingungen, Schorndorf 2001, S. 397-464.

Zimniok, Klaus, Die U-Bahn Olympialinie, in: Carl Heinz Harbeke (Hrsg.), Bauten für Olympia 1972. München, Kiel und Augsburg, München 1972, S. 16-17.

20 Jahre DDR – 20 Jahre erfolgreiche Entwicklung von Körperkultur und Sport, Theorie und Praxis der Körperkultur, Beiheft 1969.

PERSONENREGISTER

Adam, Karl 115, 116, 148, 151, 174, 202
Adelson, Walter von 68
Adenauer, Konrad 55-57, 72, 77, 85, 86, 93, 121
Adorno, Theodor 35, 194
Adrianow, Konstantin 123-126, 209
Aicher, Otl 224, 225, 233
Altrock, Karl Hermann 33, 38

Barth, Erika 113
Barzel, Rainer 167
Bauer, Fritz 137
Baur-Pantoulier, Franz 224
Bauwens, Peco 49, 53, 55, 66, 69, 75, 77, 79, 250
Becker, Boris 37
Becker, Paul 45
Behrendt, Helmut 85, 122
Benda, Ernst 137, 163, 173, 174, 181, 183, 253
Bender, Peter 159
Bodner, Christine 238
Böll, Heinrich 215
Bonacossa, Albert Comte 77
Braak, Kai 223-225, 227
Brandt, Willy 121, 163, 166, 179, 183, 209, 214, 215, 221, 222, 230, 237
Brentano, Heinrich von 74, 86, 121
Brundage, Avery 77, 79-85, 122-127, 161-163, 165, 213, 217, 219, 242, 243, 245
Buggel, Edelfried 155
Burghley, David George Lord 77
Buss, Wolfgang 24
Buytendijk, Frederik J.J. 32

Carlos, John 246
Caron, Christine 113
Carstens, Karl 163
Chruschtschow, Nikita 43, 44, 83
Clay, Lucius D. 214
Collett, Wayne 246
Coubertin, Pierre de 65, 213, 223

Danz, Max 67, 75, 77, 79, 121, 137, 138, 160
Daume, Willi 32, 37, 38, 48, 52-54, 56, 57, 72, 73, 77, 79, 86, 88-93, 101, 102, 116, 121-128, 130-140, 148, 150, 152, 160-165, 173, 182, 186, 187, 193, 199-202, 209, 213, 217, 218, 222, 224, 228, 229, 237, 249, 252, 253
Diem, Carl 36-38, 48, 49, 51, 53, 54, 64, 119, 218, 234, 247, 250
Drees, Oskar 48

Eckardt, Felix von 86
Edel, Kurt 75-77, 79
Edelhagen, Kurt 233
Edström, Sigfrid 76, 79
Egk, Werner 234
Eichel, Wolfgang 31
Eiermann, Egon 231
Eisenberg, Christiane 24
Eisenmann, Otto 175, 183
Engelmann, Bernd 215
Engels, Friedrich 27
Erbach, Günter 111, 112, 144, 145, 155-157, 207
Erhard, Ludwig 93
Ewald, Manfred 41, 42, 46, 61, 62, 70-72, 79, 84, 94-99, 107-111, 140-146, 153, 154, 156, 157, 159, 169-172, 188, 202-206, 229, 240, 245, 246, 251, 252, 256

Faulenbach, Bernd 22
Fetting, Erich 36, 115
Finkbeiner, Alfred 192
Flotho, Detlef 192
Frenckell, Erik von 79
Friedrich, Kurt 123
Fuchsberger, Joachim 248

Genscher, Hans-Dietrich 180, 183-186, 221, 230
Germar, Manfred 92, 149, 252
Gerschler, Woldemar 101
Geyer, Martin 85
Gieseler, Karlheinz 135, 182, 239, 253
Giraudoux, Jean 36
Glas, Harry 81
Globke, Hans 57, 73, 86
Göhler, Joseph 114, 117
Goppel, Erwin 127
Görlitz, Günter 158
Grass, Günter 224
Gröger, Walter 107, 141
Grote, Heinz 244
Grotewohl, Otto 41
Grupe, Ommo 24, 187, 192
Gumbel, Karl 132, 133, 135, 164
Gunne, Richard 158, 204
GuthsMuths, Johann Christoph Friedrich 27, 31, 119, 250

Personenregister

Habermas, Jürgen 194, 195
Hallstein, Walter 74
Halt, Karl Ritter von 52, 76, 77, 81, 82, 86, 121, 123, 124
Hannover, Georg Prinz von 161
Harbig, Rudolf 119
Heck, Bruno 183
Heil, Alfred 84, 97, 142
Heiland, Rudolf 56
Hein, Günter 204
Heinze, Günter 45, 124, 127, 142
Hellmann, Rudolf 40, 46, 96, 98, 107-110, 141, 143, 154, 155, 158, 172, 204, 211
Heß, Claus 176
Heuss, Theodor 52
Hitler, Adolf 128
Höcherl, Hermann 93, 101, 138
Honecker, Erich 40, 96, 98, 108-110, 155, 158, 172, 211
Honecker, Margot 202-204, 251
Höppner, Manfred 208
Horatschke, Helmut 104, 172
Horkheimer, Max 194
Hovora, Cornelius von 92, 131, 135, 137, 150, 162, 187
Hübner, Willi 137, 182
Hünecke, Heinrich 48
Huth, Eugen 56

Jacobs, Peter 56
Jahn, Friedrich Ludwig 27, 28, 250
Janz, Karin 239
Jünger, Ernst 35
Jünger, Georg Friedrich 35

Kaiser, Joachim 35
Kästner, Erich 215
Kiesinger, Kurt Georg 132, 133, 136, 163, 221
Killanin, Michael Morris Lord 242
Killmayer, Wilhelm 224
Kirsch, August 67
Kirst, Hans-Hellmut 215
Kisch, Egon Erwin 35
Klein, Hans 218
Kleßmann, Christoph 15, 21
Knecht, Willi 190
Knieper, Werner 132
Kolb, Walter 77
Konstantin, Prinz von Bayern 164
Korbut, Olga 240
Krämer, Ingrid 99
Kraske, Konrad 13, 182, 184
Kregel, Wilhelm 137, 185
Krenz, Egon 40
Kroppenstedt, Franz 226
Krüger, Arnd 50

Kubitza, Wolfgang 134, 167, 183
Kühnst, Peter 61
Kunze, Herbert 121

Lammers, Karl Christian 22
Laufer, Heinz 140
Lehr, Robert 53-55, 250
Lemke, Robert 92, 93, 149
Lemmer, Ernst 57, 73, 86
Lemmnitz, Alfred 97
Lempart, Tomasz 188
Lenk, Hans 197, 198
Lenz, Hans 56
Leyerzapf, Karl-Wilhelm 118
Lindenberger, Thomas 24
Lindner, Heinz 182
Lorenz, Werner 202
Lotz, Franz 137, 187
Lücke, Paul 129, 131, 132

Maegerlein, Heinz 235
Mainschak, Alfred 72
Manteuffel, Hasso von 56
Marcuse, Herbert 194
Marx, Karl 27
Massard, Armand 77
Mateef, Dragomir 113
Matthews, Vince 246
Mayer, Albert 77, 126
Mayer, Otto 79, 84, 121, 122, 124
McClelland, David C. 197, 198
Mecklenburg, Adolf Friedrich Herzog zu 75, 76
Meir, Golda 245
Mende, Erich 56, 129, 130
Mengden, Guido von 38, 51, 91, 222-224
Mester, Ludwig 33
Meyer, Helmut 176, 180
Mickinn, Hans 45
Mischnick, Wolfgang 133, 183
Molotow, Wjatscheslaw 83
Morton, Henry W. 114
Mozart, Wolfgang Amadeus 119
Müller-Emmert, Adolf 167, 183
Müller, Fred 42

Nebel, Gerhard 35
Neckermann, Josef 150-152, 173, 174, 196, 199, 200, 202, 251, 252
Nett, Toni 66
Neumann, Alfred B. 72, 98, 108-110, 141, 142, 146, 153-158, 199, 202, 251, 252, 257
Neumann, Otto 101
Niethammer, Lutz 15
Nöcker, Josef 89, 95, 101, 137, 148, 150, 151, 176, 188, 253

Nohl, Herman 32, 33
Norden, Albert 211

Opel, Georg von 140, 199, 200, 202, 252
Orff, Carl 234
Ortega y Gasset, José 37
Orzechowski, Bernhard 72, 95, 96, 104, 111, 140-142, 172
Osterheld, Horst 164, 165

Paschen, Konrad 115, 116, 119
Pawlow, Sergej 207, 209, 230
Pedersen, Jürgen 50
Pelshenke, Günter 151
Perrey, Siegfried (Fred) 89, 101, 173, 176
Pieck, Wilhelm 40
Piene, Otto 247
Preußger, Manfred 30
Prozumentschikowa, Galina 113

Raffalt, Reinhard 224
Rasner, Willi 93
Reichert, Ossi 81
Reichert, Rudi 45, 46, 70, 72, 84, 97, 107, 111, 209
Reimann, Rudolf 108, 109
Reindell, Herbert 91, 101
Renger, Annemarie 56
Riedeberger, Erich 45
Riedel, Clemens 214
Rieder, Hermann 187
Rigauer, Bero 196, 200
Röder, Horst 100, 142, 155, 170
Romanow, Alexej 124
Rosenboom, Johannes 118, 119
Rosendahl, Heide 238
Roth, Richard 224
Rothfels, Hans 35
Rydz, Franz 97

Sandig, Rudolf 109, 204
Scharch, Werner 76, 77
Schildt, Axel 22
Schirdewan, Karl 42
Schirmer, Friedel 152
Schleyer, Hanns Martin 151
Schmid, Carlo 56, 69
Schmidt, Helmut 167
Schnitzler, Karl Eduard von 228
Schöbel, Heinz 79, 84, 86, 122, 124-128, 215, 229, 230
Scholz, Ernst 210
Schröder, Gerhard 55, 67, 73, 86, 93
Schumacher, Erwin 140

Schuster, Hans 27, 72, 95, 100, 104, 105, 107, 108, 144, 256
Schütte, Ernst 118
Schütz, Klaus 140
Siegfried, Detlef 22
Sievert, Hans-Heinrich 33, 34, 53, 55
Skorning, Lothar 45
Smith, Tommie 246
Sobotka, Raimund 197
Sorg, Heinrich 49, 51
Staritz, Dietrich 16
Starke, Kurt 36, 115
Stöck, Gerhard 101
Stouder, Sharon 113, 119
Strauß, Anni 77
Stücklen, Richard 183

Tenhagen, Wilhelm 56
Thieß, Günther 72
Truman, Harry S. 214
Turek, Toni 35

Überhorst, Horst 24
Ulbricht, Walter 11, 30, 40, 42, 44, 46, 58, 59, 62, 67, 69, 71, 77, 86, 96, 103, 105, 106, 121, 122, 139, 155, 158, 164, 169-171, 205, 209
Umminger, Walter 137, 181, 190, 224

Verner, Paul 40
Vieth, Gerhard Ulrich Anton 27
Vinnai, Gerhard 196
Vogel, Hans-Jochen 127, 128, 162, 215

Wacker, Oskar 56
Walraff, Günter 215
Walser, Martin 215
Wehner, Herbert 163, 166, 167, 183
Weißig, Roland 45, 158
Weizsäcker, Richard von 200, 201
Westerhoff, Johann 162
Weyer, Willy 138, 176, 182, 186, 201
Wild, Hans Walter 118
Wildung, Fritz 50
Wischnewski, Hans-Jürgen 183
Wolf, Norbert 224
Wolker, Ludwig Prälat 32-34, 49
Wonneberger, Günter 50, 156
Wörner, Manfred 178, 183, 239
Worobjow, Arkadi 207, 208
Wülfing, Walter 121, 182

Zahn, Günter 234
Zeuner, August 56, 57, 178
Zuchold, Erika 239

Die Verbrechen der anderen

Christian Dirks

*Auschwitz und der Auschwitz-Prozeß der DDR.
Das Verfahren gegen den KZ-Arzt Dr. Horst Fischer*

2006. 406 Seiten, Festeinband
ISBN 3-506-71363-9

Die deutsche Ordnungspolizei und der Holocaust im Baltikum und in Weißrußland 1941–1944

Wolfgang Curilla

2006. 1.041 Seiten, Festeinband
ISBN 3-506-71787-1

Deutsche Besatzungspolitik in Polen

Robert Seidel

Der Distrikt Radom 1939-1945

2006. 432 Seiten, Festeinband
ISBN 3-506-75628-1

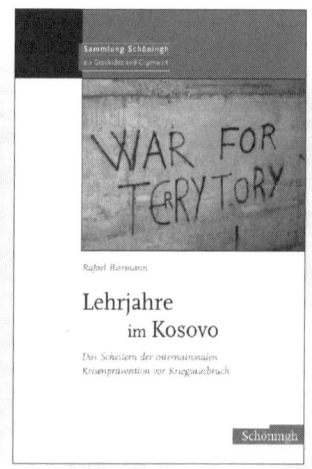

Lehrjahre im Kosovo

Rafael Biermann

Das Scheitern der internationalen Krisenprävention vor Kriegsausbruch

2006. 658 Seiten, Festeinband
ISBN 3-506-71356-6

Schöningh

Verlag Ferdinand Schöningh GmbH & Co. KG · Postf. 2540 · D-33055 Paderborn · Tel. 0 52 51 / 127-5 · Fax 127-860
e-mail: info@schoeningh.de · Internet: www.schoeningh.de

GEOFFREY MEGARGEE

Hitler und die Generäle

Das Ringen um die Führung der Wehrmacht 1933–1945

Aus dem Amerikanischen übersetzt von *Karl Nicolai*

2006. XXIV + 312 Seiten, 19 Photos, Festeinband/Schutzumschlag
ISBN 3-506-75633-8 | 978-3-506-75633-6

Die erste umfassende, kritische Darstellung der Wehrmachtführung und der deutschen Führungsprobleme im Zweiten Weltkrieg. Geoffrey P. Megargee zerstört endgültig den Mythos, dass Hitler den Krieg wie im Alleingang begonnen und dann durch seine Fehler ganz alleine auch verloren habe, und dass umgekehrt, hätte er nur auf seine Generäle gehört, alles ganz anders gekommen wäre.

Ein Buch, das zu den wichtigsten Neuerscheinungen der letzten Jahre über den Zweiten Weltkrieg gezählt werden kann.

Schöningh

Verlag Ferdinand Schöningh GmbH & Co. KG · Postf. 2540 · D-33055 Paderborn · Tel. 05251 / 127-5 · Fax 127-860
e-mail: info@schoeningh.de · Internet: www.schoeningh.de

BERND WEGNER

Hitlers Politische Soldaten: Die Waffen-SS 1933–1945

7. Auflage 2006. 400 Seiten, kart.
ISBN 3-506-76313-X | ISBN 978-3-506-76313-6

Bernd Wegners auch international hoch gelobtes Buch informiert wie kein anderes über die Entwicklung und die innere Struktur von »Hitlers Elitetruppe«. Es liegt nun in einer kartonierten Sonderausgabe vor.

»Bernd Wegner hat das Standardwerk über die Waffen-SS geschrieben«
DIE ZEIT

»Übertrifft alle Arbeiten über das Thema bei weitem. Bei Wegner bleiben keine Fragen, die mit der Waffen-SS zusammenhängen, unbeantwortet.«
Deutsche Welle

CHARLES W. SYDNOR, JR.
Soldaten des Todes
Die 3. SS-Division »Totenkopf« 1933–1945
Mit einem Vorwort von *Bernd Wegner*
Aus dem Englischen von *Karl Nicolai*

4. Auflage 2005. XIV + 320 Seiten + 16 Seiten Bildteil, Karten, Festeinband
ISBN 3-506-79084-6 | ISBN 978-3-506-79084-2

RONALD SMELSER | ENRICO SYRING (HRSG.)
Die SS: Elite unter dem Totenkopf
30 Lebensläufe

2., durchgesehene und aktualisierte Auflage 2003.
463 Seiten, 30 Abb., Leinen mit Schutzumschlag
ISBN 3-506-78562-1 | ISBN 978-3-506-78562-6

Schöningh

Verlag Ferdinand Schöningh GmbH & Co. KG · Postf. 2540 · D-33055 Paderborn · Tel. 0 52 51 / 127-5 · Fax 127-860
e-mail: info@schoeningh.de · Internet: www.schoeningh.de